Grundlagen der Schulpädagogik

Band 31

Intelligente Unterrichtsstrukturen

– Eine Einführung in die Differenzierung –

Von

Manfred Bönsch

4., unveränderte Auflage

Schneider Verlag Hohengehren GmbH

Grundlagen der Schulpädagogik
Herausgegeben von Jürgen Bennack, Astrid Kaiser, Ernst Meyer und Rainer Winkel

Umschlaggestaltung: Wolfgang H. Ariwald, BDG, 59519 Möhnesee

Gedruckt auf umweltfreundlichem Papier (chlor- und säurefrei hergestellt).

Bibliografische Information der Deutschen Nationalbibliothek

Die Deutsche Nationalbibliothek verzeichnet diese Publikation in der Deutschen Nationalbibliografie; detaillierte bibliografische Daten sind im Internet über ›http://dnb.d-nb.de‹ abrufbar.

ISBN: 978-3-89676-828-5 **4. unveränderte Auflage**

Schneider Verlag Hohengehren GmbH, 73666 Baltmannsweiler

Printed in Germany – Druck: Appel & Klinger, Kronach

Inhaltsverzeichnis

Intragruppendifferenzierung (Innere Differenzierung – Binnendifferenzierung) . . . 113

Vorwort des Herausgabeteams der Reihe:

Differenziertes zur Differenzierung

Das vorliegende Einführungsbuch in Fragen der Differenzierung ist ein echter Bönsch: Ein wahres Feuerwerk an Fakten und differenzierenden Aspekten zur Frage der Differenzierung wird den Leserinnen und Lesern angeboten. Der Rahmen des Themas wird sehr breit gespannt, die verschiedenen Facetten werden gegliedert aufgeführt. Kein wichtiger Bereich bleibt ausgespart. Zu jedem Oberpunkt findet Manfred Bönsch wieder etliche Unterpunkte. Er bleibt nicht bei platten Kategorien wie innerer Differenzierung oder didaktischer Differenzierung stehen, sondern geht weiter, indem er auch hier wiederum kräftig aufgliedert. Die präzise unterschiedenen Varianten von Differenzierung werden oft graphisch unterstützt auf den Punkt gebracht. Besonders die vielen Graphiken zur begrifflichen Einordnung und die erklärenden Graphiken zum Stellenwert der jeweiligen Differenzierungsmaßnahme in den individuellen Lernprozessen sind eine wichtige Hilfe zum Verstehen der nicht immer einfachen Zusammenhänge in der Differenzierungsfrage. Dies ist wirklich ein faktenreiches Buch, das in seinem Argumentationsgang gleichzeitig auch begründend die Differenzierungsfrage aus dem Forschungsstand zu Fragen der Schulorganisation und lernpsychologischen Grundlagen entwickelt.

Die Differenzierungsdebatte hatte nach ihrer Blütezeit Ende der 60er Jahre im wissenschaftlichen Diskurs an Bedeutung verloren. Der Autor begründet in seinem Vorwort die Notwendigkeit, den Blick nach fast jahrzehntelanger Abstinenz auf diese elementare Strukturfrage von Unterricht zu lenken, indem er auf die Heterogenität der Lernenden verweist. Diese ist mittlerweile durch verschiedene Diskurse zum Allgemeinplatz geworden. Aber die pädagogischen Antworten auf die Vielfalt der Schülerinnen und Schüler sind bislang rar. Deshalb ist es besonders begrüßenswert, daß Manfred Bönsch sich ans Werk gemacht hat, zu dieser Frage strukturelle Lösungsangebote zusammenzustellen. Denn es reicht nicht mehr, die Vielfalt der Lernenden zu beschwören und eine Qualitätssteigerung von Unterricht zu fordern, es müssen auch konstruktive Lösungen gefunden werden. Bönsch sieht diese zu recht in den diversen Differenzierungsformen. Er bezeichnet sie als „intelligentere Unterrichtsstrukturen“ im Vergleich zu den von ihm kritisierten archaischen Formen frontaler Unterrichtsgestaltung.

Denn die Differenzierungsfrage ist die strukturelle Seite eines beweglichen Unterrichts, der einer zunehmend sich erweiternden Vielfalt der Schülerinnen und Schüler Rechnung trägt. Insofern bietet dieses Buch einen wichtigen strukturellen Grundriß für den Unterricht der Zukunft. Dieser wird sich immer stärker vom Chorunterricht vergangener katechetischer Buchschulen ablösen und in sich immer differenzierter strukturiert sein. Deshalb ist es eine wichtige Stütze auf dem Weg dorthin, verschiedene Formen der Differenzierung gedanklich antizipieren und abwägen zu können.

Der Autor umrahmt seine Ausführungen zur Differenzierung zusätzlich noch mit einigen im Themenfeld wichtigen empirischen Untersuchungsergebnissen (z. B. zur Bedeutung der Klassenfrequenz) sowie schulpädagogischen Gedanken etwa zur Struktur des Schulsystems, ohne die Aussagen zur Differenzierungsfrage nicht zu verstehen sind. Auch im Laufe des Hauptteiles, der Ausdifferenzierung verschiedener Differenzierungsnuancen, versäumt er es nicht, die Argumentation durch Hinweis auf empirische Untersuchungsergebnisse und seine eigenständigen reformorientierten schulpädagogischen Gedankengänge zu ergänzen. Kritische Anmerkungen des Autors zu aktuellen Standardisierungstendenzen von Sekundarstufen-Abschlüssen und Gedankenspiele in Richtung auf eine konsequentere Weiterentwicklung von Interessendifferenzierung zeigen, daß er seine mehrfach verwendete Formel von der „Schülerorientierung“ ernst meint.

Gegenüber den klassischen Überblicksbüchern – auch dem schon damals recht aspektreichen Buch von Bönsch aus dem Jahre 1976 – zur schulischen Differenzierung ist dieser Band eine echte Innovation: Es werden nicht nur neuere Untersuchungen und Argumentationslinien (z. B. konstruktivistische Gedankengänge) aufgegriffen, sondern eine Vielfalt an – auch neueren – Differenzierungsformen vorgestellt, die es bislang so noch nicht zu lesen gab – jedenfalls nicht kompakt zusammengefaßt in einem einzigen Überblicksbuch. Ob er von „3-D-Differenzierung“, Stationenlernen, Modulisierung oder dem Concept mapping von Schüler/innen spricht oder den in der Zeit der neuen Technologien und Lernsoftware wieder neu aufgeflammten Auseinandersetzungen um Lernprogramme Bedeutung verleiht – auch thematisch ist dieses Buch auf dem neuesten Stand der Diskussion. An vielen Stellen kann dieser Band sogar als Schrittmacher weiterführender Gedankengänge zur Differenzierungsfrage bezeichnet werden.

Die Differenzierungsmöglichkeiten sind nicht auf eine Schulform – wie die Gesamtschule – allein beschränkt. Bönsch bietet für alle Schulen und alle Bedingungen etwas. Von ersten Schritten der inneren Differenzierung bis hin zu hochartikulierten Formen der didaktischen Differenzierung, von einfachen Formen der Kursdifferenzierung bis hin zur diagnostischen Differenzierung oder dem Wochenplanunterricht, von einfachen Formen der Individualisierung bis hin zum Mastery Learning – Bönsch denkt an alle Varianten und beschreibt sie präzise in ihren Grenzen und Möglichkeiten.

Bei aller Präzision in der Darstellung ist das Buch aber keineswegs abgehoben, sondern außerordentlich dicht an der schulischen Praxis orientiert. Gerade die aspektreich skizzierten und voneinander abgegrenzten Varianten von Differenzierungsmöglichkeiten eröffnen eine breite Palette praktischer Möglichkeiten von Differenzierung im Unterricht. Dies wird zudem an etlichen Beispielen zur schulischen Differenzierung in den Fächern Deutsch, Geographie, Chemie, Sachunterricht oder Mathematik konkretisiert. Das Kapitel zur Differenzierung im Deutschunterricht ist derart praxisnah aufgeschlüsselt, daß es fast als Übersetzungshilfe für diejenigen Lehrkräfte, die noch nie etwas von Differenzierung gehört haben, gelten kann. Die nachfolgenden systematischen Ausführungen bekommen dadurch ein klares praktisch definiertes Fundament. Der Praxisbezug zeigt sich als roter Faden in der gesamten Argumentation. Jede Zeile, jeder Satz ist gleichzeitig auch so geschrieben, daß der Transfer in die Praxis auf der Hand liegt. Die vielen Beispiele verstärken dies noch. Auch die Bezüge auf verschiedene schulische Praxisprobleme zur Differenzierungsfrage versäumt er nicht aufzustellen, so berücksichtigt er u. a. die Frage von Verhaltensauffälligkeiten oder die Integration von Aussiedlerkindern. Wer dieses Buch liest, erfährt die verschiedenen Anwendungsbezüge der Differenzierungsfrage auf Schritt und Tritt.

Ich kann mir von daher sehr gut vorstellen, daß dieser breit angelegte und doch kompakte Überblick in vielen Seminaren zur Grundlagenlektüre gewählt wird. Für Lehrkräfte bietet die Lektüre dieses Bandes eine gut verständliche Übersicht, die hilft, den eigenen Unterricht zu überdenken und gegen die Monotonie alter Gewohnheiten neue Unterrichtsstrukturen zu wagen. Anregungen dazu bietet dieses Buch jedenfalls in Hülle und Fülle.

Im Namen der Reihenherausgeber Astrid Kaiser

Vorwort

An jedem Schultag finden in den vielen tausend Schulen der Bundesrepublik Deutschland viele tausend Unterrichtsstunden statt. Wenn man das Schuljahr mit ca. 40 Unterrichtswochen rechnet, kommt man auf eine unerhört große Menge von Unterrichtszeit. Durch die bestehende Schulpflicht ist die Anwesenheit der Schüler/innen alles in allem gesichert. Andererseits besetzt die Schule mit diesen vielen Stunden massiv Lebenszeit, die nicht rückgebbar ist.

Diese Sachlage wirft ständig die Frage auf, ob Unterrichtszeit als Lernzeit mit Gewinn optimal realisiert wird. Angesichts der in der Breite gesehen ziemlich festgezurrten Unterrichtsmuster – nach allen Untersuchungen hat der lehrerorientierte Frontalunterricht seine Dominanz überhaupt nicht eingebüßt – kann man mit guten Gründen feststellen, dass eine archaische Gestaltung des Unterrichts vorherrschend ist. In Klassen wird jahrgangsweise gleichschrittig vorangeschritten. Wer diesem Durchschnittstempo entsprechen kann, hat Glück. Wer langsamer lernt, gehört schnell zu den schwierigen Schülern/innen. Schneller Lernende müssen sich anpassen. Dies wird sich häufig auf die Lernmotivation nicht gerade günstig auswirken.

Die Grundfrage ist, ob sich nicht intelligentere Unterrichtsstrukturen denken lassen, die der Heterogenität jedweder Schüler/innenpopulation besser entsprechen könnten. Damit ist das Thema 'Differenzierung' auf der Tagesordnung. Der folgende Text will intelligente Unterrichtsstrukturen aufzeigen. Gemeint sind damit Arrangements für Lernprozesse, die der Vielfalt und der Nachhaltigkeit des Lernens Raum geben wollen. Mag der Vorbereitungsaufwand zunächst größer sein, so wird dieser sich in einer größeren Zahl vollständiger und erfolgreicher Lernprozesse und ihrer Ergebnisse niederschlagen und damit auf allen Seiten ein größeres Maß von Zufriedenheit schaffen.

Die Schule ist noch nicht im Optimum ihrer Möglichkeiten! Die folgenden Ausführungen wollen dies aufzeigen und Alternativen entwickeln.

Manfred Bönsch

Basiskapitel: Die Organisation des Lernens in größeren Lernerpopulationen – Faktoren, Bedingungen, Chancen und Probleme

Eine Einführung in die Differenzierung muss zunächst einige Selbstverständlichkeiten infrage stellen. Diese schulpädagogischen (scheinbaren) Selbstverständlichkeiten bestehen in Konstruktionsweisen wie den folgenden:

- Lernende müssen in überschaubaren Gruppierungen zusammengefasst werden.
- Dafür gibt es plausible Gruppierungskriterien wie Alter, allgemeine Leistungsfähigkeit, z. T. Geschlecht und Religion.
- Das Prinzip der Jahrgangsgruppierung ist eines der verbreitetsten. Dazu kommt das Prinzip der Klasse / Gruppe, das zahlenmäßig in einer Größe von 20–30 Lernenden realisiert wird.
- Es schließt sich an das Prinzip überschaubarer Schuleinheiten, das zahlenmäßig zwar stark variiert (von 200–2.000), aber doch Grenzen hat. Dieses verbindet sich mit dem Prinzip der Gruppierung nach allgemeinen Leistungskriterien, womit das gegliederte Schulwesen seine Begründung erfährt (Haupt-, Sonder-, Realschule und Gymnasium). Es wird im beruflichen Schulwesen ergänzt durch inhaltliche oder niveau-orientierte Varianten.

So entsteht eine riesige Organisation des Bildungswesens, die quasi naturgesetzliche Selbstverständlichkeit hat und kaum anders gedacht werden kann.

Die Frage ist aber dann doch, ob diese Konstruktionsprinzipien hinterfragt werden müssten, weil längst nicht alles so selbstverständlich ist. Die folgenden Basisüberlegungen gehen diesem Anliegen nach. Quer zu den kurz genannten Konstruktionsprinzipien zielt die Nachfrage auf den Zusammenhang von Lernverhalten und Lernumwelt unter verschiedenen Aspekten (Schulorganisation, Unterrichtskonzepte, Begabungsvorstellungen, Lerngruppengröße, Unterrichtsorganisation, methodische Maßnahmen). Die Ausführungen sollen deutlich machen, welche Imponderabilien erfolgreiches bzw. weniger erfolgreiches Lernen bestimmen können.

Alle Befunde führen ziemlich direkt zu der Differenzierungsthematik! Das Basiskapitel wird daher beschlossen mit dem Strukturaufriss des Themenfeldes. Damit ist dann der Ausgangspunkt gegeben, um Teilfelder gesondert und genauer darzustellen.

1. Über den Zusammenhang von Lernverhalten und Lernumwelt (Unterrichtsanlage und -organisation, Schule)

Vorbemerkung

Auf den ersten Blick erscheint das Thema vielleicht als eine Plattitüde. Natürlich bestehen Zusammenhänge zwischen dem Lernverhalten von Schülern und Bedingungen, die durch die Umwelt gesetzt werden. Schüler kommen mit einzelnen Lehrern immer wieder nicht zurecht, ihr Interesse und ihre Leistungsbereitschaft sinken dann zeitweilig oder sogar auf Dauer erheblich. Wenn der Unterricht Schüler nicht motivieren kann, ist die Lernbereitschaft auf mäßigem Level. Die Sozialisationsthematik, in den letzten Jahren ein bevorzugtes Thema, hat uns mit den Zusammenhängen der Ergebnisse primärer Sozialisation mit den daraus folgenden Lerndispositionen für die herkömmliche Schule bekannt gemacht und die Differenz zwischen schichtspezifischer Sozialisation und schichtgebundener Lehrererwartung aufgewiesen. Obwohl dieses Thema etwas aus der Mode gekommen ist, ist der ihm zugrunde liegende Sachverhalt nach wie vor außerordentlich bedeutsam.

All dies soll hier nicht aktualisiert werden. Ich möchte vielmehr auf neuere Forschungsergebnisse eingehen und den zur Rede stehenden Zusammenhang an drei sehr konkreten Fragen erläutern:

1. Hat die Schulorganisation tatsächlich einen Einfluß auf den Schulerfolg von Schülern?
2. Kann eine bestimmte Vorstellung von Unterricht eventuell Lernen geradezu ersticken, statt es zu fördern?
3. Hängen Unterrichtsorganisation und Lernverhalten eventuell stärker zusammen, als wir dies gemeinhin annehmen?

Ich verfolge in der Beantwortung dieser Fragen den sog. sozial-ökologischen Forschungsansatz, der zu klären versucht, inwiefern spezifisch strukturierte Umwelten, hier Schule als spezifisch strukturierte Umwelt, Einfluss auf das Verhalten von Individuen, hier das Lernverhalten von Individuen, ausüben. Dieser Forschungsansatz ergibt sich aus der gesicherten Beobachtung, nach der ein Individuum ständig Adaptionsprozesse durchläuft, um sich Umwelten und deren Anforderungen anzupassen. Das Individuum hat ein breites Toleranzspektrum gegenüber solchen Umweltgegebenheiten. In Bezug auf die Schule ist aber eben festzustellen, dass Schüler nicht dazu da sind, sich an die Schule anzupassen, sondern dass die Schule dazu da ist, Schüler optimal zu fördern und deshalb die Adaption nicht einseitig erfolgen kann, sondern ein wechselseitig korrigierender Prozess ist, der unter der leitenden Idee steht, pädagogisch zu wirken, und d. h., in der Schule keinen Selbstzweck zu sehen, sondern ein Mittel zum Zweck der optimalen Förderung Heranwachsender.

1.1 Zusammenhang von Schulorganisation und Schulerfolg

Es ist unstrittig, dass die Schulorganisation ein entscheidender Faktor der Lernumwelt 'Schule' ist und mit großer Wahrscheinlichkeit hat sie entscheidenden Einfluss auf den Schulerfolg von Kindern und Jugendlichen, d. h., dass nicht nur ererbte Begabung bzw. Intelligenz und primäre Sozialisation für den Schulerfolg bedeutsam sind, sondern auch die Art des Schulangebotes und die Art seiner Organisation. Bestimmte Indizien hatten wir dafür schon immer, also etwa dieses, dass ein nicht gut ausgebautes System weiterführender Schulen in ländlichen Regionen die Zahl der Schüler mit qualifizierten Schulabschlüssen (mittlere Reife, Abitur) unverhältnismäßig klein hält.

Ich möchte im Folgenden zwei Beispiele dafür geben, dass eine ganz bestimmte Art des Schulangebotes unmittelbare Folgen auf Zensuren, Abschlüsse, Schulerfolge haben kann.

1.1.1 Die Orientierungsstufe

Ein sehr aktuelles Thema war in Niedersachsen die Orientierungsstufe, die nach ihrer Grundintention nach der vierjährigen Grundschule in den Schuljahren 5 und 6 die Entfaltung der Begabungen anregen und mit der Wahrnehmung ihrer Orientierungsfunktion eine sichere Schullaufbahnempfehlung geben wollte. Sie war von der Elternschaft allgemein und der Lehrerschaft des Gymnasiums längst nicht akzeptiert. In dieser Situation war das Ergebnis einer älteren Untersuchung in Barsinghausen (durchgeführt von der Arbeitsgruppe um Jörg Ziegenspeck aus Lüneburg) schon früh interessant, bei der die Zensuren in den Fächern Mathematik, Englisch und Deutsch im 7. Schuljahr von Schülern, die im 5. Schuljahr (also ohne den Besuch der Orientierungsstufe) und Schülern, die im 7. Schuljahr (also nach dem Besuch der Orientierungsstufe) zum Gymnasium gekommen waren, verglichen worden sind. Die Ergebnisse sahen folgendermaßen aus:

Mathematik

Es erhielten	Zensuren besser als 4	die Zensur 4	Zensuren unterhalb der 4
von Schülern ohne Besuch der Orientierungsstufe	63,9 %	25,8 %	10,3 %
von Schülern mit Besuch der Orientierungsstufe	76,8 %	21,8 %	1,4 %

Englisch

Es erhielten	Zensuren besser als 4	die Zensur 4	Zensuren unterhalb der 4
von Schülern ohne Besuch der Orientierungsstufe	53,9 %	36,5 %	9,6 %
von Schülern mit Besuch der Orientierungsstufe	73,9 %	26,1 %	0 %

Deutsch

Es erhielten	Zensuren besser als 4	die Zensur 4	Zensuren unterhalb der 4
von Schülern ohne Besuch der Orientierungsstufe	70,4 %	28,5 %	1,1 %
von Schülern mit Besuch der Orientierungsstufe	77,0 %	23,0 %	0 %

Diese Zahlen zeigen, dass bei gleichartiger Leistungsbeurteilung im Gymnasium, also nicht etwa in Gesamtschulen (!), kurzfristig die Schüler der Orientierungsstufe besser abschneiden. Da bei genauerem Zusehen die Schülerschaft, die gleich nach der Grundschule zum Gymnasium gegangen ist, wahrscheinlich begabungsmäßig eine positive Auslese darstellen wird, wiegt das Ergebnis noch schwerer. Ob es sich langfristig erhält, müsste heute in weiteren länderübergreifenden Untersuchungen überprüft werden. Man kann jedenfalls sagen, dass bei gleichartigem Umfeld in Bezug auf Zubringergemeinden und -schulen, im großen Durchschnitt gleichartigem Schulaufkommen und einheitlichem Anforderungsniveau (Kollegium eines Gymnasiums) der Besuch der Orientierungsstufe ein die Zensuren kurzfristig verbessernder Faktor gewesen ist. Und dies sollte mindestens zum Nachdenken anregen.

1.1.2 Vergleich Gesamtschule – dreigliedriges Schulsystem

Hoch interessant sind in Bezug auf die Frage nach der Bedeutung der Organisation des Schulangebotes auf den Schulerfolg die Untersuchungen, die Fend und Mitarbeiter durchgeführt haben (Fend u. a., 1976). Zwei Untersuchungsergebnisse greife ich heraus:

- Im Vergleich von traditionellem dreigliedrigem Schulsystem und integrierter Gesamtschule auf einer Datenbasis von sechs Schulkomplexen mit 7 Hauptschulen, 6 Realschulen, 6 Gymnasien und 12 integrierten Gesamtschulen zeigen sich bei allen im Einzelnen aus methodischen Gründen erhebbaren Einwänden eindeutig höhere Mobilitätsraten, also faktisch wahrgenommene Auf- und Abstiegschancen. Diese sind so verteilt, dass im traditionellen Schulsystem der Anteil der Abstiege die der Aufstiege um weit mehr als das Doppelte überwiegt (bei insgesamt geringer Mobilitätsrate), während die mehr als doppelt so hohe Mobilitätsrate an den in Hessen und Hamburg untersuchten Gesamtschulen dreimal so viel Aufsteiger wie Absteiger beinhaltet. Das traditionelle Schulwesen ist demnach ein relativ starres System, in dem verhältnismäßig wenig Austausch zwischen den drei Schulformen stattfindet. Dies wird durch Beobachtungen, die man macht, bestätigt werden können. Gesamtschulen können als bewegliche Systeme bezeichnet werden, wobei das sog. Fega-System in Berlin zwar hohe Mobilitätsraten zwischen den Qualifikationsniveaus aufwies, Auf- und Abstiege sich aber die Waage hielten, während die ABC-Differenzierungen in Hamburg und Hessen bei ebenfalls hohen Mobilitätsraten diese sich vor allem in Aufstiegen zeigen. Dieses Ergebnis scheint mit aller Vorsicht die Aussage zuzulassen, dass die herkömmliche Verteilung auf die drei Schulformen durch ein hohes Ausmaß an Konstanz der sozialen Zusammensetzung und gegeneinander relativ abgeschlossener Bildungswege festgeschrieben wird und wenig Mobilität zulässt, während die Gesamtschule durch ihre Art der Organisation in der Statuszuschreibung wesentlich offener und abwartender und in der Förderung wesentlich mobiler ist.

- Eine der zentralen bildungspolitischen Zielvorstellungen ist mit dem Begriff „Chancengleichheit“ zum Ausdruck gebracht worden. Nun ist diesem Begriff einige Undeutlichkeit zu eigen. Fend und Mitarbeiter haben in ihrer Untersuchung gefragt, wie sich die Schüler mit unterschiedlichem Leistungsniveau in der Gesamtschule und im traditionellen Schulsystem verteilen. Vergleichsuntersuchungen auf der schon kurz beschriebenen Datenbasis zeigten, dass der Anteil der Schüler, die in Gesamtschulen den tiefsten Leistungsstatus haben, also in etwa den Hauptschülern gleichzusetzen sind, mit 28,8 % deutlich geringer war als der für die Bundesrepublik anzunehmende Anteil von ca. 50 % Hauptschülern im 9. Schuljahr (Mitte der 70er Jahre). Der Anteil der Schüler mit dem höchsten Leistungsniveau war in Gesamtschulen dagegen deutlich höher als der für das traditionelle Schulsystem im 9. Schuljahr. Er betrug in Gesamtschulen 35,2 % gegenüber etwa 25 % Anteil Gymnasiasten im 9. Schuljahr. Der Anteil der Schüler mit mittlerem Leistungsstatus war in Gesamtschulen mit 35 % so hoch wie der Anteil der Schüler mit hohem Leistungsstatus und lag ebenfalls über dem entsprechenden Anteil der Schüler, die im traditionellen Schulsystem Realschulen besuchten.

An dieser Expansion der Zahl der Schüler, die zu den höheren Bildungszweigen gehören, hatten Schüler aus allen Sozialschichten teil. Der Anteil der Schüler aus den unteren Schichten im Bereich hohen Leistungsniveaus war an Gesamtschulen ca. dreimal so hoch wie im dreigliedrigen Schulsystem. Damit kam es in Gesamtschulen eindeutig zu einer Reduzierung der schichtspezifischen Verzerrungen, die wir im dreigliedrigen Schulsystem hatten. Die Schüler aus den unteren Bevölkerungsschichten waren in den weiterführenden Schulen entgegen dem Zahlenanteil dieser Schichten an der Gesamtbevölkerung deutlich unterrepräsentiert gewesen. Gesamtschulen können einer weiteren Gruppe, die immer zu den Benachteiligten gehörte, zur besseren Wahrnehmung ihrer Chancen verhelfen. Ländliche Gesamtschulen gelingt es ähnlich wie den städtischen, den Anteil der Schüler mit hohem und mittlerem Leistungsniveau zu erhöhen.

Zwischen ländlichen und städtischen Gesamtschulen finden sich in dieser Hinsicht keine Unterschiede mehr, das im dreigliedrigen Schulsystem vorfindbare Stadt-Land-Gefälle wird abgebaut. Man muss sich bei dieser Fragestellung daran erinnern, dass nach der offiziellen niedersächsischen Schulstatistik (Niedersächsisches Kultusministerium, 1998) die Schüler der Sekundarstufe I sich z.B. im Regierungsbezirk Hannover auf Hauptschulen / Realschulen / Gymnasien etwa im Verhältnis 21 : 37 : 38 aufteilten, während sich im Regierungsbezirk Weser-Ems eine Verteilung 27 : 41 : 29 auf die genannten Schulen ergab. Niemand wird behaupten wollen, dass dies an der größeren Dummheit der Schüler im Regierungsbezirk Weser-Ems läge. Schließlich ist auch noch darauf hinzuweisen, dass aufgrund der Untersuchungen von Fend und Mitarbeitern die Gesamtschule die Benachteiligung der Mädchen aufhebt. Es ist bekannt, dass Mädchen gegenüber Jungen in Gymnasien tendenzmäßig unterrepräsentiert, in Haupt und Realschulen überrepräsentiert waren. Dies ist in Gesamtschulen eindeutig anders. Während in hohen Leistungskursen das Verhältnis ausgeglichen ist, sind Mädchen in mittleren Leistungskursen überrepräsentiert und in tiefen unterrepräsentiert.

Ich ziehe aus all den Zahlen gar nicht den Schluß, dass Gesamtschulen die Erwartungen, einen Beitrag zur Erhöhung der Chancengleichheit zu leisten, erfüllen. Ich möchte im Rahmen meines Themas nur feststellen, dass offensichtlich veränderte Schulangebote Einfluss auf den Schulerfolg von Schülern haben können. Wenn dies so ist und wir uns dem Ziel verpflichtet fühlen, Kinder und Jugendliche so gut wie nur irgend möglich zu fördern, muss man über die Schulorganisation nachdenken, die solch einer Zielvorstellung eher zu entsprechen scheint als eine andere. Das herkömmliche dreigliedrige Schulsystem ist dabei offensichtlich nicht das günstigste!

1.2 Verschiedene Denkmuster für Unterricht

Das Denken des Schulpädagogen Horst Rumpf kreiste in einer Reihe von Publikationen um die Frage, mit welchen Denkmustern von Unterricht operiert wird und welche Folgen dies für die Betroffenen hat (Rumpf, 1971). Im folgenden Abschnitt zeichne ich Gedanken nach, die er in einer Veröffentlichung entwickelt hat (Rumpf, 1976). Jeder Lehrer hat eine Vorstellung vom Schule halten. Es scheint so zu sein, dass die Vorstellung vom Unterricht als Instruktion einer Gruppe das Vorherrschende ist. Unterricht wird lehrgangsartig organisiert und das heißt, dass der Schüler angeleitet wird, in wohl abgegrenztem Terrain – räumlich, zeitlich, inhaltlich – auf bestimmten, wohl präparierten Wegen fortzuschreiten. Die Lehrenden verwalten dabei verschiedene Monopole: Sie bestimmen die Inhalte, sie steuern das Lehr-/ Lerngeschehen und sie führen die Beurteilung der Schüler durch. Sie selbst sind an bestimmte Rollenvorschriften gebunden. Sie haben das Lehrgebiet souverän zu überschauen und zu beherrschen, sie dürfen sich im allgemeinen keine Fehler leisten, sie haben die Verantwortung für den Fortgang den Lehrens und Lernens.

Nun sind Modellvorstellungen außerordentlich wichtig. Wer handeln will, bedarf der Orientierung. Er ist genötigt, sich Orientierung zu schaffen. Und wer keine anderen Vorstellungen vom Unterricht hat, erinnert sich eben an dies, das am meisten verbreitet ist und die Öffentlichkeit ihm nahelegt. Zu dem skizzierten Unterrichtsbild gehören Begleitphänomene wie feste Stunden, feste Sitzordnung, monotone Ausstattung von Unterrichtsräumen, die Messlatte der Noten. Analysieren wir diese Vorstellung von Unterricht etwas genauer, so können wir feststellen, dass häufig genug Inhalte vermittelt werden, deren Lebensbedeutsamkeit für die Schüler nicht einsichtig ist. Schulinhalte haben die Tendenz, sich von ihren Entstehungs- und Verwendungszusammenhängen zu lösen. Weiter wird Schülern wie selbstverständlich zugemutet, ihre bisherige Lebenspraxis als etwas anderes als diese Schulinhalte anzusehen, sich interessiert zu verhalten und Lernmuster zu akzeptieren, die reaktive sind: in der Gruppe sitzen, sich zu äußern nur nach Meldung, wenig genug dranzukommen, sich der vorgegebenen Lehrintention anzupassen. Wenn ihm dies nicht gelingt, geht es allemal zu seinen Lasten. Ein Schüler, der den Lernanforderungen nicht entspricht, wird ein schlechter Schüler. Schule und Lehrer sind eigentlich nicht schuld. Rumpf sieht dieses Bild vom Unterricht als eine Bedrohung der Identität an. Dies mag verwunderlich sein angesichts der Absicht, mit Hilfe einer vieljährigen Erfahrung ja gerade das Gegenteil erreichen zu wollen, nämlich über Wissensvermittlung und Aufklärung zur Identitätsbildung, zur Ich-Entwicklung einen entscheidenden Beitrag zu leisten. Entscheidend ist wohl, dass dem Heranwachsenden mit der skizzierten Vorstellung von Unterricht eine ganz bestimmte Lerner-Rolle zugemutet wird. Er soll das für wichtig halten, was Lehrer als wichtig ansehen, auch wenn es für sein Leben belanglos ist. Damit sind gleichzeitig bestimmte Anforderungsstrukturen gegeben, denen man sich zu unterwerfen hat, wenn man nicht schnell zum Problemschüler werden soll. Ein Zweites: Man kann als Schüler im wesentlichen nur reagieren: Lernen ist Reaktion auf Gefordertes. Und man kann nur als Teil einer Gruppe (Klasse) reagieren mit all den damit gegebenen Einschränkungen des Drankommens und des Gehörtwerdens, des Beachtetwerdens. Wo immer Lernerwartungen entstehen oder an Individuen gerichtet werden, steht deren Identität zur Diskussion, d. h. die Frage, wieweit sich die in den Erwartungen zum Ausdruck kommende Perspektive in die gebildete und balancierte Identität dieses Individuums integrieren lässt.

Wie schwer diese verbreitete Vorstellung von Unterricht zu ergänzen oder zu verändern ist, zeigt sich z. B. an den Erfahrungen, die ich in Diskussionen mit Kollegen über die Realisierung des freien Arbeitens gemacht habe. Neben der Abwehrhaltung gegenüber den Anforderungen hinsichtlich der Bereitstellung neuer Material-, Raum- und Tätigkeitsangebote gab es ständig das Argument, von Schülern initiiertes und organisiertes Lernen werde nicht viel bringen, im Grunde Zeitverschwendung sein. Und dies heißt doch, dass wir das Subjekt 'Schüler' aus den Augen verloren haben zu Gunsten des Objekts 'Schüler', das erst nach Abschluß der Schule Subjekt werden darf, wenn er dies dann noch werden kann.

Ein anderes Bild vom Unterricht wird gegenwärtig unter den Stichworten 'Kommunikative Didaktik – Offener Unterricht' erörtert (Bönsch, 1994). Der zentrale und höchst bemerkenswerte Gedanke dabei ist, den Schüler nicht mehr nur als Adressaten von Lehrbemühungen aufzufassen, sondern ihn als Subjekt zu verstehen, das den Sinn schulischen Lernens nachvollziehen oder selbst finden kann und das sowohl die Inhalte als auch die Lernverfahren mitbestimmen kann. Bei der Verfolgung dieses Grundgedankens stößt man auf zwei sehr bemerkenswerte Sachverhalte:

- Der eine ist der Widerspruch zwischen allgemein akzeptierten Erziehungszielen (der Heranwachsende soll ein mündiger und verantwortungsbewußter Bürger werden, er soll selbstständig denken und handeln) und dem Widerstand, der entsteht, wenn man diese Ziele in die Praxis umsetzen will. Die Zurückdrängung der Diskussion einer emanzipatorischen Erziehungspraxis zeigt diesen Widerspruch sehr deutlich.
- Der andere Sachverhalt ist der, dass wir für die schulische Lernarbeit offensichtlich nicht das Repertoire haben, um eine entsprechende Praxis zu realisieren. Der Weg von einer Vermittlungsdidaktik zu einer Planungsdidaktik, die nicht mehr die Vermittlung, sondern den Rahmen für zunehmend selbst bestimmtes Lernen schafft, ist noch ein weiter.

  In jedem Fall bringt die Diskussion um die kommunikative Didaktik so viel an Irritation gegenüber den geläufigen Vorstellungen vom Unterrichten mit sich, dass man von einem grundsätzlich anderen Bild von Unterricht sprechen muss: Der Schüler als den Unterricht in allen wesentlichen Fragen Mitbestimmender, der Schüler, der Widerspruch äußert, der Schüler, der Inhalte in den Unterricht aus seiner Lebenswelt einbringt, der Schüler, der nach dem Sinn der Lernanforderungen fragt, die der Lehrer stellt, als ein positives Bild vom Schüler und nicht als Ausbund unbeschreibbarer Ungezogenheit! Oder weniger ironisch: Wie lässt sich das Interesse der Schüler an ihrem Denken erhalten und planmäßig verstärken, damit Schüler tatsächlich als Lernsubjekte und nicht als Lehrobjekte agieren können? Ist dies über ein anderes Verständnis von den Lehrer-/ Schülerbeziehungen erreichbar? Wenn sich Ansätze einer entsprechenden Praxis zeigen, ändern sie meistens Unterricht und Schule erheblich. Der Klassenraum verändert sich (seine Einrichtung wird vielfältiger, anregender, ansprechender), die Arbeitszeiten ändern sich (sie passen sich den Lernbedürfnissen und -absichten an), die Lehrer-/ Schülerbeziehungen werden intensiver, direkter, unkonventioneller, die Arbeitsweisen ändern sich (es werden nicht mehr nur Aufgaben ausgeführt, es wird sehr viel mehr geplant, besprochen oder informell behandelt), die Nutzung der Schule wird eine andere (das Lerngeschehen verteilt sich auf mehrere und verschiedene Lernorte). Dies alles ist unter den Gesichtspunkten einer kommunikativen Didaktik sinnvoll, in einem anderen Didaktikverständnis wahrscheinlich höchst problematisch. Die Folgen sind meistens auch erheblich: Schüler lernen mit weniger Angst, sie können besser miteinander lernen, sie können ihre Lage besser reflektieren, sie arbeiten u. U. nicht so intensiv im herkömmlichen Sinne, aber sie sind mehr Herr ihrer Situation. D. h., dass eine andere Unterrichtsauffassung erhebliche Konsequenzen haben kann, wenn es gelingt, sie zu realisieren.

1.3 Unterrichtsorganisation und Lernmöglichkeiten

In einem dritten Ansatz möchte ich aufzeigen, welche Wirkungen bestimmte Vorstellungen von Begabung auf die Unterrichtsorganisation haben und welche Lernchancen damit vermittelt bzw. nicht vermittelt werden. Mit dem Begriff der Unterrichtsorganisation ist hier im Unterschied zu dem Unterrichtskonzept, das ein einzelner Lehrer hat, das Insgesamt an Maßnahmen gemeint, das in einer Schule den organisatorischen, zeitlichen, materiellen, inhaltlichen Rahmen abgibt, innerhalb dessen der einzelne Lehrer Unterricht übernimmt. Gegenwärtig ist diese überwiegend folgendermaßen zu bestimmen:

- Das von Peter Petersen schon 1927 gegeißelte Jahresklassensystem ist nach wie vor vorherrschend (Petersen, 1955). Das Jahresklassensystem kann aber nicht genügend Rücksicht nehmen auf individuelle Interessen und Entwicklungstempi. Es muss sich an einem Durchschnitt orientieren, der meist vom unterrichtenden Lehrer mehr vermutet als exakt bestimmt wird. Interindividuelle Differenzen wie intraindividuelle Variabilität bleiben weitgehend unbeachtet.

- Die eng mit dem Jahresklassensystem verbundene Zensurenproblematik unterwirft Schüler subjektiv bestimmten Maßstäben mit häufig gravierenden Folgen (Sitzenbleiben oder Schulausschluß). Ich brauche das nicht im Einzelnen auszuführen. Es ist hinreichend bekannt.
- Feste Jahrespensen und eine starre Unterrichtsorganisation (Die Stundenpläne liegen fest) zwingen die Schüler in ein starres Lernkorsett – ohne Rücksicht auf ihre Bedürfnisse und Interessen.
- Die materielle Ausstattung der Schulen erlaubt im allgemeinen eine konsequente und häufige innere Differenzierung und zunehmende Verselbstständigung des Lernens nicht. Es ist bezeichnend, dass es in Deutschland kein Institut für Lernmaterialien gibt, das Schulen beraten könnte. Die Folge ist, dass Unterricht überwiegend Frontalunterricht ist.

D. h. praktisch, dass wir bei Ausfällen von Lernleistungen zunächst einmal nach den versäumten Lernvoraussetzungen fragen sollten, dass wir uns klar sein müssen über die ungeregelte Häufigkeit oder Nichthäufigkeit der natürlichen Lernprozesse in der soziokulturellen Umwelt, dass schulische Lernprozesse aus mancherlei Gründen durch ein kumulatives Defizit gekennzeichnet sein können und also nicht zulasten der Begabung eines Schülers gehen können, dass Motivation als die Bereitschaft eines Individuums, seine sensorischen, kognitiven und motorischen Funktionen auf die Erreichung eines künftigen Zielzustandes zu richten und zu koordinieren, erlernt werden muss. Ist sie nicht erlernt worden, fehlt eine entscheidende Voraussetzung für die Nutzung vorhandener Lernkapazitäten.

Oder positiv ausgedrückt: „Solange keine Ergebnisse von Untersuchungen vorliegen, die die Entwicklung der menschlichen Fähigkeiten unter anderen Bestimmungen als den heute gegebenen verfolgen, solange können Schlüsse über eine mögliche Infantildetermination gar nicht gezogen werden ... Und da haben unsere Überlegungen ohne Zweifel ergeben, dass wir irgendeine Annahme über Grenzen der 'Bildungsfähigkeit' der Kinder auf Grund des heutigen Wissens nicht machen können" (Speichert, 1972).

D. h. praktisch, dass wir uns um ein offenes, anregendes, förderndes, beratendes, Interessen weckendes Unterrichtsangebot bemühen müssen, um Lernmöglichkeiten nicht frühzeitig zu verschütten.

Die Amerikaner Bloom und Carroll haben bekanntlich Vorstellungen entwikkelt, die diesen Forderungen entsprechen (Bloom, 1970 und Carroll, 1973). Bloom weist auf den sehr wichtigen Sachverhalt hin, dass evtl. die Erwartungen der Lehrer einengend und lernmindernd auf die Lernmotivationen, Lernanstrengungen und Lernerfolge der Schüler wirken, wenn diese darin bestehen, dass eine Gesamtpopulation nach Maßgabe der Normalverteilung Erfolg bzw.

Mißerfolg haben wird, wenn Unterricht darin besteht, dass Schüler mit Anforderungen konfrontiert werden, die für diese als selbstverständlich zu gelten haben und deren Bewältigung eben Schülerschicksal ist: Der eine schafft es, der andere nicht. In diesen Auffassungen dokumentiert sich eine rigide Unterrichtsperspektive: Schüler entsprechen hinsichtlich ihrer Leistungsfähigkeit auf einem bestimmten Gebiet (Mathematik, Englisch oder Geschichte) der Normalverteilung. Wenn alle Schüler in genau gleicher Weise unterrichtet werden (gleiche Menge, gleiche Qualität und gleiche Zeit des Unterrichts), dann muss das Schlußergebnis wiederum eine Normalverteilung sein, wenn es durch eine geeignete Leistungsprüfung erhoben wird.

Eine progressive Unterrichtsperspektive sähe so aus: Schüler werden nach wie vor hinsichtlich ihrer Begabung als normal verteilt betrachtet (es gibt eine kleine Gruppe hoch Begabter, es gibt eine größere Gruppe mittel Begabter und es gibt eine kleinere Gruppe schwächer Begabter). Aber Art und Qualität des Unterrichts sowie seine Dauer werden den persönlichen Merkmalen und Bedürfnissen eines jeden Schülers angepaßt, so dass eine große Mehrheit (90%) die durchschnittlich für notwendig gehaltenen Lernziele erreichen kann.

D. h.: Wenn wir angeben können, was ein Schüler im Sekundarbereich z. B. in Mathematik lernen sollte, um den Abschluß des Abiturs I oder der sog. „Mittleren Reife“ testiert zu bekommen, und geben ihm dann über sechs Jahre hinweg die Zeit und die Hilfen, um diesen Abschluß zu bekommen, würden, so ist die Annahme, rund 90% der Schüler diesen Abschluß erreichen können.

Notwendig wäre dafür allerdings eine schülerorientierte Didaktik und nicht mehr eine stoff- und lehrerorientierte Didaktik. Wir sind heute nicht annähernd in der Lage, solch eine schülerorientierte Didaktik in die Praxis umzusetzen, obwohl es immer wieder Ansätze gegeben hat (Erinnert sei an den Daltonplan Helen Parkhursts, an die Didaktik Maria Montessoris, an den Jenaplan Peter Petersens, an Jeziorskys Bemühungen um Selbstbildungsmittel.)

Einem dynamischen Begabungsbegriff würde jedenfalls eine Unterrichtspraxis entsprechen, die eine Strategie für zielorientiertes Lernen anböte. Diese müsste

- Schülern ihr Lerntempo erlauben,
- ihnen unterschiedlich viel Zeit für die Zielerreichung geben,
- ihnen die methodischen Hilfen und Lernmaterialien geben, die sie unmittelbar für ihren jeweiligen Lernfortschritt benötigen,
- ihnen alternative Lernmaterialien anbieten, wenn sie auf eine Weise nicht weiterkommen,
- ihnen die notwendige Belohnung und den notwendigen Zuspruch durch Schüler oder Lehrer ermöglichen, den sie individuell für die Fortsetzung des Lernens benötigen.

Wenn Begabung als Lernfähigkeit verstanden werden soll, muss Lernfähigkeit begriffen werden nicht nur als die Fähigkeit, das lernen zu können, was Lehrer vorschreiben, sondern auch als Fähigkeit, auf Grund von Interessen, Initiativen, eigener Planung zu lernen. Unterricht als autonomisierende Anregung zum Lernen wäre also der Versuch, Schüler in steigendem Maße zu Selbstständigkeit in Planung und Durchführung von Lernprozessen zu führen und sie entsprechend zu beraten.

Kennzeichen solch einen Unterrichts sind:

1. Es gibt Schülergruppen mit unterschiedlichem Alter, aus verschiedenen Klassen, mit gemeinsamen Interessen.
2. Es gibt in jedem Fach, Fachbereich oder außerhalb der Fächer eine zu große Menge möglicher Inhalte, so dass immer eine Auswahl getroffen werden muss. Sie kann hier von den Schülern mit getragen werden.
3. Die Intentionen und Inhalte stehen im vornherein immer nur hinsichtlich des von den Lehrern für unerläßlich gehaltenen Minimums fest.
4. Unterricht ist in einer ersten Phase Beratung. Schülergruppen mit unterschiedlichen und auch noch wechselnden Interessen, Einstellungen, Vorwissensbeständen ist der Komplex an verpflichtenden und wählbaren Intentionen und Inhalten erst einmal vorzustellen, möglichst auf motivierende Weise.
5. Unterricht ist in einer zweiten Phase Planung, Durchführung von Lernprozessen im Zusammenhang einer Schülergruppe und dem von ihr gewählten Teilcurriculum.
6. Wir müssen dafür das didaktische Denken erweitern auf einen Bereich also, der nicht die unvermittelte Durchführung von Unterricht zum Gegenstand hat, sondern der planmäßig Schüler in die Lage versetzt, ihr Lernen sowohl inhaltlich wie verfahrensmäßig selbst in die Hand zu nehmen bzw. ihnen Angebote macht, die nicht zugleich auch Handlungsanweisungen sind.

Schluss

Zieht man eine kurze Bilanz dieser Erörterungen so kann man feststellen, dass nicht nur die Lernumwelt als familiäre Umwelt, Wohnviertel oder Spielplatz entwicklungsfördernd oder -hemmend wirken, sondern dass sehr konkret beschreibbare Faktoren der geplanten Lernumwelt 'Schule' den Lern- und Lebensweg von Schülern positiv oder negativ bestimmen können. Schul-, Unterrichtsorganisation und Unterrichtskonzept schaffen Lernchancen, Lernmöglichkeiten, Lernförderung oder das Gegenteil. Und die Konkretheit der Faktoren erlaubt ihre konkrete Veränderung.

2. Kleine Klassen (Lerngruppen) – Probleme und Möglichkeiten

Ausgang

Das hier zu behandelnde Thema wird in den nächsten Jahren sehr aktuell werden. Derzeit steigen Klassenfrequenzen. Bei sinkenden Schülerzahlen aber wird die Notwendigkeit der Zusammenlegung von Klassen, der Neubestimmung von noch zulässigen Klassenfrequenzen und gar die Schließung von Schulen sich an vielen Orten ergeben. Das Thema deshalb frühzeitig in den Blick zu nehmen, erscheint deshalb schulpädagogisch als sehr sinnvoll. Ich will meine Ausführungen zweiteilen: in einem ersten Teil will ich systemimmanent die Befunde sammeln, die es gibt. D. h., ich nehme die herkömmliche Unterrichtung von relativ konstanten Klassen als Ausgangspunkt (1.). Nun hat es immer alternative Möglichkeiten gegeben. Diese gehen von den Jena-Plan-Gruppen (Lerngruppen mit Schülern mehrerer Jahrgänge) und starker Betonung von Gruppenarbeit hin bis zur konsequenten Individualisierung (Daltonplan z. B.) und wieder zurück zu einem flexiblen Differenzierungsmodell (Großgruppeninstruktion – Aufteilung in kleinere Lerngruppen mit unterschiedlichen Funktionen und wieder Großgruppeninstruktion – flexible Differenzierung im Rahmen jeweils einer Unterrichtseinheit). Ich möchte im zweiten Teil dies nicht alles referieren, sondern auf die Chance zu einem qualitativen Sprung in der schulischen Arbeit mit Schülern mit einigen Ausführungen hinweisen (2.).

2.1 Der Forschungs- und Diskussionsstand zu Wirkungen der Klassenfrequenz

Wenn ich zunächst von der Vorstellung ausgehe, dass der Unterricht von Klassen das im Grunde einzige und bleibende Organisationsmuster der planmäßigen „Beschulung“ von nachwachsenden Generationen ist, sucht man natürlich nach Befunden zur Effektivität eben dieser Organisation von Unterricht. Zwei allgemeine Befunde fallen auf:

- Erstens gehen empirische Untersuchungen von unterschiedlichen Vorstellungen dessen, was kleine Klassen sind, aus. So betrachtet man es in diesen Untersuchungen häufig schon als eine kleine Klasse, wenn die Schülerzahl auf ca. 20–25 Schüler sinkt. Wir würden heute ja eher von einer kleinen Klassen sprechen, wenn die Klassenfrequenz unter 20 Schüler sinkt.
- Zweitens sind die Forschungsergebnisse sehr heterogen und damit wenig eindeutig. Je nach Anlage der Untersuchung kommt man dem Faktor ‘Klassenfrequenz’ unterschiedlich auf die Spur. Ingenkamp und Mitarbeiter haben dankenswerter Weise in einer Publikation 1985 die Forschungsbefunde gesammelt und analysiert. Danach kann man folgende Befunde feststellen:

- Im deutschsprachigen Raum gibt es wenige Untersuchungen, im angelsächsischen Raum sehr viel mehr. Diese sind aber nicht unbedingt aussagestark.
- Tendenzaussagen gibt es zu folgenden 6 Bereichen:

1. Zusammenhang 'Klassenfrequenz – Schulleistungen'

Eine lineare Beziehung zwischen Klassenfrequenz und Schulleistungen gibt es nicht. Süllwold hat 1960 eine Tendenz gefunden, nach der sich bei Jungen in Klassen unter 25 Schülern in Mathematik geringfügig bessere Durchschnittsleistungen zeigen, bei Mädchen allerdings nicht. Nach einer Untersuchung von Ingenkamp beurteilen Lehrer Schülerleistungen in kleineren Klassen nicht signifikant anders als in großen Klassen (Ingenkamp, 1972).

Haarmann meinte 1975 in einem Ländervergleich feststellen zu können, dass überhöhte Klassenfrequenzen (über 35 Schüler) Benachteiligungen für Schüler mit sich bringen, vor allem auch hinsichtlich der Chancen für den Besuch weiterführender Schulen. Ingenkamp stellt diese Befunde in Frage. Eine Untersuchung von Pichler in Österreich kommt zu dem Ergebnis, dass das bloße Verkleinern der Klassen die Probleme der Schulversager noch nicht aus der Welt schaffen würde (Pichler, 1982). In den USA gibt es eine große Zahl von Wirkungsstudien. Ingenkamp bilanziert bei ihrer Durchsicht, dass der Tendenz nach Ergebnisse überwiegen, die keinen signifikanten Einfluß der Klassengröße belegen und dass eine Überlegenheit kleiner Klassen häufiger anzutreffen ist als eine Überlegenheit großer Klassen. Effektunterschiede zwischen Unterrichtsfächern zeigen eine Überlegenheit kleiner Klassen im Fach Englisch im Gegensatz zu Mathematik. Vergleiche verschiedener Klassenstufen führen zu der Feststellung, dass die Lehrer der Primarstufe sich eher auf die Bedingungen kleiner Klassen einstellen.

Eine Untersuchung von Wolf (1973) in fünften Gesamtschulklassen weist auf, dass in Deutsch, Mathematik und Sachkunde größere Klassen schlechter abschneiden. Diese Untersuchung hat aber wohl eine zu kleine Stichprobe gehabt (13 Klassen). Alles in allem taucht immer wieder die Tendenz auf, dass das Leistungsniveau kleinerer Klassen höher ist als das größerer Klassen. Ingenkamp faßt seine Analyse vorliegender empirischer Untersuchungen so zusammen:

- Erziehungswissenschaftliche Theoriebildung und Forschung hat dem Thema bisher wenig Beachtung geschenkt im Gegensatz zum öffentlichen und pädagogischen Interesse.
- Die Forschungen im Bereich möglicher Klassenfrequenzeffekte entsprechen in ihrer Mehrzahl nicht den methodischen Standards, die für aussagekräftige Ergebnisse notwendig wären.
- Die Klassengröße als alleiniger Faktor zeigt allenfalls einen minimalen Zusammenhang mit den Schulleistungen.

- Die Veränderung der Klassenfrequenz ist zunächst eine organisatorische und nicht gleichzeitig eine pädagogische Maßnahme. Erst im Zusammenhang mit pädagogischen Maßnahmen könnte sie wichtiger werden.
- In jedem Fall ist sie nur eine Rahmenbedingung unter anderen für die Unterrichtsqualität.
- Allerdings und damit komme ich zu einem zweiten Bereich – scheint die Klassenfrequenz bei kleineren Klassen um 20 Schüler bessere Möglichkeiten der sozialen Interaktion von Schülern untereinander und mit dem Lehrer zu eröffnen.

2. Zusammenhang 'Klassenfrequenz – Beurteilung von Lehrern'

In einer recht umfangreichen Sekundäranalyse haben v. Saldern / Weiß untersucht, inwieweit das Beurteilungsverhalten von Lehrern durch die Klassengröße beeinflußt wird. In einer recht großen Stichprobe (481 Klassen) mit Frequenzgruppen <20, 21–25, 26–30, 31–35, >36 und der Berücksichtigung der leistungsrelevanten Fächer Deutsch, Mathematik, Physik und Biologie kommt das Ergebnis heraus, dass Lehrer mit zunehmender Klassenfrequenz dahin tendieren, die Leistungen ihrer Schüler milder zu beurteilen. Das Ergebnis ist recht eindeutig. Erklärbar ist es leicht: In großen Klassen wird die Beurteilungsbasis sicher kleiner (allein schon hinsichtlich der mündlichen Beteiligung), der Lehrer wird unsicherer hinsichtlich seiner Urteile und wird milder, um jedem Schüler möglichst gerecht zu werden.

3. Zusammenhang 'Klassenfrequenz – sozial-emotionaler Bereich'

Unter der Annahme, dass sich Schüler in kleineren Klassen wohler fühlen, dass sich die Einstellung zur Schule und zur Leistung verbessern könnte, ist eine weitere Sekundäranalyse vorgenommen worden. Sie führte zu keinen signifikanten Befunden. Andererseits wird aber schon deutlich, dass Lehrer in kleineren Klassen mehr personenbezogene Äußerungen machen. Sie tadeln weniger, sie bewerten Schüler nicht so negativ, sie machen sich eher Gedanken über die Gefühle ihrer Schüler. Hier könnte man von Selbstverständlichkeiten sprechen, die durch Erfahrungen im Alltag schon plausibel sind. In kleineren Klassen brauche ich als Lehrer nicht die 'Kutscherrolle' so stark wahrzunehmen als in größeren Klassen. Sicher steigt auch meine Gelassenheit, sinkt ein evtl. vorhandener Angstpegel. Dies alles wird zu einem veränderten Verhalten in der beschriebenen Richtung führen.

4. Zusammenhang 'Klassenfrequenz – subjektiv wahrgenommene soziale Umwelt'

Während die sog. objektive Umwelt für alle gleich ist, wird sie subjektiv unterschiedlich wahrgenommen. So werden soziale Erfahrungen sich auf meine subjektive Wahrnehmung der Umwelt auswirken. Unter diesem Aspekt stellt sich die Frage, ob die Klassenfrequenz hier ein relevanter Faktor sein könnte. Es könnte sein, dass bei größeren Klassen es zu Restriktionen in den Wahrnehmungen kommt. Der Lehrer ist stärker auf Disziplin orientiert. Unpersönliches Verhalten nimmt zu, resignative Haltungen und Spannungen ebenfalls. Zu diesem Sachverhalt finden sich in der Untersuchung von Petillon, einem früheren Mitarbeiter Ingenkamps, interessante Hinweise: hinsichtlich der Zufriedenheit mit ihrer Gruppe haben die Schüler in Klassen mit 21–25 Schülern die besten Werte. Bei dem Faktor 'Aggression gegen Mitschüler' schneiden die größten Klassen am besten, die kleinsten am schlechtesten ab. In größeren Klassen wird offensichtlich vieles anonymer, das Zusammentreffen mit unliebsamen Schülern lässt sich vermeiden. Dagegen ist Resignation gegenüber fehlenden Umfeldaspekten in größeren Klassen am größten. Zu erinnern ist hier auch an die ältere Untersuchung von U. Wiesenhütter über das Drankommen im Unterricht. Danach engt sich die Chance zum Drankommen in großen Klassen auf relativ wenige (bevorzugte) Schüler ein. In kleineren Klassen verteilt sich die Kontaktnahme gleichmäßiger. Schrumpfungserscheinungen in der gleichmäßigen Kontaktnahme zeigte sich bei ihr auch in Stunden mit hohen stofflichen Anforderungen und Lehrern, die sehr stark stoffzentriert arbeiten. Dies ist ein Hinweis auf den zu verallgemeinernden Sachverhalt, dass die Klassenfrequenz immer in einem Geflecht von anderen auch noch wirksamen Faktoren steht.

5. Zusammenhang 'Klassenfrequenz – Handeln des Lehrers'

Weniger durch empirische Untersuchungen belegt als vielmehr durch Plausibilitätsüberlegungen aufgezeigt, sind die folgenden Ausführungen von Petillon in dem genannten Band:

- Zentral für die Arbeit mit Klassen ist, dass der Lehrer ständig mit einer Vielzahl von Personen quasi simultan inter-agieren muß. Jede seiner Aktionen wird zur öffentlichen Handlung, sie hat symbolischen Charakter für alle Schüler der Klasse.
- Die Komplexität von Wahrnehmungsdaten ist bei größeren Klassen immer stärker als bei kleinen. Es besteht die Notwendigkeit, diese zu reduzieren (z. B. durch Stereotypenbildung, implizite Persönlichkeitstheorien u. a. m.).
- Der Lehrer ist ständig in einer Publikumssituation. Er ist ständiger Beobachtung ausgesetzt. Empirische Befunde verweisen auf einen Zusammenhang zwischen der Zahl der Beobachter und der Bereitschaft zur „Selbstöffnung", also zu mehr als einem Rollenverhalten (Filipp, 1965).

In einem Schema läßt sich der Zusammenhang Klassenfrequenz – Lehrerhandeln so darstellen:

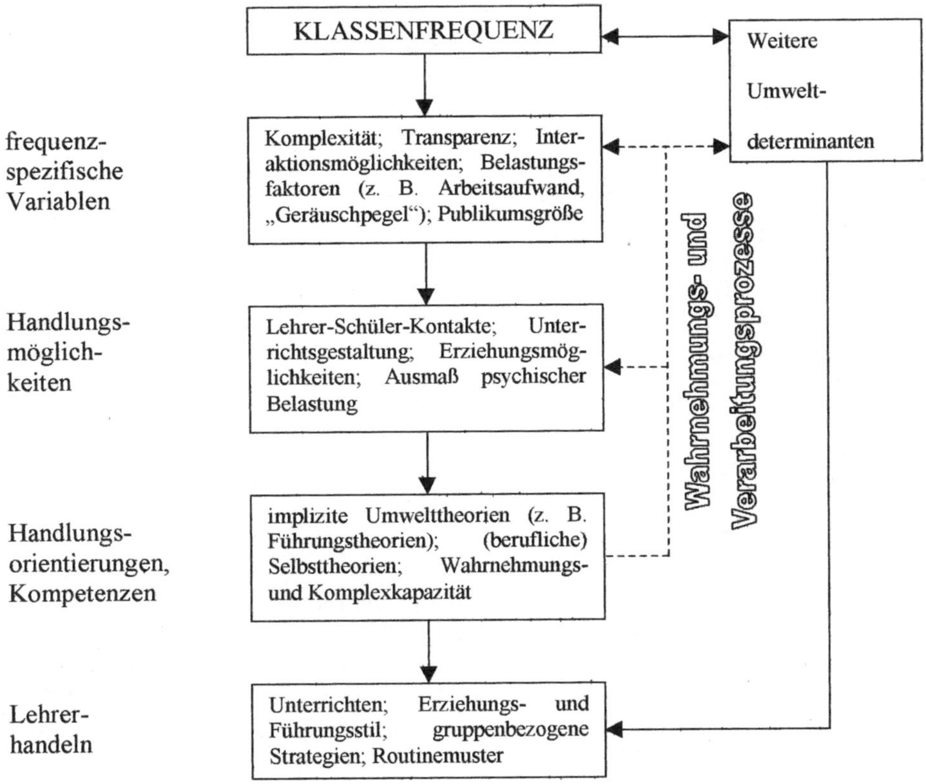

Abb. 1

Noch einmal genauer formuliert: mit zunehmender Klassenfrequenz

- erhöht sich die Komplexität des Wahrnehmungsfeldes des Lehrers,
- reduziert sich die Transparenz der Schülergruppe,
- reduziert sich der Zeitraum für Interaktionen mit einzelnen Schülern,
- steigt der Arbeitsaufwand für bestimmte Aktivitäten (Korrekturen, Elternkontakte, Arbeitsmittel bereitstellen u. a. m.),
- nimmt der Geräuschpegel zu,
- reduziert sich die Möglichkeit des Engagements gegenüber dem einzelnen Schüler.

Die Chancen, die sich hier in kleineren Klassen eröffnen, scheinen aber nicht immer genutzt zu werden, da in vielen Fällen Handlungsmuster, die sich in größeren Klassen bewährt haben, auch auf kleinere Klassen angewendet werden (Hopf u. a., 1980, Krapp, 1973). Große Klassen werden von Lehrern als Stressbelastung wahrgenommen. Die Berufszufriedenheit scheint mit der Möglichkeit größerer Schülerzuwendung zu steigen. Umgekehrt scheinen größere Klassen einen Zirkel zu begünstigen, der autoritäres Verhalten begünstigt:

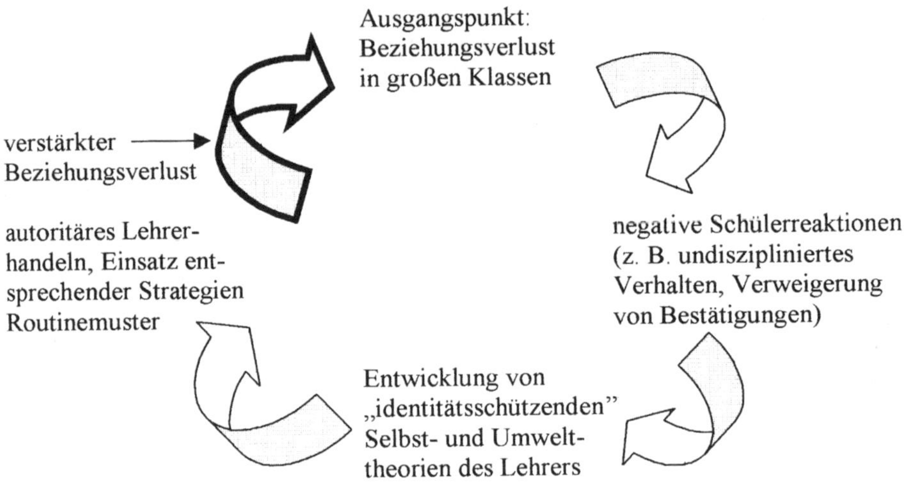

Abb. 2

6. Zusammenhang 'Klassenfrequenz – Schülerhandeln'

Die Frequenz einer Klasse beeinflußt Strukturen, Normen und Klima einer Klasse. Mit zunehmender Schülerzahl verändern sich die Kommunikationsmöglichkeiten. Die Situation wird anonymer, die Attraktivität der Klassenmitglieder nimmt ab. Mit steigender Mitgliederzahl nimmt die Bildung von Subeinheiten (Cliquen) zu, da die Überschaubarkeit der Gruppe abnimmt. Soziales Lernen nimmt in kleineren Klassen zu. In größeren Klassen sagen immer weniger immer mehr (Sjølund, 1980). In größeren Klassen wird immer weniger wechselseitig Verständnis gezeigt. In größeren Gruppen wird vom einzelnen weniger Verantwortung entwickelt, er kann sich mehr verstecken. In kleineren Gruppen kann mehr Identifikation mit den gemeinsamen Zielen entwickelt werden. In größeren Gruppen wird weniger weitgehender und spannungsfreierer Anpassungsdruck entwickelt. In kleineren Gruppen können Kontrolle und Erwartungsdruck für den einzelnen sehr groß werden, die Rückzugsmöglichkeiten werden geringer. Größere Kontaktdichte ist eher in kleineren Gruppen möglich. Spannungen ergeben sich aber auch eher in diesen kleineren Gruppen. In kleineren Gruppen kann sich ein einzelner Schüler besser entfalten, er bekommt mehr Redeanteile, die wechselseitige Bekanntheit nimmt zu. Besonders der leistungsschwächere Schüler kann sich mit großer Wahrscheinlichkeit in der kleineren Klasse besser entfalten. Da all diese Phänomene sicher vom konkreten Lehrerhandeln abhängen, kann man folgende Übersicht für plausibel halten:

		Lehrerhandeln		
		positiv (fördernd, Sicherheit vermittelnd)	negativ (wenig fördernd, verunsichernd)	
Klassenfrequenz	niedrig	Lernzuwachs bei Schülern: sehr hoch	Lernzuwachs bei Schülern: sehr gering	→ „Randsumme“: Lernzuwachs bei niedriger Klassenfrequenz: durchschnittlich
	hoch	Lernzuwachs bei Schülern: hoch	Lernzuwachs bei Schülern: niedrig	→ „Randsumme“: Lernzuwachs bei hoher Klassenfrequenz: durchschnittlich

Abb. 3

Zusammenfassung

Wenn wir von dem herkömmlichen Modell der Unterrichtung von Schülern in relativ konstanten Klassen ausgehen, können wir eine Reihe von Zusammenhängen zwischen Klassenfrequenz und weiteren Faktoren feststellen (Schulleistungen, Beurteilungsverhalten von Schülern, sozial-emotionaler Bereich, subjektiv wahrgenommene Umwelt, Handeln des Lehrers, Schülerhandeln), die in der Summe tendenziell für kleinere Klassen sprechen. Dabei ist ‘kleinere Klasse’ jetzt als Schülergruppe von knapp unter 20 Schülern zu definieren (20–16 Schüler). Bei Klassen von 15 Schülern und weniger können sich leicht wieder problematische Effekte ergeben wie zu großer Leistungs- und Erwartungsdruck, zu wenig sozial-emotional stabilisierende Faktoren, zu geringes Anregungspotential. Während die Vorteile noch am ehesten beim Lehrer zu liegen scheinen, könnte für Schüler bei der sonst bestehen bleibenden Schulstruktur (viele Unterrichtsstunden pro Woche, viele Fächer, verschiedene Lehrer, auf die man sich einstellen muß) die Situation am ehesten viel herausfordernder und schwerer werden.

2.2 Kleine Lerngruppen unter der Perspektive einer alternativen Schulpädagogik

Der von mir anfangs beschriebene ‘qualitative Sprung’ könnte allerdings mit kleineren Klassen eine Chance bekommen, wenn wir wirklich Forderungen einlösen wollten, die lange diskutiert werden. Dazu seien im weiteren einige Leitlinien skizziert. Zunächst aber seien die zentralen Strukturmerkmale des Jahresklassensystems noch einmal gekennzeichnet:

- Das von Peter PETERSEN schon 1927 gegeißelte Jahresklassensystem ist nach wie vor vorherrschend. Das Jahresklassensystem kann aber nicht genügend Rücksicht nehmen auf individuelle Interessen und Entwicklungstempi. Es muß sich an einem Durchschnitt orientieren, der meist vom unterrichtenden Lehrer mehr vermutet als exakt bestimmt wird. Interindividuelle Differenzen wie intraindividuelle Variabilität bleiben weitgehend unbeachtet.

- Die eng mit dem Jahresklassensystem verbundene Zensurenproblematik unterwirft Schüler subjektiv bestimmten Maßstäben mit häufig gravierenden Folgen (Sitzenbleiben oder Schulausschluß). Ich brauche das nicht im einzelnen auszuführen. Es ist hinreichend bekannt.
- Feste Jahrespensen und eine starre Unterrichtsorganisation (die Stundenpläne liegen fest) zwingen die Schüler in ein starres Lernkorsett – ohne Rücksicht auf ihre Bedürfnisse und Interessen.
- Die materielle Ausstattung der Schulen erlaubt im allgemeinen eine konsequente und häufig innere Differenzierung und zunehmende Verselbstständigung des Lernens nicht. Es ist bezeichnend, dass es in der Bundesrepublik Deutschland kein Institut für Lernmaterialien gibt, das Schulen beraten könnte. Die Folge ist, dass Unterricht überwiegend Frontalunterricht ist.
- Neuere Methoden wie Gruppen- und Projektarbeit, Rollen- und Planspiele finden nur schwer Eingang in die Schule, sie würden auch eine erhöhte organisatorische Flexibilität voraussetzen.
- Schließlich: alle Ansätze, Unterricht differenzierend nach Gesichtspunkten der Motivation, des Interesses, der Wahl und des selbstständigen Lernens zu organisieren, sind bis jetzt von vornherein nur Plan oder auch bei besten Absichten Ansatz geblieben. Man denke an den Projektunterricht in der Orientierungsstufe, an freie Lernstunden, an Angebote zu selbstständigem Lernen.

Die Frage ist, ob kleine Klassen hier eine Veränderung möglich machen könnten.

2.2.1 Leitlinie 'Synchronisierung von Unterrichtsprozess und individuellem Lernprozess'

Meine These ist, dass wir bis heute dem Lernprozess des einzelnen Schülers, seinen Bedingtheiten, Chancen und Blockaden noch gar nicht richtig auf die Spur gekommen sind. Mit der ausschließlichen Unterrichtung von größeren Gruppen ist der Zwang verbunden, Unterricht für diese Gruppe zu planen, durchzuführen und auszuwerten. Wir tun dies ja nie für 28 individuelle Lernprozesse. Nun ist jedermann klar, dass wir mit einem auf solche Weise pauschalisierten Unterrichtsprozess niemals 28 individuelle Lernprozesse synchron initiieren, steuern und kontrollieren konnten. Vielleicht kommen jeweils 10 in Gang oder es brechen schnell in Gang kommende Lernprozesse ab. Wir stoßen längst auch nicht immer auf aktuelle Lernschwierigkeiten. Diese können sich evtl. unentdeckt für längere Zeit kumulieren und werden irgendwann manifest in Leistungsversagen. Häufig kennen wir auch die aktuellen Lernvoraussetzungen nicht, so dass wir im

Einzelfall ständig über- oder unterfordern werden. Im Grunde ist Unterricht in dieser Form immer noch in einer archaischen Verfassung. Kleine Klassen nun könnten uns in die Lage versetzen, endlich in der Richtung 'Synchronisierung von Unterrichts- und Lernprozess' ein Stück weiterzukommen. Bei 16 Schülern in einer Lerngruppe könnte es leistbar werden, viel regelmäßiger Lernvoraussetzungen, Lernerfolge und Lernschwierigkeiten von Schülern zu erfassen und mit diesen Daten dann viel genauer weitere Lernprozesse und gar nicht mehr nur Unterricht für eine Klasse zu planen, in Gang und zu einem gewünschten Ergebnis zu bringen. Dies würde ich als einen qualitativen Sprung bezeichnen.

2.2.2 Leitlinie 'Adaptiver Unterricht'

Die erste Leitlinie führt unmittelbar zu dem Konzept des adaptiven Unterrichts, das ich in aller Kürze beschreiben möchte. Adaptiver Unterricht bedeutet die Schaffung einer möglichst optimalen Lernumwelt für jeden Schüler. Während bei der herkömmlichen Differenzierung die Schüler danach ausgesucht werden, wie sie am besten zu einem vorgegebenen Unterricht passen (Schwarzer / Steinhagen, 1975). Vor allem das sog. ATI-Konzept (Aptitude-Treatment-Interaktion; Wechselwirkungen zwischen Schülermerkmalen und Unterrichtsmethoden) aus den USA (Cronbach / Snow, 1969) und das Mastery-Learning-Konzept (zielerreichendes Lernen) von Bloom (1970), Block (1971) und Carroll (1972), ebenfalls aus den USA kommend, sind Grundlagen für den adaptiven Unterricht.

Adaptiver Unterricht verfolgt die Frage, welche Lernzeit und Lernhilfen (personale wie mediale) ein Schüler mit seinen ganz spezifischen Lernvoraussetzungen (allgemeine Intelligenz, Begabung für bestimmte Lernarten, Ausdauer) braucht, um die gesetzten Lernziele zu erreichen. Könnte die Wechselwirkung von Schülermerkmalen und Unterrichtsmethoden wirklich optimiert werden, so müßten 80–85 aller Schüler die gesetzten Grundlernziele (Fundamentum) erreichen können. Somit erweist sich adaptiver Unterricht als eine schulpädagogische Herausforderung, die bildungspolitisch Chancengerechtigkeit, lerntheoretisch die Optimierung des Lernerfolgs und didaktisch-methodisch eine höchst artifizielle und differenzierte Unterrichtsstruktur verheißt oder fordert, je nach Einstellung dazu.

Bisher werden schulische Misserfolge vorwiegend auf ungünstige Schülermerkmale zurückgeführt, wobei in den seltensten Fällen mangelnde Qualität des Unterrichts zur Erklärung herangezogen wird (Ingenkamp, 1979). Die Situation im Klassenzimmer erscheint in gewisser Weise standardisiert. Ein Lehrer steht einer Klasse gegenüber. Dabei ist es nicht verwunderlich, dass nicht alle Schüler im gleichen Maße vom Unterricht profitieren. Eine ganz andere Qualität wird der Unterricht haben, der in der Präsentation, Erläuterung und Anordnung der Lerninhalte bezüglich klarer Lernziele auf einzelne Individuen zugeschnitten ist.

In Anlehnung an die vorliegende Literatur werden im folgenden die Elemente adaptiven Unterrichts entwickelt.

2.2.2.1 Entwicklung der Elemente

1. Auswahl und Festlegung der infrage kommenden Unterrichtsstoffe

Für adaptiven Unterricht, der sich auf die Lernmöglichkeiten des einzelnen Schülers unter dem Anspruch zielerreichenden Lernens einstellen will, ist curricular zu klären, welche Unterrichtsstoffe unerläßlich und damit als für alle notwendig zu erarbeiten angesehen werden. Da schulischer Unterricht in seinen Intentionen komplex ist (Wissensvermittlung als notwendige Ausrüstung für das spätere Leben, Interessenentwicklung, Entwicklung von Selbstbestimmung und den Fähigkeiten, Disziplinen auf eigene Weise zu bearbeiten und zu studieren u. a. m.), sollte adaptiver Unterricht auf die Bereiche begrenzt bleiben, die als für jeden Schüler unerlässlich werden. Es bleibt hier das damit verbundene Problem außer Acht, wo denn das Unerlässliche zuverlässig bestimmt werden könnte. Wäre das möglich, würden für den weiteren Unterricht viel entspannter Lehr- / Lernverhältnisse zu gestalten sein.

2. Festlegung und Überprüfung eines Erfolgskriteriums

Erfolgreicher adaptiver Unterricht mit der Maßgabe zielerreichenden Lernens setzt voraus, dass der Lehrer in der Lage ist zu erkennen, wann der Schüler das Lernziel erreicht hat und wann nicht. Hier wäre zu erinnern an die intensive Diskussion um operationalisierte Lernziele, informelle Tests (Mager, 1971; Gaude / Teschner, 1971[2]), die für diesen Bereich reaktiviert werden könnte.

3. Rückmeldungsmanagement

Der Schüler soll davon überzeugt werden, dass er die Lernziele erfolgreich erreichen kann. Statt der selektierenden greift hier also eine Mut machende, helfende Praxis. Es ist daher wichtig, dass er weiß, wo er im Hinblick auf die zu erreichenden Lernziele steht. Und es ist wichtig, dass er lernt, sein Lernen selbst in die Hand zu nehmen, das heißt zu erkennen, wo ihm etwas fehlt, welche Art der Hilfe vielleicht am besten wäre. Zu lernen, sich über seine Lernbefindlichkeiten kognitiv wie affektiv wie sozial klar zu werden, wäre für adaptiven Unterricht besonders wichtig, weil dann entsprechende Hilfen greifen können.

4. Alternative Lehr-/ Lernstrategien

Die Hilfen bestehen in alternativen Lehr-/ Lernstrategien, die auf die diagnostischen Informationen hin ausgewählt werden können: Kleingruppenarbeit mit einem Lehrer (das Modell 3 Lehrer für 2 Klassen wäre heute realisierbar), tutorielle Hilfe (für jeden Schüler steht ein Lehrender – Lehrer oder Schüler – zur Verfügung), anderes Lehrmaterial (alternative Lehrbücher, Arbeitshefte, audiovisuelle Hilfen, Programme u. a. m.).

5. Zeitressourcen

Als ganz wichtiger Faktor wird immer wieder die Zeit angesehen, die ein Lernender braucht, um etwas zu lernen. In der amerikanischen Literatur wird ein Verhältnis von 5 : 1, 6 : 1, mindestens 3 : 1 im Zeitaufwand zwischen schnellsten und langsamsten Schülern genannt. Carroll hat bekanntlich Begabung als das Maß an Zeit definiert, die jemand braucht, um etwas zu lernen! Nun ist hier genau eine sehr schwache Stelle im herkömmlichen Unterricht. Der einzelne Schüler unterliegt festen Zeitrhythmen, dem am Durchschnitt der Klasse orientierten Vorangehen. Adaptiver Unterricht muß hier einen anderen Rahmen schaffen. Darauf wird später noch eingegangen.

2.2.2.2 In alternativer Sicht: Kommunikativer adaptiver Unterricht

Die Frage erhebt sich, ob von einem eher kommunikativen Unterrichtskonzept her adaptiver Unterricht nicht auch anders gedacht werden könnte, nämlich in einer zwar globalen, aber stärker auf das lernende Individuum abstellenden Weise. Der an der Schule Interessierte fragt in regelmäßigem Abstand, warum Lehrer ihre Planung für eine Stunde, einen Tag, eine Woche, einen Monat, ein Vierteljahr Schülern nicht vorstellen, um dann mit ihnen besprechen zu können, in welcher Weise man das Pflichtpensum angehen könnte, wer sich stark engagieren muss, da er wenig Voraussetzungen mitbringt, wer nicht soviel Energien aufwenden muß, da er meint, den Lehrstoff relativ schnell erarbeiten zu können, wer welche Hilfen haben möchte, wer allein, in Gruppen oder mit dem Lehrer arbeiten möchte u. a. m. Adaptiver Unterricht in dieser Variante würde die 'Solls' offenlegen, zu ihrer Erreichung verschiedene Angebote machen und dann das Lernen freigeben. Die 'Solls' könnten und sollten dabei möglichst präzise angegeben werden. In der Mathematik wären dies z. B. Aufgabenarten, die am Ende der Arbeitsphase gelöst werden sollten. In Geschichte könnten sehr konkret die Kenntnis-, Verstehens-, Anwendungsbereiche für ein bestimmtes Thema dargestellt werden. Ein Beispiel für das Thema 'Alexander der Große' hat Messner einmal entwickelt (Messner, 1973).

Adaptiver Unterricht in dieser Variante würde viel stärker interessen-, bedürfnis- und lernorientiert sein. Er würde die Schüler in die Lage versetzen, ihr Lernen viel stärker in die eigene Hand zu nehmen, aufgeklärter zu lernen. Er würde Meta-Lernen fördern, wie der Verfasser es in einem früheren Aufsatz entwickelt hat (Bönsch, 1984). Voraussetzung wäre die Entwicklung einer Planungsdidaktik. Dies meint im Unterschied zu der bis heute praktizierten Vermittlungsdidaktik, Planungsbemühungen zu richten auf

- die Offenlegung und Nachvollziehbarkeit der Unterrichtsplanung für die Schüler,
- die Erörterung von verschiedenen Lernwegen,
- die Bereitstellung personeller, materialer und medialer Lernhilfen (Tutorensysteme, Lernkabinette, Bibliotheken, Mediotheken, Medienverbundsysteme, Lernprogramme) im Klassenzimmer und in anderen Räumen der Schule,
- die Ergänzung der Lehrerrolle (er ist primär Vermittler und Prüfer heute) durch Beratungsfunktionen, Diagnostik- und Differenzierungsfunktionen,
- Lernvoraussetzungen instrumental zu erheben, aber auch subjektiv artikulieren zu können.

Lernen könnte dabei zum Studieren im eigentlichen Sinn werden. Lernende könnten plan- und doch selbstbestimmt ihre Lernaufgaben wahrnehmen. Eine reichhaltige Lernumwelt würde entsprechende Angebote machen. Natürlich würde sich die scheinbar homogene Lerngruppe auflösen und Lernende an ganz verschiedenen Sachverhalten arbeiten. Wer sich in der Lage fühlt, sich den frühzeitig bekannt gemachten Leistungskontrollen zu unterziehen, würde diese jederzeit absolvieren können.

Meine These ist, dass wir mit kleinen Klassen und einer weiteren strukturellen Verbesserung der Arbeitsbedingungen in der Schule einen entscheidenden Schritt zur besseren Erreichung der als unerlässlich angesehenen Lernziele durch alle oder durch möglichst viele Schüler tun könnten. Und wenn wir dies erreicht hätten – was im übrigen auch noch großer curricularer Anstrengungen bedarf (was wären die unerlässlichen Fundamentalia einer allgemeinen Bildung in der öffentlichen Schule im Laufe von 9, 10 oder 13 Schuljahren?) –, könnten wir einen anderen Aspekt genauer und konsequenter verfolgen.

2.3 Leitlinie 'Kommunikativer und offener Unterricht'

Verbesserte Kommunikationsstrukturen, eine Veränderung der Schüler- und der Lehrerrolle, stärker selbstbestimmtes Lernen, die Öffnung schulischer Curricula für lebensrelevante Bedürfnisse und Interessen der Schüler sind Postulate der schulpädagogischen Diskussion der letzten 10–15 Jahre. Wir konnten ihnen bisher immer nur in begrenzten Umfang entsprechen. Wenn ich es richtig sehe, war der Grund dafür meistens nicht der fehlende Wille von Lehrern. Die strukturell bestimmten Arbeitsbedingungen verhinderten kommunikativen und offenen Unterricht zu häufig. Ich habe diese schon kurz skizziert. Wenn wir nun bei kleineren Klassen das Auftragssoll besser erfüllen könnten, würden wir größere Chancen für diese dritte Leitlinie bekommen. Sie sei jetzt kurz skizziert.

Kommunikativer Unterricht kann in aller Kürze mit folgenden Gütekriterien beschrieben werden:

- Gegenseitigkeit meint die erkenntnis- und handlungsmäßige Einsicht in die wechsel- und gegenseitigen Abhängigkeitsbeziehungen von Individuen, die Aufgaben füreinander erfüllen. Eine Seite rechnet in ihrem Tun oder Nichttun mit der anderen (oder auch nicht), die selbst wiederum von dessen Handeln oder Nichthandeln betroffen ist und darauf reagiert.
- Einfühlungsvermögen (Empathie) bezeichnet das Ausmaß des Sichhineinversetzens in andere Personen oder Situationen zu dem Zweck, sie durch inneren Nachvollzug zu verstehen.
- Einwirkungsfähigkeit (Intervention) meint die Fähigkeit, sich auf konkrete Situationen (z. B. der Entscheidung für Themen und Kooperationspartner) einzulassen und aus eigener Verantwortung wirksam zu werden. Hier ist ein aktiver, der oben beschriebene, und ein reaktiver Aspekt zu unterscheiden. Der Einwirkungsfähigkeit entspricht eine Rückmeldungspromptheit, das heißt Eindrücke, Einstellungen, bessere Informationen gegenüber Vorgaben unmittelbar an die Beteiligten zurückzuvermitteln, um den Kommunikationsprozess unmittelbar produktiv mitzutragen.
- Anerkennungsbereitschaft bezeichnet das Maß, in welchem die über Einwirkung und Rückmeldung durchgeführte Kommunikation zu Ergebnissen geführt wird, die von den Beteiligten in der Mehrheit als gültig und auch von der überstimmten oder schweigenden Minderheit als verbindlich akzeptiert werden.

3. Unterrichtsstrukturen und soziales Verhalten – Zum Zusammenhang von Unterrichtsorganisation und individuellem Verhalten –

Eine der spannendsten schulpädagogischen Fragen ist, ob es Zusammenhänge zwischen den in der Schule angebotenen und realisierten Unterrichtsstrukturen und dem Schülerverhalten gibt. Dies ist besonders für den z. Z. diskutierten offenen Unterricht wichtig, aber natürlich auch für den herkömmlichen lehrerorientierten Unterricht.

3.1 Lehrerzentrierter Unterricht und Schülerverhalten

Im Normalfall wird Unterricht in der Schule so organisiert, dass Lerngruppen (Klassen), nach Jahrgängen gebildet, eingeteilt werden und dann der Kanon von Fächern in 45-Min.-Stunden von wechselnden Lehrer/innen vermittelt / unterrichtet wird. Der einzelne Lehrer / die einzelne Lehrerin kommt mit ihrer Unterrichtsvorbereitung in eine Klasse von ca. 20–30 Schüler/innen und hat 45 Minuten Zeit. Er/sie hat einen Plan für den Unterrichtsverlauf und für die Bearbeitung eines Unterrichtsinhaltes. Die Annahme ist/muss sein, dass die Schüler/innen den Unterrichtsinhalt noch nicht kennen / beherrschen. Sonst wäre die Stunde überflüssig. Das Baumuster ist nun, dass durch die gemeinsame Bearbeitung jeder Schüler / jede Schülerin den Unterrichtsinhalt kennenlernt und die mit ihm verbundenen Operationen (in der Regel kognitive wie Wissen speichern, Einsicht haben, ausführen, anwenden, interpretieren, analysieren, übertragen) ausführen lernt. Dafür ist es notwendig, dass alle sich auf die gemeinsame Bearbeitung konzentrieren, Rechts-links-Interaktionen wären störend. Man muss auf den Lehrer / die Lehrerin hören, auf Beiträge anderer Schüler/innen, ist ggf. aufgefordert, selbst etwas beizutragen. Der gedachte Unterrichtsverlauf soll sich realisieren, individuelle Bedürfnisse, Interessen, Schwierigkeiten sind hintenanzustellen. So geht das Stunde für Stunde, insgesamt in einer unerhört großen Zahl von Unterrichtsstunden. Wer Beziehungsprobleme hat (zu wenig Anerkennung bekommt, zu wenig sprechen kann, zu wenig Bewegung hat), muß sich beherrschen lernen. Schulfähigkeit wird als die Fähigkeit verstanden, dem Unterricht jederzeit den Erwartungen entsprechend folgen zu können. Wer Lernprobleme hat (etwas nicht versteht, eine Erklärung verpasst hat, aufgetragene Arbeiten nicht ausführen kann), hat das auf sein Konto zu schreiben. Der Unterricht oder der Unterrichtsstil des Lehrers / der Lehrerin ist eigentlich nie schuld.

Dieser Erwartungsrahmen ist überaus fordernd. Wahrscheinlich würden Lehrer/innen Schule und Unterricht ganz anders sehen, wenn sie etwa für 6 Wochen allen Anforderungen / Belastungen (30 Unterrichtsstunden pro Woche, jeden Tag Hausaufgaben, regelmäßige Leistungskontrollen) standhalten müßten. Die Selbst- oder Fremddisziplinierung muss schon sehr intensiv sein. So ist es eigentlich kein Wunder, wenn ein Schüler / eine Schülerin ausbricht, sobald ihm/ihr der Unterricht nicht genügend Bestätigung und Erfolg bringt. Bei einer Kumulation von Misserfolgen oder zu geringen sozialen Feedbacks gibt es kaum noch Stützungen der ja immer noch labilen Ich-Identität. Da man aber die Wirkung der eigenen Person im gegebenen sozialen Resonanzrahmen erfahren muß, wenn man auf Dauer nicht an sich verzweifeln muß, werden „kompensatorische“ Aktivitäten (Störungen, Verweigerungen, Konventionsverletzungen u. a. m.) wichtig. Genau diese aber müssen zur Sicherung des Unterrichtsverlaufs verwehrt oder bestraft werden. Verhaltensschwierigkeiten, Leistungsverweigerungen, Lernschwierigkeiten werden wahrscheinlich häufig auch von den rigiden und wenig Interaktion zulassenden Unterrichtsverläufen produziert, die beschrieben worden sind. Der Zusammenhang von Unterrichtskonzept und Schülerverhalten ist sicher recht stark. Aus den Tausch'schen Untersuchungen (Tausch, 1970) wissen wir seit langem, wie auf der Beziehungsebene Verursachungen und Konsequenzen zusammenhängen. Aus den nun auch schon älteren Untersuchungen von

Dietrich (Dietrich, 1979) ergab sich, dass eben Lernerfolge (Behalten von Wissen z. B.) auch von den Sozialformen abhängen.

3.2 Offener Unterricht und Schülerverhalten

Erfahrungen mit offenem Unterricht ergeben immer wieder einen sehr überraschenden Befund: selbst und gerade die bisher als schwierig eingeschätzten Schüler/innen würden ihr Verhalten ändern. Sie würden ihr Verhältnis zum Lernen neu gestalten und ihr Verhalten ändern. Sie wären gar nicht mehr so „schwierig“. Auch wenn dies zur Zeit nur punktuelle, wahrlich noch nicht zu verallgemeinernde Erfahrungen sind, der Sachverhalt ist aufregend. Wenn wir neu bestätigt bekämen, dass schwierige Schüler/innen Verhalten und Arbeitseinsatz ändern, wenn ihnen andere unterrichtliche Situationen angeboten werden, müsste in Richtung „offener Unterricht“ viel intensiver nachgedacht und gearbeitet werden.

Wichtig ist, dass offener Unterricht und die mit ihm verbundenen sozialen Situationen richtig gesehen werden. Sollte offener Unterricht auf Laisser faire und Strukturlosigkeit mit desorientierender Wirkung basieren, wird der oben beschriebene Effekt sicher nicht eintreten. Die Chance zu verändertem Sozial- und Leistungsverhalten ergibt sich wohl nur, wenn eine Unterrichtsstruktur gefunden wird, die folgenden Gesichtspunkten entspricht:

1. Unterricht ist eine Lernveranstaltung, die Lernenden ermöglicht, sich in Lernbemühungen selbst zu verwirklichen im Austausch mit Anderen.
2. Wenn sich Unterricht mehr und mehr für mit- und selbstbestimmtes Lernen öffnet, sind zunächst einmal verlässliche Strukturen im Sinn von Orientierung, Angebot, Beratung in personaler Hinsicht und Zeit-, Material- und Handlungsstrukturen in sächlicher Hinsicht nötig.
3. Das große „Kunststück“ für jeden, der Lernsituationen täglich schaffen muß, ist es, die Balance von vorgebender Struktur (Ordnungen, Regeln, Verlässlichkeiten) und Offenheit für Initiative, Selbständigkeit, Mit- und Selbstverantwortung und für ein qualitativ anderes soziales Lernen zu schaffen.
4. Die geforderten Offenheiten schafft der herkömmliche Unterricht nicht oder nur in einem geringen Maße. Offener Unterricht mit seinen Teilkonzepten der Wochenplanarbeit, der Freien Arbeit, des wahldifferenzierten Unterrichts und der Projektarbeit kann Rahmenbedingungen schaffen, in denen das lernende Individuum seiner selbst gewahr werden kann, Verantwortlichkeiten und Eigeninitiative lernen kann und damit einen anderen Lernerstatus gewinnt als nur den des reaktiven Ausführenden (Bönsch, 1993).
5. Wirklich soziales Lernen mit all den Prozessen des miteinander Sprechens, des sich Verabredens, des den anderen Tolerierens, des gemeinsamen Arbeitens, des sich Beratens, des sich Stellens, des sich Mut Machens, des Hilfe Er-

fahrens, des Gebens und Nehmens wird erst möglich, wenn die adäquaten Situationen geschaffen werden.

6. Und das schon erwähnte Überraschende kann dann sein, dass der schon mutlos Gewordene neue Ansätze des sich Einbringens gewinnt, Einladungen, Verantwortung zu übernehmen, nicht mehr durch „dummes Zeug" neutralisieren kann. In dem Maße, wie Fremdeinschätzungen Zutrauen, Vertrauen, Handlungsorientierungen beinhalten, orientiert sich die Selbsteinschätzung neu (das kann ich vielleicht doch, das macht Spaß, da kann ich nach meinen Möglichkeiten etwas tun).

Auch wenn es Zeit braucht – das geht sicher nicht von heute auf morgen – Verhalten ändert sich mit Situationen. Wenn häufig genug Situationen vorhanden sind, in denen mir etwas zugetraut wird, in denen ich die Verantwortung für die Ausführung von Aufgaben trage, in denen ich nicht allein bin, obwohl 25 Andere da sind, in denen ich auf Andere zugehen kann, Andere auf mich zukommen, verändere ich mein Verhalten, weil ich als Person und nicht mehr nur als Schüler X angesprochen bin. Wenn dieses Konzept stimmt – und es ist ein genuin pädagogisches –, dann müßte Schulpädagogik noch einmal neu geschrieben werden. Schule wäre dann nicht mehr vorrangig administrativ-organisatorisch zu denken, sondern von den Lerngelegenheiten her, in die sich ein Individuum einbringen kann und mit anderen Lernenden die Interaktionsmuster und Arbeitsstandards gestalten kann, die zwischenmenschlich Befriedigung schaffen und inhaltlich in einer aufsteigenden Linie liegen. Die didaktisch-methodische Diskussion sollte diese Linie mit Engagement weiterverfolgen.

4. Über den Zusammenhang von methodischen Maßnahmen und psychischen Vorgängen bei Schülern

Aus verbreiteten Publikationen der Pädagogischen und der Lernpsychologie ist die Artikulation eines Lernprozesses bekannt. Konnte den kritischen Betrachter schon immer stören, dass ohne weitere Differenzierung das menschliche Lernen offenbar so einfach doch nicht zu beschreiben war – Roth hat wenigstens drei Lernarten unterschieden: das indirekte Lernen, das direkte Lernen und Lernen durch Lehren –, so hätte man auch frühzeitig feststellen müssen, dass es sich bei diesen inhalttypischen Beschreibungen immer nur ein durch folgende Charakteristika gekennzeichnetes Lernen handelt:

1. Gemeint ist das Lernen durch Einsicht, das Lernen als Erkenntnisprozess im Gegensatz etwa zum Lernen durch bedingte Reaktion oder dem komplexen Lernen von Verhaltensweisen.
2. Diese Art von Lernen impliziert einige Gestaltungselemente: die Lernenden (Schüler) müssen hinreichend motiviert werden, es muss ihnen genügend Selbstständigkeit des Vorgehens gegeben werden. Der Lehrer muss soziale

Interaktionsformen bevorzugen (geringe bis mittlere Intensität der Lenkung, Ausmaß an Wertschätzung).

Das so charakterisierte Lernen ist anspruchsvoll und bedarf verschiedener Hilfen. Man muß sich klar darüber sein, dass daneben Verhaltensweisen des Menschen durch sog. Beobachtungslernen, durch Bekräftigungslernen u. a. aufgebaut werden.

Diesem gegenüber haben Lehrende bis jetzt weit weniger ein klares Wissen und brauchbares Steuerinstrumentarium entwickelt.

Wenn man den Verlauf eines Lernprozesses kennt, Unterricht danach konzipiert (Unterrichtsbeginn – Stadium intensiver altersgemäßer Problemlösung – Abschnitt fachgerechter Untersuchung und Erarbeitung – Abschnitt weitgehender fachlicher Abstraktion, Ordnung und Zusammenfassung – Endabschnitt: Verwertung gewonnener Einsichten und Kenntnisse), so sind vor allem die Zusammenhänge zwischen methodischen Maßnahmen und psychischen Vorgängen bei Schülern interessant, da es um deren Lernerfolg geht.

In der Publikation der beiden Tauschs und in der von Winnefeld herausgegebenen (Tausch, 1970[5]) sind die Interdependenzen auf Grund von Beobachtungen und empirischen Untersuchungen aufgezeigt worden.

4.1 Zum Unterrichtsbeginn

Die Befunde experimenteller Arbeiten zeigen deutlich, dass die Leistungen von Schülern durch geeignete, vom Lehrer besonders gestaltete Bedingungen wie Veranschaulichung, Motivation und konkrete Darstellung ohne Dirigismus oder Druck gesteigert werden können Der seit Jahrhunderten geforderte Einsatz von Veranschaulichungsmitteln hat durch die Düker-Tausch'sche Untersuchung eine Bestätigung erfahren.

Reale Gegenstände, Modelle, Filme, Bilder haben gegenüber der rein verbalen Darbietung des Lernstoffes einen signifikant höheren Effekt auf die Behaltensleistung. Auch der immer wieder auftauchende Hinweis nach Handlungsmöglichkeiten, nach einer operativen Unterrichtsgestaltung (Aebli, 1963) als Grundlage effektiveren Lernens scheint sich empirisch belegen zu lassen. Stegreifdarstellungen (mündlicher und pantomimischer Ausdruck von Gedanken, Vorstellungen und Handlungsabsichten) haben sich positiv auf die Leistung im Aufsatzschreiben ausgewirkt (größere Zahl der Sinneseindrücke, der Adjektive und Adverbien und der nicht wiederholten Verben). Schließlich sind motivierende Maßnahmen ohne Zweifel für den Unterrichtsbeginn von großer Bedeutung. Statt der verbalen Bekanntgabe des Unterrichtszieles bzw. -gegenstandes (Heute wollen wir die Berechnung des Kugelinhaltes durchnehmen!) sind das Gestalten einer interessanten altersgemäßen Situation, die echte Problemstellung, die gemeinsame Planung eines Arbeitsvorhabens durch Lehrer und Schüler wichtige Maßnahmen.

Gelingt es, den Unterrichtsbeginn durch Veranschaulichung, Motivation und konkrete Darstellung wirksam zu gestalten, ist die Chance groß, dass sich folgende psychische Vorgänge bei Schülern ergeben:

- affektive Erlebnisse wie Spannung, Freude, Neugierde und der Wunsch nach Beherrschung der Situation,
- unwillkürliche Aufmerksamkeit,
- spontanes aktives Verhalten,
- Bereitschaft und Wunsch zu weiterer Beschäftigung mit dem Unterrichtsgegenstand,
- ungezwungener und vom Lehrer weitgehend ungesteuerter sprachlicher Ausdruck,
- erster Kontakt mit dem Unterrichtsgegenstand,
- eine erste allgemeine Orientierung.

Das aber sind genau die Vorgänge, die für effektives Lernen immer wieder notwendig sind. Selbstverständlich gelingt es, mit schlichten verbalen Nennungen des Unterrichtszieles oder einem völlig unbegründeten Unterrichtsbeginn (auch dieser scheint nicht selten zu sein) Schüleraktivitäten zu provozieren (der allgemeine Druck der Schülersituation, eine überdauernde, vom Elternhaus aufgebaute Leistungsmotivation, eine stark autoritäre Unterrichtsführung helfen dabei), es darf aber nicht verwundern, wenn Inaktivität, Schulmüdigkeit und -verdrossenheit mit zunehmender Schuldauer das Unterrichten immer mühsamer werden lassen und vor allem der Lernerfolg absinkt.

4.2 Das Stadium intuitiver altersgemäßer Problemlösung

Ist der Unterrichtsbeginn in der einen oder anderen skizzierten Weise gelungen, hat der Lehrer folgende methodische Maßnahmen zu ergreifen: die Situationen und Bedingungen sind so zu gestalten, dass den Schülern Erfahrungen, Initiative und Selbständigkeit im Vermuten und in ersten Lösungsansätzen möglich werden, dass zu trial-and-error-Lernen und Kleingruppenarbeit ermutigt wird. Hilfe bei der Diskussion und Verwertung der geäußerten Vorschläge, Gegenüberstellung der Meinungen, Herausstellen und begrenztes Ordnen wichtiger Gedanken, Ermutigung zu weiteren spontanen Äußerungen sollen zusammen mit der Einrichtung der unterrichtlichen Situation nach den oben skizzierten Kriterien folgende psychische Vorgänge bei Schülern anregen:

- Vermutungen und deren Äußerung,
- Sammeln von Erfahrungen,
- intuitive Lösungsversuche, Schätzen und Raten,

- Urteilen und Handeln aufgrund des Vorwissens, des ersten Eindrucks über das Unterrichtsmaterial, der Stellungnahmen von Mitschülern,
- intuitive Konzeptbildung.

Die für diese Phase relevanten empirischen Befunde referierten die Tauschs, aber auch Correll und Meili. Versuch- und Irrtum-Lernen wirkt sich unter geeigneten Bedingungen günstig auf das Lerninteresse aus. Dies ist dann der Fall, wenn trial and error in der Mehrzahl der Fälle zum Erfolg geführt haben. Das Erlebnis des Erfolgs wirkt verstärkend auf das Selbstvertrauen und damit auf das Anspruchsniveau der Schüler. Didaktisch interessant sind vor allem die Untersuchungen über die Denkvorgänge, die sich in solchen Situationen ergeben. Duncker hat zu zeigen versucht, wie sich durch verschiedene Lösungsversuche das Verständnis der wesentlichen Charakteristika des Problems verändert. Das Probieren wird einerseits von der Problemstruktur gelenkt und bewirkt andererseits eine langsame Umwandlung dieser Struktur, bis diese soweit gelangt ist, dass die Lösung einsichtig erfolgen kann. Helen E. Durkin hat bei ihren Untersuchungen gefunden, dass man blindes Probieren und analysierendes Vorgehen unterscheiden müsse. Je nach der Schwierigkeit des Problems (wenig verfügbare Erfahrungen, nur irrelevante Informationen) herrscht das eine oder andere Verhalten vor.

4.3 Der Abschnitt fachgerechter Untersuchung und Erarbeitung

Wesentlich ist für den weiteren Verlauf des Lernprozesses, dass nach dem Stadium der Motivierung zu fachgerechterer Arbeit und der Vor-Strukturierung eines Sachverhaltes – diese beiden Funktionen hat die vorangegangene Unterrichtsphase vor allem – die fachgerechte Erarbeitung notwendig wird.

Methodische wichtige Maßnahmen sind:

- Klare Formulierung der nun exakt zu lösenden Probleme bzw. Aufgaben,
- Festlegung einzelner Abschnitte zur Bearbeitung unter Mitentscheidung der Schüler,
- Aufgliederung des Unterrichtsstoffes in Teilgebiete,
- Bereitstellen von Informationsmaterial (hektographierte Blätter, Bücher, Arbeitsblätter, Arbeitshefte, Programme usw.),
- Bekanntgabe notwendiger Informationen über das methodische Vorgehen,
- Ermöglichung von Kleingruppenarbeit und Partnerarbeit bei der Verfolgung von Einzelfragen,
- zeitliche Verabredungen für Einzel-, Partner und Gruppenarbeiten,
- Realisierung der Lehrerrolle als Berater, Helfer, Gesprächsteilnehmer.

Die Durchführung dieser Maßnahmen entspricht aktuellen Tendenzen in der Didaktik-Diskussion, die folgendermaßen zu beschreiben sind:

- vom lehrerzentrierten Unterricht zu objektivierten Unterweisungsprozessen,
- von der Unterrichtsgestaltung zur Optimierung von Lernprozessen,
- von der Darstellungsfunktion zur Beratungsfunktion des Lehrers,
- von der lernziel- und lernartorientierten Optimierung zur Sozialisierung und Individualisierung des Lernens.

Die mit diesen Maßnahmen korrespondierenden psychischen Vorgänge bei Schülern sind unter den Aspekten kognitiven und emotionalen Lernens zu zweiteilen. Wenn Schüler in der skizzierten Weise zum Lernen angeregt werden, kommen sie häufiger in die Lage, Unterricht mit zu planen, Erfahrungen bei diesem und jenen Vorgehen zu sammeln, Wissen auszutauschen und damit zu aktualisieren, sich intensiver mit Unterrichtsgegenständen auseinanderzusetzen, Formulierungen zu präzisieren, weil man in der Gruppe dazu angehalten wird, in größerem Ausmaß sprachlich kommunizieren zu können, variabel in der Wahl der Ausdrucksformen vorgehen zu können (mündlicher Bericht, Beobachtungsprotokolle, Skizzen, Schemazeichnungen, modellartige Nachbildungen, schriftliche Formulierungen usw.). Das Lernen bekommt Transparenz und kann mit verantwortet werden.

Dabei ergeben sich auch Vorteile unter emotionalem Aspekt. Schüler sind durch diese 'Aktionalisierung' des Lernens stärker motiviert, sie können mitbestimmen, sie können sich engagieren. Die Lenkung des Lehrers ist geringer und es bleiben die zum Teil fatalen Folgen andauernder Geführtheit aus. Die Atmosphäre kooperativer und damit öfter ernst betonter Arbeit schafft die Voraussetzungen für ein entspanntes Lernen. Schüler sind zufriedener, haben in der Gruppe häufiger Erfolgserlebnisse und bekommen auf diese Weise 'motivationale Stützen'. Der Lehrer hat die Autorität der sachlichen Kompetenz. Dies entlastet ihn und hilft ihm gleichzeitig, seine Rolle anders als im hergebrachten Frontalunterricht zu verstehen.

4.4 Der Abschnitt der Zusammenfassung und Anwendung gewonnener Einsichten und Kenntnisse

Erarbeitungen, Auseinandersetzungen, Darstellungen u. a. m., die die Funktion haben, die Hauptphase des Lernprozesses zu sein, folgen zusammenfassende Unterrichtsabschnitte.

Methodisch wichtige Maßnahmen sind:

- Die Teilergebnisse sind zu ordnen, in ihren Zusammenhang zu bringen.
- Wichtige Tatbestände, Gesichtspunkte, Ergebnisse sind als solche hervorzuheben.
- Es ist Unterstützung bei der präzisen Formulierung wesentlicher Ergebnisse zu geben.

- Die Aktualisierung gewonnener Einsichten und Erkenntnisse in neuen Lernsituationen ist zu ermöglichen.
- Den Schülern sind Hilfen für gedächtnismäßiges Lernen zu geben.
- Selbstkontroll- und Beurteilungsmöglichkeiten sind für die Schüler zu schaffen, damit sie sich über die Effektivität ihrer Arbeit und ihres Lernens orientieren können. Eine angstfreie Überprüfung des Gelernten muß ermöglicht werden.

Diesen Maßnahmen entsprechende psychische Vorgänge bei Schülern halten sich auf der Linie der vorstehend gemachten Ausführungen. Die Arbeit ist sachorientiert, damit emotional entspannt. Die Arbeit ist schülerzentriert, damit unter dem Gesichtspunkt der Motivation 'positiv geladen'. Es geht für die Schüler darum, die Ergebnisse ihrer Arbeit zu sichern, Techniken des Einprägens zu praktizieren, um nicht schnell des selbst Erarbeitete wieder zu vergessen.

Des Lehrers Hervorhebungen werden als Strukturierungshilfen verstanden, Erfolgskontrollen zur Selbstkontrolle benutzt. Kommt zu relativ großer Freiheit in der Gestaltung des Lernens, zur Zubilligung von Verantwortung und Entscheidungsmöglichkeiten ein Lehrerverhalten, das durch Freundlichkeit, Lob, positiver emotionaler Zuwendung Lernbemühungen verstärkt, hat schulisches Lernen die Chance größerer Effizienz und Motiviertheit.

5. Strukturaufriss des Themenfeldes 'Differenzierung'

Differenzierung als schulpädagogischer Terminus (lat. differentia = Verschiedenheit, Unterschied) wird immer dann aktuell, wenn das Phänomen der Heterogenität (Ungleichartigkeit, Verschiedenartigkeit, Uneinheitlichkeit) oder der Komplexität (Gesamtheit aller Merkmale / Möglichkeiten, Vielschichtigkeit) als nicht bewältigbar angesehen wird. Differenzierungsstrategien / -maßnahmen zielen dann auf die Verringerung von Heterogenität / Komplexität bzw. auf adäquate Schulgestaltungen und Unterrichtsmaßnahmen für Teilpopulationen und begrenzbare Leistungs- und Vermittlungslagen. Im weitesten Sinn wird unter Differenzierung die Gliederung von Schulen und die in ihnen nach Bildungswegen vorgenommenen Variationen verstanden (Hurrelmann, 1989).

In der Differenzierungsdiskussion haben sich bestimmte, fast stereotyp wirkende Begriffe eingenistet wie z. B. äußere und innere Differenzierung, Leistungs- und Wahl-/Interessendifferenzierung, Wahlpflichtdifferenzierung, Grund- und Leistungskurse u. a. m. Der folgende Strukturaufriss des Themenfeldes 'Differenzierung' ist von dem Grundgedanken geleitet, jeweils zunächst die Heterogenität / Komplexität zu bestimmen, die dann Ausgangspunkt für Differenzierung ist. So können Differenzierungsmaßnahmen in ihrer Reichweite besser bestimmt werden.

5.1 Die Population der Schüler/innen des allgemein- und berufsbildenden Schulwesens insgesamt und die Schuldifferenzierung

In der Bundesrepublik Deutschland werden mehr als 12 Millionen Schüler/innen in Schulen des allgemein- und berufsbildenden Schulwesens unterrichtet (Block / Klemm, 1997). Diese riesige Schülerpopulation ist in sich differenziert nach Alter, Geschlecht, Begabung, Lernvermögen, Lernbeeinträchtigungen und (Zwischen-)Abschlüssen. In der Konsequenz dessen sind das allgemein- und berufsbildende Schulwesen nach Schularten und -stufen, Abschluss- und Qualifikationsmöglichkeiten stark gegliedert (Schuldifferenzierung). Gegenläufige Tendenzen, die einen hohen Grad von Heterogenität und Integration zum Inhalt haben, zeigen sich in der Grundschule, der schulformunabhängigen Orientierungsstufe, der integrierten Gesamtschule, der kooperativen Gesamtschule, der Sekundarschule (integrierte Haupt- und Realschule) und im Berufsvorbereitungsjahr wie im Berufsbildungsjahr.

In einem ersten Kapitel ist daher konsequenterweise ein Überblick unter der Überschrift „Schuldifferenzierung“ zu geben (Kapitel 2).

5.2 Der Kanon der Unterrichtsinhalte und seine Differenzierung

In den vielen tausend Unterrichtsstunden wird eine große Zahl von Unterrichtsinhalten bearbeitet. Ist diese zunächst einmal von großer Heterogenität – in der Regel beschrieben als Kanon von 14/15 Unterrichtsfächern –, so wird es zusätzlich differenziert in Pflicht-, Wahlpflicht- und Wahlbereiche oder Fundamenta und Addita, die im Zuge der Vermittlung über Differenzierungsmodelle unterschiedliche Anspruchsebenen finden (Differenziertes Curriculum – Differenzierungsmodelle). In einem weiteren Kapitel ist auf diese inhaltliche Differenzierung einzugehen (Kapitel 3).

5.3 Die Fächer, ihre Binnenstruktur und die damit verbundene fachliche Differenzierung

Jedes Unterrichtsfach ist in sich differenziert nach unterschiedlichen Arbeitsbereichen und Leistungsdimensionen. In einfach gehaltenen Differenzierungsmodellen wird dies häufig nicht genügend beachtet. An einem Beispiel (das Fach Deutsch) soll daher exemplarisch ein Aufriss über die fachliche Differenzierung gegeben werden. Es wird sich zeigen, dass von einem Fach streng genommen nicht gesprochen werden kann. Die fachlichen Arbeitsbereiche und Leistungsdimensionen sind in sich vielfach in Anspruch und Kompetenzen gegliedert, die Anlass zu mannigfachen unterrichtlichen Differenzierungen geben und inhaltliche, methodische, mediale, soziale und leistungsbezogene Varianten erlauben. In einem Kapitel sei dies aufgezeigt (siehe Kapitel 3).

5.4 Die Kumulation der Differenzierungsmöglichkeiten und -notwendigkeiten im Unterricht von Jahresklassen

Wenn man die Klasse zum Ausgangspunkt nimmt, die ihrerseits immer schon einer Reihe von Differenzierungskriterien gehorcht (Alter, Abschlusspräferenz, Lerndispositionen u. a. m.), kumulieren sich die Differenzierungsnotwendigkeiten, die in der Regel mit dem Begriff der 'inneren Differenzierung' (Leistungs-, Wahlaspekte) gefasst werden und bei einem hohen Grad der Heterogenität (z. B. altersheterogene Klassen; Integrationsklassen [Behinderte und Nichtbehinderte lernen zusammen]) sogar zu Strategien der zielgleichen und zieldifferenten Differenzierung führen. Das Repertoire dafür wird in eigenen Kapiteln aufgezeigt (Kapitel 4 und 5).

5.5 Der Ausgang vom Individuum und die daraus sich ergebenden Gruppierungs- und Differenzierungsstrategien

Nimmt man den Denkausgang vom lernenden Individuum, kommt man im Grunde zum Thema 'Individualisierung'. In der Form des Hauslehrerunterrichts / der Gouvernanten hat sie ihre eigene Geschichte (Hardach-Pinke, 1993). Da in der staatlichen und freien Schule der Individualunterricht aber nicht das Konstruktionsprinzip ist und sein kann, stellt sich die Frage, mit welchen Differenzierungsstrategien in Lerngruppen die Individualisierung als spezifische Form der Differenzierung wie weit realisiert werden könnte. Besonders im angelsächsischen Bereich, aber auch in Skandinavien wie ansatzweise im deutschsprachigen Raum gibt es Konzepte und Programme, die von einer konsequenten Individualisierung in Lerngruppen (Klassen) bis zum Konstrukt der 'beweglichen Schule' reichen. In einem Kapitel soll dazu ein Überblick gegeben werden (Kapitel 6).

5.6 Strukturaufriss

Versucht man eine Art 'didaktische Landkarte' für das Themenfeld 'Differenzierung' zu entwickeln, so kann man nach den vorstehenden Ausführungen folgende Übersicht entwickeln. Sie markiert zunächst den jeweiligen Ausgangspunkt und gibt dann das Differenzierungsstichwort mit einigen erläuternden Hinweisen. Der Leser hat damit eine erste Systematik und gleichzeitig die Möglichkeit, sich den Differenzierungsaspekten zuzuwenden, die ihn besonders interessieren. Überblickswissen und exemplarische Zugriffe sind gleichermaßen zu erarbeiten.

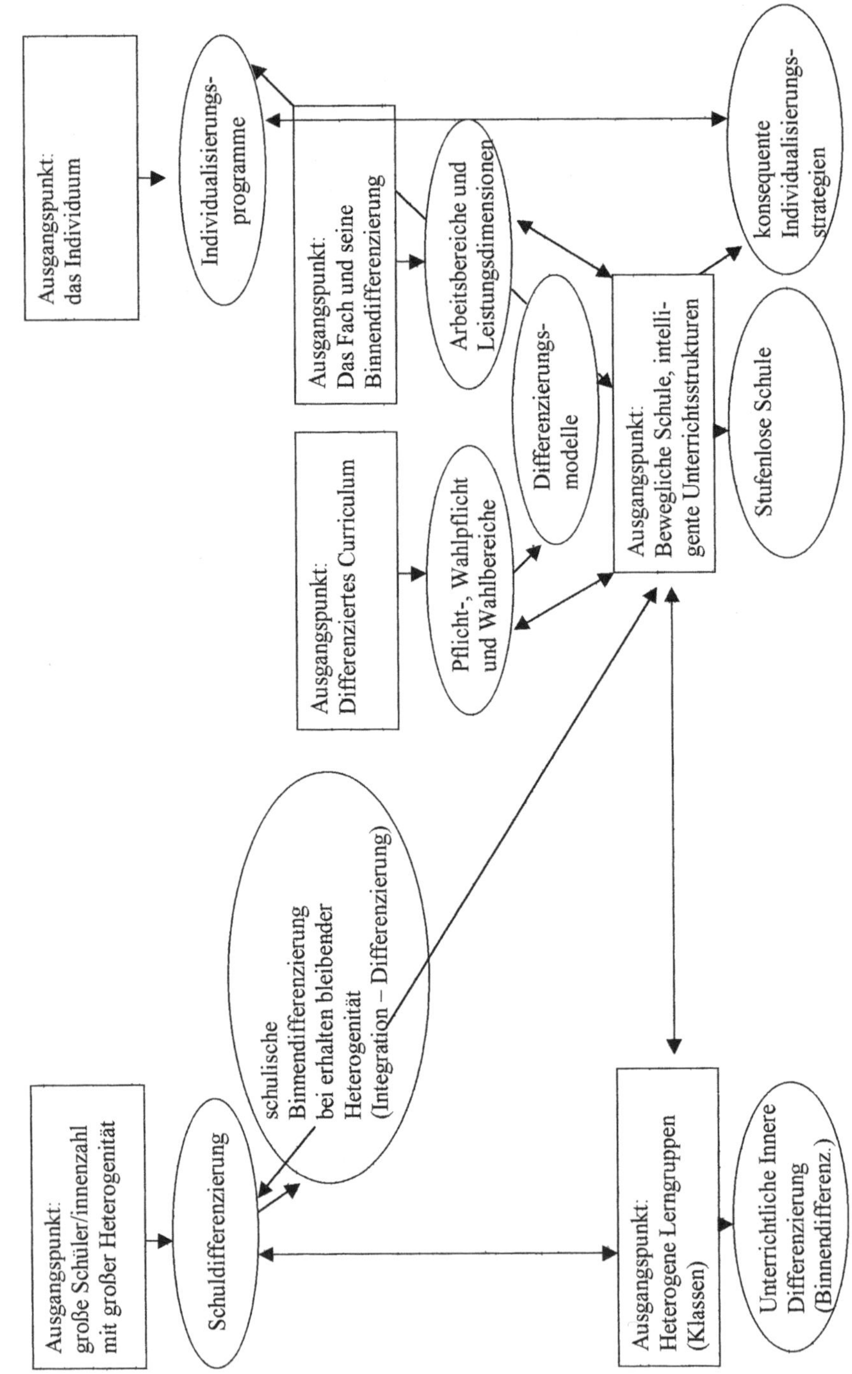

Abb. 4 Strukturaufriss 'Differenzierung'

6. Literatur

Aebli, H.: Psychologische Didaktik. Stuttgart 1963

Aurin, K.: Ermittlung und Erschließung von Begabungen im ländlichen Raum. Villingen 1966

Besuden, H. u. a.: Päd. Pläne des 20. Jahrh. Bochum: Kamps päd. Taschenbuch Nr. 39. Bochum o. J.

Block, J. H. (Hrsg.): Mastery Learning. Theory and Practice. New York 1971

Block, R. / Klemm, K.: Lohnt sich die Schule? Reinbek 1997

Bloom, B. S.: Alle Schüler schaffen es. In: Betrifft Erziehung. 2/1970

Bloom, B. S.: Lernen, kognitive Organisation und Intelligenz. In: Haseloff, W. F. (Hrsg.): Lernen und Erziehung. Berlin 1970

Bloom, B. S.: Individuelle Unterschiede in der Schulleistung ein überholtes Problem? In: Edelstein, W. / Hopf, D. (Hrsg.): Bedingungen des Bildungsprozesses. Stuttgart 1973

Bönsch, M.: Anschauung im Unterricht. Ratingen 1965

Bönsch, M.: Tun und Handeln als ein Weg produktiven Lernens. In: Ruprecht, H. (Hrsg.): Erziehung zum produktiven Denken. Freiburg i. Br. 1967

Bönsch, M.: Verlaufsgestalten und Aktionsstrukturen des Unterrichts. Essen 1969

Bönsch, M.: Differenzierungsform. In: Lenzen, D. (Hrsg.): Pädagogische Grundbegriffe. Reinbek 1989

Bönsch, M. (Hrsg.): Offener Unterricht in der Primar- und Sekundarstufe I. Hannover 1994

Carroll, J. B.: Lernerfolg für alle. In: Westermanns Päd. Beiträge. 1/1972

Carroll, J. B.: Ein Modell schulischen Lernens. In: Edelstein, W. / Hopf, D. (Hrsg.): Bedingungen des Bildungsprozesses. Stuttgart 1973

Correll, W.: Lernpsychologie. Donauwörth 1969[7]

Cronbach, K. J. / Snow, R. E.: Individual differences in learning abilities as a function of instructional variables. 1969

Dale, E.: Audio-visual methods in teaching. New York 1950[11]

Dietrich, G.: Bildungswirkungen des Gruppenunterrichts. München 1969

Düker, H. / Tausch, R.: Über die Wirkung der Veranschaulichung von Unterrichtsstoffen auf das Behalten. In: Zeitschrift für experimentelle und angewandte Psychologie. 1957, S. 384–400

Düker, H. / Tausch, R.: Die Auswirkung von Stegreifdarstellungen auf anschließend angefertigte Schulaufsätze. In: Psychologische Beiträge. 1960, S. 343–363

Duncker, H.: Psychologie des produktiven Denkens. Berlin 1935

Durkin, H. E.: Trial and error gradual analysis and sudden reorganisation: an experimental study of problem solving. In: Arch. Psych., Nr. 210

Eigler, G.: Auf dem Weg zu einer audio-visuellen Schule. München 1971

Fend, H. u. a.: Gesamtschule und dreigliedriges Schulsystem – eine Vergleichsstudie über Chancengleichheit u. Durchlässigkeit.Stuttgart: Klett 1976

Filipp, S.-H. (Hrsg.): Selbstkonzept – Forschung. Stuttgart 1979

Guyer, W.: Wie wir lernen. Erlenbach / Zürich 1967[5]

Hardach-Pinke, J.: Die Gouvernante. Frankfurt/M. / New York 1993

Heller, H. (Hrsg.): Leistungsbeurteilung in der Schule. Stuttgart 1974

Hurrelmann, K.: Differenzierung. In: Lenzen, D. (Hrsg.): Pädagogische Grundbegriffe. Bd. 1. Reinbek 1989

Ingenkamp, F. D.: Zielerreichendes Lernen – Mastery Learning. Ravensburg 1979
Ingenkamp, K. (Hrsg.): Die Fragwürdigkeit der Zensurengebung. Weinheim 1972
Ingenkamp, K.: Zur Problematik der Jahrgangsklasse. Weinheim / Basel 1972[2]
Jeziorsky, W.: Selbstbildungsmittel in der Grundschule. Braunschweig 1971
Krapp, A.: Bedingungen des Schulerfolgs. München 1973
Lewin, K. u. a.: Level of aspiration. In: Hunt, J. (Hrsg.): Personality and the behaviour disorders. New York 1944
Meili, R.: Denken. In: Meili, R. / Rohracher, H.: Lehrbuch der experimentellen Psychologie. Bern / Stuttgart 1968[2], S. 172f.
Mollenhauer, K.: Theorien zum Erziehungsprozess. München 1972
Niedersächsisches Kultusministerium: Die niedersächsischen allgemeinbildenden Schulen in Zahlen. Hannover 1998
Petersen, P.: Der kleine Jenaplan. Braunschweig 1955[25/26]
Pichler, H.: Klassengröße und Schulerfolg. Frankfurt/M. 1982
Popp, W. (Hrsg.): Kommunikative Didaktik. Weinheim / Basel 1976
Roth, H.: Pädagogische Psychologie des Lehrens und Lernens. Hannover 1970[12]
Roth, H.: Pädagogische Anthropologie. Band II. Hannover 1971
Rumpf, H.: Scheinklarheiten – Sondierungen von Schule u. Unterrichtsforschung. Braunschweig 1971
Rumpf, H. (Hrsg.): Schulwissen. Göttingen 1971
Rumpf, H.: Ein etabliertes Unterrichtsbild und seine Imitation. In: Popp, W. (Hrsg.): Kommunikative Didaktik. Weinheim / Basel 1976
Rumpf, H.: Unterricht und Identität – Perspektiven für ein humanes Lernen. München 1976
Schmidt-Stein, G.: Die Jahresklasse in der Volksschule. Stuttgart 1963
Schwarzer, R. / Steinhagen, K. (Hrsg.): Adaptiver Unterricht. München 1975
Sjølund, A.: Gruppenpsychologie für Erzieher, Lehrer und Gruppenleiter. Heidelberg 1980
Speichert, H.: Eine Umwelt zum Lernen. In: Initiativgruppe Solingen: Schule ohne Klassenschranken. Reinbek b. Hamburg 1972
Tausch, R. u. A.: Erziehungspsychologie. Göttingen 1970 (und viele weitere Auflagen)
Winnefeld, F.: Pädagogischer Kontakt und pädagogisches Feld. München / Basel 1963[2]

Die Struktur des Schulsystems und die Schulsystemdifferenzierung

Wenn in einem Land wie der Bundesrepublik Deutschland mit über 80 Millionen Einwohnern mehr als 12 Millionen Kinder, Jugendliche und junge Erwachsene an allgemeinbildenden und berufsbildenden Schulen ein Schulangebot bekommen sollen (Block / Klemm, 1997), stellt sich die Frage nach der Konstruktionslogik eines Schulsystems. Zur Schülerklientel gehören Mädchen und Jungen unterschiedlichen Alters und unterschiedlicher Begabung. Die Bildungserwartungen ihrer Eltern sind unterschiedlich entsprechend der unterschiedlichen angebotenen Abschlüsse / Berechtigungen.

Da die Schule in einer hochindustrialisierten und -differenzierten Leistungsgesellschaft als unaufgebbare Sozialisationsinstanz (Schulpflicht) angesehen wird, ist die Frage, nach welchen Konstruktionsprinzipien das Schulsystem gestaltet werden soll. Die Differenzierung nach Schulstufen und -arten scheint angesichts der außerordentlichen Heterogenität der Schüler und Schülerinnen das entscheidende Gestaltungsprinzip zu sein.

1. Gesellschaftliche Funktionen des Schulsystems

Fragen wir zuerst nach den gesellschaftlichen Funktionen des Schulsystems. Wenn das Großwerden durch Mitleben in Familie und gesellschaftlichem Umfeld nicht mehr als ausreichend angesehen wird, kommt es zur Einrichtung einer besonderen Instanz, der Schule, um bestimmte Aufgaben einer besonderen Institution aufzutragen. Dazu sind die Rekrutierung ausgebildeten Personals (Lehrer und Lehrerinnen), die Bereitstellung besonderer Gebäude mit entsprechender Einrichtung (Schulen), die Formulierung von Bildungsaufträgen und meistens gleichzeitig die Einrichtung einer Kontrollinstanz (Schulaufsicht / Schulverwaltung) nötig.

Die Schule wird dann quasi als Ergänzung zum außerschulischen Leben verstanden. Sie hat die Reproduktion kultureller Systeme zu sichern. Damit meint man Wissens- und Fertigkeitenbestände, grundlegende Symbolsysteme wie Sprachen und Schrift (in Unterrichtsfächern geordnet) und darüber hinaus vorberufliche oder berufliche Qualifikationen. Die Reproduktion kultureller Systeme meint aber auch die Wert- und Normensysteme, die für den Erhalt und die Weiterentwicklung einer Gesellschaft als notwendig angesehen werden, Verhaltensorientierungen, Kommunikations- und Kooperationsstandards, die das als wünschenswert angesehene Leben in der Gesellschaft sichern (Akzeptanz- und Identifikationspotentiale). Diese zuerst beschriebene Funktion wird gern die Qualifizierungsfunktion der Schule genannt. Von ihr her stellt sich aus der Differenzierungsperspektive die Frage, ob alle für alles qualifiziert werden sollen und können oder ob unterschiedliche Ziele und Inhalte für unterschiedliche Gruppen von Schülern / Schülerinnen sinnvoll sind.

Da sich eine Gesellschaft über die nachwachsenden Generationen in ihren Sozialstrukturen und Positionsverteilungen zu reproduzieren trachtet, bekommt die Schule eine Selektionsfunktion. Sie soll aus dem Insgesamt der Schüler/innen durch Vermittlungs- und Leistungskontrollprozeduren aussortieren, wer eher für kognitiv anspruchsvolle (Abitur) oder für praktisch anspruchsvolle (Hauptschulabschluß) oder für mittlere, gemischte Tätigkeiten (Realschule) geeignet ist oder gar aus diesen Erwartungen herausfällt (Sonderschüler/innen). Die Selektionsfunktion wird um so schärfer zu handhaben sein, je weniger privilegierte und gut bezahlte Positionen zu vergeben sind (Rüttelsieb!). Auf jeden Fall wird die Schule mit dieser Selektionsfunktion eine Verteilerstelle von Lebens- und Berufschancen (Fend, 1980).

2. Zentrale Gestaltungsprinzipien

Die beiden zentralen Gestaltungsprinzipien für ein Schulsystem sind dann entweder Differenzierung oder Integration oder eine Mischung von beiden.

Das Schulsystem der Bundesrepublik Deutschland ist bisher dem Prinzip der Differenzierung viel stärker gefolgt als dem Prinzip der Integration. Dies ist historisch, gesellschaftlich-politisch und bildungstheoretisch bedingt, was hier nicht ausführlicher dargestellt werden kann. Anders als in den meisten anderen Industriestaaten ist es so konstruiert, daß nach der für alle Kinder gemeinsamen Grundschule und evtl. bestehenden Vorklassen vier getrennte Schularten nebeneinander im Bereich der Sekundarstufe I bestehen (1. Grobschema):

Dieses 1. Grobschema zeigt die 4- bzw. 6-jährige Grundschule mit dem da schon beginnenden Seitenstrang der Sonderschule. Dann folgt die Gelenkstelle, die als schulformunabhängige oder schulartzugehörige Förder-/ Orientierungsstufe zwei Jahre die Orientierung bzw. Förderung beabsichtigt (ausgenommen davon ist die 6-jährige Grundschule in den Ländern Berlin und Brandenburg). Die Sekundarstufe I schließt sich an mit den Strängen Gymnasium, Realschule, Hauptschule und Sonderschule. Die im Schema schon aufgeführten Gesamtschulen haben quantitativ gesehen nur einen kleinen Teil der Schüler/innen in der Sekundarstufe I. Es folgen die gymnasiale Oberstufe und ein sehr differenziertes Berufsschulwesen.

Diese institutionelle Differenzierung begründet sich von der gesellschaftlich gewollten Selektion der Schüler/innen nach vor allem kognitiven Ansprüchen, die sich häufig mit der ebenso gesellschaftlich vermittelten sozialen Schichtung verbanden. Schelsky hat schon 1957 auf den Sachverhalt aufmerksam gemacht, daß

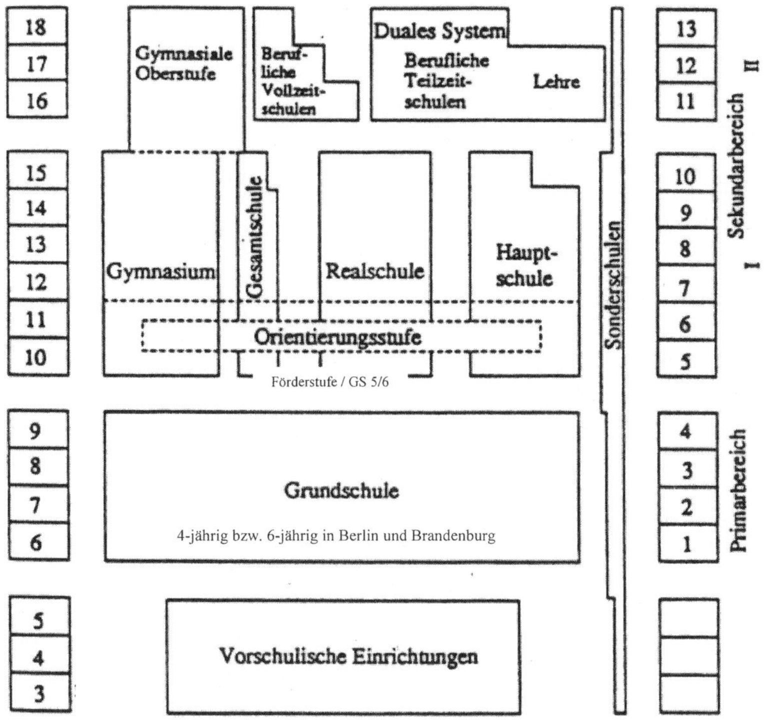

Abb. 5

das Schulsystem ein Abbild vorgegebener sozialer Schichtungen ist: das Gymnasium ist für die Kinder der oberen Schichten da, die Volks-, später Hauptschule für die Kinder der unteren Schichten, die Mittel- oder Realschule für die Kinder eines industriell-bürokratischen Mittelstandes. Die Schulwahl erfolgte lange Zeit schichtenkongruent (Schelsky, 1957).

Mit dem Reform-/ Modernisierungsschub der 60er und 70er Jahre kamen Vorstellungen stärker ins Spiel, die unter den Stichworten 'größere Chancengleichheit', 'optimale Förderung des einzelnen', 'wissenschaftliche Bildung für alle' und 'soziale Integration' ein anderes Schulsystem verlangten.

Wenn nicht mehr soziale Herkunft (Geburt und Geld), sondern die eben genannten Leitbegriffe dominieren sollen, wird das Prinzip der Integration zum dominierenden und dann wird die Konstruktionslogik eine andere:

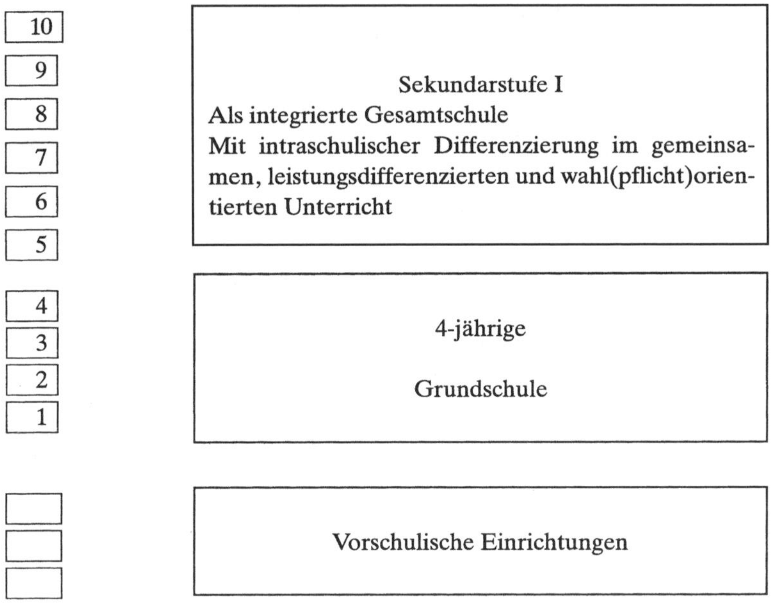

Abb. 6

Nicht mehr die frühen Sortierungen sind zu praktizieren (institutionelle Differenzierung als Selektion), die Schüler/innen bleiben möglichst lange beisammen, um miteinander lernen und leben zu können (soziale Integration), um jedem optimale Entwicklungschancen zu sichern (Chancengleichheit), um allen eine wissenschaftliche Bildung anbieten zu können. Das Problem der Differenzierung stellt sich dann ganz anders: nicht mehr die Differenzierung nach Schularten ist wichtig. Entscheidend wird die intraschulische Differenzierung. Das heißt, wie kann bei einer sehr heterogenen Schülerschaft das schulische Angebot unter inhaltlichen, methodischen, medialen und personellen Aspekten so differenziert werden, daß jeder ein Optimum von Miteinander, Anregung, Herausforderung und Förderung bekommt? Dieses ist das große „Kunststück", das die integrierte Gesamtschule leisten muß und das noch mehr eine Pädagogik der Integration und Differenzierung braucht, wenn auch alle (lern-)behinderten Schüler/innen dabei bleiben sollen.

Insgesamt gesehen aber stellt sich das Schulsystem Anfang 2000 wie im folgenden Schema dar:

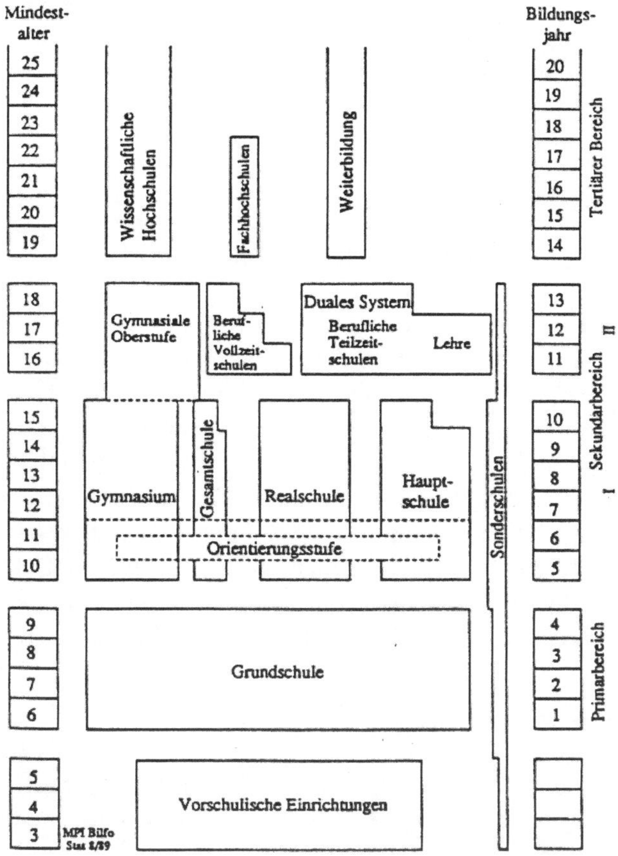

Abb. 7

In den 90er Jahren haben sich durch die Vereinigung der alten Bundesländer mit den neuen Entwicklungen ergeben, die die Sekundarstufe I heute in einer größeren Vielfalt zeigen:

10 9 8 7	Gymnasium	Realschule	Gesamt- Schule (IGS, KGS)	Sonder- schule	Mittelschule Regelschule Sekundarschule Regionale Schule Verbundene Haupt- und Realschule Integrierte Haupt- und Realschule

Abb. 8

Wenn man bei den Gesamtschulen zwischen den integrativen und kooperativen Varianten unterscheidet – sie haben beachtliche Unterschiede –, besteht in der Bundesrepublik eine siebengliedrige Sekundarstufe I. Für die Schüler/innen und ihre Eltern ist freilich das tatsächlich zur Verfügung stehende Wahlangebot sehr viel begrenzter.

3. Differenzierung des Schulsystems

Die Differenzierung des Schulsystems ist kein Selbstzweck. Aus der Übersicht ist zu erkennen, daß nach unterschiedlichen Schullaufbahnen auf der Basis einer für alle Kinder gemeinsamen Grundschule unterschieden wird – faktisch gibt es nach wie vor überzufällige Zusammenhänge von Schulbesuch und Schichtzugehörigkeit –, dann ist das Differenzierungskriterium vor allem das der Schullaufbahnen mit unterschiedlich gewichteten Abschlüssen / Berechtigungen, wenngleich Offenheiten heute institutionalisiert sind (von der Realschule Übergang in die Sekundarstufe II (gymnasiale Oberstufe), von der Hauptschule Übergang zur Realschule oder bei Realschulabschluß im 10. Schuljahr direkt in die Sekundarstufe II). Wenn man die Struktur ausdifferenziert, kann man folgendes sagen:

3.1 Der Elementarbereich

Zum Elementarbereich (vorschulischer Bereich) gehören Kindergärten, Horte und Vorklassen / Eingangsstufen. Das heißt, daß alle öffentlichen oder privaten Institutionen, die für Kinder vom Ende des dritten Lebensjahres an bis zum Beginn der Schulzeit (Kinder, die bis zum 30.06. eines Jahres sechs Jahre alt geworden sind, werden zum 01.08., dem Beginn des Schuljahres in allen Bundesländern, schulpflichtig) eine meist halbtägige, manchmal auch ganztägige familienergänzende Erziehung anbieten. Der Besuch von Kindergärten ist freiwillig. Die Kinder werden dort von Erzieherinnen / Erziehern, nicht von Lehrern / Lehrerinnen betreut. Vorklassen und Eingangsstufen dienen dem Zweck, den Übergang vom Kindergarten oder aus der Familie in die Schule nicht abrupt, sondern allmählich zu gestalten. Vorklassen sind der Grundschule zugeordnet. Sie werden von 5-jährigen Kindern besucht. Der Besuch ist freiwillig. Eingangsstufen sind zweijährig (für 5- bis 6-jährige Kinder). Sie sind organisatorisch überwiegend mit der Grundschule verbunden.

Schulpflichtige Kinder, die noch nicht schulreif sind, können vom Schulbesuch i. e. S. zurückgestellt werden. Sie besuchen dann, soweit vorhanden, Schulkindergärten. Dies sind Einrichtungen der Grundschule.

Seit den 60er Jahren hat sich das Angebot an Kindergartenplätzen ständig erhöht. Ende der 80er Jahre stand 4 von 5 Kindern ein Kindergartenplatz zur Verfügung. Die Verankerung eines Rechtsanspruchs auf einen Kindergartenplatz wird die Lage weiter verbessern. Die Zahl derjenigen Kinder, die vorschulische Einrichtungen besuchen können, ist relativ gering. Im Jahr 1987 besuchten nur 2,8% der Fünfjährigen und 6,9% der Sechsjährigen vorschulische Einrichtungen (Arbeitsgruppe, 1990).

Die Kindergärten in der Bundesrepublik Deutschland stehen mehrheitlich unter kirchlicher Trägerschaft, nur etwa ein Drittel gehören zur öffentlichen Hand (Kommunen). Der Besuch ist, wie gesagt, freiwillig. Die Eltern beteiligen sich an den Kosten. Die Kindergärtnerinnen / Erzieherinnen sind nicht an einen inhaltlich verbindlichen Lehrplan gebunden. Freies Spiel, sprachliche und allgemeine kognitive Förderung, soziales Lernen sowie musische und sportliche Aktivitäten kennzeichnen die Arbeit im Kindergarten. Verschulungsbestrebungen (z.B. frühes Lesenlernen) haben sich nicht durchsetzen können. Insgesamt läßt sich die Struktur des Elementarbereiches so darstellen:

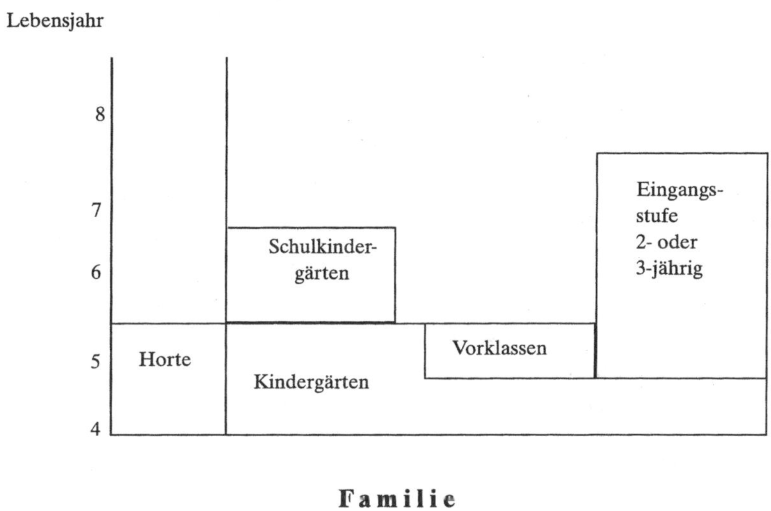

Abb. 9

3.2 Der Primarbereich

Mit dem Begriff 'Primarbereich' wird die Schulstufe heute bezeichnet, die als 4- oder 6-jährige Grundschule eine gemeinsame Schulstufe für die Kinder aller Schichten und Begabungen darstellt. Man muß sich daran erinnern, daß diese erst nach dem ersten Weltkrieg mit den Regelungen der Weimarer Verfassung und dem Grundschulgesetz von 1920 eingerichtet wurde. Die bis dahin bestehenden privaten Vorschulen (vor dem Gymnasium) für die Kinder höherer sozialer Schichten und die Volksschulen für die Kinder unterer sozialer Schichten wurde mit dieser Schulstufe für alle Kinder abgelöst. Artikel 146 der Weimarer Verfassung sagt: „Das öffentliche Schulwesen ist organisatorisch auszugestalten. Auf einer für alle gemeinsamen Grundschule baut sich das mittlere und höhere Schulwesen auf. Für diesen Aufbau ist die Mannigfaltigkeit der Lebensberufe, für die Aufnahme eines Kindes in eine bestimmte Schule sind seine Anlage und Neigung, nicht die wirtschaftliche und gesellschaftliche Stellung oder das Religionsbekenntnis seiner Eltern maßgebend ...“ (nach: Michael / Schepp, 1974, S. 52).

Mit dem Grundschulgesetz von 1920 wurde die Grundschule als die Volksschule in den vier ersten Jahrgängen bestimmt. Alle Schüler gingen die ersten vier Jahre in die Grundschule, danach vier weitere Jahre auf Volksschule oder auf eine mittlere oder höhere Schule über. Nach der allmählichen Durchsetzung der Grundschule – zunächst wollten manche Eltern aus privilegierten Schichten ihre Kinder von dieser Grundschule fernhalten – und ihrer inhaltlichen und methodischen Ausgestaltung war sie viele Jahre lang eine kaum in Frage gestellte Schulstufe. Ende der 60er / Anfang der 70er Jahre wurden Verbesserungen angemahnt: eine größere Chancengleichheit bei Vermeidung sozialer Benachteiligungen, optimale Förderung aller Kinder und wissenschaftsorientiertes Lernen, verbunden mit dem Hinweis auf den neueren Stand der Begabungs- und Lernforschung – nicht so sehr Anlage und Reifung als vielmehr Anregung und Förderung seien entscheidend für die Verbesserung von Lernchancen – wurden die neuen Zielmarken (Deutscher Bildungsrat, 1970). Die Empfehlungen zur Arbeit in der Grundschule von 1970 brachten das auf den Punkt: „Die Schule soll dem einzelnen Kind mit seinen besonderen Fähigkeiten und Interessen besser gerecht werden und alle Kinder mit den Grundlagen der weiterführenden Bildung ausstatten, die für das Leben unter sich verändernden gesellschaftlichen Bedingungen erforderlich ist.“ (Kultusministerkonferenz, 1970, S. 10).

Nachdem 1920 das Prinzip der Integration realisiert worden war, sollte nun also das Prinzip der Differenzierung weiterentwickelt werden. Die Differenzierungskriterien dafür sind:

- Ausgleich sozialer Startnachteile und besondere Förderung lernschwacher Kinder,
- angemessene Förderung der leistungsfähigen und lernschnelleren Kinder,
- zusätzliche Lernangebote für alle zur Förderung der Interessen und der Motivation.

(Kultusministerkonferenz, 1970)

Der Unterricht in der Grundschule wird herkömmlicherweise immer auf die Vermittlung der Grundfertigkeiten im Lesen, Schreiben und Rechnen hin beschrieben. Die Einführung in die Natur- und Sozialwissenschaften im Lernbereich Sachunterricht, Musik, Kunst, Werken sowie Religions- und Sportunterricht kommen aber zum Curriculum (Lehrplan) hinzu. Während eine äußere

Leistungsdifferenzierung im Form von Niveauklassen und Niveaukurven abgelehnt wird, wird innere Differenzierung in Form von variablen Niveaugruppen innerhalb der Klassen und Einzel-, Partner- und Gruppenarbeit an unterschiedlichen bzw. verschieden schweren Aufgaben betont. Wahldifferenzierung durch Wochenplan- und Freie Arbeit, Projektarbeit gehört heute zur Infrastruktur der Grundschularbeit (Bönsch, 1995). Empfohlen wird weiterhin eine äußere Zusatzförderung durch Förderunterricht (z.B. für lese- und rechtschreibschwache Schüler/innen, für ausländische Kinder, für Kinder mit besonderen Verhaltensproblemen) und Teilungsstunden bzw. Doppelbesetzung mit Lehrer/innen. Die Grundschule ist im allgemeinen durch ein angenehmes Klima und ein reichhaltiges Schulleben charakterisiert.

In den Bundesländern Berlin und Brandenburg ist die Grundschule sechsjährig eingerichtet. Diese international gesehen häufigeren Modelle haben sich bisher in anderen Bundesländern nicht durchsetzen können, obwohl die sechsjährige Grundschule gegenwärtig wieder stärker diskutiert wird, da die nachfolgende Orientierungsstufe immer wieder Strukturprobleme eigener Art hat.

Aktuelle Entwicklungen der an sich schon reformfreudigen Grundschule sind:

- Eine Neustrukturierung des Schulanfangs, um schulpflichtige wie die sog. Kann-Kinder unkompliziert aufzunehmen nach dem Grundsatz, nicht die Schulreife der Kinder ist das entscheidende Kriterium. Die Schule hat sich kindfähig zu machen. Die damit gewollte größere Heterogenität der Klassen und eine offene Verweildauer (in der Eingangsklasse mit einer Normaldauer von 2 Schuljahren können die Kinder je nach Lernfähigkeit und -tempo 1, 2 oder 3 Jahre verbleiben) sind neue Herausforderungen, für die man Konzepte entwickeln muß.
- Die volle Halbtagsschule, die verläßliche Aufenthaltszeiten für die Kinder anbietet (07:30/08:00 13:00/13:30 Uhr) und damit besonders berufstätigen Eltern entgegenkommt.
- Die Integration behinderter Kinder ist schon einige Jahre in der Erprobung und Realisierung. Sie verlangt ebenfalls integrierende und differenzierende Unterrichtskonzepte und die Kooperation von Grundschullehrer/innen und Sonderschullehrer/innen.
- Gelegentlich wird die Ganztagsschule gefordert.
- Die Grundschule als multikulturelle Schule steht Anforderungen gegenüber, die einerseits Chancengerechtigkeit für ausländische Schüler/innen anmahnen, andererseits das Miteinander unterschiedlicher kultureller Lebensmuster möglich machen sollten.

3.3 Die Orientierungsstufe

Der Übergang der Schüler/innen zum Sekundarbereich wird in Deutschland unterschiedlich geregelt. Auch der Zeitpunkt ist nicht überall gleich. Der Wechsel in den Sekundarbereich ist für die betroffenen Schüler/innen oft mit großen Belastungen verbunden, insbesondere wenn das Hauptgewicht der Entscheidung auf der Empfehlung der Lehrer/innen liegt, ein vorgegebener Notendurchschnitt erreicht sein muß und abweichende Elternwünsche zu einer Übergangsausleseprüfung führen. Empirische Untersuchungen haben ergeben, daß die Schullaufbahnprognose der vierjährigen Grundschule nicht hinreichend sicher ist.

So gibt es etwa seit 1970 Bemühungen um ein 2-jährige Orientierungsstufe (für die Schuljahre 5–6), um die Probleme einer punktuellen Auslese, Fehler zu frühzeitiger Schullaufbahnempfehlungen und Fehllenkungen zu vermeiden. Der Deutsche Ausschuß für das Erziehungs- und Bildungswesen hatte Ende der 50er Jahre eine sog. Eingangs-, Erprobungs-, Bewährungs- Förderstufe für die Haupt-/ Realschulen und Gymnasien empfohlen (Deutscher Ausschuß, 1959). Der Deutsche Bildungsrat sah die Orientierungsstufe stärker als Schulabschnitt in einem horizontal gegliederten Schulwesen (Bildungsrat, 1970). Die Kultusministerkonferenz (KMK) hat 1974 in einer entsprechenden Vereinbarung die Einführung der Orientierungsstufe bestätigt. Als schulpädagogische Aufgaben wurden bestimmt:

- Erprobung und Erfahrung der individuellen Lernmöglichkeiten des Schülers (Selbsterprobung und Selbsterfahrung),
- Information über Ziele und Anforderungen der weiterführenden Bildungswege im Sekundarbereich und über die ihnen entsprechende Eignung des Schülers,
- Entscheidungshilfen für die Wahl des weiteren Bildungsweges,
- Ausgleich regional und sozial bedingter Bildungsunterschiede, soweit sie sich auf die Aufgaben der Orientierungsstufe auswirken.

(KMK, 1974)

Ab 1970 wurde dann auch mit der Erprobung der Orientierungsstufe begonnen. Es schälten sich zwei Modelle heraus: die schulformabhängige und die schulformunabhängige Orientierungsstufe. Niedersachsen und Bremen führten z. B. flächendeckend die schulformunabhängige Orientierungsstufe ein, Rheinland-Pfalz ein Mischsystem, Baden-Württemberg z. B. die schulformabhängige Orientierungsstufe. Die Verfolgung der einen oder anderen Alternative hängt von den jeweils herrschenden bildungspolitischen Positionen ab. In der KMK-Vereinbarung von 1974 heißt es: „Die Klassen 5 und 6 bilden schon heute nach übereinstimmender Auffassung der Unterrichtsverwaltungen eine Stufe der Orientierung, die unter verschiedenen Bezeichnungen geführt wird (Eingangs-, Beobachtungs-, Erprobungs-, Förder- und Orientierungsstufe). Diese Stufe ist überwiegend den bestehenden Schulformen zugeordnet. In Schulversuchen haben sich Formen entwickelt, die es ermöglichen, Schüler der Klassen 5 und 6 schulformübergreifend zusammenzufassen und nach einem einheitlichen Curriculum zu unterrichten“ (KMK, 1974).

Wenn man die oben zitierten Aufgaben der Orientierungsstufe ernst nimmt, ist es nicht gleichgültig, welche Alternative gewählt wird. Bei der schulformabhängigen OS muß die Selektion der Schüler/innen weiterhin nach dem 4. Schuljahr erfolgen. Orientierung heißt dann im wesentlichen nur noch: wird man in der gewählten / zugewiesenen Schulart durchhalten können oder nicht. Die schulformunabhängige Orientierungsstufe hingegen ermöglicht im Prinzip ein weiteres 2-jähriges Sich-orientieren und -erproben, ehe Entscheidungen für die Schulart im Sekundarbereich getroffen werden müssen. Entscheidend aber ist, wie das Differenzierungskonzept gestaltet wird: folgt es der Vorstellung einer weitgehend selektionsfreien Schule oder soll es Hilfe für eine recht schnelle Leistungsdifferenzierung sein und damit Verteilungen / Selektionen massiv vorbereiten?

Da es sich hier um ein grundsätzliches Konstruktionsproblem für das Schulwesen handelt, sei kurz darauf eingegangen. Die Grundsatzfrage bezieht sich auf das Verhältnis der beiden Prinzipien ‘Integration’ und ‘Differenzierung’: mit welcher Konsequenz sind Gleichheit und Gemeinsamkeit aller Schüler/innen – unabhängig von der jeweiligen sozialen Herkunft – Grundlage für (gemeinsamen) Unterricht, in welchem Ausmaß ist unterschiedlichen Fähigkeiten / Leistungen durch entsprechende Gruppierung wie schnell Rechnung zu tragen?

Mit folgenden Skizzen seien die Konstruktionsmöglichkeiten veranschaulicht:

Schuljahr

Integrations- 6

variante 5

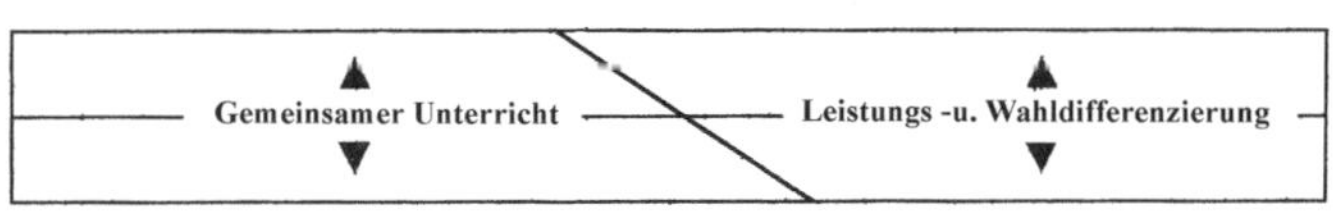

Wenn Förderung und Orientierung wirklich ernst genommen werden, wird der gemeinsame Unterricht für die Schüler/innen aller Schichten und Begabungen im Vordergrund stehen. Äußere Differenzierung unter Leistungs- und Wahlgesichtspunkten wird nur behutsam praktiziert werden, im 6. Schuljahr sicher mehr als im 5. Schuljahr.

Man kann aber auch von vornherein ein Unterrichtssystem ‘bauen’, das viel stärker die Differenzierung betont und den Kernunterricht relativ begrenzt hält, um den differenzierenden Unterricht schnell in den Vordergrund zu stellen:

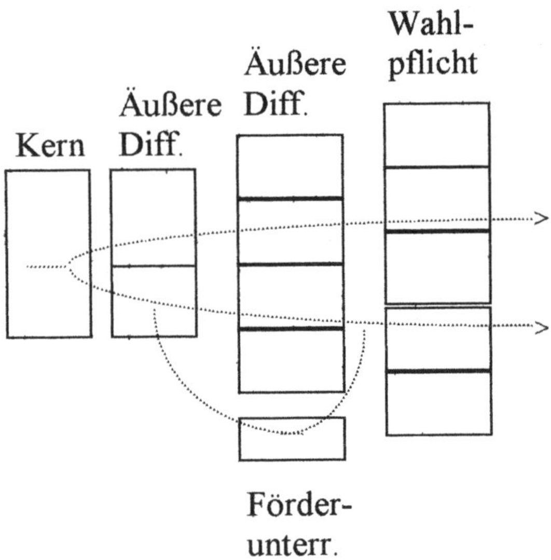

Das Kern-Kurs-Modell differenziert entsprechend der Hierarchie der Fächer in den für wichtig gehaltenen Fächern (Mathematik, Englisch) nach Fachleistungskursen (zwei, drei oder vier Leistungsniveaus). Im Kernunterricht bleiben die Schüler/innen in heterogenen Gruppen (Klassen) zusammen. Durch die Wahlpflichtangebote wird eine weitere Differenzierung vorgenommen. Da Leistungsniveaus (setting-system) schnell verfestigenden, selektierenden Charakter haben, nimmt man heute die Zahl der Leistungsstufen oft auf zwei zurück oder praktiziert eine sog. flexible Differenzierung (Wechsel von differenzierten und nicht-differenzierten Phasen) oder eine sog. gleitende Differenzierung (von 5 Stunden Englisch werden z. B. 3 im Kern und 2 in Leistungskursen bei wechselnder Teilnahme unterrichtet).

3.4 Die Sekundarstufe I (Schuljahre 7–10)

Die Sekundarstufe ist als viergliedrige Schulstufe organisiert (Hauptschule, Sonderschule, Realschule, Gymnasium) oder als integrierte Gesamtschule. Eine Zwischenform ist die kooperative Gesamtschule, die die Schularten bestehen läßt, aber einen unterschiedlich hohen Integrationsgrad realisiert (im Kernunterricht, im Wahlpflichtbereich, in den musischen Fächern, im Schulleben). Die vorher aufgeführten Kombinationen von Haupt- und Realschule sind auch als eine eingeengte Zwischenform zu verstehen.

3.4.1 Die Hauptschule

Die Hauptschule als eigenständige wissenschaftsorientierte Sekundarschule mit den Schuljahren 5–9 (10 oder 7–9 (10) ist aus der früheren Oberstufe der Volksschule hervorgegangen (Hamburger Abkommen von 1964). Während sie in den 60er Jahren noch 60–70 % eines Schülerjahrgangs aufnahm, ist ihr Anteil heute stark zurückgegangen, so daß man sogar von einer Existenzkrise spricht. In Flächenländern wird sie aber immerhin noch von 30 und mehr Prozent der Sekundarstufenschüler/innen besucht. In Ballungsgebieten (Großstädten) ist ihr Anteil aber z.T. schon bis auf 10% gesunken. Die geringe Wertschätzung der Hauptschule hängt mit einem einseitigen, überwiegend intellektuellen Verständnis von Schulerfolg und Schulleistung und dem Wunsch entsprechend hoher Abschlüsse zusammen (Abitur für möglichst viele; über 50 % der Eltern wünschen heute das Abitur für ihre Kinder). Auch das 9. Schuljahr als Pflichtschuljahr und das 10. als freiwilliges mit der Chance, einen mittleren Bildungsabschluß und damit den Anschluß an den Besuch der Sekundarstufe II zu erreichen, hat diese Entwicklung nicht aufhalten können. So ist sie heute eine „Restschule" mit spezifischen Problemen (negative Auslese der Schülerschaft).

Mit konzeptionellen Änderungen war zusammen mit einem neuen Namen (Hauptschule) ursprünglich eine Aufwertung beabsichtigt. Die Konzeptelemente waren: Schulzeitverlängerung (9. Schuljahr als Pflicht, 10. Schuljahr freiwillig), „neue Inhalte" wie etwa Arbeitslehre (Hinführung zur Wirtschafts- und Arbeitswelt) und eine Fremdsprache, in der Regel Englisch, und „neue Verfahren". Und das waren dann vor allem auch wieder Differenzierungsformen: Fachleistungsdifferenzierung in den Fächern Mathematik und Fremdsprache, Wahldifferenzierung (Wahlpflichtkurse, Arbeitsgemeinschaften). Schließlich sollte die Offenheit der an der Hauptschule erreichbaren Abschlüsse (Anschluß „nach oben") gewahrt werden.

Die ist ein gravierend anderes „Programm" als das der früheren „volkstümlichen Bildung", die vorwissenschaftlich gedacht war und über volks- und heimatkundlichen Unterricht, über praktisches Tun und Anschauung, über elementare Sachverhalte (Naturlehre, Naturkunde) das vermitteln sollte, was die große Masse des Volkes vermeintlich brauchte und auch nur aufnehmen konnte.

3.4.2 Die Realschule

1953 wurde diese Schulart in einem KMK-Beschluß als Mittelschule bezeichnet. Mit dem schon erwähnten Hamburger Abkommen von 1964 wurde sie dann in Realschule umbenannt. Der Name leitet sich historisch von dem Strang der Schulentwicklung her, der eine größere Bedeutung der Realien (Mathematik, Naturwissenschaften, Geschichte und Erdkunde) im 19. Jahrhundert im Gegensatz zur Vermittlung kulturell-sprachlicher Traditionen (Latein, Deutsch, Religion) verfolgte. Die bildungstheoretische Begründung der Realschule mit den Schuljahren 5–10 oder 7–10 ist aber eigenartig blaß geblieben. Sie repräsentiert eine mittlere Qualifikationsebene (mittlere Reife). Sie soll Schüler/innen auf gehobene Arbeitsplätze im Beschäftigungssystem vorbereiten, erwartet dafür eine praktisch-theoretische Begabung ihrer Schülerschaft. Ihre didaktische Eigenart ist mit der Formel von dem Modellverständnis auf pragmatischer Grundlage beschrieben worden (Frey, 1969).

Die gegenüber der Hauptschule verbreiterte Allgemeinbildung wird durch die obligatorische erste Fremdsprache, die zweite Fremdsprache als Wahlfach und durch die naturwissenschaftlichen Fächer zu sichern gesucht. Hinzukommt eine mehr oder minder ausgeprägte Schwerpunktbildung im Hinblick auf Praxisfelder wie z. B. der kaufmännische, technisch-gewerbliche und soziale Bereich. Am stärksten sind diese Wahlpflichtbereiche im Bayern ausdifferenziert. Trotz der Vielfalt dieser Wahlpflichtdifferenzierungen ist es bei der Realschule nicht zu Typenbildungen wie beim Gymnasium gekommen (Aurin, 1978).

3.4.3 Das Gymnasium

Das Gymnasium ist in der Einschätzung der Öffentlichkeit die eigentliche weiterführende Schulart des gegliederten Schulwesens (Schittko, 1984). Wie schon ausgeführt, nimmt seine Attraktivität immer noch zu. Das Gymnasium könnte in absehbarer Zeit die „Hauptschule der Nation“ sein im Sinne der am meisten nachgefragtesten. Nach 1945 wurde an die gymnasiale Tradition vor 1933 angeknüpft. Wie im Düsseldorfer Abkommen der Kultusministerkonferenz von 1955 festgehalten, umfaßt der normale gymnasiale Bildungsgang das 5.–13. Schuljahr, dort, wo es eine schulformunabhängige Orientierungsstufe gibt, das 7.–13. Schuljahr. Aktuell wird eine Verkürzung auf 12 Schuljahre diskutiert.

Während früher die drop-out-Quote der Gymnasien sehr hoch war (zwischen 60 und 80%), ist durch eine bessere Einstellung auf die heterogener gewordene Schülerschaft die Erfolgsquote heute besser (Anzahl der Schüler, bezogen auf den Eintrittsjahrgang, unter Einschluß der Sitzenbleiber: ca. 60%).

Interessant ist die Vielfalt der Typen und Formen des Gymnasiums. Während man zunächst von drei Grundtypen ausgehen kann (altsprachliches, neusprachliches und mathematisch-naturwissenschaftliches Gymnasium), ist das Spektrum der Gymnasialtypen auf ca. 20 angewachsen. So gibt es neben Varianten der drei Grundtypen sozialwissenschaftliche Gymnasien, Wirtschaftsgymnasien, musische Gymnasien, technische Gymnasien, Werkgymnasien, Sportgymnasien und Varianten im Bereich der beruflichen Gymnasien (z. B. Hauswirtschaftsgymnasien, Landwirtschaftsgymnasien). Es gibt die Langform (9 bzw. 7 Jahre) und die Aufbauform (6 Jahre oder 3–4 Jahre), die für erfolgreich lernende Haupt- und Realschulabsolventen Aufstiegsmöglichkeiten darstellen. Dazu kommen die Kollegs, die es jungen Menschen mit abgeschlossener Berufsbildung und Mittlerer Reife oder Fachschulreife ermöglichen, in einem mindestens 2 1/2-jährigen Bildungsgang die allgemeine Hochschulreife zu erlangen. Diese gibt es in Tages- oder Abendform, mitunter auch mit einem Internat verbunden.

Prinzipiell ist der Auftrag des Gymnasiums, die allgemeine Hochschulreife zu vermitteln, die den Zugang zum Universitätsstudium eröffnet oder für berufliche Tätigkeiten mit erhöhten geistigen Anforderungen ausrüstet. Der dafür als notwendig angesehene höhere Grad von Allgemeinbildung wird über Stundentafeln und Sprachenfolgen (1., 2. und 3. Fremdsprache) definiert, wobei alle Gymnasien einen Kern gemeinsamer Unterrichtsfächer (Deutsch, zwei Fremdsprachen, Geschichte, Geographie, Sozialkunde, Mathematik, Naturwissenschaften, Kunst, Musik, Sport) besitzen.

Die folgende Übersicht kann die Vielfalt und Differenziertheit des Gymnasiums aufzeigen. Hier gibt es ein Subsystem der Sekundarstufe I, das in sich eine starke Ausgliederung zeigt.

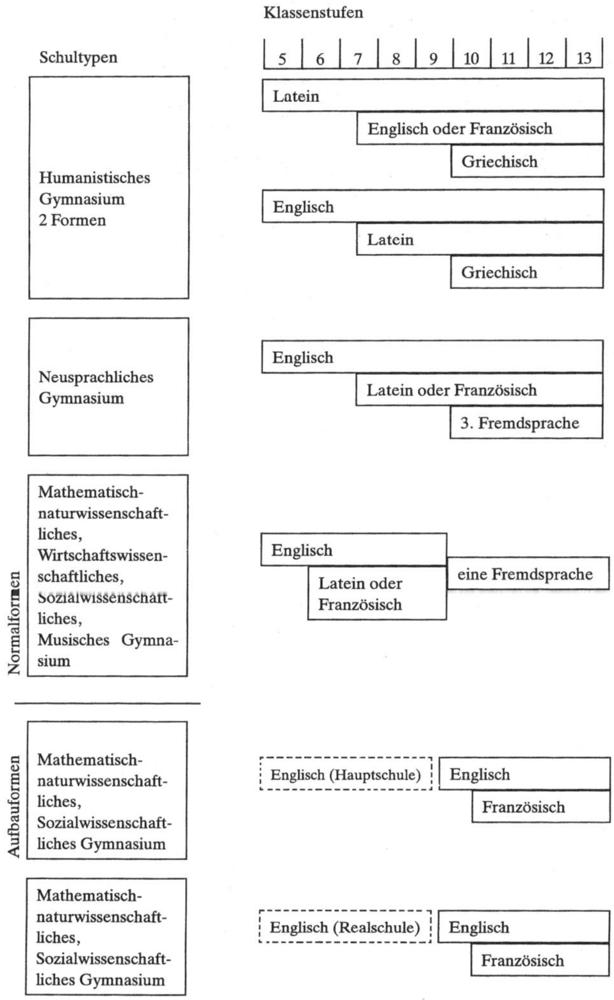

Abb. 13 Gliederung des Gymnasium und der Sprachenfolge

Die Fachgymnasien (überwiegend in 3-jähriger Aufbauform) vermitteln die sog. fachgebundene Hochschulreife. Mit einer bestimmten Konstellation an erbrachten Leistungen kann auch am 'normalen' Gymnasium die Fachhochschulreife erworben werden.

In den letzten Jahrzehnten hat das Gymnasium zwei wichtige Veränderungen erfahren (Arbeitsgruppe Bildungsbericht, 1990): die Einführung der Orientierungsstufe in den Jahrgängen 5 und 6 und die Reform der gymnasialen Oberstufe (Jahrgänge 11–13). Kern der Oberstufenreform ist der Ersatz der bis dahin bis zum Abitur üblichen Jahrgangsklasse durch variable Kombinationen von Grund- und Leistungskursen, die jeweils für ein Semester (halbes Jahr) belegt werden.

Die Verbindung von Fach- und Niveauwahlen ermöglicht unterschiedliche Fachausrichtungen und Kenntnisschwerpunkte, mit denen aber nach wie vor die Abiturienten die allgemeine Hochschulreife erwerben. Die reformierte Oberstufe beginnt im 11. Jahrgang mit einer Einführungsphase, in der die Schüler/innen mit den Wahlmöglichkeiten des Kurssystems vertraut gemacht werden sollen. Der Klassenverband bleibt noch bestehen. Spätestens mit dem Übergang in das 12. Schuljahr ist in allen Bundesländern das Kurssystem voll ausgebildet. Zu Beginn eines jeden Semesters stellen sich die Schüler/innen aus dem Kursangebot einen individuellen Stundenplan zusammen. Die Kurse sind jeweils größere thematische Einheiten, sie umfassen je nach Niveau 2–3 (Grundkurse) oder 5–6 (Leistungskurse) Wochenstunden. Pro Semester belegt ein Schüler durchschnittlich 30 Wochenstunden. Die Fächer sind insgesamt fünf Aufgabenfeldern zugeordnet:

- dem sprachlich-literarisch-künstlerischen Aufgabenfeld,
- dem gesellschaftswissenschaftlichen Aufgabenfeld,
- dem mathematisch-naturwissenschaftlich-technischen Aufgabenfeld,
- Religionslehre und
- Sport.

Die Abiturprüfung wird in zwei Leistungskursfächern und zwei Grundkursfächern abgeleistet (KMK-Vereinbarung von 1988).

Belegvorschriften für das Kurssystem der Jahrgänge 12 und 13 der reformierten gymnasialen Oberstufe

Aufgabenfeld	Mindestzahl der belegten Wochenstunden in 4 Semestern	Pflichtfächer	Mindestzahl der belegten Kurse in 4 Semestern
1. Sprache, Literatur, Kunst (zugeordnete Fächer z. B.: Deutsch, 6 Fremdsprachen, Kunst, Musik)	22	Deutsch: Literatur / Kunst: eine Fremdsprache	2 Kurse[1] 2 Kurse 2 Kurse[1]
2. Gesellschaftswissenschaften (zugeordnete Fächer z. B.: Gemeinschafts-/ Sozialkunde, Geschichte, Erdkunde, Philosophie, Ökonomie, Psychologie, Soziologie, Pädagogik, Arbeitslehre u. a.)	16	Geschichte:	Kurse durchgehend
3. Mathematik, Naturwissenschaften, Technik (zugeordnete Fächer z. B.: Mathematik, Informatik, Rechnungswesen, Physik, Chemie, Biologie, Technologie u. a.)	22	Mathematik: Naturwissenschaften:	2 Kurse[1] 4 Kurse
4. Sport	8		
5. Religion	offen für Landesregelungen		

[1] Zwei der Fächer Deutsch, Fremdsprache, Mathematik müssen *durchgehend* während der vier Semester belegt werden.

Quelle: Vereinbarung zur Neugestaltung der gymnasialen Oberstufe in der Fassung vom 11.4.1988 (Sammlung der Beschlüsse der Kultusministerkonferenz).

Die Grundidee dieser Konstruktion ist, mit der Balance von Grundbildung und Spezialisierung Entfaltungs- und Selbstverwirklichungsmöglichkeiten zu sichern. Die homogene Voraussetzung für das Studium ist damit sicher nicht mehr gegeben, wenn sie je bestand! Der Kernbestand geistiger Grunderfahrungen (Perspektiven der Kultur) soll sich mit der Herausbildung von Individualität und Selbstbestimmung verbinden – ein anspruchsvolles Programm, das viel Beratung (Tutoren) verlangt. Insgesamt aber ist hier eine Differenzierung sehr bemerkenswerter Art angelegt.

3.4.4 Die Sonderschule

In der KMK-Empfehlung zur Ordnung des Sonderschulwesens wird die Sonderschule folgendermaßen bestimmt: „In die Sonderschule werden Kinder und Jugendliche aufgenommen, die infolge einer Schädigung in ihrer Entwicklung und in ihrem Lernen so beeinträchtigt sind, daß sie in den allgemeinen Schulen nicht oder nicht ausreichend gefördert werden können" (Kultusministerkonferenz, 1972).

Trotz aller Hilfen in der Grundschule und auch später werden etwa 4 % aller Schüler/innen eines Altersjahrgangs in Sonderschulen überwiesen. Im amtlichen Sprachgebrauch werden zumeist sieben Sonderschulzweige unterschieden, die allerdings mitunter organisatorisch in Kombinationen vereinigt werden. Es sind dies:

- Schulen für Lernbehinderte,
- Schulen für Verhaltensgestörte,
- Schulen für Geistigbehinderte,
- Schulen für Körperbehinderte,
- Schulen für Sprachbehinderte,
- Schulen für Hörgeschädigte und
- Schulen für Sehgeschädigte.

Nach einer Expansion der Schülerzahl an Sonderschulen zwischen 1960 und 1975 ging die Schülerzahl dann wieder zurück. Anliegen der Sonderschule ist es, mit besonderer Qualifikation ihrer Lehrkräfte in besonders fördernder Weise auf Behinderungen zu reagieren. Im Hinblick auf die Abschlüsse sollen die Sonderschüler/innen die Möglichkeit erhalten, die Bildungsabschlüsse der allgemeinen Schulen zu erreichen. Dabei ergeben sich Unterschiede zwischen den einzelnen Behinderungsarten. Lernbehinderte vor allem sollen den Weg in die allgemeine Schule zurückfinden können. Die Zahl der „Rückschulungsfälle" lag aber nie sehr hoch, 1980 z. B. unter 5 % (Bleidick, 1980). Das Problem der Sonderschulen ist, daß sie gesellschaftlich nicht das Ansehen haben, daß sie bräuchten (Hilfsschule!) und daß die Integration Behinderter in die Gesellschaft mit dem Sonderschulbesuch eher erschwert als erleichtert wird (Aussonderung, Isolation).

Die Bildungskommission des Deutschen Bildungsrates hat daher schon 1974 für eine weitgehende schulische Integration Behinderter plädiert (Deutscher Bildungsrat, 1974). Sie empfiehlt drei Organisationsformen:

- eine volle Integration behinderter Schüler in den allgemeinen Unterricht mit zusätzlicher „behinderungsspezifischer Hilfe“,
- eine Teilintegration für behinderte Schüler, also besonderer Unterricht und Teilnahme am allgemeinen Unterricht in einzelnen Fächern,
- ausschließlich gesonderter Unterricht, aber Teilnahme am Schulleben, um Kontakte zwischen behinderten und nichtbehinderten Kindern zu schaffen.

Das Ausmaß der mit diesen Organisationsformen angestrebten Integration richtet sich nach dem Schweregrad der Behinderung und nach der Behinderungsart. Beispiele für integrative Schulen und für integrativen Unterricht (Zwei-Pädagogen-System im gemeinsamen Unterricht: Grund- und Hauptschullehrer/in und Sonderschullehrer/in) liegen seit Anfang der 80er Jahre vor (Muth, 1982).

3.5 Die integrierte und kooperative Gesamtschule

Gesamtschulen sind eine grundsätzliche Alternative zum nach Schularten gegliederten Schulsystem. Die schon mehrfach genannten Prinzipien der Integration und Differenzierung werden in ihnen auf eigene Art gedacht. Dies ist historisch gesehen nicht neu. Der Gedanke einer für Kinder und Jugendliche aller Schichten und aller Begabungen einheitlichen Schule kann bis ins 17. Jahrhundert (Comenius) zurückverfolgt werden. Im 20. Jahrhundert hat es in Deutschland früh Einheitsschulversuche gegeben (vgl. Sienknecht, 1968). Mit dem Begriff der Gesamtschule werden unterschiedliche Vorstellungen verbunden.

Die weitestgehende Bestimmung besteht darin, für die Schuljahre (0) 1–13 ein integriertes und in sich differenziertes Schulsystem zu schaffen. Verbreiterter ist die Integrierte Gesamtschule für die Schuljahr (5) 7–13, wobei sich für die Schuljahre 11–13 noch die zusätzliche Frage nach einer Integration von allgemeiner und beruflicher Bildung ergibt (z. B. Kollegstufe in Nordrhein-Westfalen). Die in Deutschland seit Anfang der 60er Jahre geführte Diskussion folgte der Leitfrage: wie können Schüler/innen aller Schichten und Begabungen in einer Schule lernen und wie muß diese beschaffen sein, daß jeder in optimaler Weise seinen Bildungsweg finden kann? Gesellschaftspolitisch war damit zu klären, ob soziale Integration in einer demokratischen und sozialen Gesellschaft das Leitprinzip der Organisation von Schule sein sollte, schulpädagogisch war dann zu klären, wie die Vermeidung von Selektion durch institutionelle Differenzierung und die optimale Förderung jedes Einzelnen in einem Schulangebot zu realisieren wäre.

Diese aufregende Problematik ist immer wieder kontrovers diskutiert worden und nahm zeitweise kreuzzugartige Formen an: auf der einen Seite gab es soziale / sozialistische Positionen, die das Gemeinsame über alles stellten, auf der anderen Seite gab es elitär / konservative Positionen, die höhere Bildung als Privileg und schichtenspezifische Ressource ansahen und deshalb für möglichst frühzeitige Selektion / Gruppierung nach Schularten plädierten. Ausgestanden ist dieser Konflikt bis heute nicht. Mit dem Blick über die Grenzen in alle Himmelsrichtungen könnte sich dieser wesentlich entspannen.

Ergebnisse der Schulforschung

Da sich an den Konstruktionsschwerpunkten die Geister schnell scheiden (nicht zuviel Gemeinsamkeiten, Angst vor Leistungsabfall, Abwehr des Geleitzugprinzips – die Schule orientiert sich in ihrem Voranschreiten an den Langsamsten), wurde früh ein Programm zur wissenschaftlichen Kontrolle formuliert (Deutscher Bildungsrat, 1969). In drei Dimensionen des Vergleichs sollten Effektivitätsbefunde erarbeitet werden:

- im Systemvergleich: Vergleich zwischen dreigliedrigem Schulsystem (die Sonderschule wurde immer vergessen) und integrierter Gesamtschule
- im Zielvergleich: Vergleich der realen Strukturen der Gesamtschule mit ihren Intentionen,
- im Variantenvergleich: Vergleich von Varianten der Gesamtschule miteinander.

Die methodischen Ansätze dafür waren: (1) soziographische Quotenvergleiche als Erhebung von Daten über Schule, Klassen, Kursgruppen – und zwar aufgeschlüsselt nach Faktoren wie Schichtzugehörigkeit, Geschlecht, regionale Herkunft; (2) Befragungen von Lehrer/innen und Schüler/innen und (3) psychometrische Untersuchungen, d. h. Messungen im kognitiven Bereich (Leistungen, Intelligenz) wie Motivations- und Einstellungsmessungen.

Befunde entsprechender Untersuchungen lassen bis heute in etwa folgende Ergebnisse zusammenfassen (Fend, 1982):

- Die Gesamtschule vermittelt in höherem Maße mittlere Abschlüsse als das gegliederte Schulsystem.
- Der Anteil der Schüler/innen, die am Ende der Vollzeitschulpflicht die Schule ohne jeden Abschluß verlassen, vermindert sich deutlich.
- Die Wiederholer- und Sitzenbleiberquoten liegen deutlich unter denen des gegliederten Schulsystems (auch wenn sie bei Ausweitung des Gesamtschulangebotes zu steigen scheinen).
- Die Übergangsquoten in den gymnasiale Oberstufe liegen bei der Gesamtschule etwas höher als im gegliederten Schulsystem.

- Die Gesamtschule baut soziale und regionale Disparitäten ab.
- Hinsichtlich des persönlichen Wohlbefindens der Schüler/innen bietet die Gesamtschule in verschiedener Hinsicht eine günstigere Lernumwelt an als das dreigliedrige Schulsystem (weniger Schulangst, mehr Identifikation mit der Schule, partnerschaftlichere Umgangsformen, weniger Leistungsdruckempfindungen).
- In Bezug auf die Leistungen zeigt sich:
  - Die Variation der Schulleistungen zwischen einzelnen Schulen einer Schulart ist größer als die zwischen den Schulformen.
  - Der globale Leistungsvergleich in den Fächern Deutsch, Mathematik und Englisch zeigt keine mangelnde Leistungsfähigkeit integrierter Systeme (Bauer u. a., 1980) bzw. leichte Vorteile für die Gesamtschule (Dreher, 1981).

3.6 Freie (private) Schulen

Bei der Darstellung des Schulwesens in Deutschland bleibt das freie (private) Schulwesen häufig etwas am Rande. Dabei ist es äußerst vielfältig und umfangreich. Schulen in freier Trägerschaft nehmen Freiheitsrechte zur Gestaltung von Erziehung und Bildung in Anspruch. Sie wollen das Kind in seinen individuellen Anlagen und Möglichkeiten besonders achten und fördern. Sie müssen in der Regel Schulgeld erheben. Hier sollen die vier wichtigsten Gruppen von Schulen kurz beschrieben werden.

3.6.1 Katholische Schulen

Die katholische Kirche gründet eigene Schulen, um dadurch auch ihren Heilsauftrag zu erfüllen. Katholische Schulen wollen eine Synthese zwischen Kultur und Glauben und Glauben und Leben schaffen. Sie leiten ihren Auftrag nicht von Staat und Gesellschaft her, sondern aus dem Auftrag der Eltern. Sie sind erziehungsintensive Schulen. Neben dem Unterricht i. e. S. praktizieren sie Schulseelsorge in den Formen des Schulgebets, des Schulgottesdienstes, katholischer Jugendgruppenarbeit, Tagen religiöser Orientierung, religiöser Schulwochen, Werktagungen zur Gottesdienstgestaltung, Ferienseminaren u. a. m. Die katholische Schule trägt zur Heilsvermittlung der Kirche bei, besonders in der Glaubenserziehung. Wenn man von einigen gewerblich-technischen Formen des beruflichen Schulwesens absieht, gibt es praktisch für alle Schulformen, die im öffentlichen Schulwesen angeboten werden, auch Beispiele aus dem katholischen Schulwesen. Natürlich ist das nicht in jedem Ort der Fall. Insgesamt gesehen gab es in den alten Bundesländern Ende der 80er Jahre über 1.000 katholische Schulen mit rund 300.000 Schüler/innen. Die Vielfalt ist imposant.

3.6.2 Evangelische Schulen

Auch evangelische Schulen gründen ihr Selbstverständnis im Glauben: Der christliche Glaube weiß, daß menschliches Leben und das Leben überhaupt im Schöpfungswesen Gottes gründet. Mensch sein heißt, in dem, was sie sagen und tun, zum Ausdruck zu bringen, wie sie Gott in ihrem Leben verstehen. Das glaubende Vertrauen auf Gott zeigt sich in der Verantwortung gegenüber der Schöpfung und für das Miteinanderleben der Menschen. Insgesamt handelt es sich um knapp 700 Schulen mit etwa 85.000 Plätzen für Schüler/innen. Auch hier ist die Vielfalt beeindruckend. Besonders Formen der Gesamtschule, Gymnasien mit spezifischen Profilen, Realschulen besonderer Art, Berufsschulen wie Erziehungshilfen auf neuen Wegen machen diese Vielfalt aus. Heimschulen gibt es wie bei den katholischen Schulen in nicht unbeträchtlicher Zahl.

3.6.3 Die Freien Waldorfschulen

Die freien Waldorfschulen haben in den letzten 20–30 Jahren eine gewaltige zahlenmäßige Steigerung erfahren. Heute gibt es ca. 180 Schulen mit ca. 55.000 Schülern / Schülerinnen. Rudolf Steiner hat 1919 die erste Freie Waldorfschule in Stuttgart gegründet. Seine Anthroposophie ist die anthropologisch-pädagogische Grundlage. Im Gegensatz zur Reformpädagogik bedeutet die Waldorfpädagogik eine grundsätzliche Neukonzeption. Als Schulen mit einer zwölfjährigen Schulbildung sind die Waldorfschulen Gesamtschulen. Sie gestalten sich aus den von der Waldorfpädagogik angenommenen Bedingungen menschlicher Entwicklung. Es gibt kein Sitzenbleiben. Der vorschulische Erziehungsbereich wurde in seiner Bedeutung frühzeitig erkannt, so daß es viele Waldorf-Kindergärten gibt. Die ganzheitliche Bildung betont sehr den künstlerischen und handwerklichen Unterricht (Malen, Zeichnen, plastisches Gestalten, Musik, Eurhythmie, Gartenbau, Werkstattunterricht).

3.6.4 Die deutschen Landerziehungsheime

In der Vereinigung deutscher Landerziehungsheime sind 18 selbständige Internatsschulen zusammengeschlossen mit etwa 4.000 Schüler/innen. Zwei Elemente bestimmen durchgehend ihre pädagogische Konzeption:

- Es sind Internatsschulen, die Erziehung als ihre wichtigste Aufgabe ansehen.
- Es sind Internatsschulen, die als Heime einem Schüler ein Zuhause geben wollen.

Die Lebens- und Arbeitsgemeinschaft der Generationen, das gemeinsam ausgehandelte und gelebte Gute bestimmt den Alltag, praktische Verantwortung wird gelebt. Der außerunterrichtliche Bereich hat eine große Bedeutung. Sozialdienste, handwerkliche Bildung, Sport, Musik, Theater, Kunst, gemeinsame Reisen, internationale Verbindungen sind wesentliche Bildungselemente.

3.6.5 Alternative Schulen

Die Differenziertheit des Schulwesens wäre unvollständig beschrieben, wenn nicht wenigstens ein paar Hinweise auf die Gruppe der sog. Alternativen Schulen gegeben würden. Sie ist an sich auch noch in verschiedene Untergruppen zu gliedern. Ausgangspunkt für ihre Gründung war jeweils ein ausgeprägtes Unbehagen an den Normalschulen in Gestalt des staatlichen Schulwesens. Die Dominanz von administrativen Regelungen, pädagogischen Verkrustungen und allzu starker Routinisierungen führte immer wieder zu Kritik. Verrechtlichung, einseitig kognitive Orientierung, rigide Zeitstrukturen, bedrückende Leistungsbeurteilung, inflexible Lehrpläne, schlecht ausgebildete Lehrer/innen, fehlendes Ethos, zu große Distanz zu gesellschaftlichen Veränderungen und damit ***Realitäts***rückstände sind die Vorwürfe, die ihm gemacht werden. Sie haben in der äußersten Konsequenz zu der Forderung nach einer Entschulung der Gesellschaft geführt (Illich, 1972).

Während einerseits reformpädagogisch orientierte Ansätze zu benennen sind, die in der Tradition der Reformpädagogischen Bewegung aus dem ersten Drittel des Jahrhunderts stehen (Scheibe, 1978[6]) und da und dort lebendig geblieben sind (Freinetschulen, Jenaplan-Schulen, Montessorischulen und die eigens aufgeführten Waldorfschulen), sei hier auf folgende drei Untergruppen hingewiesen:

3.6.5.1 Gegenschulen

In den USA haben sich in den 60er Jahren aus der Grundeinsicht heraus, daß die staatliche Schule nicht reformierbar sei, radikale Alternativen entwickelt, die genau genommen als spezielle Umwelten mit eigenen Organisationsmustern gekennzeichnet werden müßten. Es entstanden die Free Schools, die private Schulen mit begrenzter Schülerzahl in ehemaligen Läden, Büros, Farmen, Kirchen, Lagerhallen oder Wohnhäusern waren/sind, die Open Schools, mit einer größeren Zahl von Schülern und stärkerer Strukturierung, die Community Schools als Stadtteilschulen mit intensiver Elternarbeit und auch unter Kontrolle der Eltern, die School-without-walls als Schulen ohne Klassenzimmer, weil nur aus einem Büro bestehend und sich auf die Vermittlung von Lerngelegenheiten in der Welt der Erwachsenen beschränkend (Ramseger, 1975). Alle vier Schultypen sind durch das Prinzip der Freiwilligkeit gekennzeichnet, durch Eigeninitiative, Orientierung an der Lebenswelt der Kinder. Man könnte sie Selbsthilfeschulen von Menschen nennen, die für ihre Kinder ein Bildungsangebot konzipieren wollten, was in bedrängten Lebenslagen wirklich hilft.

3.6.5.2 Freie Elternschulen

Gewissermaßen als Pendant entstanden im Zuge der 68er-Reformbewegung durch Elterninitiativen zuerst Kinderläden als Alternative zu den herkömmlichen Kindergärten, dann (Grund)Schulen, die ebenfalls durch große Offenheit, alternativen Unterricht, Selbstregulierung der Kinder, antiautoritäre Erziehung gekennzeichnet sind. Frankfurt, Essen, Bochum, Berlin waren z. B. Orte, in denen solche Schulen entstanden.

3.6.5.3 Die radikale Alternative: Summerhill

Die außerordentlich breite Rezeption der Werke von A. S. Neill führte dazu, daß Summerhill und seine Realität häufig Pate stand für Neugründungen. Neill hat bekanntlich ein Konzept antiautoritärer Erziehung auf psychoanalytischer Grundlage entwickelt, das für einen Neuanfang in der Erziehung als bahnbrechend empfunden wurde (Neill, 1969).

Im Kern versuchen alternative Schulen in fast allen schulgestalterischen Fragen Alternativen zu finden: Dies betrifft die Unterrichtsorganisation, das Curriculum (den Lehrplan), die Schüler/innenrolle, die Lehrer/innenrolle, die Leistungsbeurteilung, das Lernen i. e. S. u. a. m. Sie sind damit gewissermaßen die Hefe im breiten Teig des Schulwesens. Viele ihrer Ideen haben Eingang in die normale Schule gefunden, so daß die Distributionstendenz neuer Ideen inzwischen nicht unbeträchtlich ist.

4. Bilanz und Ausblick

Aus der bisherigen Darstellung ist sicher deutlich geworden, daß die Vielfalt im Schulwesen außerordentlich groß ist. Die Differenziertheit ist eines der Markenzeichen. Dabei konnte längst nicht alles beschrieben werden. So gibt es im staatlichen Schulwesen weitere eigenständige Profilausprägungen wie etwa die Jenaplan-Schulen und die Montessorischulen, da gibt es weitere alternative Schulen wie etwa die Freien Schulen, die eine bewußte Alternative zum Regelschulwesen sind.

Mit der Vereinbarung über die Schularten und Bildungsgänge im Sekundarbereich I der Kultusministerkonferenz vom 04./05.11.1993 wird die Entwicklung in den nächsten Jahren festgelegt. Darin heißt es:

Die Struktur des Schulwesens im Sekundarbereich I (Jahrgangsstufen 5/7 bis 9/10) ist in den Ländern dadurch gekennzeichnet, daß nach der gemeinsamen vierjährigen Grundschule (in zwei Ländern der sechsjährigen Grundschule) die weiteren Bildungsgänge mit ihren Abschlüssen und Berechtigungen in unterschiedlichen Schularten organisiert sind, und zwar:

in der Mehrzahl der Länder als
- Hauptschule,
- Realschule,
- Gymnasium,
- Gesamtschule

in einzelnen Ländern als
- Förderstufe (Hessen), Orientierungsstufe (Niedersachsen),
- Schulzentrum (Bremen),
- Mittelschule (Sachsen), Regelschule (Thüringen), Sekundarschule (Saarland, Sachsen-Anhalt), Integrierte Haupt- und Realschule (Hamburg), Verbundene Haupt- und Realschule (Hessen), Regionale Schule (Rheinland-Pfalz),
- Wirtschaftsschule (Bayern)

außerdem in allen Ländern als
- Sonderschule / Schule für Behinderte / Förderschule.

Während Hauptschule, Realschule, Gymnasium, Gesamtschule (kooperativ und integriert) und Sonderschule beschrieben worden sind, ist zu der Mittelschule, der Regelschule, der Sekundarschule, der Verbundenen Haupt- und Realschule, der Integrierten Haupt- und Realschule und der Regionalen Schule zu sagen, daß sie die Hauptschule und Realschule pädagogisch und organisatorisch zusammenfassen. Sie sind die neuen Formen, die dann auch eine neue Entwicklung voran bringen werden: Die Zweisäuligkeit des Sekundarbereichs (Hurrelmann, 1992). Insgesamt gesehen entsteht damit ein vielfältigeres Bild, das man negativ mit dem Wort Zersiedelung belegen könnte. Positiv gesehen geht es um die Rettung der Hauptschule aus ihrer Existenzkrise, solange die Gesamtschule als konsequente Alternative des viergliedrigen Schulwesens politisch nicht durchsetzbar ist (Bönsch, 1993). So kann sich der Sekundarbereich bundesweit gesehen in naher Zukunft siebengliedrig entwickeln. Die Übersicht zum Schluß bündelt die Gegebenheiten:

Struktur des Schulsystems und die Schulsystemdifferenzierung

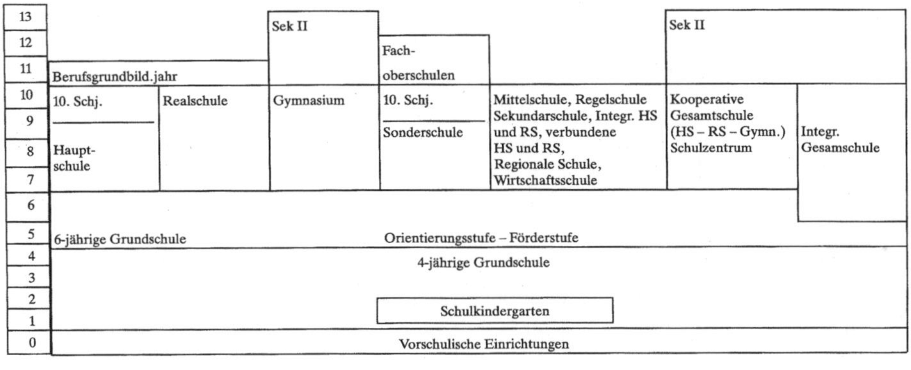

5. Literatur

Arbeitsgemeinschaft Freier Schulen (Hrsg.): Handbuch Freie Schulen. Reinbek 1988

Arbeitsgruppe Bildungsbericht am Max-Planck-Institut für Bildungsforschung: Das Bildungswesen in der Bundesrepublik Deutschland. Reinbek 1990

Aurin, K.: Sekundarschulwesen. Stuttgart / Berlin / Köln / Mainz 1978

Bauer, K.-O. / Klemm, K. / Parchon, H.: Ergebnisse empirischer Schulforschung: Sekundarschulen auf dem Prüfstand. In: Rolff, H.-G. u. a. (Hrsg.): Jahrbuch der Schulentwicklung. Bd. 1. Weinheim / Basel 1980

Behr, M.: Schulen ohne Zwang. München 1988

Behr, M.: Freie Schulen und Internate. Düsseldorf 1988

Bleidick, U.: Sonderschulwesen. In: Wollenweber, H. (Hrsg.): Das gegliederte Schulwesen in der Bundesrepublik Deutschland. Paderborn 1980

Block, R. / Klemm, K.: Lohnt sich die Schule? Reinbek 1997

Bönsch, M.: Schule verbessern. Hannover 1990

Bönsch, M. (Hrsg.): Offener Unterricht in der Primar- und Sekundarstufe I. Hannover 1993

Bönsch, M.: Zweisäuligkeit – Zersiedelung – Integration. In: Schulverwaltung. Ausgabe Niedersachsen, Heft 4/1993

Bönsch, M.: Die beste Schule für mein Kind. Freiburg i. Br. 1994

Deutscher Ausschuß für das Erziehungs- und Bildungswesen: Rahmenplan zur Umgestaltung und Vereinheitlichung des allgemeinbildenden Schulwesens. Stuttgart 1959

Deutscher Bildungsrat: Einrichtung von Schulversuchen mit Gesamtschulen. Bonn 1969

Deutscher Bildungsrat: Strukturplan für das Bildungswesen. Stuttgart 1970

Deutscher Bildungsrat: Zur pädagogischen Förderung behinderter und von Behinderung bedrohter Kinder und Jugendlicher. Stuttgart 1974

van Dick, L.: Alternativschulen. Reinbek 1979

Dietrich, Th. (Hrsg.): Die Landerziehungsheim-Bewegung. Bad Heilbrunn 1967

Dreher, E.: Schulsystemdifferenzierung – 10 Jahre vergleichende Evaluationsforschung. In: Haußer, K. (Hrsg.): Modelle schulischer Differenzierung. München / Wien / Baltimore 1981

Fend, H. u. a.: Gesamtschule und dreigliedriges Schulsystem. Stuttgart 1976

Fend, H.: Theorie der Schule. München / Wien / Baltimore 1980

Fend, H.: Gesamtschule im Vergleich. Weinheim / Basel 1982

Fend, H.: Qualität des Bildungswesens. Weinheim / München 1998

Frey, K.: Der Bildungsauftrag der Realschule. Weinheim 1969

Haenisch, H. / Lukesch, H.: Ist die Gesamtschule besser? Gesamtschulen und Schulen des gegliederten Schulwesens im Vergleich. München 1980

Haußer, K.: Die Einteilung von Schülern. Theorie und Praxis schulischer Differenzierung. Weinheim / Basel 1990

v. Hentig, H.: Die Schule neu denken. München / Wien 1993

Holtappels, H.-G. (Hrsg.): Entwicklung von Schulkultur. Neuwied 1995

Hurrelmann, K.: Zwei Schulen für das eine Deutschland. In: Die Zeit. Nr. 45/1991

Illich, J.: Entschulung der Gesellschaft. München 1972

Keim, W. (Hrsg.): Gesamtschule – Bilanz ihrer Praxis. Hamburg 1976[2]

Keim, W. (Hrsg.): Sekundarstufe I. Modelle, Probleme, Perspektiven. Königstein/Ts. 1978
Kratzert, H. (Hrsg.): Leben und Erziehen durch Glauben. Gütersloh 1979
Kultusministerkonferenz: Empfehlungen zur Arbeit in der Grundschule (Beschluß der Kultusministerkonferenz vom 02.07.1970). In: Sammlung der Beschlüsse der Ständigen Konferenz der Kultusminister der Länder der Bundesrepublik Deutschland (130.2)
Kultusministerkonferenz: Empfehlung zur Ordnung des Sonderschulwesens vom 16.03.1972. In: Sammlung der Beschlüsse der Ständigen Konferenz der Kultusminister der Länder der Bundesrepublik Deutschland (130.2)
Kultusministerkonferenz: Vereinbarung über die Orientierungsstufe (Klassen 5 und 6) vom 28.02.1974. In: Sammlung der Beschlüsse der Ständigen Konferenz der Kultusminister der Länder der Bundesrepublik Deutschland (S. 168)
Kultusministerkonferenz: Vereinbarung zur Neugestaltung der gymnasialen Oberstufe in der Fassung vom 11.04.1988. In: Sammlung der Beschlüsse der Kultusministerkonferenz
Kultusministerkonferenz: Handbuch für die Kultusministerkonferenz 1974. Bonn 1974
Leschinsky, A. / Roeder, P. M.: Schule im historischen Prozeß. Frankfurt/M. / Berlin / Wien 1983
Lindenberg, Ch.: Waldorfschulen. Reinbek 1975
Mastmann, H. / Flößner, W. / Teschner, W.-P. u. a.: Gesamtschule. Schwalbach 1968
Michael, B. / Schepp, H.-H. (Hrsg.): Politik und Schule von der Französischen Revolution bis zur Gegenwart. Bd. 2: Von der Weimarer Republik bis zur BRD/DDR. Frankfurt/M. 1974
Müller, M. (Hrsg.): Marchthaler Pädagogische Beiträge. Rottenburg 1978ff.
Muth, J. u. a.: Behinderte in allgemeinen Schulen. Essen 1982
Neill, A. S.: Theorie und Praxis der antiautoritären Erziehung. Reinbek 1969
Peterßen, W. H. (Hrsg.): Orientierungsstufe. Ravensburg 1975
Ramseger, J.: Gegenschulen. Bad Heilbrunn 1975
Reble, A.: Gesamtschule im Widerstreit. Stuttgart 1981
Rödler, K. Vergessene Alternativschulen. Weinheim / München 1987
Röhrs, H. (Hrsg.): Die Schulen der Reformpädagogik heute. Düsseldorf 1986
Scheibe, W.: Die Reformpädagogische Bewegung. Weinheim / Basel, 1978[6]
Schelsky, H.: Schule und Erziehung in der industriellen Gesellschaft. Würzburg 1957
Scheuerl, H.: Das Gymnasium. In: Deutscher Bildungsrat: Die Gliederung des deutschen Schulwesens. Stuttgart 1968
Schittko, K.: Differenzierung in Schule und Unterricht. München 1984
Sienknecht, H.: Der Einheitsschulgedanke. Geschichtliche Entwicklung und gegenwärtige Problematik. Weinheim / Berlin 1968

Praxis der Differenzierung in einem Fach – Beispiel Deutschunterricht –

Wenn man konkret auf ein Fach zugeht, wird deutlich, daß zu allen Differenzierungsformen in methodischer, medialer, gruppierender Hinsicht die inhaltliche Differenzierung kommt, die letztlich von entscheidender Bedeutung ist. Ein Fach gliedert sich in recht unterschiedliche Arbeits- und Lernbereiche, innerhalb derer dann wieder nach unterschiedlichen Kriterien differenziert werden kann. Dies sei am Beispiel des Deutschunterrichts ein Stück weit exemplifiziert. Die folgenden Ausführungen lehnen sich an eine frühe sehr verdienstvolle Arbeit an (Essen, 1973).

1. Zehn Arbeits- und Lernbereiche

Man kann zehn Arbeits- und Lernbereiche unterscheiden:

1.1 Arbeitsbereich: Teilnahme und Teilhabe am Gespräch Gesprächsaufzeichnung, Gesprächswiedergabe

1) Partneranrede
2) Zuhören, Verstehen
3) Fragen stellen
   a) an die Sache
      (Was ist? wie ist? wo? wann? in welchen Zusammenhängen?)
   b) an den Partner
      (Wie siehst du? was meinst du? welche Fragen hast du? von welchem Standpunkt aus sprichst du? inwiefern hilft deine Meinung weiter?)
   c) an das Gespräch
      (Wo stehen wir? um welche Frage geht es? wie kommen wir weiter? was haben wir erreicht? was bleibt offen?)
4) darstellen
   a) die Sache
   b) den eigenen Eindruck, die eigene Auffassung, Meinung
   c) den eigenen Standpunkt
5) antworten
   a) einem Partner
   b) verschiedenen Partnern
   c) (unterscheidend, beziehend, verknüpfend)

6) Beziehungen im Gespräch erkennen und aufweisen
7) Gesichtspunkte im Gespräch erkennen und aufweisen
8) Fragestellungen (Problemstellungen) herausarbeiten und formulieren
9) Ergebnisse feststellen
10) Ergebnisse in Beziehung zueinander setzen
11) Offene (u. U. nicht oder jetzt noch nicht beantwortbare) Fragen feststellen und festhalten
12) Aufgaben zur Gewinnung weiterer Grundlagen und Auskünfte für eine Fortsetzung des Gesprächs erkennen und aufstellen
13) Mitwirkung an der Gesprächsplanung während des Gesprächsverlaufs
14) Gesprächsleitung
15) Notieren
    a) Thema, Gegenstand des Gesprächs
    b) Gesprächsteilnehmer
    c) aufschließende und weiterführende Fragen
    d) verschiedene Auffassungen
    e) verschiedene Standpunkte
    f) Hauptgesichtspunkte bei der Behandlung des Themas / Gegenstandes
    g) Teilergebnisse
    h) Situation beim Gesprächsschluß
       Ergebnisse?
       offener Gesprächsstand?
       offene Fragen?
       Widerstreit?
16) Notizen verarbeiten
    a) ausgeführter schriftlicher Bericht
       oder
    b) knappe Skizze als Anhalt für einen frei gesprochenen Bericht
    c) Ergebnisprotokoll.

1.2 Arbeitsbereich: Sprachliche Sacherfassung und Sachdarstellung Verstehen und Verarbeiten von Sachauskünften und Sachdarstellungen

1) Inhalts / Gegenstands-/ Sachverhaltsbereich zum Darstellungsbereich bestimmen und eingrenzen
2) Darstellungssituation vergegenwärtigen (Empfänger, Beziehungsfeld, Darstellungszweck)
3) Gesichtspunkte für die Art des Darstellens überlegen

4) Darstellungsbereich überblicken; Auswahl der für die Darstellung wichtigen Bestände und Geschehen, Eigenschaften, Merkmale
5) Bestände und Geschehen, Merkmale und Eigenschaften benennen
6) räumliche, zeitliche, ursächliche Beziehungen und Verhältnisse feststellen und ausdrücken
7) bisher nicht zur Verfügung stehendes Sprachmaterial (z. B. unbekannte Benennungen, nicht verfügbare Ausdrücke zur Situierung) aufsuchen, erfragen, nachschlagen, aneignen und verwenden
8) einen Darstellungsplan entwerfen (Anordnung, Zusammenstellung, Gliederung, Hervorhebung)
9) nachdenken über vermutliche Erwartungen der Darstellungsempfänger
10) Darstellung – nach Vorarbeit – frei sprechend vortragen
11) Darstellung schriftlich ausformen
12) Wahl der Darstellungsmittel und der Darstellungsweise einrichten auf Darstellungszweck und Darstellungssituation, auf Erwartungs- und Verstehenshorizont der Empfänger
13) sich selbst einen Inhalt / Gegenstand / Sachverhalt klar machen, indem man sich bemüht, ihn sprachlich zu erfassen und darzustellen
14) Sachauskünfte und Sachdarstellungen aufmerksam anhören / lesen
15) Die Hauptsache(n) der Darstellung erfassen / beim Zuhören notieren / im Text bezeichnen und einprägen
16) die Gliederung der Darstellung erfassen und aufzeichnen / im Text bezeichnen
17) Bestände, Geschehen, Merkmale beim Zuhören / im Text erfassen, unterscheiden und einprägen
18) räumliche, zeitliche, ursächliche Beziehungen erfassen / beim Zuhören skizzenhaft notieren / im Text anmerken und einprägen
19) den Inhalt der Darstellung in knapper Zusammenfassung / in ausführlichem Bericht möglichst genau und übersichtlich wiedergeben / schriftlich festhalten
20) die Darstellungsweise und die Darstellungsmittel untersuchen und beschreiben, nachdenken über die Wirkung der Darstellung, dem Darstellungszweck oder der Darstellungsabsicht nachfragen.

1.3 Arbeitsbereich: Begriffsbildung und Denkordnung, Urteilsbildung Verstehen und Verarbeiten von Begriffen, Gedankengängen und Problemstellungen

1) Bestände, Geschehnisse, Vorstellungs- und Gedankeninhalte nach Merkmalen begrifflich ordnen, Allgemeinbegriffe suchen
2) Allgemeinbegriffe aus Merkmalen und deren Allgemeinsetzung (Abstraktion) ableiten
3) Begriffe des eigenen Gebrauchs erklären (Inhalte, Abgrenzung, Unterscheidung, „Definition")
4) Bedeutung vorkommender Begriffe erfragen
5) unterschiedlichen Gebrauch untersuchen, unterscheiden, beschreiben (z. B. unterschiedlicher Gebrauch in Umgangssprache oder in Fachsprache; unterschiedliche Verwendung bei verschiedenen Sprechern)
   nachdenken über Eindeutigkeit oder Vieldeutigkeit in der Begriffsverwendung; über daraus entstehende Folgen im Sprachaustausch (Sprachverstehen, Sprachwirkungen ...) Gegenüberstellung und Vergleich von fachsprachlichem (definiertem) – umgangssprachlichem (unbestimmten) – poetischem (Vorstellungen anregend vieldeutigem) Begriffsgebrauch
6) Aussagen aufstellen, die als eindeutig „wahr" oder „falsch" bestimmt werden können.
   Verschiedene Aussagen aus dem täglichen Leben / aus Unterrichtsgesprächen daraufhin untersuchen, ob sie der Bestimmung „wahr" oder „falsch" zugeordnet werden könnten. Für die Ergebnisse Begründungen suchen; nachdenken über die Ergebnisse im Hinblick auf Aussagen, Sprachverstehen und Sprachaustausch im menschlichen Zusammenleben
7) Denkfragen stellen
8) eine Meinung als Behauptung aussagen (Ansatz für einen Denkprozeß)
9) eine Behauptung prüfen (Denkfragen: Kann das so sein? aus welchen Gründen ja oder nein? was wird vorausgesetzt? welche Folgen ergäben sich aus der Behauptung?)
10) Gedankengänge aufbauen (aussagen, begründen, folgern, schließen). Die entsprechenden syntaktischen Formen erkennen und verwenden
11) Urteile erarbeiten, Denkergebnisse als Urteil formulieren
12) ein Urteil begründen, die eigenen Voraussetzungen und den eigenen Standpunkt verdeutlichen
13) nach Begründungen für das Urteil eines anderen fragen
14) ein Problem erkennen und formulieren

15) zu einem Problem verschiedene Lösungen entwerfen, diese vergleichend und unterscheidend durchdenken, mögliche Standpunkte vorstellen

16) einen gedanklichen Text verstehen:
   a) Begriffe klären
   b) Haupt- oder Kernbegriffe suchen
   c) den Denkansatz / die Denkfrage feststellen
   d) die Denkschritte herausarbeiten
   e) die Problemstellung herausarbeiten
   f) Denkergebnisse feststellen und in Beziehung zum Denkansatz bringen
   g) über Denkansatz, Gedankenführung, Denkergebnisse nachdenken, Versuch, eine Stellungnahme zu erarbeiten

1.4 Arbeitsbereich: Sprachhandeln in Situationen des täglichen öffentlichen Lebens, Umgang mit dem Tagesschrifttum

1) Auskünfte einholen
Sprechsituationen eröffnen, Partner-Anrede
knappe, genaue Fragestellung
aufmerksames Auffassen des Mitgeteilten
knappe Wiederholung der Auskunft (besonders bei Umständlichkeit des Auskunftgebenden)
Auskunft in knappster Form einprägen oder notieren
telefonisch Auskünfte erfragen
schriftliche Anfragen verfassen
Auskunftsmaterial besorgen und verarbeiten

2) Auskünfte geben
Voraussetzungen:
aufmerksames Beobachten
klares Vorstellen
genaues Wissen
genau feststellen, wonach gefragt wird (besonders bei umständlicher Fragestellung)
Auskunftsinhalte in Gedanken schnell überblicken, ordnen, auf das notwendigste zurückführen
knappe, genaue, Partner-bezogene (das Einprägen erleichternde) Mitteilung des Erfragten
telefonisch Auskunft geben (keine Möglichkeit, etwas durch sichtbare Zeichen oder Gebärden zu verdeutlichen!)
schriftliche Antworten auf Anfragen verfassen

3) zu bestimmtem Zweck Fragebogen aufstellen – Fragebogen beantworten
4) Formulare aller Art ausfüllen
5) praktische Regeln kennen, verstehen, anwenden (z. B. Verkehrsregeln)
6) Bedeutung von Zeichen im öffentlichen Leben kennen, in Sprache ausdrücken (z. B. Verkehrszeichen, Signale, Gebärden, Hinweise), für den privaten Gebrauch Zeichen vereinbaren
7) Nachrichten geben
   Telefonat – schriftliche Mitteilung – Telegramm
   knappe, genaue, Empfänger-bezogene Formulierung des Wissensnotwendigen
8) Nachrichten weitergeben, Botschaften ausrichten
   Inhalt der übernommenen Nachricht genau festhalten, unverändert und vollständig weitergeben
9) Nachrichten annehmen / lesen / hören
   verstehen, prüfen, verarbeiten, ggf. vergleichen
10) Anzeigentexte verfassen
11) Anzeigen prüfen und auswerten
12) Etwas verlangen, erbitten, bestellen, fordern
   genaue, knappe Benennung und Darstellung des Gewünschten. Falls Benennung nicht bekannt: knapp kennzeichnende Beschreibung
   genaue, knappe Darstellung einer Situation als Anlaß für Wunsch oder Forderung (z. B. bei Bitte um Hilfeleistung)
   klare Formulierung der Forderung, Darlegung der Zusammenhänge, in denen sie gesehen werden soll
   Forderungen auf ihre Zusammenhänge, auf Begründung und Absicht des Fordernden prüfen
13) schriftliche Anträge verfassen
14) etwas anbieten, für etwas werben
   Erwartungen, Interessen, Wünsche des Partners erkunden
   reizvolle, überraschende Formen der Darstellung und Darbietung erfinden.
   Interessen und Wünsche des Partners ansprechen
15) Werbetexte verfassen
   Plakate – Prospekte – Sendungen in Rundfunk oder Fernsehen
16) sich mit Angeboten auseinandersetzen
   auf Sachauskünfte untersuchen, Wirkungsabsicht erkunden, Wirkungsmittel prüfen
   Angebote vergleichen unter Zweckfragen
   Werbungen, Werbetexte prüfen
17) etwas aussuchen
   Richtpunkte für die Wahl setzen, Zweck und Wert bestimmen

18) etwas beurteilen, Urteile praktisch begründen
19) Urteile anderer prüfen, Begründungen nachfragen
20) in bestimmtem Rahmen, zu bestimmtem Zweck jemanden befragen (Konsultation, Interview)
in einer Befragung antworten
21) Beratung einholen
22) mit jemandem verhandeln, etwas vereinbaren, gemeinsame Planungen ausarbeiten
23) Absagen erteilen und begründen
sich entschuldigen
24) sein Recht vertreten
25) Konflikte auf Ursachen befragen, Lösungsmöglichkeiten entwerfen und prüfen, Konfliktsituationen durch Besinnung und Besprechung klären
26) jemanden zu etwas auffordern
27) etwas entscheiden, Entscheidungen begründen und vertreten
28) Gespräche und Diskussionen führen
(hierzu die Arbeitsbereiche „Gespräch", „Sachdarstellung", „Begriffsbildung")
29) Tagesschrifttum lesen, verstehen, prüfen, verarbeiten
(hierzu Arbeitsbereich „Texterschließung")
30) Sprache und Sprachgebrauch im täglichen öffentlichen Leben beobachten, untersuchen, beschreiben, durchdenken, prüfen
(hierzu Arbeitsbereich „Sprachuntersuchung")

1.5 Arbeitsbereich: Individuelle Sprachgestaltung (Äußerung – Darstellung – Erzählung), Verstehen gestalthaft darstellender Texte und erzählender fiktiver Literatur

1) Erlebnis- und Vorstellungsinhalte in Sprache fassen und im Sprachausdruck vergegenwärtigen (Sprachbild, Bewegung, Klang)
2) Beobachtetes unabhängig von allgemein üblichen Betrachtungs- und Darstellungsweisen nach eigener Auffassung darstellen
(Benennungen und Kennzeichnungen nach eigenem Eindruck, Hervorhebung von Merkmalen; Betonung von Zügen, die dem Betrachter wesentlich erscheinen; Andeutung vorschwebender Beziehungen und eigener assoziativer Einfälle ...)
3) Versuch, durch Ausdruck und Darstellung im Zuhörer / Leser neue Vorstellungen zu wecken

4) beobachtete Geschehnisse in Geschichten umsetzen und diese zu Erzählungen ausgestalten
5) aus freier Vorstellung Geschehens- und Handlungsabläufe entwerfen und zu einer freien Erzählung verknüpfen
6) eine Erzählung in Erzählschritten (Erzählkerne – Ballung und Lösung von Spannungen – Pausen – ...) aufbauen
7) Erwartung wecken, eine Erzählspannung entwickeln, Ereignisse durch Spannung vorbereiten (Zuspitzung)
8) Nachdenken über Ansprüche des Zuhörers / Lesers an den Erzählanfang
9) Personen der Erzählung vergegenwärtigen
10) Gespräche erzählen (vergegenwärtigen)
11) Geschehensorte und -räume zur Anschauung bringen
12) zeitliche Beziehungen deutlich machen
13) Erzählraffung und Aussparen
14) Nachdenken über die Darstellung von Zeit und zeitlichen Beziehungen in der Erzählung
15) Erzählerstandpunkt und Standpunktwechsel verdeutlichen
16) Beziehungen zu den Zuhörern / Lesern herstellen
17) sprachliche Materialien und Formen im Hinblick auf jeweilige Ausdrucks-, Aussage- und Darstellungsabsichten ausprobieren und auswählen (hierzu die Arbeitsbereiche „Spielen und Experimentieren mit Sprache"; „Sprachuntersuchung, Nachdenken über Sprache")
18) Lesen und Verstehen gestalthaft darstellender Texte
    a) dem Eindruck des Textes nachfragen
    b) Die Ausdrucks- und Darstellungsweise des Textes auf ihr Besonderes erfragen
       Art der Benennung, der Kennzeichnung, der Zusammenstellung, der Andeutung von Beziehungen; des Darstellungsaufbaus; der Anregung von Vorstellungen und Einfällen beim Leser
    c) Versuche, die Darstellungs- und Aussageabsicht des Autors aus dem Text zu erschließen
    d) Vergleichende Betrachtung und Untersuchung anderer Texte des Autors; Texte anderer Autoren zu gleichen oder ähnlichen Gegenständen
    e) ggf. Fragen nach Voraussetzungen und Bedingungen für die Wahl der Inhalte, für Darstellungs- und Gestaltungsweise, für Darstellungs- und Aussageabsicht
19) Lesen und Verstehen erzählender, fiktiver Literatur
    a) Erfassung des erzählten Ereignisses oder Ereigniskomplexes
    b) Erfassung der erzählten Geschehnisse / Handlungen und deren Verknüpfungen

c) Erfassung der räumlichen und der zeitlichen Beziehungen
d) Untersuchung der Erzählgliederung, der Erzählspannung und der Lösung(en)
e) Überblick über die Personen der Erzählung, deren Einstellungen, Verhaltensweisen, Äußerungen, Absichten;
über das Beziehungs- und Spannungsfeld zwischen den Personen
f) Erfassung von Problemen im Handlungsfeld der Erzählung; Nachdenken über eine in der Erzählung erkannte Problematik
g) Erfassen und Behalten von Hinweisen und Andeutungen des Erzählers
h) Feststellung des Erzählerstandpunkts und des Standpunktwechsels
i) Befragung des Textes nach Aussage- und Darstellungsabsicht des Erzählers
j) vergleichende Lektüre und Betrachtung anderer Erzählungen unter verschiedenen Fragestellungen
k) Versuche und Übungen zum Nacherzählen oder zur zusammenfassenden Wiedergabe von Erzählungen
zu 18) und 19) Arbeitsbereich „Texterschließung“

20) Sprachuntersuchungen an gestalthaft darstellenden oder erzählenden Texten
(hierzu Arbeitsbereich „Sprachuntersuchung“)

1.6 Arbeitsbereich: Sprachhandeln im Situations- und Rollenspiel Spielentwurf, Spielaufzeichnung Verstehen dramatischer Texte

1) Beobachtung von Szenen aus dem täglichen Leben;
Versuch spielender Nachgestaltung im frei entwickelten Zusammenspiel
(hierzu Arbeitsbereich „Situationen des täglichen Lebens“)
2) Spielsituationen entwerfen
Spielraum – Personen im Spiel – Ausgangssituation – Handlungen, Spannungen, Konflikt – Lösungsmöglichkeiten
3) Im Rahmen einer Spielsituation Rollen entwerfen, Bestrebungen und Absichten setzen, Handlungen und Spannungen ansetzen, die im Zusammenspiel ausgeführt und ausgetragen werden sollen
4) Für sich selbst eine Spielrolle frei entwerfen und in den Hauptzügen skizzieren:
wer bin ich? wo bin ich? woher komme ich? in welcher Situation bin ich? was will ich? wer / was könnte mir helfen? wer / was steht mir entgegen? was werde ich tun?

5) In freiem Zusammenspiel mit ähnlich vorbereiteten Mitspielern versuchen, aus verschiedenen – auch scheinbar zunächst nicht zueinander passenden – Rollen-Entwürfen Spielhandlungen und Spielszenen aufzubauen
   Herstellung von Beziehungen – Kombinationen – Gruppierungen – Gegenüberstellung – Spannung
6) Mitwirkung in einer situations- und partneroffenen Spielgestaltung nach vorausgehendem Entwurf (vgl. 1)
   a) Ausbau der Spielsituation, zugleich Ausgestaltung der eigenen Rolle
   b) Absichten des Partners / der Partner erfassen, die eigene Absicht in Beziehung oder Spannung dazu bringen
   c) durch Fragen, Anreden, Aufforderungen dem Partner Anregungen und Hilfen geben
   d) Spielspannungen, gegensätzliche Absichten, Verständnisschwierigkeiten, Verwicklungen, Widerstreit, Konflikt klar herausarbeiten; Lösungsmöglichkeiten ins Spiel bringen
   e) Im Zusammenwirken mit den Mitspielern ein Handlungs- und Entscheidungsziel – eine Lösung – eine Fragestellung zum Abschluß des Spiels anstreben
7) Spielaufgaben erfinden
   nachdenken über die Anforderungen, denen eine Spielaufgabe entsprechen muß:
   Was muß gegeben werden? Was muß aufgegeben werden?
   Wie kann eine Aufgabe Handlungen in Bewegung setzen und die Entwicklung von Spannung bewirken?
   Welche Beobachtungen, Erfahrungen kann man als inhaltliche Anregung heranziehen?
   praktische Erprobung, Untersuchung, Vergleich und Beurteilung von Spielaufgaben
8) Skizzenhafte Aufzeichnung von Spielentwürfen als Vorlage für Spielversuche (Angaben nur in Stichworten)
9) Entwurf einfacher Spielhandlungen als Hörspiel
   Ausführung mit Tonband
10) Schriftliche Ausarbeitung und Ausgestaltung kurzer Spielszenen
11) Nachdenken über Sprechweisen im Spiel – über die besondere Weise des Sprechens in gleichzeitigem Spielpartner- und Zuschauer-Bezug – über Rollensprache und -sprechweise – über Wahl der Sprachmittel, Sprachformen und Ausdrücke in verschiedenen Spielsituationen
    (hierzu auch Arbeitsbereich „Sprachuntersuchung, Nachdenken über Sprache“)

12) Lesen und Verstehen dramatischer Texte
    a) Feststellung der Personen
       Untersuchung für jede Person: Situation – Standpunkt – Handlungen – Bestrebungen – Absichten – Entwicklungen / Veränderungen
    b) Spielräume und Spielzeiträume feststellen, räumliche und zeitliche Beziehungen herausarbeiten
    c) Versuch, das Gefüge aus Handlungen, Strebungen, Spannungen zu überblicken; Überschneidungen, Ballungen feststellen, Konflikte herausstellen; über Lösung nachdenken
    d) Aufbau des Spiels, Abläufe im Handlungs- und Spannungsfeld untersuchen
    e) den Spieltext befragen nach Aussage-, Darstellungs- und Ansprache-Absicht des Autors
13) Im Zusammenhang eines dramatischen Textes eine Rolle sprechen
14) Bei der Aufführung eines dramatischen Texts eine Rolle spielen
15) Über einen dramatischen Text berichten (vgl. 12)

1.7 Arbeitsbereich: Spielen und Experimentieren mit Sprache
Untersuchung und Erschließung poetischer Texte
Übersetzungsversuche

1) Sprachelemente (Laute / Silben / Wörter) aus Zusammenhängen lösen, isolieren, als frei verfügbares Material betrachten und behandeln
2) Sprachelemente (Laute / Silben / Wörter) spielerisch kombinieren zu neuen – auch ungewöhnlichen – Bildungen; mit diesen experimentieren (Wirkungen erproben, entstehende Vorstellungen festhalten. Versuch, Neubildungen in gegebene Texte einzusetzen)
3) freie Zusammenstellungen von Wörtern ausprobieren (z. B. welche Vorstellungsbeziehungen kommen ins Spiel? Wie wirken verschiedene Konstellationen auf den Bedeutungskreis eines Wortes? ...)
4) einzelne Wörter in unterschiedliche Textzusammenhänge bringen, Bedeutungsänderungen der Wörter in verschiedenen Kontext untersuchen
5) untersuchen, wie gegebene Wörter und Wendungen von verschiedenen Sprechern oder Zuhörers verstanden werden
6) um gegebene Wörter Assoziationsfeld entwerfen (was fällt einem bei diesem Wort ein? welche Beziehungen stellen sich her? welche Bereiche werden angesprochen? ...)
7) Sprache Klangwirkungen ausprobieren
   Klangfiguren entwerfen

8) sprachrhythmische Figuren entwerfen
9) Inhalte in verschiedene klangliche und/oder rhythmische Sprachgestaltungen fasssen und deren Wirkungen ausprobieren und vergleichen
10) Versuche, Wörter, Silben, Laute auf einer Schreibfläche in verschiedenen Aufstellungen und Zusammenstellungen anzuordnen, Schriftbilder in verschiedenen Weisen abzuwandeln
11) für kurze Texte durch Anordnung und Gestaltung des Schriftbilds neue Beziehungs- und Verstehensmöglichkeiten aufschließen
12) Versuche, nichtsprachliche Äußerungen (z. B. Tierlaute) oder Geräusche durch sprachliche Laute und Lautkombinationen wiederzugeben
13) einfache Satzstrukturen mit unterschiedlichen Inhalten füllen
14) den gleichen Inhalt in unterschiedlichen Satzstrukturen ausdrücken; Aussageveränderungen untersuchen
15) syntaktische Verbindungen auflösen, neue Verbindungsformen suchen und ausprobieren
16) Versuche, in Aussagen alle verbindenden Elemente auszulassen, Beziehungen nicht auszudrücken; Untersuchung der Wirkungen
17) Abwandlung von Sätzen durch Ersatz-, Abstrich- und Umstellproben; Untersuchung der Veränderungen in Darstellungsinhalt und Darstellungswirkung
18) Experimentieren mit Satzfiguren (Anschauungsfiguren für Satzspannung und Satzgefüge (vgl. 8. Arbeitsbereich, 7), 10))
19) Versuche, Sätze / Satzgefüge zu rhythmischen Gestalten zu bilden;
20) Versuche, Sätzen / Satzgefügen klangliche Gestalt zu geben, die Klanggestalt von Sätzen abzuwandeln; Wirkungen untersuchen
21) Versuche, Sätze – im Ganzen oder aufgegliedert – zu rhythmisch geordneten und gegliederten Gruppen zusammenzustellen;
Versuche, dabei auch klangliche Entsprechungen herzustellen
22) Versuch, einen längeren Satz / ein Satzgefüge über mehrere Zeilen verteilt aufzuschreiben; verschiedene Verteilungen über die Zeilen ausprobieren; untersuchen, wie solche Verteilungen im Schrifttext sich auswirken auf Verständnis und Deutung des Aussageinhalts und der Aussageabsicht
23) Versuche, beliebige, zufällig aufgegriffene Aussagen zu Gruppen zusammenzustellen. Untersuchen, welche Beziehungen für den Leser entstehen, welche Zusammenhänge der Leser herstellt, welche Bedeutungs- und Assoziationsfelder sich in der Vorstellung des Lesers bilden
24) Versuche, einfache Inhalte zu verschlüsseln (z. B. Entwurf von Rätseln, andeutendes Sprechen, Spielen mit Vieldeutigkeiten)

25) Untersuchung und Erschließung poetischer Texte
  a) eigene Wahrnehmungen und Eindrücke beim Lesen und Betrachten des Textes beschreiben
  b) Benennungen und Aussagen auf Bedeutungen befragen, Bedeutungsinhalte auslegen, Vieldeutigkeiten erfassen, Assoziationsfelder entwerfen, Bildgehalten nachdenken
  c) Beziehungen zwischen Ausdrücken und Ausdruckselementen aufsuchen; Beziehungsfiguren herstellen
  d) Sprachklänge und Rhythmen untersuchen; Beziehungen zwischen Bedeutungen – Bildgehalten – rhythmischen Gestalten – Klanggestalten untersuchen
  e) Gliederungsformen, Gruppierungen, Anordnungen des Textes untersuchen und auf ihre Bedeutung befragen
  f) poetische Texte unter Gesichtspunkten wie den vorstehenden vergleichen

26) Übertragungsversuche an einfachen mittelhochdeutschen Texten: Entsprechungen in Bedeutungen, Rhythmen und Klägen ausprobieren (in Verbindung mit dem 8. Arbeitsbereich „Sprachuntersuchung")

27) Übersetzungsversuche an einfachen fremdsprachlichen Texten: ausprobieren, welche deutschen Benennungen, welche Satz- oder Satzgefügeformen dem fremdsprachigen Text in Ausdruck, Darstellungs- und Aussageabsicht am genauesten entsprechen. Unterschiede in Seh- und Darstellungsweise der beiden Sprachen beobachten und darüber nachdenken. Nachdenken über Möglichkeiten und Unmöglichkeiten des Übersetzens
    Im besonderen Versuche, kurze, einfache poetische Texte aus der Fremdsprache ins Deutsche zu übertragen; Erprobung von Übertragungsmöglichkeiten in Sprachbild, Klangfigur und rhythmischer Wirkung

1.8 Arbeitsbereich: Sprachuntersuchung, Sprachbeschreibung Nachdenken über Sprache

Für diesen Bereich werden Aufgaben und Tätigkeiten vorgestellt, die im besonderen auf die Sprachsituation des 5. und 6. Schuljahrs, d. h. auf Einführung in Sprachbeobachtung und Ansätze zur Bildung des Sprachbewußtseins angelegt sind. Dieser Arbeitsbereich sollte in Verbindung mit dem 7. Arbeitsbereich (Experimentieren) und dem 2. Arbeitsbereich (Sachdarstellung) aufgebaut werden.

1) Aufmerksamkeit für Sprache und Sprachgebrauch, auf sprachliche Ausdrücke und sprachliche Formen achten;
    allgemein gebrauchte Sprachmuster erkennen und wiedererkennen, Auffallendes merken und feststellen;
    Unregelmäßigkeiten erkennen und feststellen;

Abwandlungen im Sprachgebrauch bei verschiedenen Sprechsituationen merken und vergleichen
Sprachbeobachtung

2) Fragen stellen
nach dem Sprachgebrauch in unterschiedlichen Sprechsituationen
nach Sprachmaterial, Sprachformen, Sprachstrukturen
nach Ordnungen und Regeln von Sprache und Sprachgebrauch

3) Notieren
Beobachtetes in knapper Form schriftlich festhalten
Beobachtetes in schriftlicher Aufzeichnung ordnen, Ähnlichkeiten, Beziehungen, Hinweise auf Regelhaftes beziehen;
Unterscheidungen, Gegenüberstellungen in der Aufzeichnung sichtbar und übersichtlich machen
Vermutungen, Fragen, Vorhaben zu weiterer Beobachtung schriftlich festhalten
Notizen einordnen (Sammelmappe, Ringhefter, Kartei ...)
Sprachuntersuchung und -beschreibung

4) Im gesprochenen und geschriebenen Text (ohne Satzzeichen) Satzgrenzen feststellen und bezeichnen

5) Texte auf ihre Gliederung in Sätze als Aussageganzheiten untersuchen

6) Inhalte in sprachlicher Rohform zu einer Folge von einfachen Sätzen (Aussageganzheiten) aufbauen

7) Die Form des Satzes verstehen als im Nacheinander hervorgebrachte oder aufgenommene Vollzugsganzheit (Aussageeinheit, Sinnsetzung, Spannungseinheit). Aussage- oder Erwartungsspannung erproben und beschreiben (z. B. in Satzfiguren). Spannungsrichtugnen unterscheiden (Aussagespannung – Partnerspannung (Frage / Aufforderung)).

8) Vielgliedrig ausgebaute Sätze auf ihren Kernsatz zurückführen

9) Aussagekerne durch Erweiterungen und Zusätze ausbauen;
ausprobieren, bis zu welcher Grenze man im Rahmen eines Satzes hinzufügen und erweitern kann (wieviel kann eine Aussage umspannen? wieviel kann die Erwartungsspannung des Hörers / Lesers umfassen?)

10) Satzgefüge untersuchen:
Kernsätze herausarbeiten
Art der Zusammenhänge, Beziehungen und Bindungen untersuchen
Abhängigkeiten, Über- und Unterordnungen feststellen
den Bau der gefundenen Kernsätze mit dem Bau der entsprechenden Teilsätze im Gefüge vergleichen
Sprachmittel zur Verbindung, Beziehung und Fügung feststellen

die Gesamtform des Satzgefüges beschreiben oder darstellen (z. B. in Satzfiguren)
und durch Satzzeichen im Text verdeutlichen

11) Einfache Sätze auf ihre Bestandteile und deren Zusammenhänge untersuchen
ausprobieren, wie ein Satz in Bestandteile aufgegliedert werden kann
Versuche, Bestandteile im Satz untereinander zu verschieben (was muß jeweils als Satzteil zusammenbleiben?); mögliche und nicht mögliche Bauformen ausprobieren
Versuche, Bestandteile wegzustreichen, Veränderungen im Sinn der Aussage untersuchen,
nach der Leistung einzelner Bestandteile im Aussageganzen fragen (z. B. Nennung – Aussage i. e. S. -angabe –): Nominalteile vom Verbalteil unterscheiden, Präpositionalteile (Adverbien) feststellen
untersuchen, wie die Satzteile zusammenhängen (Steuerungen, Abhängigkeiten, Beziehungen, Spannungen)

12) Satzstrukturen erkennen und unterscheiden
in einfachen Sätzen verschiedenen Inhalts Gleichheit der Aussagestruktur erkennen
in einer Vielfalt von Sätzen verschiedenen Inhalts wiederkehrendeTypen von Aussagestrukturen erkennen und unterscheiden (z. B. Typ: Subjekt – Verb. Typ: Subjekt – Verb – Objekt. Typ: Subjekt – Verb – verbabhängiger Dativ – Objekt. Typ: mit Präpositionalteil(en). Typ: Subjekt – Verb(„sein“) – Nominalteil)
Strukturtypen an verschiedenen Inhalten, unter verschiedenen Aussageabsichten ausprobieren
einfache Sätze nach ihrer Struktur beschreiben oder graphisch darstellen (z. B. als „Stammbaum“)

13) Nachdenken über das Wort als Sprachzeichen
(„Bezeichnendes“ – „Bezeichnetes“)

14) Unterscheidung von Wortklassen
Untersuchung von Wortklassen-Eigenschaften
Sätze und kurze Texte in Wörter auseinanderlegen,
die Wörter auf ihre Grundformen zurückführen
das so gewonnene Wortmaterial ordnen, Unterscheidungsmerkmale suchen:
nach Stellung, Zugehörigkeit und Leistung im Satz
nach Fähigkeit und Art des Formwandels
nach inhaltlicher Leistung
Untersuchung der Bereiche „Verb“ und „Nomen“

Formen des Nomen untersuchen, sammeln, zusammenstellen; Formveränderungen, Anformungen ausprobieren
Verbformen sammeln, zusammenstellen
nachdenken über die inhaltlichen Hinweise, die in einer Verbform enthalten sind (z. B. Einstellung zur Sprechsituation, Blickrichtung, Aussageweise, Verlaufsweise des Geschehens, Zeitlichkeit)
Versuche, Inhalte mit verschiedenen Wortarten auszudrücken;
Untersuchen, in welcher Weise Inhalte sich beim Wechsel der Wortart verändern
Übergänge zwischen Wortarten, Mehrdeutigkeit der Wortartzugehörigkeit, Spiel zwischen Wortarten untersuchen und ausprobieren

15) Untersuchung von Sprachlauten / Schriftzeichen
Versuche, beim Anhören kurzer Sprechtexte einzelne Laute herauszuhören und aufzuzeichnen (auch mittelhochdeutscher oder fremdsprachlicher Text)
Sprechlaute vergleichen mit den verfügbaren Schriftzeichen
unterschiedliche Lautung von Sprachlauten bei verschiedenen Sprechern beobachten; Versuch, Unterschiede aufzuzeichnen
die deutschen Sprachlaute zusammenstellen, Versuche zu Gruppierungen anstellen, in Vergleich und Gegenüberstellung von Lauten Merkmale suchen
ausprobieren und untersuchen, welche Lautfolgen in der deutschen Sprache vorkommen, welche nicht
Vergleich mit mittelhochdeutschen oder englischen Sprachlauten und Lautkombinationen

16) Sprachuntersuchung an einfachen mittelhochdeutschen Texten; nachdenken über Sprachwandel beim Vergleich einiger Merkmale des Mittelhochdeutschen mit dem Neuhochdeutschen

17) nachdenken über Voraussetzungen und Bedingungen der Sprachverständigung; über Ursachen des sprachlichen Mißverstehens; über Störungen und Sperren im sprachlichen Verkehr; über beabsichtigte und unbeabsichtigte Sprachwirkungen

1.9 Arbeitsbereich: Übungen zur Texterschließung (Texte aus allen Arbeitsbereichen)

Obwohl in jedem Arbeitsbereich die Arbeit mit Texten einbezogen ist, sollen in einem eigenen Arbeitsbereich die allgemeinen Tätigkeiten des Texterschließens und Textverstehens zusammengestellt werden.

1) vorläufig überblickendes – vororientierendes Lesen
Feststellung von Hervortretendem, zuerst Aufgefaßtem, von Auffallendem
Versuch, Ansatzpunkte für das Gesamtverstehen zu erkennen

2) gründliches Lesen
   a) aufmerksamer Nachvollzug der Satzinhalte im Bemühen um ein fortschreitendes Aufgreifen der gesamtinhaltlichen Zuammenhänge
   b) Festellung und methodische Bearbeitung von Verstehensschwierigkeiten (Versuche des Erschließens aus dem Kontext; Nachschlagen; erfragen; besprechen, Verstehensmöglichkeiten erproben und vergleichen)
   c) Kern- und Leitstellen aufsuchen und kennzeichnen
   d) Beziehungen herausarbeiten, Nachbau des Beziehungsfeldes im Ablauf des Lesens
   e) Gliederungen, Gruppierungen, Gegenüberstellugnen aufsuchen
   f) Suche nach Aussagekern, Darstellungsziel, Grundgedanken
   g) Erarbeitung des Bauplans, der gedanklichen Ordnung, der Komposition
   h) Charakteristisches in Aussage- und Darstellungsweise, in Formgebung und Gesamtgestaltung aufsuchen
   i) Absicht des Autors in Aussage, Darstellung, Gestaltung untersuchen; Situationsbezug des Textes erkunden und untersuchen

3) Stellungnahme zum Text
   a) Versuch, eigene Auffassungen, Ansichten, Urteile zum Vergleich zu stellen
   b) Fragen an den Text stellen
   c) Feststellung und Begründung von Bedenken gegen den Text
   d) Auseinandersetzung mit einzelnen Textstellen
   e) Stellungnahme und Diskussion
      zum Text im ganzen
      zum Grundgedanken
      zur Problemstellung, zum Problem
      zur Darstellungs- oder Aussageweise
      zur Darstellungs- oder Ausageabsicht
   f) Erarbeitung eines Urteils über den Text
   g) Beziehungen aufsuchen, in denen der Text zu verstehen ist, oder in die der Text zu stellen wäre
      Anlässe, Voraussetzungen, Grundlagen
      persönliche und gesellschaftliche Situation
      Wirkungen
      Zuordnungen
      Gesamtwerk des Autors
      Zeitsituation

1.10 Arbeitsbereich: Übungen zur Förderung der elementaren Sprachfertigkeiten

Die elementaren Sprachfertigkeiten werden in jedem Arbeitsbereich mitgeübt. Sie werden hier zu besserer Übersicht zu einem Elementarbereich zusammengestellt.

1) Sprechen
   Einstellung der Sprechweise auf Partner und Situation
   Sprechgliederung und Atemführung
   Sinn-verdeutlichende Intonation
   allgemeinverständliche Artikulation

2) Lesen, im besonderen Vorlesen
   zügiges Erfassen von Wort- und Satzganzheiten im Schriftbild; gliederndes Erfassen von Ausspruchsschritten im Gesamtrahmen einer Sinnspannung
   Erfassen und Verdeutlichen der Sinnbeziehungen im Satz und Satzgefüge
   Erfassen und Verdeutlichen der Sinnbeziehungen zwischen den Sätzen im Textganzen
   Sinn-verdeutlichendes Akzentuieren und Pausieren (Atemführung)
   Nachvollzug des Gesamtaufbaus in Sinnzusammenhängen und Ablaufdynamik
   (Ansetzen – Absetzen; Zuammengreifen; Beschleunigen – Verlangsamen; Spannung steigern; Hervorheben; Lese-Einstellung abwandeln)
   klare Lautung, Beweglichkeit in der Lautbildung (Bedingung für Verständlichkeit!)
   allmählich wachsende Übung im Sinn-fassenden-vom-Blatt-Lesen (unvorbereitet) einfacher Texte

3) Schreiben
   Verfügung über die deutschen Schriftzeichen, Übungen zu klarer geordneter Schriftführung (Lesbarkeit!)
   Rechtschreibung
   Verdeutlichung der syntaktischen Ordnung in der Zeichensetzung
   Verdeutlichung der Sinngliederung in der Anordnung des Schriftbildes (Übersichtlichkeit!)
   Verwendung anderer grafischer Zeichen und Figuren (Verdeutlichung von Beziehungen, Hervorhebung u. ä.)
   Übungen zur Steigerung der Schreibgeschwindigkeit

4) Hören und Hörverstehen
   Übungen zum Hörverstehen von Sprachlauten und Lautkombinationen bei unterschiedlicher Lautstärke; Nachschreiben nach Gehör
   Übungen zum Hören und Hörverstehen von Wörtern und kurzen Sätzen, auch bei unterschiedlichen Geräusch-Überlagerungen (Nachschreibversuche)

hörendes Auffassen von Ausspruchsschritten in Erwartung eines Sinnganzen (Nachschreib-Übungen)
Übungen zur Erweiterung der Auffassungsgrenzen und zur Intensivierung der Hör-Konzentration bei zunehmendem Umfang der Ausspruchsschritte (Nachschreib-Übungen)
Übungen zur Textgliederung durch Satzzeichen beim hörenden Texterfassen
Übungen zum hörenden Erfassen von Sinnträgern; Nachschreiben in Stichworten
Hörendes Erfassen kurzer Texte im ganzen: Wiedergabe des Hauptinhalts nach Anhörung des Textes

2. Differenzierungsmöglichkeiten

Wenn man damit gewissermaßen die inhaltliche Grundfolie gefunden hat, kann man die Differenzierung nach Arbeitszielen, nach Arbeits- und Lernbereichen, nach Aufgabenstellungen, nach Schwierigkeitsgraden, nach Arbeitsumfang oder Arbeitstempo, nach Arbeitsmitteln und Arbeitsformen vornehmen. Wiederum wird der Arbeit von Essen (Essen, 1973) gefolgt.

2.1 Differenzierung nach Arbeitszielen im Rahmen eines Unterrichtsziels

Beispiel

Unterrichtsziel: Förderung der Verstehensfähigkeit in Sprechsituationen
Arbeitsform: Gespräch mit Entscheidungs- und Handlungsziel in einer Teilgruppe
Gesprächsbeobachtung durch die andere Teilgruppe

Differenzierung nach Arbeitszielen für zwei Teilgruppen:

Teilgruppe 1 mit dem
1. Arbeitsziel: Partner-Verstehen während der Mitwirkung im Gespräch

Leistungen:
Äußerungen der Gesprächspartner aufmerksam auffassen; Meinungen der Partner klarstellen und in Beziehung zueinander bringen; Entscheidungsabsichten der Gesprächspartner erschließen, prüfen und unterscheiden:

Teilgruppe 2 mit dem
2. Arbeitsziel:

Verstehen und Unterscheiden von Standpunkten und Absichten bei Beobachtung des Gesprächs

Gesamtleistung:
Beobachten und notieren, welche Meinungen, Einstellungen und Absichten im Verlauf des Gesprächs erkennbar werden und auf welche Weise Kundgabe von Meinung, Einstellung und Absicht im Gespräch ausgelöst wird.

Differenzierung des 2. Arbeitsziels nach Schwierigkeiten für Untergruppen der Teilgruppe 2 (2a, 2b, 2c, 2d):

Untergruppe 2a mit dem
Arbeitsziel 2a): Standpunkt und Absicht eines Gesprächsteilnehmers erschließen

Leistungen: *Äußerungen beobachten und notieren. Notizen verarbeiten. Versuch einer skizzierenden schriftlichen Darstellung von Einstellung und Absicht des beobachteten Gesprächsteilnehmers.*

Untergruppe 2b mit dem
Arbeitsziel 2b): Gesprächshandlungen erkennen, die eine Kundgabe von Meinung, Standpunkt, Absicht bei Gesprächspartnern auslösen

Leistungen: *Beobachten und notieren, welche Anreden (Fragen, Aufforderungen ...) Gesprächsteilnehmer veranlassen, Meinung, Einstellung, Absicht zum Ausdruck zu bringen. Zusammenstellung zu einer Übersicht.*

Untergruppe 2c mit dem
Arbeitsziel 2c): Unterschiedliche Standpunkte im Gespräch erkennen, unterscheiden und in ihren Spannungen zueinander oder gegeneinander verstehen

Leistungen: *Äußerungen verschiedener Gesprächsteilnehmer, die unterschiedliche Einstellungen erkennen lassen, notieren. Notizen verarbeiten, Versuch einer schriftlichen Skizzierung von Unterschieden in der Einstellung verschiedener Gesprächsteilnehmer mit Hinweis auf dadurch entstehende Gesprächsspannungen.*

Untergruppe 2d mit dem
Arbeitsziel 2d): Das beobachtete Gespräch als Spannungsfeld unterschiedlicher Standpunkte und Absichten verstehen

Leistungen: *Beobachten und notieren, welche Einstellungen und Absichten ins Gespräch kommen. Dadurch entstehende Wendungen und Veränderungen in der Gesprächssituation, Spannungen im Gesprächsfeld beobachten und notieren. Die Beobachtungen ordnen zu einem schriftlich skizzierten Überblick über das Gesprächsfeld und seine Spannungsverschiebungen in der Abfolge der Gesprächsphasen.*

Die erste Differenzierung konkretisiert das Unterrichtsziel „Verstehensfähigkeit in Sprachsituationen“ unter den beiden Lernaspekten: Lernen durch Handeln – Lernen durch Beobachtung. Dadurch werden zwei aufeinander bezogene Lernsituationen verschiedener Art geschaffen, die unterschiedlichem Grundverhalten entgegenkommen (Handeln – Beobachten) und unterschiedliche Weisen des Sprachhandelns fordern und fördern (Sprechen und Zuhören im Partnerbezug – Zuhören und Schreiben im Beobachtungs-Abstand).

Die zweite Differenzierung unterscheidet die in der Gesamtleistung des zweiten Arbeitsziels enthaltenen Teilleistungen und verbindet diese zu Teilzielen, die das Arbeitsziel unter verschiedenen Aspekten und mit unterschiedlichen Schwierigkeitsgraden repräsentieren. Damit werden Lernsituationen von unterschiedlichem Anspruchsniveau geschaffen, bei gleicher Einstellung (Beobachten) und gleichen Arbeitsweisen (Zuhören, Schreiben: Notieren – Ordnen – Darstellungsversuch) für alle.

2.2 Differenzierung nach Arbeits- und Lernbereichen

Im allgemeinen ist ein Unterrichtsvorhaben in einem bestimmten fachlichen Arbeitsbereich angesiedelt. Der Lehrer wird dafür sorgen, daß die Gesamtplanung des Unterrichts alle Arbeitsbereiche berücksichtigt. Er wird die einzelnen Vorhaben so kombinieren, daß in ihrem Wechsel auch die Arbeitsbereiche in freier Abfolge und ergänzender Abwechslung zur Wirkung kommen in einem differenzierten Unterrichtsaufbau für die Unterrichtsgruppe insgesamt.

Es ist aber auch möglich, ein Unterrichtsvorhaben so zu konzipieren, daß den Schülern durch die Aufgabenstellung die Wahl zwischen verschiedenen Arbeitsbereichen freigestellt wird.

Beispiel

Unterrichtsvorhaben: Beobachten und sprachliche Wiedergabe von Beobachtungen
Beobachtungsbereich: ein Parkplatz

Arbeitsbereich „Sachdarstellung“

Aufgabenstellung: Auf einem Parkplatz soll genau beobachtet werden, wie Wagen parken und ausfahren. Die Vorgänge des Parkens und Ausfahrens sollen knapp, möglichst genau und für den Leser vorstellbar beschrieben werden.

Arbeitsbereich „Individuelle Sprachgestaltung“

Aufgabenstellung: *Auf einem Parkplatz sollen das Parken und Ausfahren von Wagen und Geschehnisse, die damit zusammenhängen, beobachtet werden.*
Es soll eine kurze Erzählung entworfen werden, in der das Parken und Ausfahren eines Wagens im Mittelpunkt steht.

Der Erzählentwurf soll schriftlich skizziert werden; der Abschnitt, in dem von dem Parken des Wagens erzählt wird, soll ausgeführt werden.

Arbeitsbereich „Situations- und Rollenspiel“

Aufgabenstellung: Vorgänge auf einem Parkplatz sollen beobachtet und aufgeschrieben werden.
Aus diesem Beobachtungsmaterial soll ein Handlungszusammenhang als Szene auf einem Parkplatz entworfen und frei vorgespielt werden.

Arbeitsbereich „Spielen und Experimentieren mit Sprache“

Aufgabenstellung: *Ein Parkplatz soll auf seine besonderen Kennzeichen hin betrachtet und beobachtet werden.*
Es soll ausprobiert werden, wie man mit möglichst wenig Sprachmaterial Kennzeichen setzen kann, die in jedem Leser die Vorstellung von einem Parkplatz wecken.

Durch Ansiedlung des Unterrichtsvorhabens in verschiedenen Arbeitsbereichen sind die Voraussetzungen gegeben für die Aufgliederung der Unterrichtsgruppe in Teilgruppen bis hin zur individuellen Differenzierung. Der einzelne Schüler kann sich entscheiden, in welchem Arbeitsbereich er die Aufgabe lösen will; ob er allein oder in einer Gruppe arbeiten möchte.

Wenn häufig Unterrichtsvorhaben nach Arbeitsbereichen differenziert werden, muß der Lehrer darauf achten, daß durch die freie Gruppenwahl nicht für einzelne Schüler Einseitigkeit im Sprachverhalten durch eine Übergewichtung bestimmter Sprachbereiche entsteht.

Bei Kombination verschiedener Arbeitsbereiche im Rahmen eines Unterrichtsvorhabens kann in der Schlußphase das differenzierte Arbeitsfeld für jeden Schüler als Ganzes übersehbar gemacht werden. Die Arbeitsergebnisse der Teilgruppen oder der einzelnen Schüler werden vor die gesamte Unterrichtsgruppe gebracht und im Arbeitsgespräch betrachtet und durchdacht in Bezug auf das übergreifende Ziel des Unterrichtsvorhabens (im Beispiel Beobachten, sprachliche Wiedergabe des Beobachteten). Dadurch kommt ein Prozeß der Unterscheidung in der Zusammenschau zustande. Damit mündet das Unterrichtsgeschehen für alle Beteiligten in eine Gesprächssituation, also in den Arbeitsbereich Gespräch.

2.3 Differenzierung der Aufgabenstellung

1. Beispiel:

Differenzierung nach Grunddimensionen der Spracheinstellung
(Ausdruck-Darstellung-Austausch)

Aufgabe: Betrachtung eines Werbeplakats
Differenzierung der Aufgabenstellung:

a) „Ausdruck“:
Versuch, auszudrücken, welche Gedanken und Empfindungen bei der Betrachtung des Werbeplakats in dem Betrachter ausgelöst werden.

b) „Darstellung“:
Versuch, das Werbeplakat so genau und übersichtlich zu beschreiben, daß der Zuhörer oder Leser eine klare Vorstellung gewinnt.

c) „Austausch“:
Versuch, zur Eröffnung eines Gesprächs Fragen an Gesprächspartner zu stellen, die diese zu einer Beurteilung des Plakats anregen. Anschließend Ausführung der eigenen Beurteilung.

Formen der Durchführung

1. Die drei Aufgabenformen können den Schülern zur Wahl gestellt und gleichzeitig bearbeitet werden.

Dies kann im Rahmen der gemeinsamen Unterrichtsarbeit, kann aber auch in schriftlichen Versuchen durchgeführt werden.

a) im ersten Fall bereiten die Schüler – einzeln oder in Gruppen – je nach Aufgabe einen Beitrag zum gemeinsamen Gespräch vor. Hier werden dann mit den Beiträgen die verschiedenen Einstellungen bei der Betrachtung der Sache erkennbar und vergleichbar und können zur Lösung der übergreifenden Aufgabe durchdacht und in Verbindung gebracht werden.
b) Im zweiten Fall werden die Versuche als schriftliche Entwürfe in Einzelarbeit ausgeführt. Diese werden zunächst vom Lehrer durchgesehen und dienen dann als Arbeitsmaterial zu einem abschließenden Arbeitsgespräch über das Werbeplakat.

2. Die drei Aufgabenformen werden im Verlauf des Unterrichts nacheinander von allen Schülern ausgeführt.
In diesem Fall soll jeder Schüler jede der drei Formen selbst erfahren und ausprobieren.

In beiden Fällen werden mit der Differenzierung der Aufgabenstellung mehrere pädagogische Ziele verfolgt:

Jeder Schüler soll zur Betrachtung des gegebenen Gegenstandes den seiner eigenen Einstellung zunächst liegenden Zugang finden können. Jeder Schüler soll aber erfahren, daß bei einer solchen Betrachtung verschiedene Einstellungen des Betrachtenden möglich sind, die in ihrer Leistung für Erkennen und Einschätzen des Gegenstandes einander ergänzen. Jeder Schüler soll die Betrachtungsweisen unterscheiden, ihr Zusammenspiel verstehen können.

Allen Schülern soll auf diesem Wege der Akt des Betrachtens selbst bewußt gemacht werden. Damit soll ein erster Schritt getan werden zum Abstandnehmen vom Gegenstand einerseits, zur Prüfung der eigenen Betrachtungsweise gegenüber der Beschaffenheit und Wirkung des Gegenstandes andererseits. Bei dem für das Aufgabenbeispiel gewählten Gegenstand, dem Werbeplakat, gewinnt dieser Gesichtspunkt besondere Bedeutung im Hinblick auf künftige Selbständigkeit in Auseinandersetzung mit Werbung und Propaganda.

2. Beispiel: Differenzierung nach Bezugsrichtungen des Sprachhandelns (sachbezogen – problembezogen – gestaltbezogen)

Aufgabe: Erfassen einer Situation

Im täglichen Zusammenleben einer Unterrichtsgruppe entstehen immer wieder Situationen, die die Beteiligten in eine Konfliktlage bringen und die sowohl klar erkannt und festgestellt als auch in ihrer Schwierigkeit im Hinblick auf Bewältigung und Lösung durchdacht werden müssen. Möglicherweise können dabei auch in gestalthafter Erfassung der Situationsspannung Lösungsmöglichkeiten als freie Gestaltung entworfen werden.

Beispiele:

Klassenfahrt. Beim gemeinsamen Besuch einer fremden Stadt stehen nach heftiger Debatte schließlich alle zornig und ratlos voreinander: man kann sich nicht einig werden über den weiteren Ablauf, da verschiedene Auffassungen über den Zweck des Unternehmens bestehen und jeder seine Wünsche durchsetzen will.

Klassenveranstaltung. Die Verabredung zu einer letzten wichtigen Zusammenkunft zur Vorbereitung kommt zu keinem Ziel, weil kein Termin gefunden wird, zu dem alle kommen können oder wollen.

Zusammenleben in der Schule. Eine Gruppe von Schülern hat im Klassenraum im Schulgebäude – aus Versehen oder mit Absicht? – einen Schaden angerichtet. Das soll wieder in Ordnung gebracht werden.

Die Beteiligten müssen also festgestellt werden. Außer diesen wissen auch andere Kinder der Klasse, wer dabei war. Aber als der Lehrer eindringlich fragt oder zur Meldung auffordert, gibt es zwar eine Erregung in der ganzen Unterrichtsgruppe, aber niemand gibt Auskunft.

Jedem Lehrer werden ähnliche oder auch andere konkrete Konfliktsituationen einfallen.

Differenzierung der Aufgabenstellung:

a) sachbezogen
Genaue Darstellung der Situation, so daß ein Zuhörer oder Leser genügend Auskünfte bekommt, um sich in ein Gespräch über den Konflikt einzuschalten.

b) problembezogen
Versuch, die Schwierigkeit der Situation genau ins Auge zu fassen und über ihre Gründe nachzudenken, woraus sich Überlegungen zur Lösung ergeben mögen.

c) gestaltbezogen
Versuch, in einer Spielszene die Situation in ihrem spannendsten Augenblick zu vergegenwärtigen und in einigen Entwürfen verschiedene Möglichkeiten zur Lösung vorzustellen.

Form a) kann in einer Teilgruppe erarbeitet werden. Form b) wird von einer anderen Teilgruppe als Gesprächsvorbereitung bearbeitet. Diese Gruppe führt in der Abschlußphase das Gespräch der Gesamtgruppe. Dabei sorgt die erste Teilgruppe immer wieder für die Genauigkeit der Tatsachen-Kenntnis. Form c) wird von einzelnen Schülern als schriftlicher Versuch in Einzelarbeit ausgeführt. Betrachtung und Auswertung dieser Versuche kann Ausgang oder Abschluß des Gesprächs in der Gesamtgruppe sein.

3. Beispiel: Differenzierung in Rücksicht auf sprachliche Verhaltensweisen (spontanes, assoziationsoffenes Hervorbringen – Umgang mit allgemein gebrauchten Sprachmustern – sparsamer, zögernder Sprachgebrauch)

Aufgabe: Sprachgestaltung, angeregt durch Hinweis auf Beobachtetes und Vorgestelltes
Thema: Regenwetter

Differenzierung der Aufgabenstellung:

a) spontanes, assoziationsoffenes Hervorbringen Es sollen Rätsel entworfen werden, deren Lösung „Regen“ heißt.

b) Umgang mit allgemein gebrauchten Sprachmustern. Entwurf einer Unterhaltung über das Regenwetter beim Einkauf im Selbstbedienungsladen.

c) sparsamer, zögernder Sprachgebrauch
Es sollen Worte und Ausdrücke gesucht und zusammengestellt werden, die den Regen und die Regenwolken benennen, deren Eigenschaften und Bewegungen beschreiben.

Für diese Aufgabe wird über die Unterrichtsstunde hinaus 1–2 Tage Zeit gegeben: die Schüler sollen in Ergänzung zu dem, was ihnen während der Arbeitsstunde selbst einfällt, durch Umschau in Texten und Nachfragen in ihrer Umgebung möglichst reiches Material zusammentragen.

Die drei Aufgabenformen stehen zur Wahl und werden gleichzeitig in Einzelarbeit schriftlich ausgeführt.

Bei einer Differenzierung nach sprachlichen Verhaltensweisen ist die Zusammenführung der Ergebnisse besonders wichtig. Es wird zwar angenommen und beabsichtigt, daß jeder Schüler die Form der Aufgabe wählt, von der er sich in seiner eigenen Verhaltensweise angesprochen fühlt. Die Differenzierung der Aufgabenstellung soll aber darüber hinaus Wege eröffnen zur Erweiterung und Abwandlung des gewohnten Sprachverhaltens und die Lust wecken, sich auch in zunächst fremderen Aufgabenformen zu versuchen. Die Ergebnisse jeder Aufgabenform sollen zur Bereicherung der anderen, zum Selbstverständnis und zur Selbsterweiterung jedes Schülers dienen.

Die gemeinsame Bearbeitung und Auswertung der Ergebnisse kann in Gruppen vorbereitet werden.

Die Gruppe der Aufgabenform a) stellt aus allen entstandenen Rätseln eine möglichst vielseitige Auswahl zusammen.

Die Gruppe der Aufgabenform c) stellt alles gesammelte Sprachmaterial in einer Übersicht zusammen.

Die Gruppe der Aufgabe b) bereitet eine Auswahl aus den Ergebnissen zum Vorlesen vor.

Aus der gemeinsamen Betrachtung und Besprechung der so vorbereiteteten Arbeitsergebnisse könnten in der Zusammenschau Aufgaben entstehen, mit denen die gewonnenen Erfahrungen, Einsichten und Anregungen noch weiter ausgespielt und für alle fruchtbar gemacht werden. Wünschenswert wäre, daß die Schüler selbst solche neuen Arbeitsvorhaben vorschlagen.

Einige Beispiele zur Anregung:

Jeder Schüler der Unterrichtsgruppe versucht – bei eigener Wahl der Gegenstände – Rätsel zu verfassen. Zusammenführung: Eine Stunde Rätselraten in der gesamten Unterrichtsgruppe.
Alle Schüler versuchen, aus dem Sprachmaterial der Gruppe c) durch Auswahl, Verbindungen verschiedener Art, Wiederholungen u. a. etwas zu machen (Sprachspiele, Regenreime, Wechselreden u. ä.)
Die gesamte Unterrichtsgruppe führt ein freies – unvorbereitetes – Gesprächsspiel durch:
Unterhaltungen in einer Gesellschaft im fahrenden Omnibus bei Regenwetter.

4. Beispiel: Differenzierung im Hinblick auf inhaltliche Verfügungsbereiche der Schüler

Aufgabe: Vorschläge und Anleitungen zu Arbeit oder Spiel an freien Nachmittagen
Die vorgeschlagene Arbeit oder das vorgeschlagene Spiel soll so beschrieben werden, daß der Leser Lust bekommt, dem Vorschlag zu folgen; daß er außerdem genau erfährt, was er zu der Tätigkeit braucht und wie sie auszuführen ist. Der Schreiber muß daher die Arbeit oder das Spiel aus eigener Erfahrung und Übung genau kennen.

Jeder Schüler wird mit dieser Aufgabe zur Besinnung auf einen eigenen Arbeits- oder Spielbereich und zum Nachdenken über dessen Beschaffenheit und Wert aufgefordert.

Auf der Grundlage der Sachkenntnis und im Bewußtsein der Sachzuständigkeit gegenüber den Mitschülern, für die er seinen Vorschlag aufschreibt, ist für jeden

Schüler bei Ansatz und Durchführung der sprachlichen Leistung ein Mindestmaß an Sicherheit und Bereitschaft zu erwarten.

Die Aufgabe wird während einer Unterrichtsstunde in Einzelarbeit schriftlich ausgeführt. Ergebnisbeispiele werden in der nächsten Stunde vorgelesen und von allen gemeinsam besprochen. Alle Ergebnisse werden – sorgfältig geschrieben – in einer Mappe gesammelt und allen Schülern der Unterrichtsgruppe zur Einsicht bereitgestellt.

5. Beispiel: Differenzierung nach Förderungsbereichen

Aufgabe: Ein Gedicht lesen

Differenzierung der Aufgabenstellung:

a) Förderung im Textsprechen
Das Gedicht soll in klarer Sinngliederung und deutlicher Lautung gesprochen werden.

b) Förderung in der Anwendung von Methoden
Der Rhythmus des Gedichts soll untersucht und durch Zeichen verdeutlicht werden.

c) Förderung im Verstehen poetischer Texte
Es soll versucht werden, durch verschiedene Fragestellungen an den Text einen Zugang zum Verstehen des Textes zu schaffen.

Bei diesem Beispiel kann die Differenzierung der Aufgabenstellung verstanden werden als eine Aufgliederung des Unterrichtsplans im Nacheinander der Zielsetzungen für die ganze Gruppe. Ebenso kann aber auch die Differenzierung durch Aufgliederung der Unterrichtsgruppe erfolgen, bei gleichzeitiger Bearbeitung der drei Zielsetzungen in Gruppen- oder Einzelarbeit und mit einer Schlußphase der die Ziele verknüpfenden Zusammenarbeit.

6. Beispiel: Differenzierung nach Schwierigkeitsgrad

Aufgabe: Sprachliche Darstellung räumlicher Verhältnisse und Beziehungen

Differenzierung der Aufgabenstellung
(Schwierigkeitsgrad ansteigend)

a) Schwierigkeitsgrad I
Durch möglichst viele Ortsbestimmungen soll beschrieben werden, an welcher Stelle der Stadt sich die Schule befindet.

b) Schwierigkeitsgrad II
Die Anordnung der Gegenstände im Klassenraum soll so beschrieben werden, daß der Standort jedes Gegenstandes bestimmt und die räumlichen Beziehung der Gegenstände untereinander deutlich gemacht werden. Es soll erkennbar sein, von welchem Standpunkt aus der Betrachter beschreibt.

c) Schwierigkeitsgrad III
   Mit welchen sprachlichen Mitteln kann man räumliche Verhältnisse und Beziehungen darstellen?

Es sollen möglichst viele Wörter und Ausdrücke zur Ortsbestimmung und zur Bezeichnung räumlicher Beziehungen gesammelt werden. Dann soll versucht werden, dieses Sprachmaterial zu Gruppen zu ordnen. *Die Gruppierung soll begründet werden. Was kann über die einzelnen Gruppen im besonderen ausgesagt werden?*

Aufgabe a) verlangt die einfache Zusammenstellung von beliebigen Aussagen über konkret anschaubare räumliche Beziehungen, auf einen Mittelpunkt, die Schule, bezogen.

Aufgabe b) verlangt: die Bestimmung eines Standpunktes als Ausgangs- und Bezugspunkt räumlicher Beziehungen; die Erfassung räumlicher Beziehungen innerhalb eines Beziehungsganzen (Gegenstände im Raum); den geplanten Aufbau einer sprachlichen Darstellung, die im Nacheinander der Aussage das gleichzeitige Miteinander der Ordnung im Raum vergegenwärtigen soll.

Aufgabe c) verlangt den Übergang zur Abstraktion. Auf der Suche nach sprachlichen Darstellungsmitteln müssen möglichst viele und verschiedene Arten räumlicher Verhältnisse und Beziehungen frei vorgestellt und versprachlicht werden. Dafür muß das Sprachmaterial zur Verfügung stehen oder aufgesucht werden. Zur Ordnung und Gruppierung müssen Gesichtspunkte inhaltlicher oder formaler Art – durch nachdenkendes Betrachten, Untersuchen und Vergleichen der gesammelten Wörter und Ausdrücke gefunden werden. Die Gesichtspunkte müssen benannt werden. Die Aufgabe ist zu verstehen im Zusammenhang eines Unterrichtsvorhabens im Bereich „Sprachuntersuchung“ und setzt einige Erfahrung und Übung in Arbeits- und Betrachtungsweisen dieses Bereichs voraus.

Auch bei dieser Aufgabe kann die Differenzierung in zweierlei Richtung durchgeführt werden: als schrittweise Steigerung der Anforderungen im Unterrichtsaufbau für die ganze Unterrichtsgruppe; als gleichzeitiges Angebot zu gleichzeitiger Bearbeitung bei Aufgliederung der Unterrichtsgruppe nach Wahl der Schüler, u. U. auch nach Vorschlag des Lehrers. Bei der Rückführung der Teilgruppen in die Gesamtgruppe können die Ergebnisse im Arbeitsgespräch gemeinsam geprüft und miteinander in Beziehung gebracht werden unter übergreifenden Fragestellungen wie z. B.: Wie kann ein Standort bestimmt werden? Was alles nennt man „räumliche Beziehung“? Welche Gesichtspunkte zur Unterscheidung der sprachlichen Mittel, die räumliche Beziehungen bezeichnen, sind in der Gruppe c) aufgestellt worden? Lassen sich solche Unterschiede auch in den Beschreibungsversuchen der Gruppen a) und b) erkennen? – Im Austausch der Erfahrungen und der Ergebnisse könnte für die ersten beiden Gruppen der Ansatz zur Abstraktion gefunden werden. Für die dritte Gruppe bieten die konkreten Versuche der anderen beiden Gruppen Ansatz zu einer Kontrolle sowohl des zusammengestellten Sprachmaterials als auch der Versuche zu dessen Ordnung.

7. Beispiel: Differenzierung nach Arbeitsumfang oder Arbeitstempo

Aufgabe: Zur Vorbereitung eines Unterrichtsvorhabens sollen verschiedene Texte von einzelnen Schülern oder in Teilgruppen bearbeitet werden.

Eine Differenzierung der Aufgabenstellung nach Arbeitsumfang oder Arbeitstempo ergibt sich mit der Auswahl der zu bearbeitenden Texte, ebenso mit Art und Anzahl von Fragen oder Aufgaben zur vorbereitenden Bearbeitung.

Allgemein kann jede arbeitsteilige Vorbereitung eines gemeinsamen Vorhabens nach Umfang der Arbeitsleistung oder nach Anspruch an das Arbeitstempo differenziert werden.

Bei dieser Form der Differenzierung sollte man aber mit besonderer Aufmerksamkeit dafür sorgen, daß keine Verfestigungen entstehen: für die langsam arbeitenden Schüler müssen Anreize zur Beschleunigung ihres Arbeitstempos geschaffen werden; sehr schnell arbeitende Schüler dürfen nicht durch ständige Vollbelastung zu oberflächlichem Arbeiten verleitet werden.

2.4 Differenzierung nach Arbeitsmitteln und Arbeitsformen

Im folgenden werden in einer Übersicht Arbeitsmittel und Arbeitsformen zusammengestellt, die für den Deutschunterricht – im besonderen im 5. und 6. Schuljahr – geeignet sind. Anschließend werden in zwei Beispielen Möglichkeiten der Unterrichtsdifferenzierung nach Arbeitsform und Arbeitsmitteln vorgestellt.

Arbeitsmittel

Schreibpapier	Kugelschreiber	Ringhefter
Schreibheft	Füllfederhalter	einfache Sammelmappen
Konzeptpapier	Bleistift, Radiergummi	Schnellhefter
Notizblöcke	Farbstifte	Leitz-/Soennecken
Karteikarten	Schreibmaschine	Ordner
		Büroklammern, Heftmaschine, Locher
Wandtafel	Telefon	
Overhead-Projektor	Tonband	
Filztafel	Schallplatte	
Dia-Projektor	Film	
	Rundfunk / Fernsehgerät	
Lehrbücher	Textbücher	Zeitungen
Wörterbuch	Literarische Texte	Zeitschriften
Lexikon	Sachtexte	Druckhefte und -blätter
Grammatik	Gebrauchstexte	Prospekte

Sprachbücher Bücherkataloge
Lesebücher Umdrucke Plakate
Bilder, Bildpostkarten
Schematische Zeichnungen

Gegenstände aller Art (z. B. für Beschreibungsübungen, als Anregung zu Gestaltungsübungen, als Spielgegenstände u. a.)

Arbeitsformen

Material sammeln
- durch Beobachten
- durch Befragen
- aus Texten

Material ordnen, Ordnungsgesichtspunkte suchen
Auskünfte einholen
- nachfragen
- nachschlagen in Wörterbuch, Lexikon, Grammatik
- Buchtitel suchen, Lesetexte und Arbeitslektüre zusammenstellen
- Bücher in einer Bibliothek entleihen

Auskünfte verarbeiten, durchdenken, an Beispielen erproben
Notizen machen
Notizen verarbeiten, ordnen, auswerten
Schreiben
- Mitteilungen (auch in Kurzfassung, Telegramm)
- Entwürfe
- Berichte und Darstellungen
- Stellungnahme, Auseinandersetzung
- Gestaltungsversuche
- gegebene Texte abschreiben oder hörend nachschreiben

Untersuchen
- Sprachmaterial, Sprachgebrauch
- Aussage- und Darstellungsformen
- Sprachhandlungen und Sprechsituationen
- Texte

Experimentieren
- mit Sprachmaterial
- mit Aussage- und Darstellungsformen
- mit Texten und Textausschnitten
- in Gesprächs-, Rollen- und Situationsspielen
- in sprachlichen Darstellungs- und Gestaltungsversuchen

Sprechen

- Gespräche führen
- Telefonieren, Telefonate vorbereiten
- vor Zuhörern zusammenhängend sprechen
    - nach Aufbau- und Stichwortskizze
    - frei entwickelnd
- vorgegebene Texte sprechen

Zuhören und Verarbeiten

- Aufnehmen
- mitschreiben (Stichworte, Aufbauskizze)
- Mitschrift überarbeiten, ordnen, Wichtiges herausarbeiten
- Protokoll verfassen
    - Verlaufsprotokoll
    - Ergebnisprotokoll

Textarbeit

- lesen
- Verständnis des Inhalts erarbeiten
- zum Vorlesen oder Auswendigsprechen vorbereiten
- Auskünfte aus Texten erarbeiten
- Auskünfte aus Lehrbüchern erarbeiten, durchdenken, erproben
- Texte durcharbeiten
    - unterstreichen, kennzeichnen
    - Auszüge machen, Hauptzüge feststellen
    - Textinhalte zusammenfassen
    - Zusammenhänge, Beziehungen in Anschauungsfiguren verdeutlichen (auch Strukturskizzen)
    - Zitate aus Texten festhalten
    - Bericht über einen Text erarbeiten
    - Stellungnahme zu einem Text erarbeiten
    - Material zu bestimmten Fragen aus Texten suchen
    - Textuntersuchung
    - Sprachuntersuchung
    - Gestaltbetrachtung
    - Erarbeitung der Begriffe und des Gedankengangs
    - Untersuchung der Aussage- und Darstellungsweise
        - der Darstellungsabsicht
        - der Darstellungswirkung
    - Untersuchungen der den Text begleitenden Bilder und Zeichnungen, der Schrifttypen und der Textanordnung
    - Texte vergleichen unter verschiedenen Fragestellungen
    - Symbole als Darstellungsmittel (z. B. bei Sprachuntersuchung einfache

Zeichen und Zeichenkombinationen (z. B. metrische Schemata)
Symbole
als Darstellungsmittel (z. B. bei Sprachuntersuchung und -beschreibung)
zum Vergleich nichtsprachlicher mit sprachlicher Verständigung
als Anregung zu Gestaltungsversuchen
Anschauungsfiguren
Satzfiguren
figurale Darstellung von Aufbau- und Beziehungsordnungen in Sprachwerken (auch Strukturskizzen)
Darstellung sprachlicher Ordnungen und Beziehungen
Hilfsmittel beim Entwurf eigener sprachlicher Darstellungen oder Gestaltungen
Tabellen, Diagramme (zur Sprachuntersuchung und -beschreibung)

Üben

Sprechen (Lautung und Sinngliederung)
Schreiben und Rechtschreibung
Vorlesen

Beispiel: Differenzierung nach Arbeitsformen

Unterrichtsvorhaben: Der Gebrauch des Konjunktiv II soll untersucht und ausprobiert werden

Arbeitsformen zur Wahl

1) Während einiger Tage werden Gespräche in verschiedenen Situationen beobachtet (zuhause, in der Klasse, während der Pause, in Geschäften, auf der Straße, bei der Arbeit ...)

   Aussprüche, in denen der Konjunktiv II gebraucht wird, werden notiert.

   Material sammeln durch Beobachten – Notizen machen, verarbeiten und auswerten. Beobachtung von Sprechsituationen unter bestimmter Fragestellung –

2) Mitschüler, Freunde, Bekannte werden befragt: „Wann brauchst du Formen wie 'ich wäre' – 'ich hätte' – 'ich käme' –? Was willst du in solchen Fällen ausdrücken?“

   Die Antworten werden in Stichworten notiert und zusammengestellt. Es wird untersucht, ob in den Aussagen Gemeinsamkeiten erscheinen.

   Material sammeln durch Befragung – Gespräche führen unter bestimmter Fragestellung – Notizen machen, ordnen, untersuchen unter bestimmter Fragestellung.

3) Aus Texten verschiedener Art (Sachtexte, Erzählungen, Gedichte, Briefe, Zeitungsberichte, Anzeigen, Prospekte ...) werden Stellen herausgeschrieben, an denen der Konjunktiv II erscheint. Versuch, das Material zu ordnen.

Material sammeln aus Texten – Texte unter bestimmter Fragestellung durchsehen – Textstellen abschreiben und ordnen – Ordnungsgesichtspunkte suchen.

4) In der zur Verfügung stehenden Grammatik werden die Abschnitte über Konjunktiv II aufgesucht und durchgearbeitet. In knappen Sätzen oder Stichworten wird aufgeschrieben, was die Grammatik über den Gebrauch von Konjunktiv II sagt. Dazu werden eigene Überlegungen und Fragen aufgeschrieben und Beispiele aus dem täglichen Sprachgebrauch zur Erprobung aufgesucht.

   Auskünfte aus Lehrbüchern aufsuchen – Erarbeitung und Verarbeitung von Lehrbuchauskünften – Niederschrift: Textexzerpt, eigener Kommentar und Fragestellungen.

5) Es werden verschiedene Situationen entworfen, in denen Aussprüche im Konjunktiv II vorkommen könnten.

   Die Aussprüche werden niedergeschrieben, die Situationen in wenigen Zügen beschrieben.

   Experimentieren: Entwurf von Sprechsituationen zur Erprobung von Sprachgebrauch – Untersuchung von Sprachgebrauch – schriftliche Fassung der Ergebnisse.

Jeder Schüler kann seine Arbeitsform wählen.
Die verschiedenen Ergebnisse werden in einer abschließenden gemeinsamen Arbeitsphase vorgestellt, besprochen und für das gemeinsame Arbeitsthema (hier: Gebrauch des Konjunktiv II) ausgewertet.

Beispiel: Differenzierung nach Arbeitsmitteln

Mit diesem Beispiel soll vorgeführt werden, wie im Unterricht der Gesamtgruppe verschiedene Arbeitsmittel nacheinander so eingesetzt werden können, daß das Unterrichtsvorhaben unter verschiedenen Aspekten abgewandelt und auf diese Weise möglichst vielseitig ausgebaut wird im Sinn einer vielseitigen Förderung der jeweils angesprochenen Fähigkeit. Dabei werden zugleich mit dem Einsatz verschiedener Mittel individuell verschiedene Auffassungsweisen angesprochen, verschiedene Arten des Anreizes ins Spiel gebracht. Es ist zu erwarten, daß beim Einsatz verschiedener Arbeitsmittel Schwerpunkte der Mitarbeit in der Unterrichtsgruppe sich jedesmal verlagern.

Unterrichtsvorhaben: Einführung in Beobachtung und Bericht / Beschreibung.

Der Schüler soll lernen, Vorgänge im Nacheinander und Miteinander zu beobachten und in einer sprachlichen Darstellung wiederzugeben.

Einsatz verschiedener Arbeitsmittel:

1) Die Filztafel; in Filz geschnittene Figuren von Personen, Tieren, Pflanzen, Gegenständen

Die Filzfiguren sind ungeordnet. Ein Schüler wird aufgefordert, etwa 5 Filzfiguren blindlings herauszugreifen und sie in wechselnden Zusammenstellungen und Anordnungen – spielend probierend – so auf Filztafel zu heften, daß einfache Situationen und Handlungen zur Darstellung kommen (Dauer etwa 2 Minuten).
Die Schüler beobachten aufmerksam.

Anschließend schreiben sie in Stichworten nieder, was sie beobachtet haben:

Welche Figuren sind auf der Filztafel?
Welche Situationen oder Handlungen lassen sich aus den Zusammenstellungen erkennen?

Ein kurzes Gespräch zum Vergleich der Beobachtungen und Aufzeichnungen schließt sich an.
Der Versuch wird im Verlauf einer Stunde mehrmals wiederholt, wobei immer andere Schüler das spielende Probieren an der Filztafel durchführen.

2) Dia-Projektor; Dia: Gemälde, Darstellung einer Handlung
Die Bildprojektion wird etwa 2 bis 3 Minuten vorgestellt. Während dieser Zeit betrachtet jeder Schüler das Bild genau und macht sich klar:

Welche Personen sind auf dem Bild?
in welcher Anordnung, in Verbindung mit welchen Gegenständen?
Welche Handlung läßt sich erkennen?

Dann wird die Projektion weggenommen. Die Schüler schreiben in einfachen Sätzen auf, was sie bei der Betrachtung festgestellt und in der Vorstellung behalten haben.
Die Aufzeichnungen werden im gemeinsamen Gespräch verglichen und zusammengestellt.
In der abschließenden Arbeitsphase wird die Bildprojektion noch einmal vorgestellt, die Aufzeichnungen werden vor dem Bild überprüft und – wenn nötig – richtiggestellt und ergänzt.

3) Overhead-Projektor
Vor den Augen der Schüler läßt der Lehrer zeichnend eine einfache Bildkomposition, ggf. auch eine ornamentale Zusammenstellung aus einfachen geometrischen Figuren entstehen. Er zeichnet in Absätzen, mit ausreichenden Zwischenpausen.

Die Schüler folgen aufmerksam. Nach jedem Absatz schreiben sie nieder, was gezeichnet wurde und wie dieses zum bereits Vorhandenen steht. Die Beschreibung folgt dem Entstehen der Zeichnung und schließt mit deren Vollendung gleichfalls ab.

Im anschließenden gemeinsamen Gespräch werden die Niederschriften untereinander und mit der Zeichnung verglichen.

Falls kein Overhead-Projektor vorhanden, läßt sich für diesen Versuch natürlich auch die Wandtafel verwenden. Sie hat allerdings den Nachteil, daß der Lehrer sich beim Zeichnen von den Schülern abwenden muß.

4) Tonbandgerät; Tonband: Eine kurze Szene aus der Schule oder aus dem sonstigen täglichen Leben. Handlung / Gespräch, akustische Darstellung von Raum, Geräusche.
Die Szene wird von zwei oder drei Schülern der Unterrichtsgruppe entworfen, ausgeführt und auf Band genommen.
Die Szene wird zweimal – mit kurzer Zwischenpause – vorgespielt. Die Schüler hören aufmerksam zu. Nach dem zweiten Hören schreiben sie in einfachen Sätzen oder auch in Stichworten auf, was sie beim Zuhören aufgefaßt haben:

Welche Personen sprechen?
worüber?
welche Handlung spielt sich ab?
im Zusammenhang mit welchen äußeren Geschehnissen?
(zu erschließen aus Geräuschen)

Das Tonband wird noch einmal vorgespielt. Die Schüler verarbeiten Aufzeichnungen zu einem Bericht über die gehörte Szene.
Abschluß: Gemeinsame Besprechung der Berichte oder Abgabe an den Lehrer.

5) Film; Filmszene Handlung / Gespräch, einige äußere Geschehnisse, überschaubarer Handlungsort, ggf. Ortswechsel.
Die Filmszene wird vorgespielt.
In einem gemeinsamen Gespräch tauschen die Schüler ihre Beobachtungen aus und versuchen, Bestände und Ablauf der Szene zu vergegenwärtigen.
Die Filmszene wird zum zweitenmal vorgespielt. Die Schüler schreiben in Stichworten auf:

Welche Handlung wird vorgeführt? Wer ist an der Handlung beteiligt? An welchen Orten spielt die Handlung? Welche Absicht verfolgt jede der Personen mit ihren Äußerungen? Zu welcher Lösung führt die Szene?

Die Filmszene wird zum drittenmal vorgespielt.
Die Schüler bilden Arbeitsgruppen. Jede Gruppe verfaßt unter Verarbeitung der vorliegenden Notizen aller Gruppenmitglieder einen gemeinsamen Bericht über den Film.
Die Berichte werden der gesamten Unterrichtsgruppe vorgetragen und von dieser in eine Rangfolge geordnet nach dem Maßstab: welcher Bericht gibt die genaueste (d. h. nicht: möglichst viele Einzelheiten, sondern: klarste Herausarbeitung der wichtigen Züge) und übersichtlichste Wiedergabe der Filmszene?

6) Fernsehen
Alle Schüler bekommen den Auftrag, am Vorabend des Unterrichts die Tagesschau im 1. Deutschen Fernsehprogramm anzusehen und aufmerksam zu verfolgen.

Am nächsten Tag schreibt jeder einen kurzen Bericht über die Hauptinhalte des Fernsehberichts – wenn möglich, mit kurzen Angaben darüber, wie berichtet wurde (nur mündlicher Bericht; Bericht illustriert durch Bildvorführung; Vergegenwärtigung des Berichteten durch Filmausschnitte ...)

Am übernächsten Tag wird ein ausführliches Gespräch in der Gesamtgruppe geführt:

a) über die Inhalte des Fernsehberichts
b) über die Verfahren zur Auffassung und Wiedergabe, die die Schüler versucht haben.
c) über die Arbeitsergebnisse der Schüler.

Anstelle des gemeinsamen Gesprächs zum Abschluß jedes Arbeitsganges kann ein- oder zweimal im Verlauf des Gesamtunternehmens die inviduelle Kontrolle und Beratung des Schülers durch den Lehrer eingesetzt werden. Die Schüler liefern ihre Aufzeichnungen ab, der Lehrer gibt sie mit Fragen und Hinweisen versehen – zurück. Mit der Rückgabe verbindet sich eine kurze Besprechung in der gesamten Unterrichtsgruppe, bei der der Lehrer über seine Feststellungen bei Lektüre und Kommentierung berichtet und Arbeitsprobleme mit den Schülern erörtert.

Durch Differenzierung von Arbeitsformen und -mitteln soll eine möglichst vielseitige Erfassung und Erschließung der Unterrichtsinhalte einerseits, eine möglichst vielseitige methodische Bildung des einzelnen Schülers andererseits angestrebt werden. Arbeitsformen und -mittel, die einem Schüler besonders angemessen erscheinen, sollen ihm in Notlagen als Hilfe und Lösung entstandener Schwierigkeiten angeboten werden. Es muß aber verhütet werden, daß einzelne Schüler sich auf bestimmte Formen und Arbeitsmittel festlegen. Jeder Schüler sollte bei seiner Arbeit Formen und Mittel möglichst vielfältig wechseln. Dafür muß der Lehrer sorgen durch vielfältiges Angebot und reiche Kombinationen in der Abfolge der Unterrichtsvorhaben.

Je reicher das verfügbare Instrumentarium aufgebaut wird, desto besser wird jedem Schüler auf späteren Stufen die allmähliche Konzentration auf eine individuelle Arbeitsweise in Auswahl und Kombination von Arbeitsformen und Arbeitsmitteln gelingen.

2.5 Differenzierte Leistungseinstufung

Eine gut reflektierte Differenzierungspraxis muß konsequenterweise bis zu einer differenzierten Leistungseinstufung und -beurteilung reichen. Diese Aussage folgt der Auffassung, daß Differenzierungsstrategien konsequenterweise Leistungsunterschiede nicht einebnen, sondern eher ausprägen. Und so ist es notwendig, in der Leistungsfeststellung und -beurteilung ebenfalls zu differenzieren. Der folgende Vorschlag – wieder nach Essen (Essen, 1973) definiert vier Leistungsbereiche:

Gespräch
sprachliche Darstellung
Sprachverstehen, Textarbeit
Sprachuntersuchung, Nachdenken über Sprache

Für jeden Leistungsbereich folgt eine Übersicht über die Grundleistungen. Der jeweiligen Übersicht folgt eine Tabelle, die angibt, wie die Leistungen differenziert einzustufen sind. Dafür gibt es in der Tabelle zwei Einstufungen:

- eine Rangstufung der Leistungen nach Graden der Anforderung: Mindestforderung – Normalforderung – überdurchschnittliche Leistung
- eine Stufung nach der Gewichtung des betreffenden Leistungsbereichs im Lernfeld des(r) einzelnen Schülers/-in: Schwerpunktbereich – Normalbereich – Randbereich

Zum Schluß folgt eine Übersichtstafel über die in allen Leistungsbereichen erforderlichen elementaren Sprachfertigkeiten und ein Einstufungsvorschlag (Angabe des Verfügungsgrades)

Leistungsbereiche und Differenzierung der Leistungseinstufung

Leistungsbereich „Gespräch“
Grundleistungen

1) Zuhören	
2) Fragen stellen	a) an den Partner
	b) an die Sache
	c) nach Stand und Ziel des Gesprächs
3) erschließen	a) Auffassung des Partners
	b) Standpunkt des Partners
	c) Absicht des Partners
4) antworten	a) in einfacher Entsprechung
	b) weiterführend
5) darstellen; ins Gespräch, zur Diskussion stellen	a) eigene Auffassung der Sache
	b) eigenen Standpunkt
	c) eigene Absicht
6) Stellung nehmen	a) zu Auffassungen von Partnern
	b) zu Partner-Standpunkten oder -absichten
	c) zur Diskussion
7) Gesprächsplanung und -auswertung	a) Gesprächsziele feststellen oder entwerfen
	b) Beziehungen herstellen
	c) weiterführende Fragen herausstellen
Teilergebnisse feststellen	d)
	e) Gesprächsstand klären

f) Gesprächsergebnisse zusammenfassen
offen gebliebene Fragen formulieren
(mündlich / schriftlich)

Leistungsbereich „Gespräch“
Differenzierung der Leistungseinstufung

(Die Ziffern geben die Grundleistungen an [s. vorausgehende Übersichtstafel])

	Schwerpunktbereich	Normalbereich	Randbereich
Mindestforderung („4“ – „3“)	1 2a, b 3a 4a 5a 6a 7d	1 2a, b 3a 4a 5a 6a	1 2a 4a 5a
Normalforderung („3“ – „2“)	3b, c 4b 5b, c 6b 7b e, f	3b, c 5b, c 6b 7b, d, f	2b 3a 5b, c 6a
überdurchschnittliche Leistung („2“ – „1“)	2c 6c 7a, c	2c 4b 6c 7e	2c 3b, c 6b 7b, d

Leistungsbereich „Sprachliche Darstellung“
Grundleistungen

1) Darstellungsinhalte bestimmen
2) Darstellungssituation und Darstellungsempfänger feststellen
3) Darstellungsabsicht bestimmen
4) Bestände und Geschehen benennen
   a) allgemein verständlich
   b) bewußte Spracheinstellung (z. B. Umgangssprache – Fachsprache)
   c) Wortwahl auf Darstellungsabsicht einrichten
   d) Wortwahl auf den Empfänger einrichten

5) Bestände und Geschehen in Eigenschaften kennzeichnen	a) wie 4) b) wie 4) c) wie 4) d) wie 4)
6) räumliche und zeitliche Beziehungen und Verhältnisse in Sprache fassen	a) einfache Darstellungsinhalte b) Darstellungsinhalte mit vielfältigen räumlichen oder zeitlichen Zusammenhängen
7) Darstellungsplan aufstellen	a) Stoff in einfache Reihenfolge ordnen b) Stoff nach Gesichtspunkten gliedern und anordnen c) Stoff nach einer Gestaltungsabsicht aufbauen
8) sprachliche Ausformung	a) geordnete Folge einfacher Sätze b) gegliederte Sätze c) Beziehungen ausformen übergreifende Zusammenhänge herstellen d) sprachliche Ausformung als bewußte Gestaltung in Einstellung auf den Hörer / Leser

Leistungsbereich „Sprachliche Darstellung"
Differenzierung der Leistungseinstufung
(Die Ziffern geben die Grundleistungen an [s. vorausgehende Übersichtstafel])

	Schwerpunkt-bereich	Normalbereich	Randbereich
Mindestforderung („4" – „3")	1 2 3 4a, b 5a, b 6a 7a, b 8a	1 2 3 4a 5a 6a 7a 8a	1 2 3 4a 5a 6a 7a 8a
Normalforderung („3" – „2")	4c 5c 6b 8b, c	4b 5b 6b 8b	4b 5b 7b
überdurchschnittliche Leistung („2" – „1")	4d 5d 7c	4c 5c 8c 8d	6b 8b

Leistungsbereich „Sprachverstehen, Textarbeit"
Grundleistungen

1) einfache kurze Vorträge hörend verstehen
   a) den Hauptinhalt wiedergeben
   b) Teilinhalte und Beziehungen wiedergeben
2) Gespräche zuhörend verstehen und wiedergeben
   a) das Gesprächsthema erfassen und benennen
   b) verschiedene Gesprächsphasen unterscheiden und bei der Wiedergabe kenntlich machen
   c) Standpunkte und Meinungen der Gesprächspartner kennzeichnen
   d) Gesprächsfragen und Gesprächsergebnisse formulieren
   e) Gesprächsprotokoll schreiben (Verlaufsprotokoll / Ergebnisprotokoll)

3) einen Text verstehend lesen	a) die Hauptinhaltszüge erfassen b) während des Lesens Sachnotizen zum Text machen c) Fragen, Gedanken oder Einfälle zum Text notieren
4) die Grobgliederung eines Textes erarbeiten und bezeichnen	a) durch einfache Zeichen im Text b) Entwurf einer Übersichtsskizze
5) Kern- und Leitstellen, Leitbegriffe aufsuchen	a) Kernstellen bezeichnen b) Leitbegriffe und Beziehungen aufzeigen
6) den Inhalt eines Textes wiedergeben	a) Hauptinhalt in einigen Zügen wiedergeben b) Gesamtinhalt in Gliederung und Zusammenhängen darstellen c) mit der Inhaltswiedergabe zugleich Grundgedanken aufzeigen
7) einen Text beschreiben	a) Textsorte bestimmen (z. B. Sachtext, Erzählung,Gedicht, Werbetext, Privatbrief u. a.) b) den eigenen Eindruck bei der Arbeit mit dem Text beobachten, eigene Erfahrungen ausdrücken, Wirkung des Textes beschreiben c) Aussage-, Darstellungs- und/oder Gestaltungsweise in einigen Merkmalen kennzeichnen d) Vermutungen über die Aussage-, Darstellungs- oder Wirkungsabsicht des Verfassers formulieren und am Text überprüfen e) den Text einer Situation zuordnen (z. B. sachliche Arbeit; persönliche Lektüre; Gespräch; Auskunft; Unterricht u. a.)
8) zu einem Text Stellung nehmen	a) Fragen stellen nach Unbekanntem oder Unverstandenem b) Fragen und prüfende Überlegungen zu Inhalt oder Darstellung formulieren c) Versuch, ein Urteil über den Text zu erarbeiten, zu formulieren und zu begründen

Leistungsbereich „Sprachverstehen, Textarbeit"
Differenzierung der Leistungseinstufung

(Die Ziffern geben die Grundleistungen an [s. vorausgehende Übersichtstafel])

	Schwerpunkt-bereich	Normalbereich	Randbereich
Mindestforderung („4" – „3")	1a 2a, d 3a, b 4a 5a 6a 7a, b, c 8a, b	1a 2a, d 3a 4a 5a 6a 7a, b, e 8a	1a 2a 3a 4a 6a 7a 8a
Normalforderung („3" – „2")	1b 2b, c 3c 4b 5b 6b 7c	1b 2b 3b 5b	2b 3b 6a 7b, e
überdurchschnittliche Leistung („2" – „1")	2e 6c 7d 8c	2c 3c 6b 7c, d 8b	1b 2b 3c 6b 8b

Leistungsbereich „Sprachuntersuchung, Nachdenken über Sprache"
Grundleistungen

1) Sprachgebrauch beobachten	a) nach gegebener Beobachtungsaufgabe b) aus eigenem Antrieb Auffallendes feststellen und notieren c) nach eigener Fragestellung beobachten, Ergebnisse sammeln

2) Sprechsituation untersuchen und beschreiben	a) Situationspartner, Situationsbereich(e), äußere Umstände, Sprechinhalt(e) feststellen b) Spracheinstellung und Sprechweise der Partner beschreiben, sprachliche Besonderheiten festhalten c) verschiedene Sprechsituationen nach Sprache und Sprachgebrauch vergleichen. Abhängigkeit und Einwirkung zwischen Sprechsituation und Sprachgebrauch untersuchen und darüber nachdenken
3) Versuche zur Sprachbeobachtung durchführen	a) in gegebenen Versuchssituationen mitwirken, Versuchsaufgaben in den Hauptzügen ausführen b) Versuchssituationen oder -aufgaben unter bestimmtem Versuchsziel entwerfen c) Ergebnisse aus Versuchssituationen oder -aufgaben ordnen, Fragen stellen d) aus der Ergebnisauswertung Schlüsse ziehen, Ansätze für weitere Versuche aufstellen
4) Spontan oder in Versuchssituationen entstandene Sprech- oder Schrifttexte nach sprachlichen Gesichtspunkten untersuchen	a) gegebene Aufgaben ausführen, gegebene Verfahren durchführen b) bekannte Verfahren ausprobieren und für die Aufgabe auswählen und einrichten; Verfahren zur Aufgabe selbst suchen und versuchen c) Erfahrungen, Erkenntnisse, Fragen während der Arbeit feststellen und anschließend ins Gespräch stellen d) aus Verfahren und Ergebnissen Schlüsse ziehen, Probleme feststellen, Aufgaben entwerfen
5) Sprachuntersuchungen an gegebenen Schrifttexten aller Art durchführen	a) wie 4) b) wie 4) c) wie 4) d) wie 4)

6) bestimmte sprachliche Erscheinungen beobachten, untersuchen, durchdenken (z. B. Formen und Formverbindungen des Qualitativs; die Konjunktivformen und deren Gebrauch u. ä.)	a) einige einfache Feststellungen machen, notieren und mitteilen b) nach eigenem Plan Beobachtungen anstellen und Ergebnisse ordnen c) Regeln suchen, aufstellen und durch neue Versuche und Untersuchungen überprüfen
7) einige der Stufe angemessene Verfahren der Sprachuntersuchung und -beschreibung erarbeiten und gebrauchen	a) Anwendung nach Anleitung b) Anwendung nach selbständiger Auswahl und in eigener Kombination c) nachdenken über Unterschiede, Möglichkeiten und Grenzen der Verfahren
8) Begriffe zur Sprachuntersuchung und -beschreibung erarbeiten und anwenden	a) gemeinsam erarbeitete Begriffe anwenden b) Begriffe erfragen oder nachschlagend aufsuchen c) versuchen, selbst Begriffe zu bilden; diese mit allgemein gebrauchten vergleichen

Leistungsbereich „Sprachuntersuchung, Nachdenken über Sprache“
Differenzierung der Leistungseinstufung

(Die Ziffern geben die Grundleistungen an [s. vorausgehende Übersichtstafel])

	Schwerpunkt-bereich	Normalbereich	Randbereich
Mindestforderung („4“ – „3“)	1a, b 2a 3a 4a, c 5a, c 6a 7a 8a, b	1a 2a 3a 4a 5a 6a 7a 8a	1a 3a 4a 5a 7a 8a
Normalforderung („3“ – „2“)	2b 3c 4b 5b 6b 7b	1b 2b 3c 4c 5c 6b 8c	2a 3c 4c 5c 8b
überdurchschnittliche Leistung („2“ – „1“)	1c 2c 3b, d 4d 5d 6c 7c 8c	1c 4b 5b 7b	1b 2b 4b 5b 6a

Übersichtstafel: Verfügung über die elementaren Sprachfertigkeiten

elementare Fertigkeiten	Verfügungsgrad
1) allgemein verständliche Sprechartikulation und Intonation	erhebliche Mängel
2) Sprechgliederung in Verbindung mit der Atemführung	ausreichend
3) Sprecheinstellung auf Partner und Situation	
4) sinngliederndes Lesen und Vorlesen	normal
5) sinnfassendes Vom-Blatt-lesen einfacher Texte	
6) allgemein lesbare Schrift	überdurchschnittlich
7) Rechtschreibung	
8) Schriftgliederung durch Zeichen und Absätze	

2.6 Kurze Analyse

Die vorstehende Feldbeschreibung kann deutlich machen, wie anspruchsvoll Differenzierung wird, wenn sie nicht nur sprachlich in Übungs- und Wiederholungsphasen praktiziert wird.

Ein Fach ist in sich heterogen und mit unterschiedlichen Leistungsdimensionen versehen. Man braucht also zunächst einmal eine genauere Darstellung des „Lernfeldes“, um danach die Differenzierungsmöglichkeiten als „Lernpfade“ didaktisch zu verorten und zu trassieren. Auf der Inhaltsebene entsteht also eine Ebene der Zugänge und Zugriffe, der differenzierten Lernmöglichkeiten. Diese braucht ihrerseits eine verläßliche Einschätzung bezüglich der erbrachten Leistungen. So muß auf einer dritten Ebene die Identifikation differenzierter Leistungen möglich werden. An anderer Stelle habe ich von einer bei konsequenter Differenzierung notwendigen individuellen Buchführung gesprochen. Diese aber bedarf eines verläßlichen und vergleichbar bleibenden Bezugssystems. Man mag der vorstehenden „Methodik“ nicht in jedem Detail zustimmen, entscheidend ist der Ansatz, der exemplarisch die Vorgehensweise beschreiben soll. Er liegt in dieser Diktion für kaum ein Fach vor.

Man kann aber auf die profunden Arbeiten von Roeder und Treumann hinweisen, die für den neusprachlichen Unterricht und für den Mathematikunterricht die Frage der Leistungsdimensionen verfolgt haben und die Abhängigkeit der Differenzierung von diesen aufgezeigt haben (Roeder / Treumann, 1974). Hier liegt wohl der entscheidende Entwicklungsbereich intelligenter Unterrichtsstrukturen: die Bindung der Differenzierungsmaßnahmen an die jeweiligen Inhalte / Inhaltsbereiche bei gleichzeitiger Beachtung der Schülervoraussetzungen und -interessen.

3. Literatur

Bartnitzky, H. (Hrsg): Auf dem Weg zum differenzierten Schulalltag. Frankfurt/ M. 1983

Essen, E.: Praxis der Differenzierung im Deutschunterricht. Heidelberg 1973

Flechsig, K.-H.: Die Steuerung und Steigerung der Lernleistung durch die Schule. In: Roth, H. (Hrsg.): Begabung und Lernen. Stuttgart 1970

Freudenstein, R. u. a.: Englisch an Gesamtschulen. Berlin / Bielefeld 1970

Gagné, RM.: Die Bedingungen des menschlischen Lernens. Hannover 1970[2]

Garten, H.-K. (Hrsg.): Diagnose von Lernprozessen. Braunschweig 1977

Gaude, P. /Teschner, P.: Objektivierte Leistungsmessung in der Schule. Frankfurt/M. 1970

Haller, H.-D.: Differenzierung als Problem und Aufgabe der Unterrichtsorganiation. In: Die Deutsche Schule, 1970, S. 71–89

Herbig, M.: Differenzierung durch Fächerwahl. Düsseldorf 1974

Meister, H.: Lehrmethoden, Lernerfolge und Lernvoraussetzungen bei Studenten. Düsseldorf 1974

Messner, R. / Rumpf, H.: Didaktische Impulse. Wien 1971

Roeder, P. M. /Treumann, K.: Dimensionen der Schulleistung, 2 Bde. Stuttgart 1974

Schott, F: Lehrstoffanalyse. Düsseldorf 1975

Wendeler, J.: Die Differenzierung der Schulleistung am Ende der vier Grundschuljahre. In: Bildung und Erziehung, 1969, S. 109–119

Intragruppendifferenzierung (Innere Differenzierung – Binnendifferenzierung)

Bei der gegenwärtig überwiegend bestehenden Schul- und Unterrichtsorganisation (die Schüler/innen werden in Jahresklassen gruppiert; dies machen alle Schulstufen und -arten; der Unterricht wird in Fächern erteilt; die 45-Minuten-Stunde ist das zeitliche Organisationsmuster) ist das Thema 'Differenzierung' vor allem unter der Frage interessant, welche Spielräume ein einzelner Lehrer / eine einzelne Lehrerin hat, um im Rahmen der oben genannten Gegebenheiten Schüler/innen ein Optimum an Lernhilfen – bezogen auf deren individuelle aktuelle Lernmöglichkeiten – zu geben. Die über die Arbeit in einer Klasse hinausgehenden Ansätze (äußere Differenzierung) werden hier zunächst einmal außer Acht gelassen.

Dieses Großkapitel behandelt zunächst unterrichtskonzeptionelle Überlegungen und führt dann in behutsamer Weise Schritt für Schritt an immer konsequenter werdende Differenzierungsstrategien heran.

1. Zur Grundlegung: Unterrichtskonzeptionelle Überlegungen als Ausgang von Differenzierungsmaßnahmen

1.1 Zum gegenwärtigen Stand der Begabungsforschung

Erinnert sei zunächst daran, dass die Rede vom dynamischen Begabungsbegriff – wobei unter Begabung die allgemeine Lernfähigkeit eines Menschen verstanden wird (Roth, 1970[12]) – schon eine mittlere Position darstellt. Vertreter des statischen Begabungsbegriffs betonen die starke erbliche Determination des Menschen (K. V. Müller / Wittmann). Vertreter eines extrem milieu-theoretischen Begabungsbegriffes haben die Theorie formuliert, dass der Mensch durch die Mit- und Umwelt beliebig formbar sei (Pawlow / Watson). Vertreter des dynamischen Begabungsbegriffs verstehen Anlagen als angeborene realisierbare Potenzen, die aber nur in engster Wechselwirkung mit der Mit- und Umwelt zu einer Ausprägung kommen können (Schlüter, 1970). Der bekannteste Vertreter dieses Begabungsbegriffs ist Heinrich Roth, auf dessen Arbeiten und auf das von ihm initiierte Gutachten „Begabung und Lernen" hier vor allem Bezug genommen wird (Roth, 1966 und 1971). Roth hat in seinem großen Alterswerk die Forschungsergebnisse aller für diese Frage relevanten Wissenschaften zusammengetragen, um zu abgesicherten Aussagen zu kommen. Die Verfasser der Gutachten in dem genannten Sammelband haben dies auf ihre Weise ergänzt. Die zentralen Aussagen sind:

- Lernleistungen sind von weit mehr und vielleicht auch von weit bedeutsameren Bedingungsfaktoren abhängig als von dem Faktor „Erbe“. Das günstige Zusammenwirken von Erbe und Umwelt wird die besten Ergebnisse zeitigen (Prinzip der Passung).
- Auch das im strengen Sinne Vererbte ist nicht unveränderlich angeboren, sondern zeigt eine mehr oder weniger große Variationsbreite.
- Die körperlichen Organe und das formale Funktionsgerüst sind am stärksten erbbestimmt, alles Inhaltliche ist erworben und erlernt. Normale Entwicklung und normale Umweltbedingungen vorausgesetzt, sind wahrscheinlich am wenigsten veränderlich: die körperlichen Eigenschaften, die konstitutionelle Eigenart, die Feinstruktur der Organe (z. B. Grad der Sinnestüchtigkeit), die vitale Energiekapazität, das Temperament.
- Mehr veränderungs- und beeinflussungsfähig erscheinen, wenn keine krankhaften Ausfälle zu verzeichnen sind und wenn ein ausgleichendes und anregendes erzieherisches Milieu vorhanden ist, folgende Bereiche: Intelligenz, Gefühlsansprechbarkeit, gewisse Wahrnehmungs- und Vorstellungseigenarten (mehr Farb- und Formseher, mehr ganzheitlich oder elementarhaft auffassend, mehr assoziativer oder perseverativer Vorstellungs- und Denkverlauf), Aktivität im Sinne von Anstrengungsbereitschaft).
- Am stärksten von Umwelt und Erziehung beeinflussbar sind, besonders im Kindes- und Jugendalter: Bedürfnisse, Interessen, Motivation, Verhalteneigenschaften, Werthaltungen, Gesinnungen, Ansichten, Lebens- und Weltanschauungen.

Diese ersten Feststellungen erlauben einen Überblick über die verschiedenen „Lernbereiche“ eines Individuums mit jeweils unterschiedlichen Spielräumen. Sie machen aber auch ganz deutlich, dass die Bereiche, auf die schulisches Lernen und Lehren im allgemeinen zielt, diejenigen sind, die am stärksten beeinflussbar und förderbar sind: Interessen, Verhaltenseigenschaften, Werthaltungen, Gesinnungen, Wissen, Fertigkeiten, Intelligenz, Anstrengungsbereitschaft. Das heißt, begrenzte Erfolge in diesen Lernbereichen können nicht von vornherein zu Lasten der Schüler gehen. Schule und Lehrer/innen müssen sich fragen, ob sie evtl. entscheidende Fehler beim Aufbau von Motivationen gemacht haben und deshalb dann die Lernleistungen gering geblieben sind. Oder zugespitzt formuliert: vielleicht wäre es wichtiger, sich um Lernmotivation, um Lernlust, Lernbereitschaft, allgemein um die Förderung der Lernfähigkeit zu bemühen, als zu bestimmten ominösen Zeitpunkten bestimmte Wissensbestände an den Schülerinteressen vorbei eingetrichtert zu haben.

Gleichzeitig muss eine andere Betrachtungsweise in den Blick genommen werden: Die Längsschnittbetrachtung, die das Zueinander von Reife- und Lernprozessen im Individuum erklären helfen kann. Die Frage dafür ist: wieviel menschliches Verhalten geht aus reinen Reifevorgängen (ohne Lernen) hervor? Ohne Zweifel gibt es beim Menschen z. B. sensu-motorische Leistungen, deren Entwicklung stark reifungsbedingt ist: Das Greifen, Sitzen, Stehen, Gehen. Das Kind wird erst schreiben lernen können, wenn die Muskulatur für die Feinbewegungen genügend entwickelt ist. Mit zunehmendem Alter aber hängt alle höhere Lern- und Denkfähigkeit stärker von vorausgegangenem Lernen und von der Qualität der dabei gemachten Lernerfahrungen ab als von Anlage und Reife. Aebli formuliert, dass es im menschlichen Verhalten keine Schemata gibt, welche sich aufgrund bloßer Reifung bilden, wohl aber laufen Lernprozesse im reiferen Organismus rascher ab. Das heißt, dass der Heranwachsende für höhere Leistungen sowohl die physiologisch-anatomische Reifung als auch die Gelegenheiten benötigt, Erfahrungen zu machen und ein Verhalten im innerlichen oder effektiven Vollzug auszubilden (Aebli: in Roth, 1969). Dabei gibt es, auch das muss gesagt werden, kritische (sensible) Perioden in der Entwicklung, in denen bestimmte Lernprozesse leichter als in anderen möglich sind. Den primären Spracherwerb z. B. auf dem Niveau, auf dem Zwei-Wort-Sätze durch freie Kombination ausgesprochen werden, findet man im Durchschnitt im Alter von zwei Jahren. Es ist kaum möglich, durch Stimulation und Übung diese Leistungen früher hervorzurufen.

Wir wissen allerdings auch, dass das Entwicklungstempo für körperliche und psychologische Merkmale zu Beginn, also in den ersten Lebensjahren, ungleich schneller ist als in späteren Entwicklungsphasen. Bloom hat mit einer Analyse aller vorliegenden Längsschnittstudien nachgewiesen, dass die sachstrukturelle Entwicklung, die mit Intelligenztests erfasst wird – das sind die Kenntnisse und Fähigkeiten eines Schülers, die er zu einem gegebenen Zeitpunkt seiner Entwicklung im Hinblick auf einen relevanten Sachbereich hat –, im Lebensalter von 4 Jahren bereits eine Vorhersage erlaubt, die 50 % der im Alter von 17 Lebensjahren anzutreffenden Unterschiedlichkeit einer Schülerpopulation hinsichtlich des möglichen Entwicklungsstandes aufklärt. Mit 8 Jahren sind es bereits 80 %. Diese Aussagen vor allem haben uns auf den Sachverhalt gestoßen, dass sich z. B. kognitive Stile bei Kindern zum Zeitpunkt des Schuleintritts bereits fest ausgebildet haben und eine Phase erhöhter Bildsamkeit verpasst sein könnte. Die Bemühungen um die Vorschulerziehung waren die konkrete Folge dieser Erkenntnisse. Es handelt sich also bei den Bloomschen Aussagen nicht, wie gelegentlich etwas schnell gefolgert wurde, um die Tatsache, dass im Alter von 4 Jahren schon 50 % der Begabung eines Individuums entfaltet oder 50 % seiner intellektuellen Kapazitäten bereits festgelegt seien (Bloom, 1964).

Auch Aebli versteht Begabung als die Summe aller Anlage- und Erfahrungsfaktoren, welche die Leistungs- und Lernbereitschaft eines Menschen in einem bestimmten Verhaltensbereich bedingen. Intelligenzleistungen werden durch vielfältige Umweltfaktoren und ständig sich wiederholende Lebenssituationen ausgebildet, sind also Lernleistungen. Intelligenztests messen Produkte des Lernens und der Erfahrung.

Soweit wird man die in einem ersten Gang gemachten Aussagen hinnehmen und akzeptieren können. Da sich faktisch in jeder Klasse und Schule bedeutsame Unterschiede zwischen den Leistungen der Schüler ergeben, stellt sich aber doch sehr schnell die Frage, woher denn diese Unterschiede bei gleichem schulischen Angebot kommen. Die hier auszuführenden Zusammenhänge zwischen Sozialisation und Schulerfolg sind inzwischen hinlänglich bekannt (Mollenhauer: in Roth, 1969). Man muss sich aber daran erinnern, dass nach Untersuchungen zum Leistungsverhalten, zum Sprachverhalten und zur Bildungs- und Aufstiegsmotivation bestimmte Formen familiärer Erziehungspraxis einen erheblich größeren Schulerfolg vorhersagen lassen als andere, dass schichtspezifisch zu definierende Sprachcodes die schulische Leistung positiv oder negativ beeinflussen, dass sich auch hinsichtlich der Aufstiegsmotivation schichtspezifische Differenzen ermitteln lassen, die mit den Schulleistungen korrelieren. Soziokulturelle (Hinwendung zum Kind, Sprachverhalten, Werteinstellungen), sozioökonomische (materielle Lebensbedingungen wie Einkommen, Kinderzahl, Größe der Wohnung, Arbeitserfahrungen von Vater und/oder Mutter, Spielraum, Betten für jedes Kind) und sozioökologische Bedingungen (Schulangebot, Schulwege, Stadt-Land-Gefälle) spielen eine erhebliche Rolle. Die Schule nimmt häufig genug nicht genügend Rücksicht auf diese Gegebenheiten und potenziert die Nachteile der Kinder unterer Schichten. Wir sprechen von der Schule als Mittelklasseninstitution und wissen z. B. von Einstellungen der Gymnasiallehrer, die Kinder frühzeitig aufgrund ihres Herkommens, ihres Aussehens, ihrer Kleidung, ihrer Sprache, ihrer Diszipliniertheit negativ einschätzen und damit das Phänomen der self-fulfilling-prophecy in Szene setzen. Mit diesen Sachverhalten, die recht gut abgesichert sind, lässt sich einiges der Begabungsunterschiede erklären.

Aber wenn auch institutionalisierte Förderung ideal organisiert wäre, würden Unterschiede bleiben. Das hat in letzter Zeit zu einem roll-back der Diskussion geführt. Der Jensenismus ist auf dem Vormarsch, d. h. eine Bewegung, die im Gefolge des amerikanischen Forschers Jensen behauptet, entscheidend sei das Vererbungspotential, das jemand mitbringe. Wenn man annehmen darf, dass es sich bei der schnellen Adaption dieser Auffassung nicht um den Versuch handelt, endlich die beruhigenden Aussagen wieder in die Hand zu bekommen, die man schon immer gern haben wollte, sondern um ernsthaftes wissenschaftliches Bemühen, der „Wahrheit“ auf die Spur zu kommen, so muss man folgende Aussagen Jensens zur Kenntnis nehmen: die Ergebnisse des von Heber durchgeführten Milwaukee-Projekts, innerhalb dessen bei Kindern aus Negergettos durch ein gezieltes Ganztagsprogramm der Intelligenzquotient um 30 Punkte angehoben werden konnte, lägen durchaus innerhalb des Spielraums, den er Umwelteinflüssen geben würde (Zimmer, 1974). Umstritten ist also nicht mehr, dass der Faktor „Umwelt" mit einem großen oder geringen Ausmaß an Lernanregungen eine Rolle spielt; umstritten, weil eben noch nicht genau belegbar, ist das Ausmaß, das man diesem Faktor in Bezug auf die Begabungsentwicklung zugestehen möchte. Jensen gibt es mit 20% und etwas mehr an, andere Aussagen (Bloom, Carroll, u. a.) setzen es viel höher an: bis zu 50%. Umstritten ist nicht mehr, dass man Reife- und Lernprozesse als sich gegenseitig ergänzend sehen muss, wichtig ist darüber hinaus, dass man die Abhängigkeit alle psychischen Prozesse vom Zentralnervensystem (Gehirn) sich so verständlich machen muss, dass die Lernfähigkeit nicht so sehr abhängig ist von präformierten Strukturen im Zentralnervensystem, sondern mehr von den Programmen, die ihm als einem Informationsverarbeitungssystem eingegeben worden sind.

Das heißt praktisch, dass man bei Ausfällen von Lernleistungen zunächst einmal nach den versäumten Lernvoraussetzungen fragen sollte, dass man sich klar sein muss über die ungeregelte Häufigkeit oder Nichthäufigkeit der natürlichen Lernprozesse in der soziokulturellen Umwelt, die aus mancherlei Gründen durch ein kumulatives Defizit gekennzeichnet sein können und also nicht zu Lasten der Begabung eines Schülers gehen können, dass Motivation als die Bereitschaft eines Individuums, seine sensorischen, kognitiven und motorischen Funktionen auf die Erreichung eines künftigen Zielzustandes zu richten und zu koordinieren, erlernt werden muss. Ist sie nicht erlernt worden, fehlt eine entscheidende Voraussetzung für die Nutzung vorhandener Lernkapazitäten.

Oder positiv ausgedrückt: „Solange keine Ergebnisse von Untersuchungen vorliegen, die die Entwicklung der menschlichen Fähigkeiten unter anderen Bestimmungen als den heute gegebenen verfolgen, solange können Schlüsse über eine mögliche Infantildetermination gar nicht gezogen werden ... Und da haben unserer Überlegungen ohne Zweifel ergeben, dass wir irgendeine Annahme uber Grenzen der „Bildungsfähigkeit" der Kinder aufgrund des heutigen Wissens nicht machen können (Speichert, 1972). Wieviel an Begabungsreserven vermutbar ist, lässt sich mit dem Hinweis auf die Aurin'schen Untersuchungen zu Begabungsreserven im ländlichen Raum (Aurin, 1966) und mit dem Hinweis auf die Anzahl von Studenten in verschiedenen Ländern belegen, die ja immer wieder deutlich machen, dass die Bundesrepublik Deutschland hinten liegt, und zwar auch mit geringeren Zahlen gegenüber wirtschaftlich schwächeren Ländern wie etwa Finnland, Italien oder Österreich (Hüfner, 1973). Das heißt, dass wir uns um ein offenes, anregendes, förderndes, beratendes, Interesse weckendes Unterrichtsangebot bemühen müssen, um Lernmöglichkeiten nicht frühzeitig zu verschütten.

Die Amerikaner Bloom und Carroll haben bekanntlich Vorstellungen entwickelt, die diesen Forderungen entsprechen (Bloom / Carroll, 1973).

Bloom weist auf den sehr wichtigen Sachverhalt hin, dass evtl. die Erwartungen der Lehrer einengend und lernmindernd auf die Lernmotivationen, Lernanstrengungen und Lernerfolge der Schüler wirken, wenn diese darin bestehen, dass eine Gesamtpopulation nach Maßgabe der Normalverteilung Erfolg bzw. Misserfolg haben muss, wenn Unterricht darin besteht, dass Schüler mit Anforderungen konfrontiert werden, die für diese als selbstverständlich zu gelten haben und deren Bewältigung eben Schülerschicksal ist: der eine schafft es, der andere nicht. In diesen Auffassungen dokumentiert sich eine *rigide Unterrichtsperspektive:* Schüler entsprechen hinsichtlich ihrer Leistungsfähigkeit auf einem bestimmten Gebiet (Mathematik, Englisch oder Geschichte) der Normalverteilung. Wenn alle Schüler/innen in genau gleicher Weise unterrichtet werden (gleiche Menge, gleiche Qualität und gleiche Zeit des Unterrichts), dann muss das Schlussergebnis wiederum eine Normalverteilung sein, wenn es durch eine geeignete Leistungsprüfung erhoben wird.

Eine *progressive Unterrichtsperspektive* sähe so aus: Schüler/innen werden nach wie vor hinsichtlich ihrer Begabung als normal verteilt betrachtet (es gibt eine kleine Gruppe hoch Begabter, es gibt eine größere Gruppe mittel Begabter und es gibt eine kleinere Gruppe schwächer Begabter). Aber Art und Qualität des Unterrichts sowie seine Dauer werden den persönlichen Merkmalen und Bedürfnissen eines jeden Schülers angepasst, so dass eine große Mehrheit (90%) die durchschnittlich für notwendig gehaltenen Lernziele erreichen kann.

Das heißt: Wenn wir angeben können, was ein Schüler im Sekundarbereich z. B. in Mathematik lernen sollte, um den Abschluss des Abiturs I oder der sog. „Mittleren Reife“ testiert zu bekommen, und geben ihm dann über sechs Jahre hinweg die *Zeit* und die *Hilfen*, um diesen Abschluss zu bekommen, würden, so ist die Annahme, rund 90% der Schüler den Abschluss erreichen können.

Notwendig wäre dafür allerdings eine schülerorientierte Didaktik und nicht mehr eine stoff- und lehrerorientierte Didaktik. Wir sind heute nicht annähernd in der Lage, solch eine schülerorientierte Didaktik in die Praxis umzusetzen, obwohl es immer wieder Ansätze gegeben hat (Besuden, Bochum, o. J.). Einem dynamischen Begabungsbegriff würde jedenfalls eine Unterrichtspraxis entsprechen, die eine Strategie für zielorientiertes Lernen anböte. Diese müsste

- Schülern ihr Lerntempo erlauben,
- ihnen unterschiedlich viel Zeit für die Zielerreichung geben,
- ihnen die methodischen Hilfen und Lernmaterialien geben, die sie unmittelbar für ihren jeweiligen Lernfortschritt benötigen,
- ihnen alternative Lernmaterialien anbieten, wenn sie auf eine Weise nicht weiterkommen,
- ihnen die notwendigen Belohnungen und den notwendigen Zuspruch, die sie individuell für die Fortsetzung des Lernens benötigen, durch Schüler/innen oder Lehrer/innen ermöglichen.

1.2 Merkmale gegenwärtiger Unterrichtspraxis

Gegenwärtige Unterrichtspraxis ist aber überwiegend so nicht angelegt. Dies ist mit einigen Hinweise zu belegen:

- Das von Peter Petersen schon 1927 gegeißelte Jahresklassensystem ist nach wie vor vorherrschend (Petersen, 1955). Das Jahresklassensystem kann aber nicht genügend Rücksicht nehmen auf individuelle Interessen und Entwicklungstempi. Es muss sich an einem Durchschnitt orientieren, der meist vom unterrichtenden Lehrer mehr vermutet als exakt bestimmt wird. Interindividuelle Differenzen wie intraindividuelle Variabilität bleiben weitgehend unbeachtet.
- Die eng mit dem Jahresklassensystem verbundene Zensurenproblematik unterwirft Schüler subjektiv bestimmten Maßstäben mit häufig gravierenden Folgen (Sitzenbleiben oder Schulausschluss) (Heller, 1974).
- Feste Jahrespensen und eine starre Unterrichtsorganisation (die Stundenpläne liegen fest) zwingen die Schüler in ein starres Lernkorsett – ohne Rücksicht auf ihre Bedürfnisse und Interessen.
- Die materielle Ausstattung der Schulen erlaubt im allgemeinen eine konsequente und häufig innere Differenzierung und zunehmende Verselbstständigung des Lernens nicht. Es ist bezeichnend, dass es in der BRD kein Institut für Lernmaterialien gibt, das Schulen beraten könnte. Die Folge ist, dass Unterricht überwiegend Frontalunterricht ist.
- Die Schule als routinierte und erstarrte Institution lässt einzelnen Neuerern wenig Spielraum und erlaubt alles in allem auch wenig Kooperation, Teamteaching. Möglichkeiten, die den einzelnen Lehrer aus dem ständigen Handlungsdruck schrittweise befreien könnten, sind rar. Schulräte können ihre Funktion der Beratung immer noch zu wenig wahrnehmen, zu häufig können sie nur die Aufsichtsfunktion ausüben.
- Bedrückend ist immer wieder die Beobachtung, dass Lehrer, da sie eben nur als Einzelkämpfer tätig sind, auf recht zufällige Weise Lernintentionen und -inhalte auswählen, vieles gar nicht beachten und auslassen. Die Folge ist, dass die sich für Schüler ergebende sogenannte Allgemeinbildung eine Addition von Zufälligkeiten ist. Je größer der Unterrichtsausfall in den einzelnen Schulen ist, umso gravierender ist dieses Problem, das auf seine Weise natürlich Schullaufbahn und Schulerfolg von Schülern bestimmt.
- Neuere Methoden wie Gruppen- und Projektarbeit, Rollen- und Planspiele finden nur schwer Eingang in die Schule, sie würden auch eine erhöhte organisatorische Flexibilität voraussetzen (Beck, 1974).
- Unterricht findet im viergliedrigen Schulsystem statt, obwohl wir wissen, dass frühe Schullaufbahnentscheidungen und die Spezifika der vier Schularten im Sekundarbereich vielen Kindern mehr Nach- als Vorteile verschaffen (Rolff, 1998).

- Schließlich haben Lehrer oft Einstellungen und Auffassungen, die in der Grundschule wie im Sekundarbereich besonders Kinder, die nicht wie selbstverständlich den herkömmlichen Anforderungen genügen, diskriminieren (Schefer, 1969). Die Lehrer sind auch für eine offene fördernde Unterrichtsstrategie nicht ausgebildet. Die Lehrerausbildung hat Mängel mannigfacher Art.
- Schließlich: Alle Ansätze, Unterricht differenzierend nach Gesichtspunkten der Motivation, des Interesses, der Wahl und selbstständigen Lernens zu organisieren, sind bis jetzt entweder von vornherein nur Plan oder auch bei besten Absichten Ansatz geblieben. Man denke an den Projektunterricht, an freie Lernstunden, an Angebote zu selbstständigem Lernen (Bönsch, 1995).

Zusammengenommen: Gegenwärtige Unterrichtspraxis und Begabungsförderung im Sinne des gegenwärtigen Wissensstandes klaffen auseinander. Unterricht ist eher restriktiv, lernhemmend, motivationsmindernd angelegt als offen, lernanregend, motivationsfördernd, begabungsstärkend. Lehrer berücksichtigen den Stand des Wissens in der Begabungsforschung bisher zu wenig.

1.3 Hinweise zu einer begabungsfördernden Unterrichtsstrategie

Wenn wir davon ausgehen, dass die öffentliche Schule einmal ein bestimmtes Bündel gesellschafts- und kulturerhaltender Qualifikationen vermitteln muss – man könnte dies das für alle Schüler des Primar- und Sekundarbereichs notwendige Fundamentum bezeichnen –, dass Schule darüber genügend Zeit und Spielraum hat, Lernmotivation, Interessen zu fördern, Anregungen zu vermitteln, Angebote zu machen, bei ihrer Verfolgung zu beraten, Interessengruppierungen zu erlauben, Kommunikation und Kooperation über zu verfolgende Projekte, Erkundungen zu ermöglichen, dann wären zwei Konzepte von Unterricht zu berücksichtigen: Unterricht als zielerreichende Vermittlung und Unterricht als autonomisierende Anregung zum Lernen. Diese beiden Konzepte sollen in aller Kürze entwickelt werden.

- Unterricht als zielerreichende Vermittlung

Nehmen wir an, wir wüssten genau, was Schülern im Sekundarbereich auf jeden Fall erfolgreich vermittelt werden müsste, weil sie eben dies für die individuelle Lebensbewältigung und -gestaltung wie für einen produktiven Beitrag zur Erhaltung und Weiterentwicklung unserer Verhältnisse benötigen. Dann sind folgende Verfahrensvarianten denkbar:

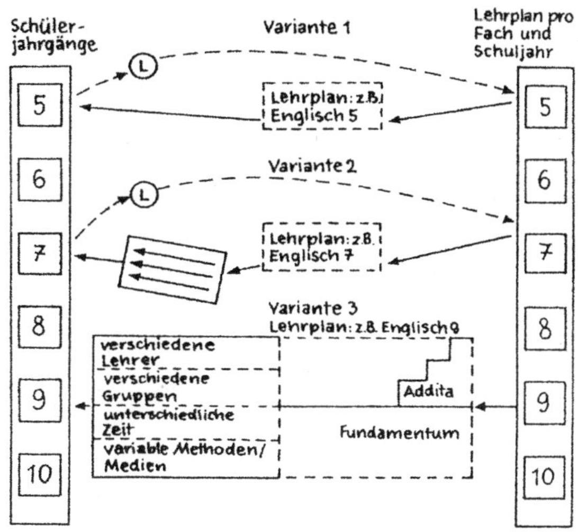

1. *Verfahrensvariante:* Rigide Vermittlung

Ein Lehrer vermittelt den für ihn feststehenden „Stoff" eines Schuljahres, vorgegeben durch ein Unterrichtswerk nach seinem Gusto, kontrolliert Aufnahme und Verarbeitung und bewertet die Lernergebnisse nach seinem Geschmack. Viel Zufälliges, Subjektives, Ungerechtes bestimmt diese rigide Vermittlung, die häufig den Schülern inadäquat ist und Misserfolge qua Unterrichtsanlage produziert.

2. *Verfahrensvariante:* Anregender und binnendifferenzierender Unterricht

Der unterrichtende Lehrer geht auch hier von den Konstanten Stoff, Zeit, Schülerjahrgang aus. Er versucht aber, den Unterricht interessant und anregend zu gestalten. Er erhebt Lernergebnisse und Lernschwierigkeiten etwas genauer und wendet danach binnendifferenzierende Maßnahmen zu einer verbesserten Zielerreichung an.

3. *Verfahrensvariante:* Flexible Unterrichtsorganisation

Ein Lehrerteam erarbeitet oder verwendet ein differenziert entwickeltes Curriculum (Zeit, Inhalte, Methoden, Medien, Lernerfolgskontrollen sind ausgearbeitet) mit der Intention, allen Schülern zielerreichendes Lernen im Hinblick auf ein qualifiziertes Fundamentum durch differenzierende Maßnahmen zu ermöglichen. Es wird differenziert nach organisatorischen Gesichtspunkten (wechselnde Gruppen, wechselnde Lehrer) und nach der didaktischen Variable „Leistung", die nach Lerntempo, Lernumfang und Lernniveau geortet wird, mit Hilfe methodisch-medialer Variationen aufgrund ständiger diagnostischer Bemühungen zur Feststellung des Lernstandes, der Lernschwierigkeiten und der Lernchancen.

Die Flexibilität kann dabei unterschiedlich weit entwickelt sein. Relativ starr wäre sie in einen Fachleistungskurssystem (FEGA- oder ABCD-System), stärker entwickelt wäre sie bei einer flexiblen Differenzierung, am konsequentesten wohl mit einer stufenlosen und mit Hilfe eines Pool-Systems arbeitenden Unterrichtsorganisation oder einem voll ausgebauten Lernmaterialien-System (IMU in Schweden) (Keim, 1973). Solange wir nicht eine Unterrichtsorganisation realisieren können, die den Lernstand des einzelnen Schülers gegenüber den Anforderungen diagnostisch genau jederzeit erhebt und danach das Angebot an Lernhilfen differenziert entwickelt und einrichtet, sollten wir mit Aussagen über mangelhafte Begabungen bei Schülern vorsichtig sein und zumindest immer auch nach Defiziten im Unterrichtsangebot fragen. Man darf darauf hinweisen, dass bei der ersten Verfahrensvariante Lehrer u. U. über Monate hinweg von den individuellen Lernnöten nichts erfahren, sich aber trotzdem alle halbe Jahre weitreichende Urteile über die Leistungen der Schüler erlauben, ein an sich nicht verantwortbarer Zustand.

2. Aufriss des Problembereichs

2.1 Strukturformen der Differenzierung

Eine Reihe von Gründen spricht für eine Differenzierung des Unterrichts, der in Jahresklassen erteilt wird (Schmidt-Stein, 1963)

1. Der Unterricht in der Jahresklasse kann sich nur am Durchschnitt orientieren. Er wird damit dem einzelnen Schüler nicht mehr gerecht.

   Das Leistungsgefälle innerhalb einer Klasse ist groß. Jeder Lehrer kann das nach einem Beispiel Odenbachs (10 Rechenaufgaben, die die Schüler lösen müssen, werden dargeboten, es ist eine Minute [oder mehrere Minuten] Zeit zum Ausrechnen) schnell für seine Klasse feststellen (Odenbach, 1963[2]).

   Starke Abweichungen in der Leistungsfähigkeit finden sich nicht nur unter den Schülern ein- und derselben Klasse, sondern auf verschiedenen Gebieten beim einzelnen Kind. Lohmann (Lohmann, 1963) weist auf eine Untersuchung hin (Tyler, 1960[3]), nach der die unterschiedlichen Leistungen des einzelnen im Rechnen und Lesen ungefähr 80 % der Streubreite zwischen den Schülern der gleichen Klasse erreichen.

2. Dieser erste dargestellte Grund multipliziert sich in seinen Wirkungen.

   Wird der Unterricht dem einzelnen Schüler nicht mehr gerecht, bleiben Lerntempo und Lernmotivation des einzelnen unberücksichtigt. Denkprozesse z. B. werden auf der Hälfte abgebrochen oder Leerstrecken entstehen. Frustration, Lernmüdigkeit treten auf. Unterrichts- und Lernerfolg sind in Frage gestellt (Undeutsch, 1958).

Der Lehrer misst am Ende des Schuljahres vom Durchschnitt aus die erreichten bzw. nicht erreichten Leistungen. Für einen Teil der Schüler beginnt das Sitzenbleiberelend.

Im Unterricht in der Jahresklasse kann der Lehrer den Begabungen oder besser Begabungsdispositionen des einzelnen Schülers hinsichtlich der konventionellen Fächer nicht gerecht werden, weil er seiner spezifischen Situation kaum oder jedenfalls nur wenig Zeit widmen kann. Man kann sagen, dass viele Leistungsbereitschaften nicht gefordert und Veranlagungen nicht geweckt bzw. verschüttet werden.

Dem Schüler, der ein- oder zweimal sitzenbleibt, wird die Begegnung mit wichtigen Bildungsgütern vorenthalten.

3. Der Unterricht in der Jahrgangsklasse hat zu geringe Möglichkeiten, auf die individuellen Fähigkeiten und Interessenrichtungen, die sich außerhalb der Fächer herausbilden, einzugehen (Fischer, 1964[2/3]).

Im folgenden soll versucht werden, unabhängig von den bekannten Einteilungsversuchen (innere und äußere Differenzierung, progressive und sukzessive Differenzierung u. a. m.) eine Übersicht über Differenzierungsmöglichkeiten zu gewinnen. Der nicht differenzierte Unterricht in der Jahresklasse ist ein ständig die ganze Klasse ansprechender, stetig en bloc vorrückender Unterricht nach festem Plan und Pensum. Er wäre als durchgehender, einfacher Strich zu veranschaulichen. Wie sind dann Differenzierungen zu veranschaulichen?

2.1.1 Differenzierung nach Arbeitsweisen

Beispiel: Im Erdkundeunterricht bekommen vier Gruppen unterschiedliche Aufgaben. Die erste Gruppe arbeitet mit den Atlanten, die zweite hat Bilder anzusehen und auszuwerten, die dritte hat im Sandkasten etwas darzustellen, die vierte hat eine Reihe von Büchern zu einem bestimmten Thema zu befragen. Der arbeitsteilige Unterricht mündet danach wieder in den Unterricht der gesamten Klasse (Berichterstattung der Gruppen vor der Klasse). (Abb. 1)

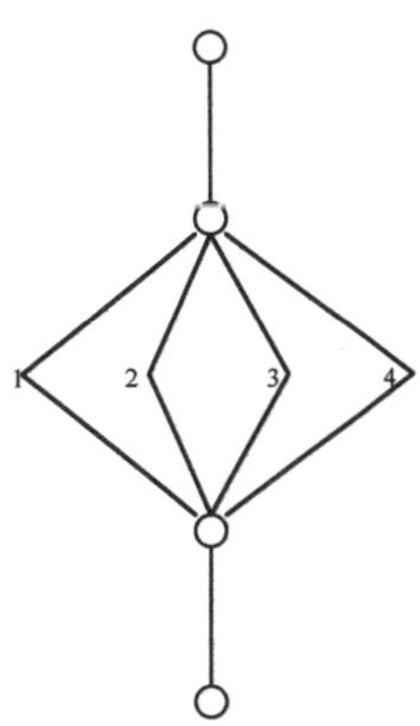

Abb. 1

2.1.2 Differenzierung nach dem stofflichen Umfang

Beispiel a): Im Mathematikunterricht wird für eine Übungs- und Wiederholungsstunde eine Reihe von Aufgaben angegeben. Jeder Schüler rechnet so viele der Aufgaben, wie er schafft. Es geht dabei nicht um die Erledigung möglichst vieler Aufgaben, sondern um das richtige und sorgfältige Durchrechnen der Aufgaben. Jeder erfüllt „sein Pensum". (Abb. 2)

Beispiel b): Im Physikunterricht werden für das Gros der Klasse Grundthemen der Elektrizität behandelt (Abb. 3, 1). Für einzelne Schüler besteht die Möglichkeit, anhand von Büchern und mit Hilfe von Arbeitsmitteln Zusätzliches zu erarbeiten. (Abb. 3, 2) Physik-Arbeitsgemeinschaften schließlich arbeiten komplexere Sachverhalte durch. (Abb. 3, 3) Das Interesse führt hier zu weiteren Themen und Bereichen im Rahmen desselben Schuljahres.

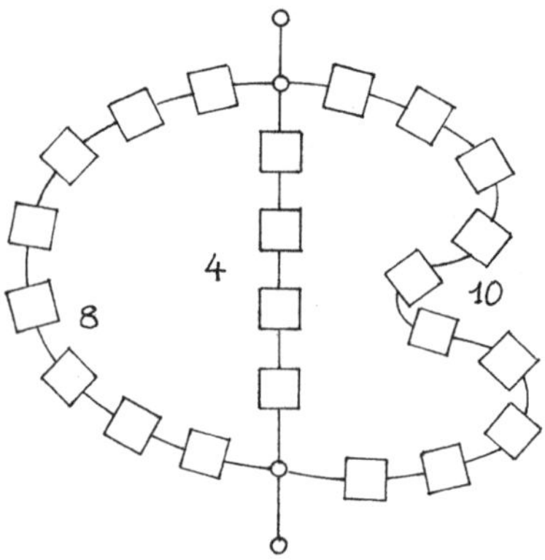

Abb. 2

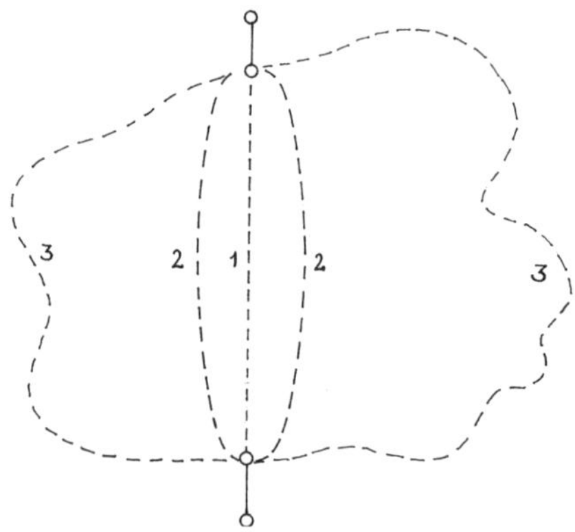

Abb. 3

2.1.3 Differenzierung nach Schwierigkeitsgraden

Beispiel: Im fremdsprachlichen Unterricht geht es um Übersetzungsarbeiten. Es wird der Klasse nicht ein einzelner Text gegeben, sondern der Lehrer hat mehrere Texte, die sich im Schwierigkeitsgrad voneinander unterscheiden, ausgesucht. Entsprechend dem Vermögen der einzelnen Schüler werden die Texte verteilt, so dass jeder Schüler eine ihm entsprechende Aufgabe bekommt. (Die Schwierigkeiten sind durch die Rechtecke angezeigt). Es ließe sich denken, dass in höheren Klassen 3 Texte für eine Übersetzung angeboten werden und jeder Schüler den wählt, der ihm am meisten Erfolg zu versprechen scheint. (Abb. 4)

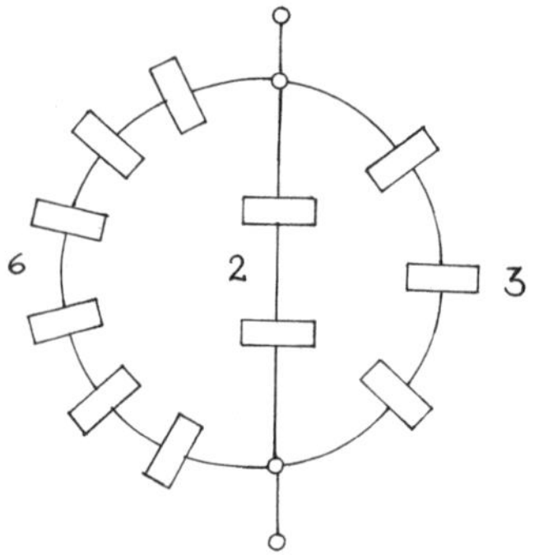

Abb. 4

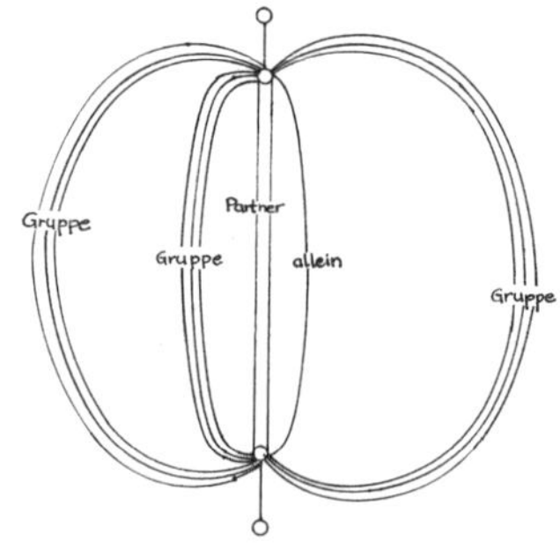

Abb. 5

2.1.4 Differenzierung aus sozialen Motiven

Soziale Motive können im starken Maße eine differenzierende Unterrichtsarbeit initiieren. Es geht dann weniger um individuelles Lerntempo, um ökonomisches Vorgehen, sondern mehr um die Zusammenarbeit, um die Hilfe für Schwächere, auch eventuell um eine vorbereitende Arbeit eines einzelnen für eine spätere Behandlung im Klassenverband. Im Schema sind die Möglichkeiten gleich nebeneinander dargestellt.

Beispiel: Im Raumlehreunterricht arbeiten Dreiergruppen an der Herstellung einer Dreieckspyramide. Ein guter Schüler hilft einem krank gewesenen Klassenkameraden bei dem Herstellen eines Quaders, damit dieser das Behandelte nachholen kann. Ein Junge holt bei einem Tischler die bestellten geometrischen Körper, die dann einer vergleichenden unterrichtlichen Wiederholung dienen sollen. (Abb. 5)

2.1.5 Differenzierung aus methodischen Gründen

Für bestimmte Unterrichtsanliegen kann es notwendig sein, den Unterricht aus im engeren Sinne methodischen Gründen zu differenzieren.

Beispiel: Im Sportunterricht ist die Klasse in Riegen eingeteilt, die unter dem Gesichtspunkt der Leistung gemischt zusammengesetzt sind. Gelegentlich werden Leistungsgruppen gebildet, die dann wechselweise mit dem Lehrer und allein turnen, um die Übungsarbeit intensiver gestalten zu können. Die Gruppe, die jeweils mit dem Lehrer turnt, ist kleiner, sie kann intensiver üben, hat die individuelle Anleitung und die wichtige Hilfestellung. (Abb. 6, 1) Die andere Gruppe (Abb. 6, 2) bekommt Übungs- oder Spielaufgaben, die sie selbstständig und selbstverantwortlich lösen kann. Diese Großgruppe ließe sich in mehrere kleine aufteilen, wenn dadurch ein geordneter Übungsbetrieb und die Aufsicht über alle Schüler gewährleistet bleiben.

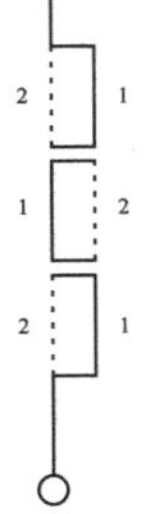

Abb. 6

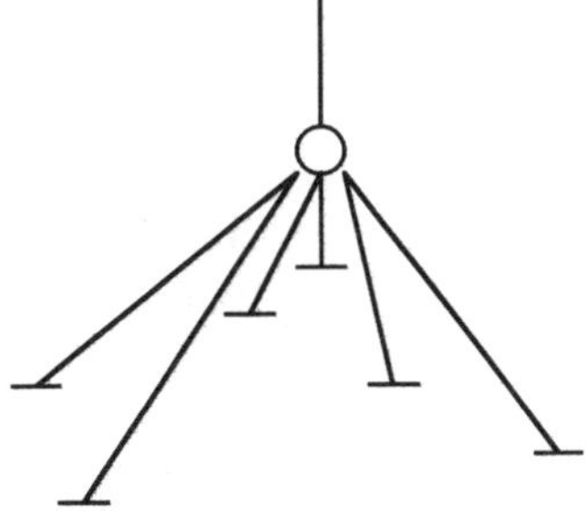

Abb. 7

2.1.6 Differenzierung nach dem Lern- und Arbeitstempo

Beispiel a): Eine Unterrichtseinheit wird im Frontalunterricht begonnen. Danach werden gleiche Aufgaben für alle gestellt. Die Schüler kommen entsprechend ihrem Lern- und Arbeitstempo unterschiedlich weit. Wenn z. B. Mitglieder der Wortfamilie „fliegen“ gesammelt werden sollen, finden die Schüler einer Klasse unterschiedlich viele. Wenn 10 Rechenaufgaben zu lösen sind, haben zu Ende der Übungszeit die Schüler eine verschieden große Zahl von Ergebnissen vorzuweisen. Ging es bei den dargestellten Varianten 1–4 darum, die Differenzierung von vornherein so zu organisieren, dass die unterschiedliche qualitative Aufgabenstellung im Rahmen einer bestimmten Zeiteinheit den einzelnen Schüler bzw. einzelne Schülergruppen berücksichtigt, so wird hier bei gleicher Aufgabenstellung mit verschiedenen Arbeitsergebnissen gerechnet. Dabei taucht das Problem auf, in welcher Weise dem unterschiedlichen Stand in einer Klasse mit geeigneten methodischen Maßnahmen begegnet werden kann. (Abb. 7)

Im Beispiel des Sammelns der Wortfamilie würde man in der Klasse dann an der Tafel alles zusammentragen. Die Schüler mit der geringsten Zahl von Beispielen fangen an zu berichten, die anderen ergänzen anschließend, bis alles zusammengetragen worden ist. Bei den Rechenaufgaben muss die Reihe nicht zu Ende gerechnet werden, jede Aufgabe bildet ein geschlossenes Ganzes, während bei der Wortfamilie die Einzelglieder ihren Wert erst im Zusammenhang der Sammlung bekommen, die möglichst vollständig sein sollte. Hier stoßen wir auf unterschiedliche Strukturen von Aufgaben, die bei einer Differenzierung berücksichtigt werden müssen.

Beispiel b): Bei konsequenter Differenzierung im Unterricht wäre in einer Klasse nur noch der Ausgangspunkt allen gemeinsam. Wird beim Zwischenstand des einzelnen die weiterführende Arbeit immer wieder begonnen, zieht sich das Feld der Schüler mehr und mehr auseinander. Die Konsequenz wäre eine permanente Differenzierung. In einem 8. Schuljahr könnten z. B. einzelne Schüler den „Mathematikstoff“ der Hauptschule bereits erarbeitet haben, andere würden vielleicht auf dem Stand des 7. oder gar des 6. Schuljahres sein. (Abb. 8)

Beispiel c): Die Variante einer konsequenten Differenzierung wäre die: Die Schüler wären nicht unterschiedlich weit in einem Fach, sondern sie wären in sehr unterschiedliche Bereiche eingedrungen, die gemeinsame Plattform würde weitgehend verlorengehen. Es würden einzelne Fächer stark vernachlässigt werden. Die Kritik an einem für alle verbindlichen Kanon von Bildungsinhalten, die freie Wahl aus einem vielfältigen Angebot, die Beschränkung auf wenige Fächer und eine diesen Ausgangspunkten folgende Differenzierung würden den dargestellten Sachverhalt ergeben. (Abb. 9)

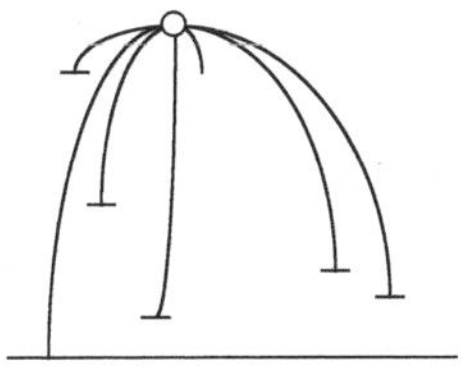

Abb. 8

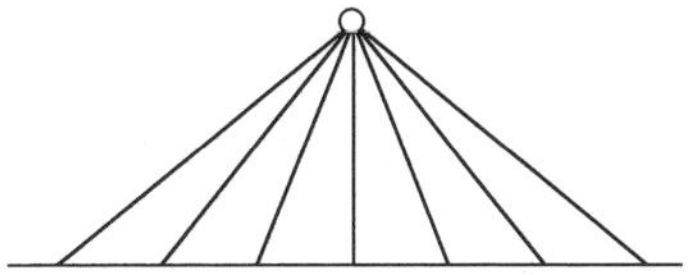

Abb. 9

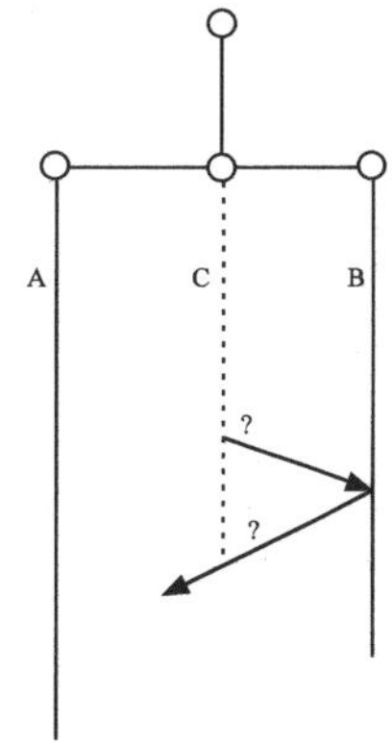

Abb. 10

Beispiel d): Die Folgen einer langfristigen Differenzierung (Auseinanderstreben einzelner Schüler oder Schülergruppen in Können und Wissen) versucht man im differenzierten Kursverfahren mit Maßnahmen der äußeren Differenzierung von vornherein zu berücksichtigen: Für den Englischunterricht werden z. B. drei Kurse (A, B, C) eingerichtet, in die die Schüler nach dem Leistungsvermögen eingeteilt werden. Problematisch dabei ist, dass unter Umständen mit der Kursbildung feste Gruppen entstehen (weil eine Homogenität angenommen wird), so dass das Wechseln für den einzelnen Schüler schwer, später vielleicht unmöglich wird. Man wird deshalb auch innerhalb der Gruppen differenzieren müssen (z. B. in Leistungsgruppen I, II, und III), um der Gefahr zu entgehen, institutionell und nicht dynamisch zu differenzieren. Deutlich wird hier auch, dass sich die Argumente für eine Differenzierung in der Schulpraxis oft mischen werden. Lern- und Arbeitstempo, zeitlicher Umfang, Schwierigkeitsgrad, Stoffumfang, Arbeitsweisen motivieren dann miteinander Differenzierungsweisen im Unterricht. (Abb. 10)

2.1.7 Differenzierung nach zeitlichem Umfang

Bei gleicher Aufgabenstellung kann es den Schülern einer Klasse möglich gemacht werden, ohne zeitliche Begrenzung eine Aufgabe zu erfüllen.

Beispiel: Ein Lesestück wird gelesen. Es soll nach dem stillen Durchlesen der Inhalt wiedererzählt werden. Die Schüler sollen in Ruhe den Text durchlesen und den Inhalt überdenken. Eine erste Gruppe von Schülern ist sehr schnell zu dem Wiedererzählen bereit, bei den anderen dauert es länger. (Abb. 11, 2, 3, 4) Es kommt in dieser Situation darauf an, dass der Lehrer die Wartezeiten, die entstehen, sinnvoll für die Schüler füllt, ehe dann die gemeinsame Arbeit, beginnend mit dem Wiedererzählen, anfangen kann. (Abb. 11)

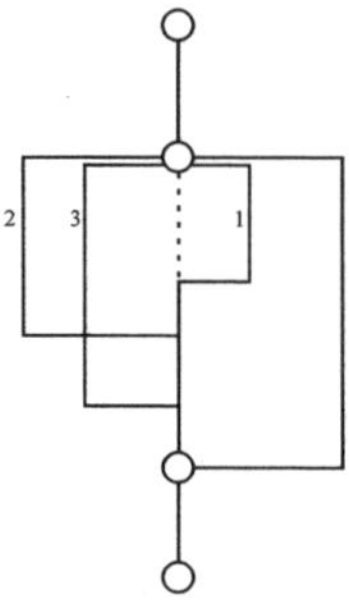

Abb. 11

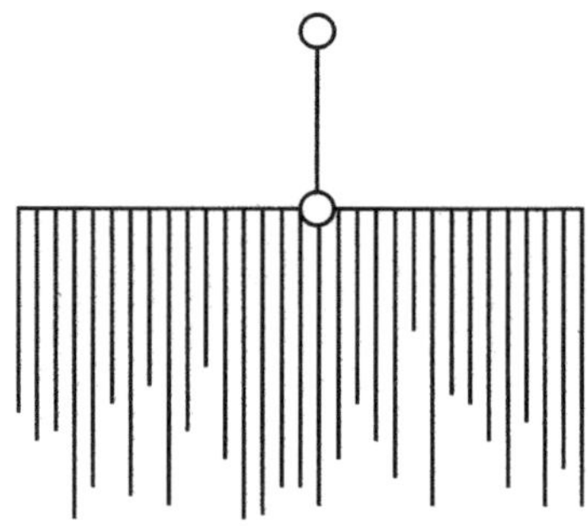

Abb. 12

2.1.8 Differenzierung aus sachlichen Gründen

Jeder Lehrer differenziert in seinem Unterricht in jeder Unterrichtswoche mehrere Male. Er wird von den Anliegen verschiedener Unterrichtsfächer dazu gezwungen.

Beispiele: Im Werkunterricht, in der Kunsterziehung geht es nach einer Einführung für alle sehr oft in eine extreme Differenzierung hinein. Jeder Schüler muss sich allein in die Bewältigung des Materials, an die Handhabung von Werkzeugen, an die Übung von Techniken heranwagen. Im Aufsatzunterricht ist die Situation nach der Vorbereitung ähnlich. Die Beispiele ließen sich hier leicht vermehren. Der Unterricht wird individualisiert. Die Schwierigkeit besteht für den Lehrer darin, den Unterricht auslaufen lassen zu können, nach hinten offen und von keinem Zeitpunkt belastet zu sein, um die Schüler ihre Arbeiten in Ruhe vollenden lassen zu können. Ist genügend Zeit da, wird es in der Regel notwendig sein, für die früher Fertigen sinnvolle Tätigkeiten anregen zu können. (Abb. 12)

Acht Strukturformen einer Differenzierung im Unterricht sind aufgeführt worden. Der Leser wird bemerkt haben, dass einzelne Motive einer Differenzierung mehrfach auftreten. Es zeigt sich die so häufig zu treffende Feststellung, dass in der Theorie die einzelnen Möglichkeiten sauber getrennt voneinander dargestellt werden können; in der Schulwirklichkeit mischen sie sich, bilden sie komplexe Unterrichtssituationen, die oft schwer befriedigend zu analysieren sind. Im Wissen um diesen Sachverhalt kann die gegebene Übersicht aber vielleicht eine Hilfe sein.

2.1.9 Die Einordnung bekannter Differenzierungsformen

Am bekanntesten ist die Unterscheidung zwischen *innerer* und *äußerer* Differenzierung, bei der in der Regel als Ausgangspunkt die Jahresklasse genommen wird (es könnte z. B. selbstverständlich auch das Gesamt einer Schule oder der

Schülerverband mehrerer Jahrgänge in der wenig gegliederten Schule oder im Jenaplan sein). Folgende Organisationsformen kann man finden:

Innere Differenzierung	*Äußere Differenzierung*
Ständige Niveau- bzw. Leistungsgruppen	Leistungsklassen (Mannheimer System)
gelegentliche Gruppenarbeit	Fachkurse (Dalton-Plan) oder Fachklassensystem
Partnerarbeit	Kern-Kurs-System
Einzelarbeit	Stufenklassen (Jena-Plan)
Helfersystem	Sonder- oder Förderklassen
Partnerschaften	Einzelmaßnahmen:
differenzierende Klassenarbeit	Nachhilfeunterricht
(bei einem Übungsdiktat z. B. wird	Förderstunden
Schülergruppen unterschiedlich	Zusatzunterricht
viel diktiert)	Spezialklassen

So wichtig das Wissen um die Organisationsformen eines differenzierenden Unterrichts ist, der eigentliche Wert (oder Unwert) kann erst deutlich werden, wenn man Inhalt und Ergebnis differenzierenden Unterrichts dargestellt bekommt.

Über den Begriff *qualitative* und *quantitative* Differenzierung oder *progressive* und *sukzessive* Differenzierung rückt man näher an die Schulwirklichkeit heran. Noch konkreter: für *langfristige* Differenzierungen werden folgende Fragen bedeutsam: Was soll der Bildungskanon umfassen, der an alle Schüler herangebracht werden muss? Was empfiehlt sich darüber hinaus an Zusätzlichem? Im welcher Weise stufen sich Unterrichtsaufgaben in ihrer Schwierigkeit? In welchem Verhältnis stehen Pflicht- und Wahlveranstaltungen? Mit welcher Konsequenz wird besonders gut begabten und besonders schwach begabten Kindern durch unterrichtliche Maßnahmen geholfen? Welche Möglichkeiten bestehen, den Klassenverband trotz aller Differenzierungen sinnvoll und zeitlich umfassend genug zusammenzuhalten? Wie wird das Problem der Zensuren gelöst? Für *kurzfristige* Differenzierungen werden Beispiele bedeutsam: Wie differenziere ich bei einem Übungsdiktat (welchen Kindern diktiere ich welche Teile mit welchen Schwierigkeitsgraden des Diktates)? Wie bewerte ich eine schriftliche Prüfungsarbeit im Rechnen, wenn neben den für alle verbindlichen Aufgaben andere frei wählbar waren? Wie beschaffe ich sinnvollen Lesestoff für den guten Leser, wenn ich mit den schwachen Lesern im Kreis übe? Wie führe ich Buch bei dem Einsatz von Arbeitsmitteln (Rechenkarten, Rechenspiele, Rechenprogramme)? Wie organisiere ich den Unterrichtsverlauf, wenn ich einzelnen Schülergruppen genügend Zeit für die Herstellung eines Modells im Sachunterricht lasse und die Gruppen dabei recht unterschiedliche Zeit brauchen (wie werden Zwischenzeiten sinnvoll ausgefüllt)? ist ausführliche Helfertätigkeit Nachteil oder Vorteil für die Helfer unter dem Gesichtspunkt der Leistungsförderung?

Nach folgenden Gesichtspunkten kann die Verwirklichung einer Differenzierung im Unterricht angegangen werden:

1. Die Frage „Warum soll differenziert werden" muss für den konkreten Fall ganz klar zu beantworten sein, wenn Differenzierung keine Modeerscheinung sein soll. Dabei sind die Schüler, die zu unterrichten sind, und die Unterrichtsfächer, in denen differenziert werden soll, vor allem zu beachten.
2. Vorausgegangen ist in aller Regel Unterricht für die gesamte Klasse. Der Lehrer kennt die einzelnen Schüler und kann nun feststellen, bei welchen Schülern bzw. Schülergruppen eine differenzierende Unterrichtsarbeit anzusetzen ist. Die Leistungsmöglichkeiten, das Lern- und Arbeitstempo, spezielle Schwächen u. a. m. geben die Anhaltspunkte. So wird also die *Ausgangssituation* festgestellt.

   Danach müssen die *verschiedenen Aufgaben, Stoffe und Ziele* ausgewählt und bereitgestellt werden. Gleichzeitig muss die *zeitliche Ausdehnung* des differenzierten unterrichtlichen Vorgehens in etwa abgeschätzt und festgelegt werden. Dabei ist darauf zu achten, dass eventuell entstehende Wartezeiten oder Freizeiten sinnvoll ausgenutzt werden können.

   Entscheidend ist die Frage nach den *Arbeitsmitteln* und *Arbeitsanweisungen*. Der Erfolg einer Differenzierung im Unterricht hängt weitgehend von der Beantwortung dieser Frage ab. Man wird in verstärktem Maße das Augenmerk auf die Arbeitsmittelsammlung in einer Schule richten müssen.

   Am Ende der differenzierten Lernarbeit ist die *Ergebniskontrolle* von entscheidender Bedeutung. Verschiedene Wege sind denkbar. Neben der Ergebnisfeststellung im Klassenforum sind Kontrollmöglichkeiten für die Hand der Schüler unerlässlich, soll der Unterricht ökonomisch sein. Handelt es sich um kurzfristige innere Differenzierungsvorhaben, werden sie mit der Ergebniskontrolle und gegebenenfalls einer Korrektur abgeschlossen. Im anderen Fall, dem der langfristigen inneren Differenzierung, muss mit den geeigneten Mitteln das Lernen dort fortgesetzt werden können, wo Halt gemacht worden war. Dabei wird die Frage geordneter Lehrgänge mit Hilfe von Programmen und Arbeitsmittelsystemen bedeutsam. Die große Gefahr der sogenannten äußeren Differenzierung ist, dass homogene Gruppen zusammengestellt werden, diese dann wieder im Block unterrichtet werden und damit nur eine andere Form des Klassenunterrichts entsteht.
3. Für die Differenzierung wie für alle neueren Unterrichtsformen und -verfahren gilt: vom Lehrer wird mehr verlangt. Die Unterrichtsorganisation wird diffiziler, die Vorbereitung bringt mehr Arbeit, die Durchführung verlangt einen höheren Kraftaufwand. Zeit- und Raumfragen werden schwieriger.

Arbeitslärm, Arbeitsmittelbeschaffung und -bestellung, Kontrolle des Gelernten, die Übersicht mittels genauer Listenführung, all das will bewältigt sein. Der persönliche Einsatz, die distributive Aufmerksamkeit, das vielfältige Geschehen, die Hilfen für den einzelnen Schüler stellen höhere Anforderungen als die Unterrichtsgestaltung, die sich im wesentlichen in der Wissensvermittlung durch den Lehrervortrag vor der gesamten Klasse erschöpft.

Wenn man sich zur *Teamarbeit* zusammenfinden könnte, würde sich vieles wieder erleichtern auf dem Weg zur Erreichung dieses Ziels: *Wir wollen jedem unserer Schüler ein für ihn optimales Lernen ermöglichen.*

2.2 Drei Ebenen der Differenzierung

Für die Notwendigkeit einer Differenzierung lässt sich eine Reihe von überzeugenden Gründen angeben. Trotzdem werden Klassen überwiegend en bloc angesprochen. Es scheint bei der Verwirklichung der Differenzierung im Unterricht also Probleme zu geben, die nicht so leicht zu lösen sind. Zu nennen sind vor allem vier:

1. Das Feld der Möglichkeiten ist so vielfältig, dass es nicht zu überblicken ist. Es lassen sich mindestens 8 Differenzierungsansätze unterscheiden, der Organisationsmöglichkeiten gibt es noch mehr. Bekommt man ein Aufgabenfeld nicht in den Griff, ergibt sich ein „erster Verfremdungseffekt".

2. Ebenso unübersehbar sind die Konsequenzen einer Differenzierung: das Auseinanderreißen der Klasse scheint unvermeidbar zu sein. Was für Unterricht ist dann noch möglich?

3. Die organisatorischen Schwierigkeiten ergeben einen dritten Problemkreis:

   Die zeitliche Planung des Unterrichts wird sehr viel komplizierter. Ein einspuriges Geschehen, sprich Frontalunterricht, ist leichter zu steuern als ein vielspuriges. Mit der Differenzierung wird das Unterrichtsgeschehen vielspurig.

   Die Frage nach den Arbeitsmitteln wird bedeutsam. Die Schüler müssen sinnvolle und klare Arbeitsanweisungen und Arbeitshilfen bekommen. Woher bekommt sie der Lehrer?

   Um einen Überblick über die vielfältigen Lernbemühungen zu bekommen, wird der Lehrer sehr genau Buch führen müssen.

4. Wenn nicht nur quantitativ, also nach dem Stoffausmaß differenziert werden soll, erhebt sich die Frage nach den Möglichkeiten der qualitativen Differenzierung, also nach verschiedenen Schwierigkeitsgraden und Niveaustufen.

3. Ansätze begrenzter Reichweiten (Basisansätze, 1. Teil)

Geben Grundlegung und Aufriss zunächst einmal ein verlässliches Fundament für die hier zur Rede stehende Thematik, so können jetzt sog. Ansätze begrenzter Reichweite und danach sog. elaborierte Ansätze die Binnendifferenzierung Stück für Stück auf anspruchsvollere Niveaus heben. Für den Unterrichtsalltag aber ist es sicher gut, zunächst von einem „Normalfall" auszugehen.

3.1 Der lehrerorientierte Unterricht und erste Alternativen

Die Unterrichtsanalysen der Tauschs und ihrer Mitarbeiter haben ergeben, dass auf den einzelnen Lehrer etwa 60–80 % aller gesprochenen Wörter im Unterricht fallen, für alle Schüler (30–40) bleiben 20–40 %, sie können also pro Kopf nur rund 1 % der sprachlichen Kommunikation übernehmen. (Tausch, 1970[5]) Mit diesem Sachverhalt wird in unmittelbarem Zusammenhang stehen, dass die Zahl der Befehle und Fragen außerordentlich groß ist. Je mehr ein Lehrer fragt, umso weniger tun dies die Schüler. Je mehr ein Lehrer spricht, umso weniger kommen schon rein zeitlich Schüler in die Lage, sich zu äussern. Es ist sehr wahrscheinlich, dass mit dieser Sprachdominanz positiv der sog. Frontalunterricht korreliert. Vom Autor veranlasste Analysen von 900 Unterrichtsentwürfen, die in Mentorenschulen einer Pädagogischen Hochschule erarbeitet worden waren, ergaben, dass 72 % der zur Verfügung stehenden Unterrichtszeit für Frontalunterricht, 2,5 % für Gruppenunterricht, 1,5 % für Partnerarbeit, 4,5 % für Gesprächs- und Singkreise, 19,5 % für Einzelarbeit vorgesehen waren. Die Auffassung von Unterricht, nach der der Lehrer eben der Wissende sei, die Schüler die Unwissenden seien, und demzufolge die Dominanz des Lehrers ganz natürlich sei, ist also wohl noch weit verbreitet.

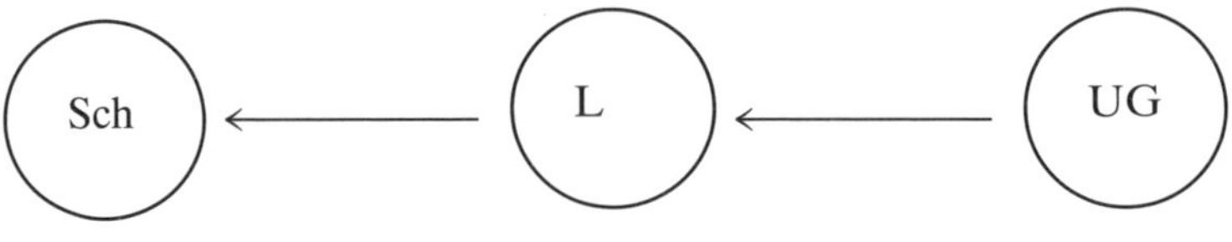

Unterrichtsgegenstände werden über den Lehrer an die Schüler vermittelt, diese können gelegentlich mal nachfragen, müssen aber in jedem Fall das Vermittelte reproduzieren, damit man eine Möglichkeit der Kontrolle hat.

Die Bedeutung der Lehrerfunktion des Lehrers und seiner damit verbundenen Sprachdominanz wird gestützt durch Feststellungen, z. B. Roeders: (Roeder, u. a., 1965)

- Unsere Schule ist eine Sprachschule in mehrfacher Hinsicht: Nahezu alles Wissen ist in sprachlicher Form zu bewältigen. Deutsch und die Fremdsprachen haben neben Mathematik die größte Bedeutung.

- Die Sprache ist das wichtigste „Lernmittel“ für Schüler.
- Sie hat darüber hinaus weitere Funktionen: Da sie das wichtigste Kommunikationsmittel ist, erfährt man vor allem über sie soziale Anerkennung, Bekräftigung, Resonanz.
- Die Sprache sollte auch ein emanzipierende Funktion (Loch, 1970) haben, damit der Mensch sich mit ihrer Hilfe darstellen kann, damit er kritisieren, projektieren kann, damit er sich mit ihrer Hilfe von Vorgegebenheiten und Zwängen immer wieder freimachen kann.

Die Folgen lehrerorientierten Unterrichts sind:

Schülern ist nur ein rezeptives, reaktives Lernverhalten möglich. Sie bekommen sehr selten Gelegenheit zu origineller, individueller Problemlösung. Die häufig verwendete Frage-Anwort-Methode lässt gar kein selbstständiges Denken zu.

Der Gang der Überlegungen ist streng gesteuert. Da Initiative und Spontaneität nicht gefragt sind, Schüler nur geringe Möglichkeiten der Einflussnahme auf Unterrichtsprogramm und -verlauf haben, ist ihre Lernmotivation gering, sie wird im Laufe der Schuljahre immer schwächer. Das Ausmaß innerer Spannung dagegen vergrößert sich. Man muss Angst haben, unerwartet dranzukommen. Die Antworten haben eine unangemessen große Bedeutung, da man nicht oft drankommt. Umgekehrt ist die Zahl der Schüler groß, die eine Anwort wissen, aber nicht an die Reihe kommen. Angst vor dem Drankommen und der unbefriedigte Wunsch nach Erfolg führen zu Frustrationen.

Beim Frontalunterricht aber ist der Lehrer der einzige, der Erfolgserlebnisse vermitteln kann. Der Unterricht ist auf ihn zentriert, aktives Verhalten, soziale Interaktionen unter den Schülern sind nicht gefragt. Scheinbare Konzentrationsschwäche (man kann dem dauernden vormittäglichen Fragebombardement auf die Dauer nicht Stand halten), die Tendenz zu Unterrichtsstörungen und Abwehrreaktionen müssen als Versuch gewertet werden, sich dem dauernden Druck wieder einmal zu entziehen.

Langfristig vermuten die Tauschs Folgen bei Schülern, die nicht deutlich genug gesehen werden können. Erfahren Schüler etwa ein Jahrzehnt lang täglich mehrere Stunden eine Unterrichtung, die charakterisiert ist durch ein hohes Ausmaß an Lenkung – Dirigierung seitens ihrer Lehrer, zusammen mit einem geringen Ausmaß positiver emotionaler Zuwendung (Tausch, u. a., 1970[5]), so liegen folgende Aussagen über Vorgänge bei Schülern nahe:

Im Bereich sozialen Verhaltens

Das Ausmaß sozialer Erfahrungen ist nur gering, es kann keine Teamarbeit gelernt werden. Es entsteht ein großes Abhängigkeitsbedürfnis; mit einer Atmosphäre großer individueller Freiheit bei gleichzeitiger Ordnung und Leistung kommt man nicht zurecht. Das Ausmaß an intoleranten und sog. autokratischen

Verhaltensmerkmalen gegenüber Unterlegenen, Andersdenkenden oder Minoritäten ist groß. Bei einzelnen treten extreme Opposition, Kritiksucht und Aggressionen auf, u. a. m.

Vermutete intellektuelle Vorgänge bei Schülern

Ein geringes Ausmaß originellen, selbstständigen, kritischen, sachzentrierten Denkens, Rigidität hinsichtlich vorgefasster oder überkommener Urteile (Vorurteile) bei geringer Fähigkeit zu eigener Meinungsbildung, geringere Offenheit für neue Erfahrungen, Vergessen des in einem ungünstigen sozialen Klima gelernten, relativ unpersönlichen Lernstoffes, u. a. m.

Zusammenfassend

Es werden nicht die Verhaltensweisen gelernt, die in demokratischen Gesellschaftsformen notwendig sind: spontane Initiative, freiwillige soziale Einordnung, Fähigkeit zu Gruppenbildung und zu Gruppenaktionen, Ertragen von Misserfolgen und Ungewissheiten, Widerstand gegenüber totalitären oder diktatorischen Bestrebungen, Toleranz gegenüber Andersdenkenden, Vermeidung von Schwarz-Weiß-Denken, u. a. m.

Der Kritiker bestehender Unterrichtspraxis wird sich der Frage nicht verschließen wollen, welche Alternativen zu einem stark lehrerzentrierten Unterricht es eigentlich gibt. Das Feld von Alternativen aufzuzeigen, könnte die Chance zu einer Veränderung des Unterrichts in der öffentlichen Schule bieten. Und es helfen nur Ansätze, die in ihrem Charakter so etwas wie Handlungsmöglichkeiten sind. Alles andere bleibt erfahrungsgemäß blass kranke Theorie.

3.1.1 Erster Ansatz: Offenes Sprachverhalten (Unterrichtssteuerung im engeren Sinn)

Ein erster Kreis von Überlegungen sollte sich auf unterrichtliche Maßnahmen beziehen, die im Rahmen des Frontalunterrichts (und auch gruppenweises Sitzen verändert dieses nicht) das Ausmaß an Lehrerdominanz verringern könnten.

Zwei „Gruppenübel“, der Informationsvorsprung und der Meinungsmonopol des Lehrers, könnten relativiert werden, wenn folgende Maßnahmen zu dieser Unterrichtsanlage führen:

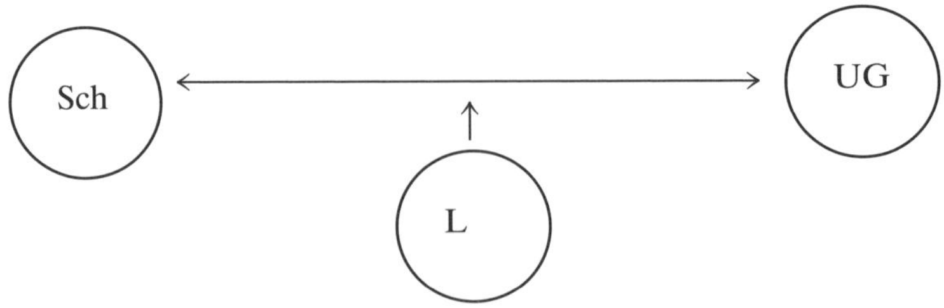

Die Schüler werden so oft wie möglich in die Lage versetzt, sich auf die Auseinandersetzung mit dem Unterrichtsgegenstand vorzubereiten:

- Der Lehrer kündigt Unterrichtsaufgaben früh genug an (ein Tag oder mehrere Tage vorher), so dass sich Schüler informieren, vorbereiten können. Die oft problematischen Hausaufgaben würden dabei eine sinnvolle Funktion bekommen können. Er benutzt dabei die Zielformulierungen, um die Lernsituation und die Lernanforderungen transparent zu machen.
- Der Lehrer arbeitet häufig mit sog. Sachimpulsen, also mit Texten, Bildern, Diareihen, Filmen, Tonbandaufnahmen, Funksendungen, Arbeitsblättern, u. a. m., um auf diese Weise eine Grundinformation zu sichern und gleichzeitig für die anstehende Aufgabe zu interessieren. Der Anfang der Unterrichtsstunden ist dann durch die Präsentation solcher Sachimpulse gekennzeichnet. (Bönsch, 1973[2])
- Der Lehrer führt das folgende Unterrichtsgespräch, das auf Grund von außer- oder innerunterrichtlichen Vorbereitungen möglich ist, nicht mit Hilfe von stark reglementierten Fragen (Beispiele dafür sind die bekannten Ergänzungs-, Suggestiv- und Entscheidungsfragen). Er benutzt häufig Impulse offener Art (Beispiele hierfür sind Aufforderungen zum Beobachten, Mitteilen, Vergleichen, Vermuten, Urteilen), er wirft Problemfragen auf, er fasst zwischenzeitlich zusammen, er ordnet und strukturiert das Gespräch so, dass für die Schüler klar und deutlich ist, welcher rote Faden verfolgt werden soll. Er wartet auf Beiträge, hat also Zeit; durch Mimik und Gestik ermutigt er zu Gesprächsbeiträgen. Er ermutigt zum Mitmachen, er selbst befiehlt nicht, er bittet, er versucht auch immer wieder, vermutete seelische Vorgänge zu realisieren, um Schülern Gesprächshemmungen bewusst zu machen.

Das dritte und vierte „Grundübel", die Sprachgewandtheit und die durch die Unterrichtsführung bedingte Sprachdominanz, können abgemildert werden durch die planmäßige Anleitung zur Nutzung bestimmter Sprechmuster und die Toleranz gegenüber sprachlich unbeholfenen Beiträgen wie den häufigen Wechsel in der Gesprächsleitung (Schüler übernehmen die Funktion des Gesprächsleiters).

3.1.2 Zweiter Ansatz: Sozialintegratives Führungsverhalten

Angesichts der Bedeutung, die eine sog. „Modellperson" für das Lernen von Verhaltensweisen und Einstellungen hat (hier kommt die alte Vorbildfunktion des Lehrers wieder zum Tragen) (Bandura / Walters, 1963), muss über Verhaltensweisen von Lehrern in Zukunft zweifellos reflektiert werden. Es kommt heute eigentlich nur noch ein sozialintegratives Führungsverhalten in Frage. Dieses zeichnet sich dadurch aus, dass der Lehrer vorurteilsfrei den Eigenwert von Schülern akzeptiert, dass er eine besondere Rücksichtnahme gegenüber Schwachen zeigt.

Die Förderung von Schülerinitiativen erfolgt durch die schon erwähnte Offenlegung des geplanten Vorgehens, die Beteiligung der Schüler an der Planung, die Berücksichtigung abweichender Schülermeinungen, die Toleranz gegenüber Kritik an der eigenen Person und am Unterricht, die Vermeidung dauernder Kontrolle.

Die Unterrichtsatmosphäre muss bestimmt sein von gegenseitiger Anerkennung, Reversibilität des Verhaltens aller am Unterricht Beteiligten, der gegenseitigen Ermunterung zu ungewohnten Maßnahmen und Beiträgen, einem geringen Maß an Vorwurf, Ungeduld, Tadel und Strafe, einem großen Ausmaß an Ermunterung und Berücksichtigung von Schülerwünschen. Sozialintegratives Führungsverhalten korrespondiert häufig mit Gruppen- und Partnerarbeit. Spontane Gruppenbildungen, die Zuwendung eines Leistungsstärkeren zu einem Lernschwächeren zum Zwecke unaufgeforderter Hilfe sind Indizien für eine durch ein sozialintegratives Führungsverhalten aufgebaute Unterrichtswirklichkeit.

3.1.3 Dritter Ansatz: Variables methodisches Instrumentarium

Mehr als in der didaktischen Diskussion der letzten Jahre sollten sich die Bemühungen um einen schülerzentrierten Unterricht auch wieder auf methodische Fragen richten. Wenn es darum geht, Lernen bei Schülern zu initiieren und steuernd zu gesetzten Zielen hinzuführen, muss der Lehrer als Organisator von Lernprozessen ein variables Instrumentarium zur Verfügung haben. Eine der methodischen Grundforderungen kann nach allem, was die Lernpsychologie sagt, sein: Schüler sind in aktives, operatives Lernen zu verwickeln. D.h., dass die Konsumtion von Wissen und das Training von Fertigkeiten (Kulturtechniken) nicht den Unterricht allein ausmachen können.

Wenn man zum Ausgangspunkt noch einmal den Unterricht nimmt, in dem der wissende Lehrer die alles beherrschende Rolle spielt, also das Informationsmonopol hat, scheinbar auch das „richtige Wissen" hat, den großen Erfahrungsvorsprung besitzt, den man haben muss, bevor man mitsprechen kann (!), die Macht hat, zu sagen, was erlaubt ist und was nicht, so kann man über folgende Stufen zu einer Veränderung kommen:

1. Der Einsatz von Medien kann zu einer Objektivierung der Information und zu einer Auseinandersetzung von Schülern und Lehrern mit diesen Informationen führen. Nehmen wir an, es seien durch entsprechende Verabredungen und Vorklärungen Ziele und Inhalte des Unterrichts mit den Schülern abgestimmt, so können Medienangebote unter der jeweils aktuellen Fragestellung auf ihren Informationsgehalt hin angesehen, angehört und analysiert werden, um Antworten zu finden, Lernziele zu erreichen.

2. Problemorientiertes Lernen nimmt von in der Praxis zu bewältigenden Situationen, von konkreten Fällen seinen Ausgang, um über handelndes Lernen durch Experiment, Erkundungen, Praktika, Analysen, Aktionen Projekte zu realisieren und dabei Lernen zu ermöglichen.
3. Das forschende Lernen könnte als eine Hochform operativen Lernens bezeichnet werden, das auch in der Schule zu realisieren sein müsste. Über Möglichkeiten des Nacherfindens und Nachentdeckens ist das immer schon versucht worden. (Bönsch, 1970)
4. Besondere didaktische Qualitäten wie das Überraschende, das Neue, das Befremdliche, das Rätselhafte, das Widerspruchsvolle müssen immer wieder genutzt werden, um unter motivationalem Aspekt Lernen positiv zu inszenieren.

3.1.4 Vierter Ansatz: Veränderung in der Unterrichtsorganisation

Weitergehende Veränderungen in der Unterrichtsorganisation müssen sich darin zeigen, dass Kommunikation und Kooperation von Schülern unter emanzipatorischem Aspekt in vermehrtem Maße möglich gemacht werden. Das beginnt mit häufig auftretenden Phasen der Gruppen- und Partnerarbeit, auch der Einzelarbeit, und einer dafür notwendigen Flexibilität in der Veränderung der Sitzordnungen. Das setzt sich fort mit offenen Lernzielen und erhöhten Wahlangeboten. Freie Lernzeiten sollen Lernenden ermöglichen, sich Lernaufgaben selbstständig zuzuwenden, Lernen nach individuellen Bedürfnissen und Möglichkeiten zu organisieren, neben Aufgaben des Lernens und Wiederholens größere Studienaufgaben übernehmen zu können. Die Differenzierung des Lernangebots (Schwerpunktbildung, Intensiv-, Grundkurse, Fundamental-Zusatzkurse) könnte Lernende planmäßig zu individuellen Schwerpunktbildungen und Interessenbildungen führen, ohne die Notwendigkeiten der Erledigung von für alle verbindlichen Lernaufgaben zu vernachlässigen.

Der Hinweis von Praktikern, Liberalisierungen im Angebot und in den Anforderungen hätten wenig Zweck, da Lernenden noch die Kompetenz fehlen würde, selbstverantwortlich und sachverständig Entscheidungen zu treffen, kann man antworten mit dem Konzept des beweglichen Unterrichts, in dessen Rahmen je nach didaktischen Aufgaben (Information, Auseinandersetzungen, Üben, Wiederholen) unterschiedliche Lerngruppen gebildet werden. Für die notwendigen Grundinformationen, Überblicke, Arbeitsanregungen kann man demzufolge Großgruppen (bis 120 Teilnehmer) bilden, um anschließend Mittelgruppen (30–40 Teilnehmer) oder Kleingruppen (bis höchstens 10 Teilnehmer) zu bilden und in diesen angeordnete oder frei gefundene Aufgaben zu verfolgen.

Unter dem Stichwort „Open school" firmiert eine Schule, die außerhalb des formellen Unterrichts, also auch am Nachmittag und Abend, Lernangebote in Form

von Räumen und Lernmaterialien macht und auch Lehrerberatung anbietet, um selbstständiges Lernen anzuregen, zu beraten, effektiv zu organisieren.
Die folgende Übersicht soll die in aller Kürze entwickelten Vorschläge zusammenfassend darstellen:

1. Ansatz: Offenes Sprachverhalten (Unterrichtssteuerung i. e. Sinne)	2. Ansatz: Sozialintegratives Führungsverhalten	3. Ansatz: Variables methodisches Instrumentarium	4. Ansatz: Veränderung in der Unterrichtsorganisation
– weniger Ergänzungsfragen	– Offenlegung von geplantem Vorgehen	– UG so oft wie möglich direkt vermitteln (Sprache im Vollzug, Literatur in Konfrontation)	– Raumeinrichtung
– weniger Suggestivfragen	– Beteiligung an der Planung	– Einsatz von Medien zur Veranschaulichung	– Veränderung der Sitzordnung
– weniger Entscheidungsfragen	– Berücksichtigung von Schülermeinungen	– Aktives, operatives Lernen ermöglichen (Experimentieren, Ausprobieren, Erkundungen, Projektarbeit, Praktika)	– häufige Gruppen-, Partner-, Einzelarbeit
– mehr Impulse offener Art, z. B. Aufforderung zum Beobachten, Mitteilen, Urteilen, Vergleichen, Vermuten	– Möglichkeit zu Gruppenbildungen geben	– Schülerselbstarbeit organisieren (Lehrmittel, Lerntechniken)	– Beweglicher Unterricht Groß- und Kleingruppen entsprechend ihrer didaktischen Funktionen
– mehr Sachimpulse, Texte, Bilder, Versuche, Filme, Funksendungen	– Beachten gegenseitiger Anerkennung	– Problemsituationen schaffen, Ausgang vom konkreten Fall	– Freie Lernzeiten (10-Min.-Freistunden größere Studienaufgaben)

1. Ansatz:	2. Ansatz:	3. Ansatz:	4. Ansatz:
Offenes Sprachverhalten (Unterrichtssteuerung i. e. Sinne)	Sozialintegratives Führungsverhalten	Variables methodisches Instrumentarium	Veränderung in der Unterrichtsorganisation
– mehr Vorankündigungen, um Vorbereitungen zu ermöglichen	– Vermeidung dauernder Kontrolle	– besondere didaktische Wege wie z. B. Nacherfinden, Nachentdekken, Vergleichen, Ergänzen, Umsetzen	– Erhöhung der Wahlmöglichkeiten (Schwerpunktbildung, Intensiv-, Grundkurse, Fundamental-, Zusatzkurse)
– mehr Begründung von Maßnahmen, um motiviert zu werden	– geringes Maß von Vorwurf, Ungeduld, Tadel, Strafe	– bes. didaktische Qualitäten nutzen: das Überraschende, Fremde, Rätselhafte, Widerspruchsvolle	– Open school (freie Lernangebote am Nachmittag, Nutzung von Räumen, Lernanregungen)
– mehr Zielangaben, um Lernsituationen transparent zu machen	– vorurteilsfreie Akzeptierung der Eigenart anderer		– Epochalunterricht
– mehr Bitten, Vorschläge	– Offenheit im Vorgehen, Berücksichtigung von Schülerwünschen		
– mehr Ermutigung zum Mitmachen	Toleranz gegenüber Kritik an der eigenen Person		
– mehr Verbalisierung seelischer Vorgänge	– Reversibilität im Verhalten – bes. Rücksichtnahme auf Schwache – Förderung von Schülerinitiative		

4. Ansätze mittlerer Reichweite: Differenzierungsmaßnahmen im Unterricht eines Lehrers / einer Lehrerin (Basisansätze, 2. Teil)

Die Nutzung der bisher aufgeführten Möglichkeiten kann im günstigen Fall eine Lernorganisation schaffen, die erste Chancen und Möglichkeiten der Differenzierung eröffnet. In einem zweiten Zugriff müsste sich eine konsequente Differenzierung von Lernmöglichkeiten ergeben, wenn den vorn erörterten Intentionen entsprochen werden soll.

4.1 Stufen der inneren Differenzierung

Auf der Phänomenebene ist daher an etwa folgende Konstellation gedacht:

Ein Text ist abzuschreiben. 6–8 Schüler sind schnell damit fertig, 4–5 benötigen extrem viel Zeit dafür. Die früh Fertigen bekommen eine Zusatzaufgabe oder übernehmen die Kontrolle der anderen Hefte. – In einem Übungsdiktat haben die guten Schüler mehr Wörter zu schreiben als die schwächeren. – Aus dem Arbeitsbuch sind Aufgaben in der Schule zu rechnen, bei gleicher Zeit schaffen die Schüler unterschiedlich viel. – Im Erdkundeunterricht sollen in sechs Minuten für ein Land wesentliche Daten aus der Landkarte herausgelesen werden. Die Schüler finden unterschiedlich viel.

Wiederholung in Erdkunde: Der Schwarzwald! Der Lehrer gibt den Auftrag: „Fünf Minuten Zeit! Schwarzwald! Partnerarbeit – je zwei arbeiten zusammen, schreiben in Stichworten untereinander, was ihnen einfällt. Wir wollen sehen, was jede Partnergruppe findet! – Wortschatzübungen: „Sucht zu Zweien den treffendsten Ausdruck für die Geräusche, die ich jetzt machen werde!" – Ausdruckübungen: Der Lehrer schreibt sieben Beispiele für Flüchtigkeiten im sprachlichen Ausdruck an die Tafel. Er hat sie in Schüleraufsätzen gefunden. „Lest die Beispiele durch, überlegt gemeinsam, was an ihnen nicht gut ist und verbessert sie dann!" – Leseübungen in der Partnerarbeit: Je zwei Schüler bekommen den Auftrag, einen Text gemeinsam für das spätere Vorlesen zu üben. Die Schüler verteilen sich auf Klassen- und Gruppenraum, auf Flur und ggf. Hof, um zu üben. – Rechtschreiben in der Partnergruppe: Je zwei Schüler haben sich einen Text je zur Hälfte zu diktieren und dann gemeinsam die beiden Diktate mit Hilfe der Textvorlage zu korrigieren. Aus diesen Beispielen ist zu ersehen, dass variabel operiert werden kann: Es können jeweils unterschiedlich begabte Schüler zusammenarbeiten, dann ist der soziale Aspekt vorherrschend. Es können gleich starke Partner zusammenarbeiten, dann sind z. B. bei guten Schülern Spitzenleistungen zu provozieren.

Ein Schritt hin zum systematischen Differenzieren, das seine Maßnahmen von der steten Erfolgskontrolle her steuert, ist die relativ häufige quasi-programmierte Alleinarbeit. Dafür ein Beispiel:

Der Muttersprachunterricht im 2. Schuljahr verarbeitet den Sachunterricht sprachlich. Im Rahmen der Unterrichtseinheit „Die Kartoffel – ein Hauptnahrungsmittel für uns“ ist über die reichhaltigen Verwendungsmöglichkeiten der Kartoffel für Mahlzeiten gesprochen worden. Nun geht es um die sprachliche Verarbeitung. Der Lehrer hat folgenden Arbeitsbogen vorbereitet und vervielfältigt (in Schreibschrift):

Was wir gern essen.
Kartoffelbrei, Kartoffelsalat,
Kartoffelpuffer, Pellkartoffeln,
Salzkartoffeln, Kartoffelklöße,
Kartoffelsuppe, Bratkartoffeln.

Ich esse am liebsten ...	
Meine Mutter isst am liebsten ...	Kartoffelpuffer.
Mein Vater isst am liebsten ...	Bratkartoffeln.
Meine Schwester isst am liebsten ...	Kartoffelklöße.
Mein Bruder isst am liebsten ...	Kartoffelsalat.
Meine Oma isst am liebsten ...	Kartoffelsuppe.
Mein Opa isst am liebsten ...	Kartoffelbrei.
Meine Tante isst am liebsten ...	Pellkartoffeln.
	Salzkartoffeln.

Die Gruppe C (die vier schwächsten Schüler) bekommen den Arbeitsbogen mit dem Auftrag, alles Geschriebene abzuschreiben. Die Gruppe B (die große Mittelgruppe: 18 Schüler) bekommt den Arbeitsbogen, von dem ein Teil abgeschnitten worden ist (siehe punktierte Linie) mit dem Auftrag, die obigen Wörter den Sätzen zuzuordnen und diese Sätze dann ins Heft abzuschreiben.

Die Gruppe A (die acht besten Schüler) bekommt einen anderen Teil des Arbeitsbogens (siehe durchgezogene Linie) mit dem Auftrag, Sätze wie den Beispielsatz mit anderen Familienmitgliedern zu bilden und die Wörter oben zu benutzen.

Damit ist auf ökonomische Weise (der Arbeitsbogen wird dreifach verwendet) die Arbeit auf drei Anspruchsniveaus bestimmt. Durch die qualitative Differenzierung wird der Zeitfaktor ungefähr neutralisiert. Bei dieser muttersprachlichen Arbeit ist jedem einzelnen Schüler Auftrag und Hilfe gegeben, aber auch Raum für eigenständiges Tun je nach Vermögen.

Stehen für Mathematik z. B. fünf Stunden in der Woche zur Verfügung, so werden 3- oder 4-mal ungefähr 20–25 Minuten fest für das selbstständige Lernen geplant. Die Kinder wissen, an den Wochentagen (Dienstag, Mittwoch, Donnerstag, Freitag) rechnet in der 2. Hälfte der Stunde jeder für sich. Dafür stehen

Arbeitsmittel bereit, die durch Arbeitsbücher verschiedener Verlage und dazu gefertigte Aufgabenkarten, die bestimmte Rechenwege durch ein Buch oder den Teil eines Buches angeben, ergänzt werden können. Vom Inhalt und der Aufgabenstellung her kann es sich bei der Alleinarbeit, die immer an die gemeinsame Erarbeitung anschließt, entweder darum handeln, einfach das Erarbeitete zum Üben oder Wiederholen aufzugeben, oder aber eine qualitative Steigerung anzustreben.

Bei dieser ausgedehnten Alleinarbeit wird es dann auch notwendig, das Differenzieren etwas zu systematisieren. Für den einzelnen Schüler müssen Kontrollbogen geführt werden, auf denen notiert wird, was er schon gearbeitet hat und mit welchem Erfolg dies getan worden ist. Differenzierte Testarbeiten werden ebenfalls zu empfehlen sein, um den Fortschritt oder die Schwierigkeiten des einzelnen oder bestimmter Schülergruppen beobachten zu können. Das produktive Arbeiten in solchen Lernzeiten ist relativ einfach zu organisieren, wenn, wie schon gesagt, die Lernzeiten feststehen, jeder Schüler also weiß, dass er nun selbstständig arbeiten kann (1.), wenn Arbeitsmittel vorhanden sind (2.) und einige notwendige Gewohnheiten eingeschliffen sind, wie z. B. das sachgemäße Umgehen mit den Arbeitsmitteln, die Einhaltung eines begrenzten Arbeitslärms, die selbstständige Erfolgskontrolle (3.). Schwieriger ist es, den Überblick über die Klasse zu behalten und dann gezielt Hilfen zu geben. Hier kommt der einzelne Lehrer nur zurecht, wenn er, wie auch schon ausgeführt, genau Buch über die Lernübungen seiner Schüler führt (Arbeitstempo, Erfolge, Schwierigkeiten). Das läßt sich so organisieren, dass Schüler mithelfen, diese Buchführung zu gestalten, so dass der Lehrer von Teilaufgaben entlastet wird.

Programmierter Unterricht (Computerprogramme)

Am konsequentesten wird eine Differenzierung, wenn sie mit Programmen verwirklicht werden kann. Das wird in absehbarer Zeit für die sogenannten Leistungsfächer (z. B. Rechnen, Englisch, Rechtschreiben) möglich sein. Wenn dann also der Lernstoff für die Hauptschule in einem Fach programmiert ist, kann der einzelne Schüler unabhängig von Klasse und Schuljahr seinem Lerntempo und Lernvermögen entsprechend das „Pensum" erledigen. Wahrscheinlich entstehen dann ganz neue freie Lernzeiten für eine Reihe von Schülern, die auf andere Weise genützt werden können. Auf das programmierte Lernen selbst braucht hier nicht näher eingegangen zu werden. Es gibt genügend Literatur und nun auch schon Erfahrungsberichte.

4.2 Stufen der äußeren Differenzierung

Auch hier wird es sich empfehlen, langsam in den Aufgabenbereich einzusteigen. Zweifellos ist es so, dass in einer fruchtbaren Mischung von äußeren und inneren Differenzierungsmaßnahmen das Differenzieren am intensivsten betrieben werden kann. Zunächst einfache Schritte der äußeren Differenzierung:

Die Parallelschaltung von Fachstunden

Schon in der einzügigen voll ausgebauten Schule ist es möglich, durch die Parallelschaltung der Stunden von den Fächern, in denen eine Leistungsdifferenzierung notwendig erscheint (es ist bis heute nicht ausgemacht, welche Fächer dazu gehören sollten: Rechnen, Muttersprache, Englisch, vielleicht aber auch Physik / Chemie), zu differenzieren. Die täglichen Stunden im Rechnen und in der Muttersprache werden dann konsequent in der 2. und 5. Vormittagsstunde angesetzt. Der einzelne Schüler durchläuft die 5 Hauptschuljahre, wird aber vielleicht im 5. Schulbesuchsjahr im Rechnen noch in der 4. Klasse mitmachen, ein anderer Schüler desselben Schulbesuchsjahres vielleicht schon im 6. Schuljahr. Er braucht also nicht für die Breite der Fächer sitzen zu bleiben, sondern wechselt nur in seinen starken und schwachen Fächern den Lernverband.

Ist der Wechsel nach unten leicht, ist der nach oben schwerer. Das Hilfsinstrument des Liftkurses sollten wir dafür entwickeln: zeitlich begrenzte spezielle Beschulungsmaßnahmen müssen einzeln oder mehreren Schülern den Anschluß nach oben möglich machen. Stehen keine Lehrerstunden zur Verfügung, sollten Helferdienste von Schülern der oberen Klassen oder Elternhilfen in Erwägung gezogen werden (das ließe sich wieder noch als Schulhilfsdienst oder als individuelle Hausaufgabenhilfe denken). Der dauernde Rückzug mit dem Hinweis auf schwierige Schulverhältnisse darf nicht alles verhindern!

Sind die Stunden z. B. im Rechnen parallel geschaltet, wird es sich zeigen, dass in höheren Schuljahren die Zusammensetzung zum Teil sehr gemischt sein wird (am Anfang, also in den ersten zwei Schuljahren, sicher sehr wenig). Das wäre gut so und würde auf eine erste Weise Lernen an der oberen positiven Lerngrenze halten und die Lösung des Sitzenbleiberproblems beseitigen.

Kern-Kurs-Differenzierung

Ähnlich wie bei der inneren Differenzierung wird ein weiterer Schritt getan, wenn
z. B. vom 3. Schuljahr an Leistungskurse für einige Fächer eingerichtet werden. Nehmen wir an, die Schule hat 4 Schuljahre. In der Masse der Stunden des Sachunterrichts, der musischen Fächer, von Teilen des Muttersprachunterrichts bleiben die Klassen, so wie sie eingeschult worden sind, zusammen. Für die Leistungskurse werden sie auf Grund der bis dahin gezeigten Leistungen aufgeteilt in A-, B- und C-Kurse. In diesen Kursen kann dann qualitativ und quantitativ differenzierend vorgegangen werden.

Ist diese Organisation eines differenzierenden Unterrichts an sich längst bekannt, so entstehen bei der Verwirklichung Probleme: die Durchlässigkeit zwischen den Kursen muss gewährleistet sein. Das heißt, dass Maßnahmen der inneren Differenzierung mit denen der äußeren korrespondieren müssen. Einzelne A-Kurse mit besonders glücklicher Zusammensetzung werden sich sicher von dem konventionellen Schuljahresniveau entfernen, also im 4. Schulbesuchsjahr z. B. das Niveau der geforderten Rechtschreibleistungen des 5. Schuljahres haben. Dann wird es notwendig werden, die Kurse anders zu benennen: Der Leistungskurs 4a hat den Leistungskurs 5b erreicht. Mit der Bezeichnung 4a wird der Leistungsstand nicht richtig zum Ausdruck gebracht. So muss vom Leistungsniveau eine Bezeichnung gefunden werden. Das bedeutet, dass wir wahrscheinlich viel exakter Lehrpläne werden entwerfen müssen. Die außerordentliche Freiheit des einzelnen Lehrers muss eingeschränkt werden, um objektivierte „Leistungsstationen“ festlegen zu können, von denen her die Leistungsstände einzelner Kurse bestimmt werden können. Das ist im programmierten Lernen der Fall. Die moderne Curriculumforschung bringt eben diese Überlegungen in die Diskussion, allerdings von anderen Ausgangspunkten her. Der in stärkerem Maße objektivierte, d. h. von subjektiven Entscheidungen unabhängigere Lehrplan wird dem Differenzierungsbemühen sehr viel helfen können.

Differenziertes Unterrichtsangebot

Die Hauptschule vor allem wird eine Schule mit beweglichem Unterricht (Groß- und Kleingruppen; unterschiedliche Zeiteinheiten: 30, 45 und 90 Minuten) und differenziertem Angebot sein müssen. Der entsprechende Erlaß z. B. in Niedersachsen eröffnet hier fruchtbare Möglichkeiten. Es wird sicher von Vorteil sein, wenn gegenüber dem Leistungsprofil des einzelnen Schülers die einzelnen Fächer sich ebenfalls profilieren. Das heißt, dass sie nicht mehr nur massig und undifferenziert mit einer von Richtlinien vorgegebenen Stundenzahl auftreten, sondern dass sie unterschiedliche Angebote machen: Die Muttersprache kann im Kern vor allem als Medium der Auseinandersetzung und Darstellung in den Sachfächern auftreten. Sie zeigt sich in der Literaturarbeitsgemeinschaft von einer ganz anderen Seite und bietet schließlich im Förderkurs „Rechtschreiben und schriftliches Gestalten“ aktive Hilfe an. Diese Dreiteilung, nur als Beispiel gedacht, könnte dem schwachen Hauptschüler Muttersprache von drei Seiten nahe bringen, was sehr viel vorteilhafter wäre als die Tatsache, dass schwache Rechtschreibleistungen, verbunden mit den entsprechenden Folgeerscheinungen (!), allen Anreiz zu weiterer Beschäftigung, z. B. mit Dichtung, ständig töten. Das differenzierte Angebot, in seiner Folge differenzierte Lernerlebnisse des Schülers und in deren Folge differenzierte Leistungen, das wäre der Leitgedanke, für eine Reihe von Fächern mithilfe von Kern und Kurs (Leistungs- und Wahlpflichtkurs) Arbeitsgemeinschaft und Fördergruppen-Unterricht zu differenzieren.

Mit dieser Stufendarstellung von Differenzierungsmöglichkeiten ist vielleicht eine Arbeitshilfe gegeben, in die Praxis der Differenzierung nach und nach einzusteigen. Mit dem Erwerb erster Erfahrungen bei anfänglichen Bemühungen werden Sicherheit und wahrscheinlich auch das Problembewußtsein wachsen, um weitere Stufen zu besteigen. Das könnte dazu führen, dass das einzelne Kollegium – und auf diese einzelnen Schulkollegien kommt es entscheidend an – die Methodik des Differenzierens in den Griff bekommen. Damit wäre der Verwirklichung der Differenzierung auf entscheidende Weise der Weg bereitet.

Auf der **Analyseebene** wird es bei diesen Ansätzen mittlerer Reichweite aber doch schon wichtig, die jeweiligen Intentionen systematisch zu verorten. Dabei kann das von Klafki und Stöcker entwickelte Dimensionen- und Kriterienraster nach wie vor eine gute Hilfe leisten (Klafki / Stöcker, 1976):

Dimensionen- und Kriterienraster zur inneren Differenzierung

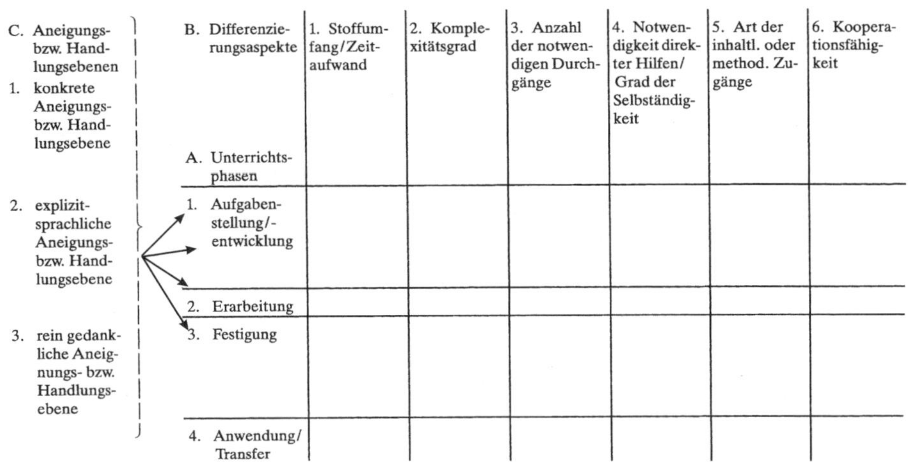

Dieses Raster erlaubt eine Ordnung nach Unterrichtsphasen (A), Differenzierungsaspekten (B) und Aneignungs- bzw. Handlungsebenen (C) und ist damit prozess-, inhalts- und intentionsweise modusbezogen. Innere Differenzierung kann damit individuumsorientiert, leistungsorientiert, aber auch sozialorientiert sein. Es wird deutlich, dass damit ziemliche Anforderungen an die Planung, Gestaltung und Auswertung des Unterrichts gestellt werden.

Die Reichweite bleibt dennoch begrenzt. Sie ist etwa folgendermaßen zu kennzeichnen:

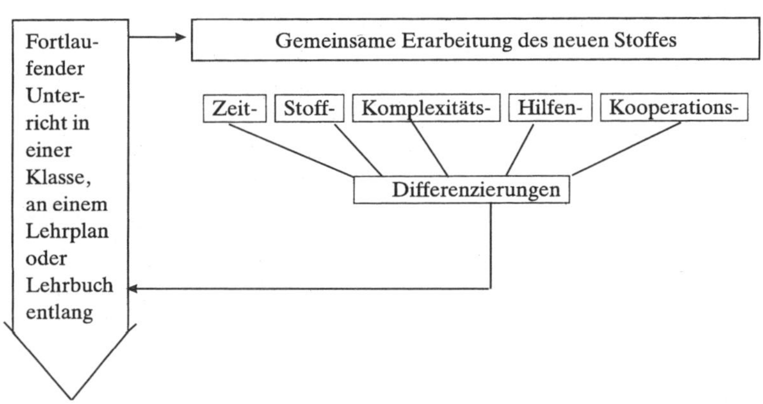

Immer ist die Annahme, dass Differenzierungsverfahren Unterschiedlichkeiten in Leistung oder Insuffizienz aufarbeiten und dann der gemeinsame Unterricht weitergehen kann. In dieser Annahme liegen möglicherweise zwei Probleme: (1.) werden Leistungsunterschiedlichkeiten so leicht aufzufangen sein und Lernschwierigkeiten nicht gravierender sein – vielleicht gar nicht so schnell zu identifizieren sein –, als dass partielle Maßnahmen wirklich greifen können? (2.) Werden wirklich greifende Differenzierungsmaßnahmen eine bestehende Heterogenität nicht eher vergrößern als verkleinern? Beiden Problemen wird im Folgenden nachgegangen werden.

5. Elaborierte Ansätze

Das erstgenannte Problem kann mit den heute beschreibbaren sog. elaborierten Ansätzen der Intrallerngruppendifferenzierung Lösungen zugeführt werden.

5.1 Annäherungen: Von der Linearität des Unterrichts zu kontrollierter Variabilität

Der Satz „Wir müssen die Schüler da abholen, wo sie stehen“ kann als modische Attitüde und im Grunde nicht realisierbare Forderung abgetan werden. Wenn man es sich so leicht nicht machen will, kann man erst einmal zurückfragen, was denn nun eigentlich mit dem Satz gemeint ist. Das verbreitete Unterrichtsparadigma (Beispiel, Muster) versteht Unterricht als Vermittlungsdidaktik. Das heißt: Ein Lehrer / eine Lehrerin bereitet mit Hilfe eines Lehrbuchs und vor dem Hintergrund eines Lehrplans / von Rahmenrichtlinien die Vermittlung einer bestimmten Menge von Stoff war, projektiert in die Zeit hinein linear Schritte der Bearbeitung (Lehrgang im ursprünglichen Sinn des Wortes) und gestaltet seinen/ihren Unterricht entsprechend. Beim heutigen Stand der Didaktik (Bönsch, 1996 und 1998) wird sie/er nach den gemeinsamen Phasen der Erarbeitung Phasen der individuellen bzw. kooperativen Verarbeitung mit Hilfe von Arbeitsblättern und Arbeitsmitteln anschließen, dann aber in der Erarbeitung der nächsten Stoffmenge fortfahren. Das strukturelle Problem, das sich dabei ergibt, ist folgendermaßen zu beschreiben: bei dieser Art von Unterrichtsplanung orientiert man sich an einem angenommenen Durchschnitt der Lernmöglichkeiten und des Lerntempos – der Orientierungswert ist dann meist das Schuljahr: in einem 4. Schuljahr z.B. kann man so und so fortschreiten – und wird dabei mindestens zwei Gruppen nicht gerecht; der Gruppe, die eigentlich schon weiter ist und weitergehende Aufgaben bekommen könnte, und der Gruppe, der das angenommene Durchschnittstempo schon zu hoch ist und die daher Schwierigkeiten hat, zu vollständigen Lernprozessen zu kommen. Die Folge ist dann schnell, daß sich Un- und Halbverstandenes kumulieren und irgendwann als begrenzte Lernfähigkeit / Intelligenz / Begabung konstatiert wird. Die Rechnung geht eigentlich immer auf das Konto von Schüler/innen. Dass Unterricht Lernschwierigkeiten verursachen könnte, wird weit weniger kalkuliert. In Wahrheit differenziert sich das Feld der Lernenden noch viel stärker. Die Homogenität einer Lerngruppe (Klasse) ist eine Fiktion, selbst wenn man sie durch die Siebe 'Altersjahrgang' und 'Schulart' (im Sekundarbereich) meint, hergestellt zu haben.

Das Problem: Wechsel des Paradigmas: Lernprozessorientierte Didaktik

Man könnte das in aller Kürze beschriebene Unterrichtsparadigma 'Vermittlungsdidaktik' in zugespitzter Weise als archaisch bezeichnen. Es ist stoff- und lehrer/inorientiert, aber nicht schüler- und lernorientiert. Der Satz „die Schüler da abholen, wo sie stehen" bedeutet nichts anderes als eine Orientierung an den Lernmöglichkeiten jedes einzelnen Schülers / jeder einzelnen Schülerin. Dies markiert einen hohen Anspruch, folgt aber der Grundeinsicht, dass Unterricht eine Veranstaltung ist, die bei Lernenden Lernen bewirken soll. Wiederum zugespitzt gesagt: die eigentliche Aufgabe besteht nicht in der Planung, Durchführung und Auswertung des Unterrichtsprozesses, sondern in der Inszenierung von 20–25 individuellen Lernprozessen (je nach Klassengröße), also in der Adaption der Lernaufgaben an die Lernmöglichkeiten jedes einzelnen Schülers und in der Diagnose der Lernfortschritte / Lernschwierigkeiten, die in der konkreten Lernarbeit entstehen, um daraufhin die weiteren Lernbemühungen adäquat dimensionieren zu können. Damit ist klar, dass Differenzierung das Grunddiktum allen Unterrichtens ist.

Dieser Ansatz wird im weiteren verfolgt. In einer Zwischenbemerkung sei gesagt, dass der Autor wohl weiß, dass restriktive Bedingungen (erhöhte Lehrerarbeitszeit, erhöhte Klassenfrequenzen, schlechtere Unterrichtsversorgung, relativ hoher Unterrichtsausfall) die Verfolgung dieses Ansatzes schwer oder gar unmöglich machen können. Aber der Anspruch und die Komplexität guten Unterrichts müssen expliziert werden, um umso begründeter notwendige personelle und materielle Ressourcen für die Schule fordern zu können.

5.1.1 Von der Linearität zur kontrollierten Variabilität

In drei Schritten soll das Konzept einer lernprozessorientierten Didaktik entwikkelt werden. In der Diskussion um den offenen Unterricht (Bönsch, 1993) taucht die Befürchtung auf, dass die Unübersichtlichkeit von Lernaktivitäten und Lernständen zu groß werden und damit überfordern könnte. Daher sei im ersten Schritt eine Vorstellung von Unterricht modelliert, die die Übersichtlichkeit erhalten bzw. wiederherstellen soll. Die oben beschriebene Linearität als Konstruktionsprinzip des Unterrichts ist folgendermaßen zu veranschaulichen (Abb. 1):

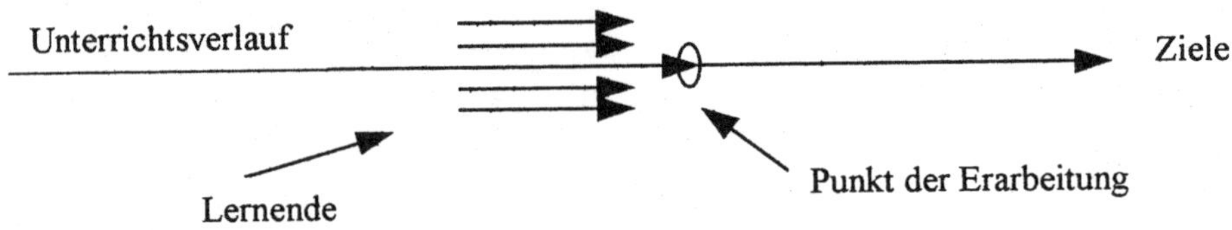

Der Wechsel im Unterrichtsparadigma bedeutet im ersten Gedankengang, statt der Linearität von einer kontrollierten Variabilität auszugehen. Sie bedeutet, bei gleich bleibenden Zielen eine Unterschiedlichkeit im Verfahren, Mitteln, Zeit und personalen Hilfen zu praktizieren. Die dafür zu realisierende Variabilität ist aber nicht grenzenlos. Sie wird in bezug auf die zu erreichenden Ziele kontrolliert gehalten. Veranschaulichen kann man dies so (Abb. 2):

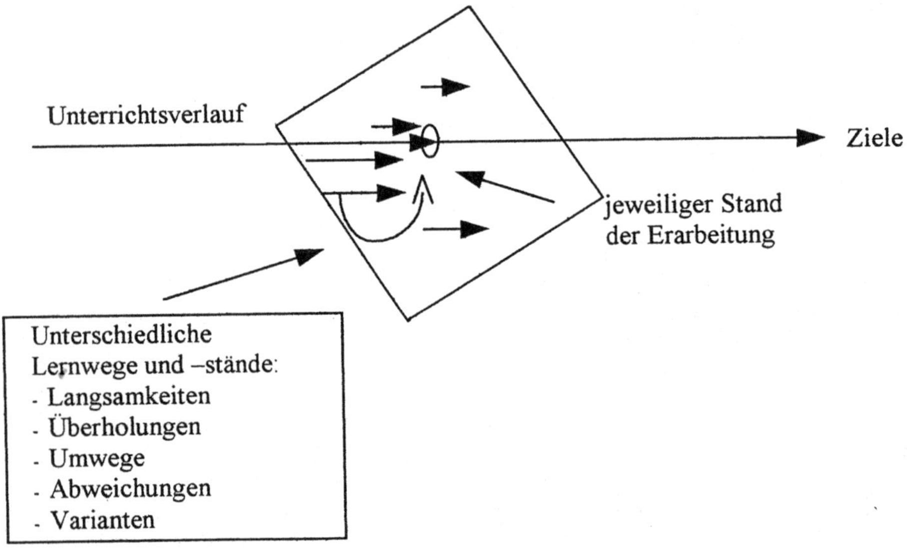

Es wird eine Region markiert (Parallelogramm), in der sich jeder Lernende aufhalten kann, innerhalb dessen aber Langsamkeiten, Überholungen (Verschnellerungen), Umwege, Abweichungen (Eigenarten) und Varianten möglich sind. Dieser Regionalrahmen führt zugegebenermaßen nicht zu totaler Individualisierung, er erhält aber Gemeinsamkeiten, die auch wichtig ist. Er lässt auf der anderen Seite in beachtlichem Maße Differenzierung zu, aber eben in einer kontrollierten Variabilität.

5.1.2 Concept mapping von Schüler/innen

In der Mathematikdidaktik, aber auch in der Deutschdidaktik, gibt es seit einer Reihe von Jahren beachtliche Arbeiten, die den individuellen mathematischen

Lernprozessen auf die Spur zu kommen trachten. So hat Hasemann z. B. durch Untersuchungen das sog. concept mapping verfolgt (Hasemann, 1992). Ausgehend von der These, dass Mathematik lernen Mathematik konstruieren heißt, ist die Grundannahme des concept mapping, dass Schüler/innen unterschiedliche kognitive Stile im Encodieren und Decodieren von Informationen, in Gedächtnisleistungen, im Bilden von Hypothesen, im Schlussfolgern und Rückblicken ausbilden. Am Beispiel der Bruchrechnung wurde deutlich, dass es Schüler/innen gibt, die eher fachgebiets- und regelorientiert sind, und andere, die eher aufgaben- und kontextorientiert arbeiten. Das heißt, dass die einen den mathematischen Sachverhalt zum Mittelpunkt ihres mathematischen Denkens machen, die anderen die Sache, die Aufgabe, den Sachkontext handlungsorientiert angehen. Grob gesehen steckt die Dominanz des Sehens oder des Rechnens darin, die Präferenz eher konkret – anschaulichen Denkens gegenüber der Präferenz eher theorie-abstrakten Denkens, eher einer Feld-/ Kontextunabhängigkeit oder einer Sachaufgabenorientierung. Dieser Ansatz soll nicht zu einer Klassifizierung von Schüler/innen führen, aber doch zur Prüfung der Frage, ob es Präferenzen gibt, an Sachaufgaben, an Problemaufgaben heranzugehen. Wenn man diese Präferenzen kennen würde, könnte man versuchen, ihnen zunächst einmal stärker zu entsprechen und damit Motivation und Lernerfolg zu fördern, um später auch alternative Herangehensweisen anzuregen. Das Konstrukt des concept mapping hat auch für andere Fächer seine Bedeutung. Man erinnere sich an die Untersuchungen von Banholzer / Thiel / Wagenschein über Deutungs- und Erklärungsstrategien von naturwissenschaftlichen Phänomenen (Banholzer / Thiel / Wagenschein, 1973) oder ganz profan an Beobachtungen, wie Kinder sich etwa Strategien des Rad-fahren-Lernens oder des Schwimmen-Lernens schaffen.

Festgehalten werden kann, dass Differenzierung schon beim Herangehen an Lernphänomene, -aufgaben beginnt. Wenn Schüler/innen unterschiedliche Zugänge und Zugriffe ermöglicht werden, wächst für sie die Chance, Lernen erfolgreich zu gestalten.

Wären immer nur lehrer/innenspezifische Erklärungs- und Verfahrensmuster möglich, könnten – so ist die Komplementärthese – Lernansätze und -chancen geradezu verschüttet werden. Dies ist vielleicht gar nicht so selten in den vielen tausend Unterrichtsstunden, die Schüler/innen absolvieren müssen.

Die 'Hintergrundfolie' ist so zu beschreiben: jeder Lernprozess ist mehrdimensional. Vor allem die Dimensionenkomplexität, Niveau und Lernart sind dabei zu identifizieren. Innerhalb dieser Dimensionen kann Lernen nur erfolgreich gelingen, wenn das wechselseitige Verhältnis objektiver Lernanforderung und subjektiver Lernvoraussetzungen berücksichtigt wird. Komplexität ist in etwa mit dem Begriff Sachstruktur zu kennzeichnen. Zusammenhänge, Generalisierungen und Begriffsbildungen gehen eine Synthese ein, die unterschiedlich komplex sein kann. Niveau meint die Stufe, auf der die subjektive Verinnerlichung objektiv gegebener Sachverhalte jeweils erfolgen kann. Lernart – siehe die Ausführungen zu den Präferenzen – kennzeichnet die Art des Herangehens. Ist sie zunächst konkret – anschaulich – handgreiflich und wie weit können dann begrifflich – analytische Prozesse folgen oder sind diese von vornherein der adäquate Zugriff? Das folgende Strukturgitter (Abb. 3) gibt eine Grundorientierung (Zwack-Stier, 1997):

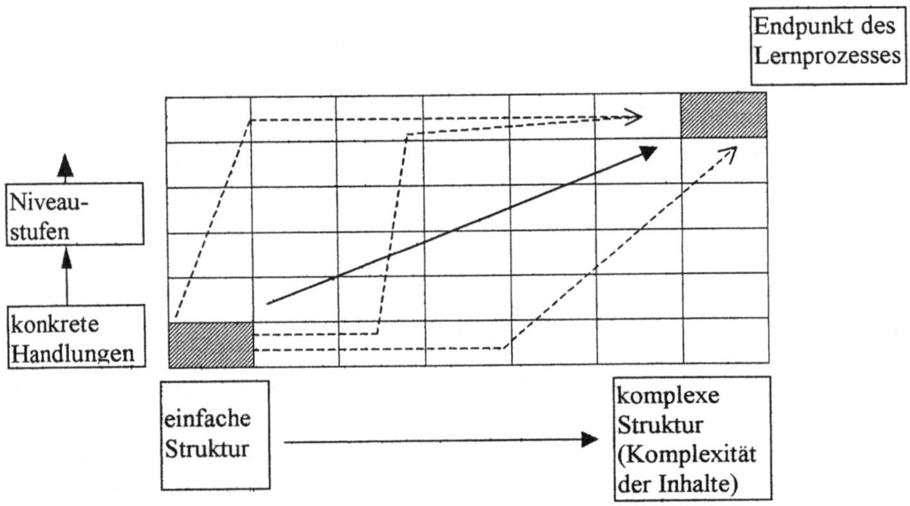

Der sog. Normalweg geht in aufsteigender Linie von einfachen Inhaltsstrukturen und konkreten Handlungen in aufsteigenden Niveaustufen zu Denkoperationen an komplexen Inhaltsstrukturen. Die realen Lernwege werden – soweit sie ermöglichbar sind – anders verlaufen. Die gestrichelten Linien zeigen unterschiedliche Varianten. Da kann eine Schülerin schnell in höhere Niveaustufen aufsteigen, aber in einfachen Strukturen. Da bleibt ein Schüler länger in konkret anschaulichen Lernprozessen befangen, ehe behutsam komplexere Inhalte mit anspruchsvolleren Denkoperationen verknüpft werden können. Ein dritter kann nach ersten Lernschritten in konkret handelnder Anlage, aber schon komplexitätssteigernder Weise dann relativ schnell in den Niveaustufen aufsteigen.

5.2 Die 3-D-Differenzierung als Lernprozessoptimierung

Drei Grundprobleme

Sind die Überlegungen so weit gediehen, bleiben dennoch offene Fragen. Drei von ihnen sollen im Folgenden erörtert werden.

- Wie lässt sich ein bestimmter *stofflicher Bereich* nach Anspruch und Inhalt differenzieren?

- Oder lässt man den stofflichen Bereich in seiner konstruierten Ganzheit bestehen und versteht Differenzierung als Differenzierung nach *Zugangs-, Zugriffs- und Bearbeitungsvarianten*?
- Oder ist Differenzierung am ehesten als *Reaktion auf Lerndiagnosen* zu verstehen? Das heißt, dass für eine(n) Schüler/in Differenzierungsmaßnahmen erst angegeben werden können, wenn man genauer weiß, wo die Lerndefizite/ -schwierigkeiten liegen und auf sie hin spezielle Lernwege entwickelt werden.

Die Fragen machen auch deutlich, dass die entscheidenden Probleme in der Differenzierung unter dem Leistungsaspekt liegen. Für die Berücksichtigung der Wahl-/ Interessendifferenzierung ist die Ausgangslage leichter, weil wir über die dafür vorhandenen Teilkonzepte Lernangebote machen können, die nicht so sehr unter dem Diktat der Leistungsmessung / Zensurenvergabe / Abschlusserreichung stehen (Bönsch 1995). Diese Feststellung ist durchaus ambivalent, da einerseits Wahl-/ Interessendifferenzierung damit als weniger wichtig angesehen wird, andererseits die Realisierungsprobleme in dem Bereich als kleiner angesehen werden. Der Versuch, Antworten auf die oben formulierten Fragen zu finden, bezieht sich vor allem auf Aspekte der Leistungsdifferenzierung.

Drei Modellierungen

Um auf die gestellten Fragen Antworten zu finden, seien drei Modellierungen von Differenzierungsstrategien versucht und mit Beispielen veranschaulicht. Zunächst zu den Modellierungen! Man kann – um es plastisch auszudrücken – von einer *3-D-Differenzierung* sprechen: Didaktische Differenzierung, Diagnostische Differenzierung und Dialogische Differenzierung.

- *Didaktische Differenzierung* meint, eine Stufung der Schwierigkeiten, die im Unterrichtsinhalt liegen, anzubieten, um dem individuellen Lernprozess im Sinne einer Treppe Erfolgserlebnisse verbunden mit einer Steigerung der Ansprüche zu ermöglichen. Das Logo dafür kann sein:

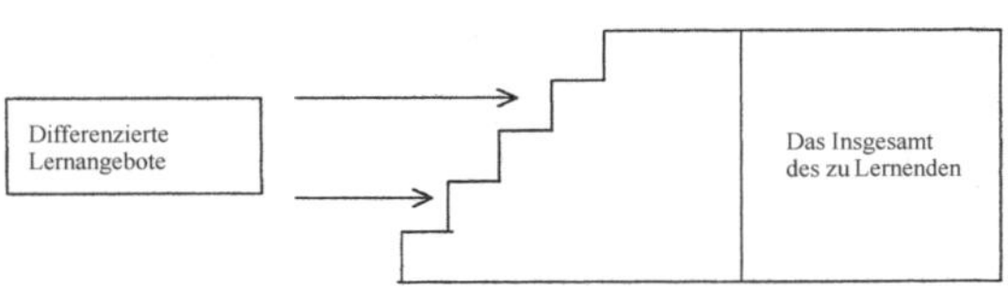

  Schüler/innen sind im Erklettern der Treppe unterschiedlich weit.

- *Diagnostische Differenzierung* will eine Stufung der Anforderungen nach den jeweils aktuellen Lernmöglichkeiten/-schwierigkeiten der Lernenden anbieten. Das bisher meist ungelöste Problem ist, an die Ursachen von Lernstokkungen/-schwierigkeiten heranzukommen (Diagnosekompetenzen), um durch entsprechende Lernangebote den Lernprozess zu befördern. Das Logo dafür:

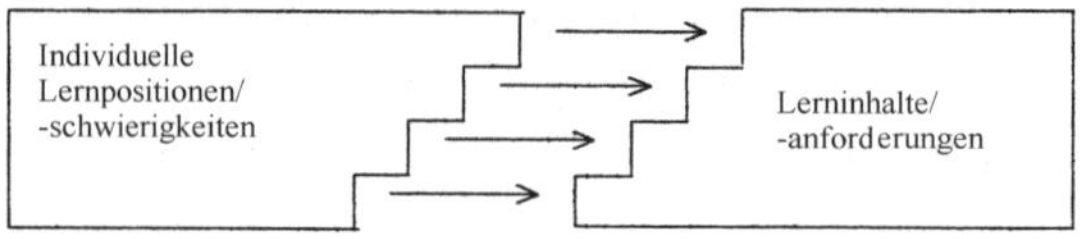

Der Idealfall wäre gegeben, wenn die beiden Blöcke unmittelbar „andocken" können. Im Beispiel aber zeigen sich in den unteren drei Stufen Schwierigkeiten, die einen Überhang von Hindernisaufklärungen bedeuten.

- *Dialogische Differenzierung* zielt auf den Dialog von Lerner und Lernanforderung. Die Prämisse dabei ist, dass bei Transparenz (Aufklärung und Erläuterung der Lernpensen durch Lernplan und Lernmöglichkeiten) Schüler/innen ihre Lernpläne und -aktivitäten selbst konzipieren können. Beratung durch Lehrer/innen wird entscheidend, um den Dialog des Lernenden mit dem Lernprogramm zu befördern. Man könnte auch von einem zweistufigen Dialog sprechen, der dann zu einer Wahl von Zeit-, Material-, Aufgaben- und Hilfsvarianten nach Lernpräferenzen, Lerntempo und Lernstrategien führt. Das heißt, die Lernanforderungen und Lerninteressen/-möglichkeiten werden im ständigen Dialog zur Passung gebracht. Das Logo hierfür ist:

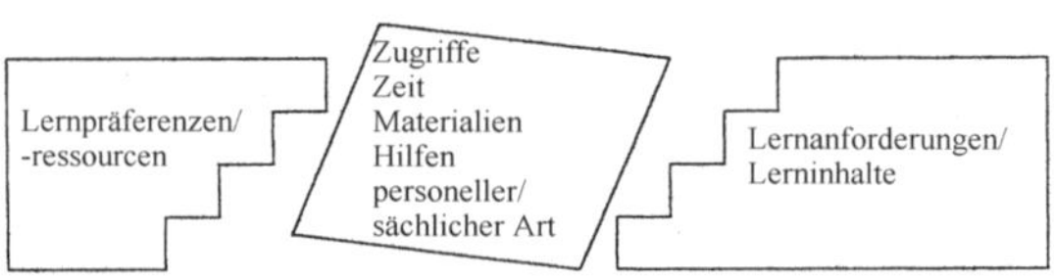

Folgt die didaktische Differenzierung eher herkömmlicher lehrerorientierter Unterrichtsplanung und -durchführung, basiert die diagnostische Differenzierung auf neuen und viel intensiver zu vermittelnden Diagnosekompetenzen. Die dialogische Differenzierung entspricht einem Unterrichts-/ Lernverständnis, das den Schüler / die Schülerin als Promotor seines/ihres Lernens ansieht und über alternative Lehr-/ Lernstrukturen (offener Unterricht und seine Teilkonzepte) die entsprechenden Voraussetzungen schafft. Je nach aktueller Einschätzung wird man den oder jenen Ansatz wählen, wobei es in der Unterrichtspraxis zu Vermischungen der Modellansätze kommen wird. Nur zu analytischen Zwecken kann hier getrennt werden. Im folgenden werden die Ansätze konkretisiert.

5.2.1 Didaktische Differenzierung I

Mit didaktischer Differenzierung werden Maßnahmen benannt, die vom Lerninhalt, seiner Komplexität und seinem Lernanspruch her differenzieren. Am Beispiel differenzierter Diktate kann sie exemplifiziert werden. Diktate könnte man einfach nach ihrer Länge differenzieren (70-100-120 Wörter). Dies wäre nur sehr bedingt ein Fall didaktischer Differenzierung. Aber wenn sich Diktate im Satzbau, im Umfang der ausgewählten Grundschatzwörter und von sog. Modellwörtern unterscheiden, ist der „schöne Fall“ didaktischer Differenzierung gegeben.

Das Konzept ist so zu beschreiben (ich nehme das Beispiel ‘Differenzierte Diktate für die Grundschule’ von J. Bochmann / R. Bochmann und A. Steck-Lüschow, Hannover 1987):

Es gibt A-, B- und C-Texte. Der B-Text entspricht als Grundtext den Normalanforderungen hinsichtlich des Umfanges und des Schwierigkeitsgrades des zu erarbeitenden Grundwortschatzes. Der A-Text unterscheidet diese Normalanforderungen bewusst, um auch schwachen Schülern eine ermutigende Lernleistung zu ermöglichen. Er ist stets kürzer, in der Satzstruktur weniger komplex und enthält weniger Modellfälle der Rechtschreibung. Der C-Text ist ein erweiterter Text mit einem größeren Wortumfang im Grund- und Modellwortschatzbereich und mit komplexerer Satzstruktur. Er fordert z. T. von den Schülern eine Übertragung des gelernten Wortmaterials auf neue situative Kontexte (Transferleistung). Er ist am Ende offen und fordert zur Ergänzung und zum Weiterschreiben auf.

Grundwortschatzwörter sind Wörter, die unter dem Gesichtspunkt der statistischen Häufigkeit wichtig sind. Modellwörter sind typische und relevante Problemfälle der deutschen Orthographie. Sie enthalten Rechtschreibschwierigkeiten, die nicht regelungsfähig sind und nur akusto-motorisch oder optisch memorierbar zu erlernen sind. Typische Fehlerwörter werden besonders gekennzeichnet.

Folgende Konstruktionsmatrix ergibt sich:

Länge Textbeschaffenheit	46 Wörter	62 Wörter	64 Wörter + …
A-Text (wie definiert)	x		
B-Text (wie definiert)		x	
C-Text (wie definiert)			x

Ein konkretes Beispiel: Ferienträume

A-Text: Bald gibt es wieder Sommerferien. Die Schüler der Klasse 3a sitzen im Kreis und sprechen darüber, wie ein richtiger Urlaub für Kinder sein soll. Martin beginnt zu erzählen: „Ich möchte am liebsten mit meinen Eltern an einem kleinen, einsamen Fluss zelten und wie Indianer leben.“

B-Text: Bald gibt es wieder Sommerferien. Die Schüler der Klasse 3a sitzen im Kreis und sprechen darüber, wie ein richtiger Urlaub für Kinder sein soll. Martin beginnt zu erzählen: „Ich möchte am liebsten mit meinen Eltern an einem kleinen, einsamen Fluss zelten und wie Indianer leben.“ Petra will vier Wochen gemütlich in ihrem Baumhaus wohnen und die ganze Zeit spannende Bücher lesen.

C-Text: Vor den Sommerferien sprechen die Schüler der Klasse 3a im Unterricht darüber, wie ein richtiger Urlaub für Kinder sein soll. Martin will in den Ferien mit seinen Eltern einmal wie ein richtiger Indianer leben. Petra möchte in ihrem gemütlichen Baumhaus die ganze Zeit spannende Bücher lesen. Andreas hat einen ganz anderen Wunsch. Er will nicht mit dem Auto, sondern mit einem Ballon verreisen. Dann ...

Der sog. Grundwortschatz weitet sich von A- über den B- zum C-Text kontinuierlich aus. Der sog. Modellwortschatz ist im B-Text am stärksten vertreten (d/t am Ende, b/p, st, sp, ß, ch, z/tz, Dehnungs-h, ll, mm, nn, ss. äu, ie-Schwierigkeiten). Der C-Text hat von den letzteren weniger, weil mehr Wörter in den Grundwortschatz überführt sind.

Wenn man nun bedenkt, dass auf solche Weise entwickelte Diktate am Ende entsprechender Lern- und Übungsprozesse stehen, also die jeweiligen Schülergruppen gezielt auf die Bewältigung der Schwierigkeiten hingearbeitet haben, wird deutlich, dass es sich bei den Diktaten um Lernerfolgskontrollen handelt, deren Ergebnisse dann Anlass zur Fortsetzung des Unterrichts und der didaktischen Differenzierung führen (größerer Textumfang, also mehr Wörter, höherer Komplexitätsgrad oder Rückgang im Anspruchsniveau, also Lernschleifen zur Aufhebung von Defiziten).

Didaktische Differenzierung II

Didaktische Differenzierung kann auch auf Zugangs-, Zugriffs- und Bearbeitungsvarianten abgestellt sein. Dies meint dann, die Zugänge und Zugriffe bei gleichbleibendem inhaltlichem Anspruch zu variieren nach den je angenommenen oder identifizierten von den Schülern/innen favorisierten Lernmodi. Häufig wird hier auch der Begriff der methodischen Differenzierung gebraucht. Dies ist bis zu einem gewissen Grad nachvollziehbar, aber doch nicht ganz richtig, da die hier sog. Zugangs- und Zugriffsvarianten wesentlich auf konkrete Inhalte bezogen sind und sich von diesen her ergeben. Eine stark inhaltliche Komponente bleibt bestimmend.

Ein Beispiel: mathematische Probleme und ihre Lösung (Grundoperationen, Dreisatz, Prozentrechnung u.a.m.) verlieren sich nicht durch differenziertes Herangehen in ihrem zum Schluss notwendigen Abstraktionsgrad (Rechnung in formalisierter Sprache durchführen). Man kann ein mathematisches Problem auf der Ebene aktionaler Repräsentation (Umgang mit Rechenplättchen z.B.), auf der Ebene ikonischer Repräsentation (Tafelbild, Aufzeichnung mit Papier und Bleistift) oder auf der Ebene sprachlich-symbolischer Repräsentation (Erklären, Beschreiben nur in der Sprache) angehen, Lösung und der zugrundeliegende Algorithmus sind schließlich als geistige Operation durchzuführen und zu begreifen.

Ein anderes Beispiel: Das Hebelgesetz kann man an der Wippe, an einer alten Hängewaage exemplifizieren oder mit Hilfe einer Tafelskizze oder gleich in der Formelsprache, immer bleibt das Hebelgesetz der Unterrichtsgegenstand und sein Verständnis sowie seine Anwendung das Lernziel. Die Wege der Bearbeitung sind vom Unterrichtsinhalt und dem Lernziel abhängig und daher nicht beliebig.

5.2.2 Diagnostische Differenzierung

Am wirksamsten werden Differenzierungsmaßnahmen, wenn sie auf konkret identifizierte Lernschwierigkeiten, -schwächen und -ausfälle reagieren können. Dies bedeutet, dass nach Lern-(Unterrichts-)phasen Schwierigkeiten oder gar Ausfälle und ihre Ursachen möglichst erhoben werden müssen, um daraufhin Instruktions- und Übungssequenzen planen zu können. Das Grundmuster diagnostischer Differenzierung also ist:

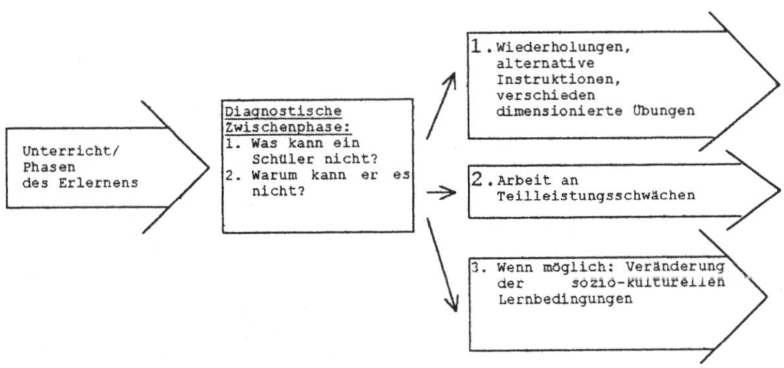

In diesem Schema liegen ein paar Prämissen (evtl. versteckt):

- *Kinder werden nicht aufgrund vorlaufender Tests* (z. B. Schulreifetests, Allgemeine Intelligenztests) *ausgesondert oder sortiert.* Die Schule versucht, sich in ihren Anforderungen und Maßnahmen an Schüler/innen anzupassen. Sie hält also zunächst einmal jedes Kind (ausgenommen bleibt hier das Faktum spezieller Behinderungen) für lernfähig. Sie organisiert dementsprechend Unterricht und prüft dann, inwieweit er den aktuellen Lernmöglichkeiten der Kinder entspricht oder nicht (diagnostische Zwischenphase). Danach geht differentielles Unterrichten / Lernen erst richtig los!

- *Das Fehlermachen ist nichts Schlechtes, Böses.* Viel wichtiger ist es, Art und Inhalt von Fehlern zu identifizieren und sie durch entsprechende Lernmöglichkeiten zu minimieren oder gar auszulöschen (erste Annahme: alternatives Instruieren / Lernen löscht Fehler aus!). Nun weiß jeder Lehrende, dass es so einfach häufig nicht geht. Wenn sich also auf diesem Wege Fehler nicht beheben lassen, wird die Frage nach dem Warum wichtig.
- Die zweite Ebene der Diagnostik zielt auf *die Recherche nach (Teil-) Leistungsschwächen*, die möglicherweise hinter dem Faktum gemachter Fehler stehen (zweite Annahme: es gibt Gründe, die es Schüler/innen trotz guten Unterrichts nicht erlauben, Lernaufgaben fehlerlos zu bearbeiten). Hier wird es schwieriger, Ursachen zu finden.

In systemischer Betrachtungsweise führt Diagnostik auch *zu Verursachungen, die nicht allein im Individuum liegen* (geringere Intelligenz, schwächer ausgeprägte Lernfähigkeit, geringere Konzentrationsfähigkeit u. a. m. = individualistische Erklärungsmuster), sondern die in der Lebenswelt eines Schülers liegen können. Dies können soziale Bezüge in der Klasse sein (Reibereien, ein dauernd störender Nebensitzer, geringe soziale Anerkennung), dies können Defizite im außerschulischen Bereich sein (das Kind ist zuviel allein, Eltern kümmern sich nicht um die Schule, schwerere kommunikative Störungen – die Eltern zanken sich oft, Vater schlägt die Mutter, ein Elternteil ist alkoholsüchtig, die materielle Not ist sehr groß u. a. m.). Wenn Lernen sehr massiv durch Störfaktoren im sog. Lebenssystem bedingt ist, sind Maßnahmen zweifellos am schwierigsten. Ein Förderansatz aber könnte im Grunde genommen nur an diesen Verursachungen ansetzen. Im Rahmen der Klasse sind Maßnahmen eher denkbar als außerschulisch. Da aber von dort Verursachungen häufiger kommen, wäre 'Interventionsarbeit' dort eigentlich der richtige Ansatz.

Um Möglichkeiten diagnostischer Differenzierung etwas konkreter zu erörtern, sei das Beispiel der Rechtschreibung näher betrachtet.

Menzel hat in sehr verdienstvoller Weise Fehlerkategorien und Fehlermotive herausgearbeitet (Menzel 1985). Er unterscheidet 18 Fehlerkategorien:

- Schreibung des h
- Schreibung von i/ie
- Schreibung der Umlaute und Diphtonge
- sonstige Fehler im vokalischen Bereich
- Schreibung von Doppelkonsonant nach Kurzvokal
- Schreibung der s-Laute
- d-t-Vertauschungen
- k-g-ck-c-Vertauschungen
- b-p-Vertauschungen
- z-tz-ts-s-Vertauschungen

- v-f-pf-ph-w-Vertauschungen
- weitere Fehler im Konsonantenbereich
- Getrennt-/ Zusammenschreibung
- das-dass-Schreibung
- Flexionsendungen
- Silbentrennung falsch
- Sonstige Fehler
- Groß-/ Kleinschreibung

Sie können als ein erstes Raster für die Fehlererhebung gelten (Kategorienbildung). Wenn man annimmt, dass der Sprachunterricht von Gebrauchs- und Verwendungssituationen ausgeht (ganzheitliche Sprachverwendung: erzählen über, beschreiben von, erläutern, reflektieren von u. a. m.), kann ein Lehrer / eine Lehrerin beobachten, welche Fehler wie häufig bei wem auftauchen und hat damit einen ersten Befund, auf den man differenzierend reagieren kann, wenn nicht gerade alle Schüler/innen diese Fehler machen.

Aber ein zweiter Befund wäre noch wichtig, um die adäquaten Vermeidungs- oder Korrekturstrategien zu finden und anzuwenden. Welches Motiv für eine Fehlschreibung vorliegt, ist am Fehlerprodukt in der Regel nur schwer abzulesen. Für einen Fehler kann man häufig mehrere Motive annehmen.

Die häufigsten Fehlermotive und Vermeidungsstrategien sind (Menzel 1985):

- Fehler, die in erster Linie durch Einprägung des Wortschemas vermieden werden können
- Fehler, die in erster Linie durch deutliche Aussprache der Wörter vermieden werden können
- Fehler, die durch konzentrierte Aufmerksamkeit und erneutes Durchlesen des Textes vermieden werden können
- Fehler, die überhaupt nur durch die Kenntnis der richtigen Sprachform vermieden werden können
- Fehler, die durch den Rechtschreibunterricht kaum vermieden werden können und zu deren Verhinderung Sicherheit im Umgang mit einem Wörterbuch notwendig ist
- Fehler, die durch Wortbetonung und Kenntnis über den Zusammenhang zwischen Betonung und Schreibung vermieden werden können
- Fehler, zu deren Vermeidung Regelwissen und Einprägung von Regularitäten notwendig ist
- Fehler, die durch Herleitung vom Wortstamm vermieden werden können
- Fehler, die durch Bildung einer verlängerten Wortform und deren deutlicher Aussprache vermieden werden können.

Es handelt sich also um visuelle Fehler (das visuelle Einprägen war nicht intensiv genug), akustische Fehler (auditive Verfahren waren nicht intensiv genug), Flüchtigkeitsfehler (konzentriertes Durchlesen fehlte), um unzureichende Sprachbildung (die richtige Wortform ist noch unbekannt – dies sind nicht orthographische Fehler im eigentlichen Sinn), Nachschlagtechniken sind zu gering ausgeprägt, Fehler in der richtigen Betonung, zu geringe Regelkenntnisse.

Nimmt man diese Befunde hinzu, weitet sich das Identifikationsraster aus und gleichzeitig ergeben sich Ansätze für Differenzierungsstrategien (wer braucht welche Instruktionen, Übungen, Hilfen (Karteikarten u. a. m.))?

Notwendig ist aber sicherlich auch – und da kommt eine Schwierigkeit bei nun wieder größer werdenden Klassen auf, das Raster noch „kleinzuarbeiten". Und dies heißt:

Diagnosestrategie und Konsequenzen

(1.) Für jeden einzelnen Schüler ist eine Buchführung Woche für Woche, Monat für Monat notwendig, um Art, Häufigkeit und Vermeidungs- bzw. Übungsstrategien zu notieren und den Erfolg von Differenzierungsmaßnahmen zu erheben bzw. weitere richtig anzusetzen.

(2.) Ein *Schema* dafür kann sein:

	Fehlerart	Häufigkeit	Vermeidungsstrategien	Individuelle Instruktionen / Übungen	Ergebnisse	weitere Maßnahmen
Beispiel:	gongen (statt gingen) werften (statt werfen)	in fast jedem Text (konkret am 5./8./10./12.)	richtige Sprachformen behandeln	Sprachübungen: Lernkartei, S. ... Sprachbuch, S. ... Rechtschreib-Trolli, S. ...	Fehler verringern sich (15.) Fehler fast weg (31.)	zusätzliche Übungen

Wenn Fehlerhäufigkeiten bei mehreren Schüler/innen gleich oder mindestens ähnlich sind, lassen sich Kooperationen (Gruppen- oder Partnerarbeit) organisieren.

(3.) Nun kann aber schnell das Faktum auftreten, dass die bisher skizzierten Diagnose- und Differenzierungsstrategien nicht viel an Verbesserung bringen. Dies bedeutet dann, am Einzelfall nach weiteren Ursachen zu forschen. Liegen möglicherweise sog. komplexere Teilleistungsschwächen vor, die die Lösung gestellter Aufgaben verhindern? Der diagnostische Zugriff muss nun über Oberflächenphänomene und -bearbeitung hinausgehen. Wenn etwa Fähigkeiten des Sinnverstehens, des Analysierens, des Regelverstehens fehlen oder noch schwächer entwickelt sind, fehlen kognitive Teilprozesse, die zur Lösung der Aufgabenstellung nötig sind.

Diese können ggf. identifiziert werden: eingeschränkte auditive Wahrnehmung, visuelle Analyse, Fokussierung der Aufmerksamkeit, Gedächtnisschwäche, Abstraktionsschwäche. Bei genauerer Beobachtung der Arbeitsweise eines Schülers / einer Schülerin gewinnt man unter Umständen Indizien für das Vorhandensein einer Teilleistungsschwäche. Diagnostische Differenzierung würde dann heißen, z. B. stärkere visuelle Gliederungshilfen zu geben, Sprach- und Hörübungen durchzuführen, Gedächtnisübungen zu organisieren, Beispiel-Regelverknüpfungen zu intensivieren u. a. m.

(5.) Lassen sich Teilleistungsschwächen auch nicht identifizieren, bleibt der Blick auf systemische Defizite (bei der Annahme allgemein vorhandener Lernfähigkeit). Sind die sozio-kulturellen Lernbedingungen evtl. ungünstig (Außenseiterdasein, Adaptionsschwierigkeiten ausländischer Schüler/innen mit zunächst anderer Muttersprache, ungünstige Lernnachbarn, Sichtschwierigkeiten etwa zur Tafel hin u. a. m.). Die Rede war schon von außerschulischen Begrenztheiten wie spracharmes Lebensmilieu, Leben in einer anderen Sprache, Familienprobleme, u. a. m.

In der Summe: Bemühungen um eine diagnostische Differenzierung fordern Kompetenzen in der Lerndiagnostik – dies ist sicher ein unterbelichteter Bereich in der Lehrer/-innenausbildung –, um mit ihren Befunden dann Differenzierungsstrategien unterschiedlicher Dimensionierung zu entwickeln, um das Lernen in einer Weise zu optimieren, wie es bisher nur in selteneren Fällen gelingt. Es handelt sich um einen Entwicklungsbereich der Schulpädagogik!

5.2.3 Dialogische Differenzierung

Dialogische Differenzierung war im Modellierungsabschnitt als die anspruchsvollste Differenzierungsvariante beschrieben worden. Hier soll zur Konkretisierung nicht die Diskussion um den offenen Unterricht wiederholt werden. Die Rekonstruktion der Ausführungen von W. Schipper u. a. für den arithmetischen Anfangsunterricht im Heft 96/96 der Grundschulzeitschrift kann der geeignete, eng genug gezogene, aber eben auch anschauliche Rahmen sein.

Schipper beklagt zurecht, dass die Öffnung von Mathematikunterricht sich häufig nur als organisatorische Öffnung erweist unter Vernachlässigung der mathematischen Herausforderungen. Dies gilt übrigens für andere Fächer auch. Die arithmetische Kompetenz von Schulanfängern sei hoch, oft unterschätzt und begleitet von zunehmender Heterogenität. Schon der mathematische Anfangsunterricht sei ein weiterführender. Nicht das lehrgangsartige Fortschreiten sei deshalb der geeignete Weg, sondern das Ausleuchten der Wissensinseln, die Bearbeitung von Aufgaben, die in einen Sachkontext eingebunden sind und mit Hilfe von Handlungen, die direkte Simulationen von Alltagsproblemen sind, die daran anschließende zunehmende Schematisierung. Nahezu strukturgleiche Aufgaben werden häufig ganz unterschiedlich gelöst, wenn sie sich hinsichtlich der Umsetzungsmöglichkeiten in Handlungen unterscheiden. Punktuelles Wissen, subjektive Erfahrungen, Deutungen und Vermutungen wie erste Theoriebildungen mischen sich. Wenn Heterogenität bejaht werden kann – unterrichtlich ist das immer noch ein Problem! –, können verschiedene Lösungen der gleichen Aufgabe als Repräsentanten von Schematisierungen auf unterschiedlichem Niveau akzeptiert und zur Weiterarbeit genutzt werden.

Grundlage dafür ist, die Kinder als Konstrukteure ihres eigenen Wissens ernstzunehmen, ihre Selbsteinschätzung zu fördern und artikulieren zu lassen und Aufgaben zu entdeckendem Lernen bereitzustellen.

Nach diesen Grundaussagen kommt es dann darauf an, Aufgaben, Anlässe, Materialien bereitzustellen, mit deren Hilfe Mathematiklernen sich entfalten kann. Großrahmig sei das Beispiel für eine Mathematik-Ecke gegeben (Beitrag von Ebeling im genannten Heft):

Rechenstation	
Didaktisches Material	Zwanziger-Rechenrahmen, Rechengeld für die Hand der Kinder und in größeren Varianten zur Demonstration, Rechenstäbe
Rechenübungsgeräte	Rechenräder, Stöpselkarten, Doppelkarten, LÜK und andere artverwandte Übungsgeräte
... und Spiele	Dominos, Memories, Puzzle, Lottos, Materialien für Spiele und Aufgabenstellungen wie Zahlenkarten von 0 bis 10, kleine Spielwürfel und große aus Schaumstoff, Spielwürfel für den Zahlenraum bis 20, Halmafiguren, Chips, Wendeplättchen
Printmedien	Karteien, Kopiervorlagen, Folien
Experimentier- und Forscherstation	
Messwerke	Längenmessgeräte: Lineale, Zollstock, Meterband
	Waagen: Tafelwaage mit Gewichten, Personenwaage, Balkenwaage, Briefwaage
	Uhren: Zeigeruhren, Digitaluhr, Stoppuhr, Lernuhr, Sanduhr und andere Uhren mit nicht standardisierten Einheiten, Messbecher in verschiedenen Größen mit und ohne Skala

Experimentier- und Forscherstation	
Materialien zum Zählen, Schätzen, Messen, Sortieren, Strukturieren	Naturmaterialien: Kastanien, Erbsen, Steine
	Sammelmaterial: Murmeln, Perlen, Knöpfe, Schrauben, Nägel, Büroklammern, Kronkorken, Drehverschlüsse
	Materialien aus der Spielkiste: Legosteine, Stäbe, Frohhüpfsteine, Sammelbilder
	Sortier-, Zähl- und Aufbewahrungsbehälter: Gläser, Becher, Flaschen, Dosen, Schachteln, Tüten, Briefumschläge, Kleinteilmagazine aus dem Baumarkt
	Musikinstrumente für „klingende Zahlen“
Geometrisches Material	Verpackungen und Schachteln als Repräsentanten geometrischer Körper, Holzbausteine, Würfel (holzfarbene und bunte Würfel, Steckwürfel, Musterwürfel), Formenplättchen, Formenschablonen, geometrische Legespiele und Puzzle, Handspiegel und Körperspiegel, Knetgummi, Strohhalme, Wollfäden, Pfeifenputzer, Streichhölzer, geometrische Spiele
Schreib- und Bastelstation	
Papier	Tapetenrollen, Papier und Pappe unterschiedlicher Größe, Stärke, Form und Farbe, Kataloge, Prospekte
Bastelgeräte	Klebstoff, Tesaband, Kreppband, Schere, Locher, Hefter
Lesestation	
	Alte Mathematikbücher, Rätselhefte und Kinderzeitschriften

Für die notwendigen Materialien hat Schipper einen Kriterienkatalog entwikkelt, der qualitativ die Richtung für erwünschte mathematische Operationen angibt:

Arbeitsmittel für den arithmetischen Anfangsunterricht

Kriterienkatalog zur Beurteilung

D	**Didaktische Kriterien**
D1	Erlaubt das Material zählende Zahlauffassung, zählende Zahldarstellung und zählendes Rechnen?
D2	Erlaubt das Material quasi-simultane Zahlauffassung und Zahldarstellung bis 10 bzw. 20?
D3	Unterstützt das Material die Ablösung vom zählenden Rechnen?
D4	Erlaubt das Material Handlungen, die operative Strategien des Rechnens im Zahlenraum 20 entwickeln helfen?

D5 Erlaubt das Material den Kindern die Entwicklung unterschiedlicher, individueller Lösungswege?

D6 Gibt es zu dem Material strukturgleiche Fortsetzungen für das Rechnen im Zahlenraum bis 100?

D7 Gibt es zu dem Schülermaterial passendes Demonstrationsmaterial?

P **Unterrichtspraktische Kriterien**

P1 Ist das Material für die Kinder leicht handhabbar?

P2 Kann das Material auch von Erstklässlern schnell bereitgestellt und geordnet wieder weggeräumt werden?

P3 Ist das Material haltbar?

Weitere Kriterien:

W1 Ist das Arbeitsmittel aus Naturprodukten hergestellt?

W2 Ist das Material seinen Preis wert?

Hat man damit Grundannahmen und Infrastruktur für den Mathematikunterricht, kann sich dialogische Differenzierung entwickeln. Die Schüler/innen „dialogisieren“ mit den Handlungsaufgaben und den Lernangeboten. Sie können ihre mathematischen Fähigkeiten entwickeln. Dies ist die eine Seite dialogischer Differenzierung. Die andere Seite – von Lehrer/innen berechtigterweise schnell nachgefragt – ist der konzeptionelle Rahmen, in dem Vielfalt und Kreativität übersichtlich und zu gesetzten Zielen hin förderbar bleibt. Dazu kann folgender „didaktischer Rahmen“ eine Hilfe sein:

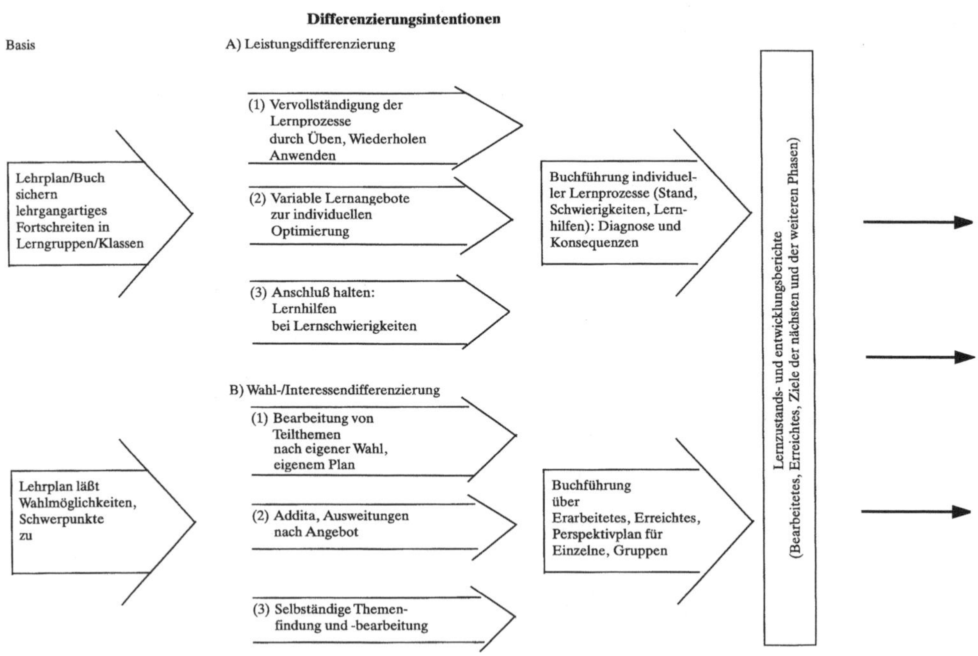

Da die Vielfalt und Heterogenität bei dieser Differenzierungsstrategie groß sind – und vermutlich größer werden, ist die entscheidende Konsequenz, dass eine genaue Buchführung die Übersicht für den Lehrer / die Lehrerin und die Schüler/innen sichern muss, um Soll und jeweiliges Ist jederzeit erfassen zu können und um ggf. Rückstände (unter dem Leistungsaspekt) erkennen und besprechen zu können und um besondere Schwerpunkte (unter dem Wahl-, Interessenaspekt) entsprechend im Lernzustands- bzw. Lernentwicklungsbericht würdigen zu können. Vielfalt und Heterogenität müssen eine Balance mit dem didaktischen Rahmen eingehen, sonst kann Beliebigkeit schnell Platz greifen, gepaart mit Anspruchslosigkeit. Dies ist die bekannte kritische Seite offenen Unterrichts. Dialogische Differenzierung aber heißt, dass Schüler/innen die Steuerung ihrer Lernprozesse in der Hand behalten, Lehrer/innen in die Lage versetzt sind mitzusteuern.

Schluss

Das Repertoire von Differenzierungsmaßnahmen ist seit längerem bekannt. Es ist zur Erinnerung anfangs noch einmal aufgeführt worden. Das Problem bis heute ist, dass Differenzierungsmaßnahmen häufig äußerlich bleiben, also Gruppierungs- und Selektions-/ Sondierungsabsichten folgen. Sind sie realisiert, kann der „alte Unterricht" fröhliche Urstände feiern! Differenzierung als Lernprozessoptimierung greift schärfer zu.

Sie will an die tatsächlichen Lernmöglichkeiten, aber auch -schwierigkeiten herankommen, um dem Lernen größere Chancen zu sichern. Die Grundannahme dabei ist, dass es in der Unterrichtsplanung und -durchführung bisher ungenutzte Ressourcen gibt.

6. Literatur

Aebli, H.: Die geistige Entwicklung als Funktion von Anlage, Reifung, Umwelt- und Erziehungsbedingungen. In: Roth: Begabung und Lernen. Stuttgart S. 51ff.

Arndt, B. u.a.: Zur inneren Schulreform. Bonn 1955

Aurin, K.: Ermittlung und Erschließung von Begabungen im ländlichen Raum. Villingen 1966

Badura, A. / Walters, R.H.: Social Learning and Personal Development. New York 1963

Banholzer, A. / Thiel, S. / Wagenschein, M.: Kinder auf dem Wege zur Physik. Stuttgart 1973

Bauer, L.: Christian – eine Fallstudie über Lernschwierigkeiten im Mathematikunterricht der 1. Jahrgangsstufe. In: Mathematik lehren. 1991, H. 49, S. 12–17

Beck, J.: lernen in der klassenschule. Reinbek b. Hamburg 1974

Bert, E.M. / Guhlke, J.: Nun differenziert mal schön. Frankfurt/M. 1977

Besuden, H.: Der Dalton-Plan Helen Parkhursts. In: Besuden, H. / Bischofs, J. / Mühlmeyer, H., Oswald, P. / Rückriem, W.: Pädagogische Pläne des 20. Jahrhunderts. Bochum o. J.

Besuden, H. u. a.: Pädagogische Pläne des 20. Jahrhunderts. Bochum o. J., Kamps pädag. Taschenbuch Nr. 39

Bloom, B. S.: Stability and change in human characteristics. New York 1964

Bloom, B. S.: Alle Schüler schaffen es. In: betrifft: erziehung. 2/1970

Bloom, B. S.: Lernen, kognitive Organisation und Intelligenz. In: Haseloff, W. F. (Hrsg.): Lernen und Erziehung. Berlin 1970

Bloom, B. S.: Individuelle Unterschiede in der Schulleistung – ein überholtes Problem? In: Edelstein, W. / Hopf, D. (Hrsg.): Bedingungen des Bildungsprozesses. Stuttgart 1973

Blumenthal, A.: Die Grundformen der Differenzierung im Unterricht. In: Handbuch für Lehrer. Bd. 2, Hrsg.: Blumenthal, A., u. a., 2. Aufl. Gütersloh 1961, S. 109 ff.

Bochmann, I. und R. / Steck-Lüschow, A.: Differenzierte Diktate in der Grundschule, 2. Schuljahr. Hannover 1987

Bönsch, M.: Ansätze zu einer Methodik der Differenzierung. In: Niedersächsische Lehrerzeitung, H. 11/1968

Bönsch, M.: Erziehung zum selbstständigen Lernen. In: Pädagogische Welt. H. 8/1969

Bönsch, M.: Produktives Lernen in dynamischen und variabel organisierten Unterrichtsprozessen. Essen 1970

Bönsch, M.: Schulisches Lernen und Emanzipation. Hannover 1973

Bönsch, M.: Verlaufsgestalten und Aktionsstrukturen des Unterrichts. Essen 1973[2]

Bönsch, M. (Hrsg.): Unterricht mit audiovisuellen Medien. Donauwörth 1973

Bönsch, M.: Differenzierung des Unterrichts. München 1976[3]

Bönsch, M.: Differenzierungsformen. In: Otto, G. / Schulz, W. (Hrsg.): Methoden und Medien in Erziehung und Unterricht. Bd. 4 der Enzyklopädie Erziehungswissenschaft. Stuttgart 1985

Bönsch, M.: Üben und Wiederholen im Unterricht. München 1993[2]

Bönsch, M. (Hrsg.): Offener Unterricht in der Primar- und Sekundarstufe I. Hannover 1993

Bönsch, M.: Differenzierung in Schule und Unterricht. München 1995

Bönsch, M.: Didaktisches Minimum. Neuwied 1996

Bönsch, M.: Differenzierung als Lernprozessoptimierung. In: Die Deutsche Schule. 1997, 89 Jg., S. 335–352

Carroll, J. B.: Lernerfolg für alle. In: Westermanns Pädag. Beiträge. 1/1972

Carroll, J. B.: Ein Modell schulischen Lernens. In: Edelstein, W. / Hopf, D. (Hrsg.): Bedingungen des Bildungsprozesses. Stuttgart 1973

Correll, W.: Unterrichtsdifferenzierung und Schulorganisation. Hannover 1969

Ellrott, D. / Aps-Ellrott, B.: Förderdidaktik – Mathematik Primarstufe. Offenburg 1995

Fischer, M.: Wege zur inneren Differenzierung des Unterrichts durch programmierte Arbeitsmittel. Weinheim / Berlin / Basel 1970[3/4]

Fischer, M. / Michael, B. (Hrsg.): Differenzierung im Schulunterricht. Weinheim / Basel 1973

Fischer, M.: Die innere Differenzierung des Unterrichts in der Volksschule. Weinheim / Basel 1975[11]

Fuhr, R., u. a.: Soziales Lernen, innere Differenzierung, Kleingruppenarbeit. Braunschweig 1977

Glogauer, W. (Hrsg.): Neue Konzeptionen für individualisierendes Lehren und Lernen. Bad Heilbrunn 1976

Haller, H.-D.: Didaktische Organisation des Unterrichts. München 1978

Harde, O. / Dralle, W. / Nebas, G. / Siersleben, W.: Programmierter Rechenunterricht in Hannover. Hannover 1968

Hasemann, K.: Individuelle mathematische Denkprozesse. In: Bönsch, Manfred (Hrsg.): Theorie und Praxis. Bd. 42. Hannover 1992

Haußer, K. (Hrsg.): Modelle schulischer Differenzierung. München / Wien / Baltimore 1981

Heller, K. (Hrsg.): Leistungsbeurteilung in der Schule. Heidelberg 1974

Herber, H.-J.: Innere Differenzierung im Unterricht. Stuttgart 1983

Hinz, A.: Zieldifferenziertes Lernen in der Schule. Überlegungen zu einem integrativen Umgang mit der Heterogenität. In: Die Deutsche Schule, Bd. 88, 1996, S. 263–279

Hopf, D.: Differenzierung in der Schule. Stuttgart 1974

Hüfner, K. (Hrsg.): Bildungswesen: mangelhaft. BRD – Bildungspolitik im OECD – Länderexamen. Frankfurt/M. 1973

Hurrelmann, K.: Unterrichtsorganisation und schulische Sozialisation. Weinheim / Basel 1975[3]

Ingenkamp, K. / Notz, J. / Müller, R. / Wiedorn, Ch.: Die Jahrgangsklasse und ihre Anfälligkeit für Leistungs- und Sozialkonflikte. In: Ingenkamp, K. (Hrsg.): Schulkonflikt und Schülerhilfe. Weinheim 1965

Ingenkamp, K.: Die deutschen Schulleistungstests. Weinheim 1962

Ingenkamp, K. (Hrsg.): Die Fragwürdigkeit der Zensurengebung. Weinheim 1972

Jeziorsky, W.: Selbstbildungsmittel in der Grundschule. Braunschweig 1971[3]

Kasper, H. (Hrsg.): Differenzierungsmodelle für die Grundschule. Stuttgart 1974

Keim, W.: Schulische Differenzierung. Köln 1977

Kelly, A. V.: Unterricht in heterogenen Gruppen. Theorie und Praxis der Binnendifferenzierung. Weinheim / Basel 1981

Klafki, W.: Differenzierung – Pädagogisches Lexikon. Hrsg.: Groothoff, H.-H. / Stallmann, M. Stuttgart 1964[2], S. 180ff.

Klafki, W.: Integrierte Gesamtschule – ein notwendiger Schulversuch. In: Zeitschrift für Pädagogik, H. 6/1968

Klafki, W. / Stöcker, H.: Innere Differenzierung des Unterrichts. In: Klafki, W.: Neue Studien zur Bildungstheorie und Didaktik. Weinheim / Basel 1985

Keim, W. (Hrsg.): Gesamtschule. Bilanz ihrer Praxis. Hamburg 1973

Kösel, E.: Sozialformen des Unterrichts. Ravensburg 1974[4]

Krüll, K. E.: Rechenschwäche – was tun? München / Basel 1994

Kuhn, W.: Die Gruppenarbeit im Biologieunterricht. In: Lebendige Schule. H. 9/1967

Krüger, R.: Der moderne Unterricht. Ansbach 1966, S. 5ff.

Lichtenstein-Rother, I.: Arbeitsweisen im Sachunterricht und Möglichkeiten der Differenzierung in der Grundschule. In: Die Deutsche Schule. 1/1957, wieder abgedruckt in: Auswahl. Reihe A, Heft 1, Hrsg.: Blumenthal, A. / Roth, H. Hannover 1962

Loch, W.: Sprache. In: Speck, J. / Wehle, G. (Hrsg.): Handbuch pädagogischer Grundbegriffe. Band II. München 1970

Lohmann, J.: Das Problem der Ganztagsschule. Ratingen 1965

Lorenz, J. H. / Radatz, H.: Handbuch des Förderns im Mathematikunterricht. Hannover 1993

Meier, R. / Bahns, M.: Miteinander lernen. Differenzierung und Freie Arbeit in der Grundschule. Stuttgart 1981

Menzel, W.: Rechtschreibunterricht. Praxis und Theorie. Seelze 1985

Merkle, S.: Die innere Differenzierung des Unterrichts in der Grundschule. Donauwörth 1975[2]

Merkle, S.: Theorie und Praxis der inneren Differenzierung in der Hauptschule. Donauwörth 1976[2]

Meyer, E. (Hrsg.): Individualisierung und Sozialisierung im Unterricht. Stuttgart 1969

Meyer, E. (Hrsg.): Neue Formen der Unterrichtsdifferenzierung. Stuttgart 1970

Meyer, E.: Schulpraktikum. H. 27, S. 63ff. Bochum o.J.

Meyer-Willner, G.: Differenzieren und Individualisieren. Bad Heilbrunn 1979

Mollenhauer, K.: Sozialisation und Schulerfolg. In: Roth, Begabung und Lernen. Stuttgart, S. 209ff.

Morawietz, H.: Unterrichtsdifferenzierung. Weinheim / Basel 1980

Muth, J.: Von acht bis eins. Essen 1967, S. 97ff.

Neher, J.: Der Einfluß von Lerngruppenwechsel und Leistungsdifferenzierung auf Bewußtsein und Verhalten von Schülern an einer integrierten Gesamtschule. Ergebnisse einer Schülerbefragung. In: Die Deutsche Schule. Bd. 73. 1981, 10, S. 596–602

Odenbach, K.: Studien zur Didaktik der Gegenwart. Braunschweig 1963[2]

Pedley, R.: Die englische Gesamtoberschule. Bad Heilbrunn 1966

Petersen, P.: Der kleine Jenaplan. Braunschweig 1955[25/26]

Petersen, P.: Führungslehre des Unterrichts. Braunschweig 1959[6]

Preibusch, W.: Unterrichtsbezogene Differenzierung. PZ, Berlin 1969

Prell, A. / Schiefele, H. / Ulich, D.: Leistungsdifferenzierung und individuelle Förderung. München 1972

Preuß, E. (Hrsg.): Zum Problem der inneren Differenzierung. Bad Heilbrunn 1976

Radatz, H.: Individuum und Mathematikunterricht. Hannover 1976

Radatz, H. / Rickmeyer, K.: Aufgaben zur Differenzierung. Hannover 1996

Rang, A. / Schulz, W. (Hrsg.): Die differenzierte Gesamtschule. München 3/1971

Roeder, P.M. / Wolf, W. / Padszierny, A.: Sozialstatus und Schulerfolg. Heidelberg 1965

Rolff, H.-G.: Sozialisation und Auslese durch die Schule. Heidelberg 1998

Roth, H. (Hrsg.): Begabung und Lernen. Stuttgart 1969

Roth, H.: Pädagogische Psychologie des Lehrens und des Lernens. Hannover 1970[12]

Roth, H.: Pädagogische Anthropologie. 2 Bde. Hannover 1966 und 1971

Roth, H.: Erziehungswissenschaft, Erziehungsfeld und Lehrerbildung. Hannover 1967

Schefer, G.: Das Gesellschaftsbild des Gymnasiallehrers. Frankfurt/M. 1969

Schilling, S. / Proching, T.: Dyskalkulie. Rechenschwäche. Winterthur 1988

Schipper, W.: Arbeitsmittel für den arithmetischen Anfangsunterricht. In: Die Grundschulzeitschrift, Bd. 10 1996, S. 26–41

Schittko, K.: Differenzierung in Schule und Unterricht. München 1984

Schlüter, J.: Begabung, Bildsamkeit, Leistung. In: Speck, J. / Wehle, G. (Hrsg.): Handbuch pädagogischer Grundbegriffe. Band I. München 1970

Schmidt-Stein, G.: Die Jahresklasse in der Volksschule. Stuttgart 1963

Schröder, H. / Uchtermann, H.: Einführung in die Mathematik. Bd. II (Rechnen und Geometrie). Frankfurt/M. 1966

Schulz, W.: Zur Differenzierung an Gesamtschulen. In: Unterricht an Gesamtschulen. Bericht der Planungsgruppe am Pädagogischen Zentrum. Berlin 1968

Schwab, U.: Modellversuch 'Differenzierte Grundschule'. Schulversuch Preetz. In: Die Grundschule. 1976, S. 561–566

Schwarzer, R. / Steinhagen, K. (Hrsg.): Adaptiver Unterricht. München 1975

Schwerpunktheft 96/96 der Grundschulzeitschrift (Schipper, u. a.)

Selter, Ch.: Eigenproduktionen im Arithmetikunterricht der Primarstufe. Wiesbaden 1994

Sienknecht, H.: Die äußere Differenzierung in der Grundschule. In: Die Deutsche Schule. H. 5/1968

Simon, A.: Partnerschaft im Unterricht. 3. Aufl. München 1965

Speichert, H.: Eine Umwelt zum Lernen. In: initiativgruppe solingen. schule ohne klassenschranken. Reinbek b. Hamburg 1972

Steinkamp, G.: Lehrer voller Vorurteile? In: Hielscher, H. (Hrsg.): Die Schule als Ort sozialer Selektion. Heidelberg 1972

Straube, H.: Team-Teaching und beweglicher Unterricht – zur Organisation des Lehrens und Lernens. In: Zifreund, Walter (Hrsg.): Schulmodelle, Programmierte Instruktion und Technische Medien. München 1968, S. 111 ff.

Tausch, R. und A.: Erziehungspsychologie. Göttingen 1970[5]

Tausch, A. und Mitarbeiter: Entwicklung, Erprobung und Anwendung einer Einschätzungsskala mit Beurteilertests zur Erfassung ermutigender / entmutigender Erzieheräußerungen gegenüber Kindern – Jugendlichen. In: Die Deutsche Schule. 11/1970

Teschner, W.-R. (Hrsg.): Differenzierung und Individualisierung des Unterrichts. Göttingen 1971

Undeutsch, U.: Die Überforderung der Kinder durch die Schule. In: Der überforderte Schüler. Essen 1958

Vierlinger, R. / Feiner, W.: Innere Differenzierung. Theorie und Praxis der Individualisierung. Linz 1974

Wahl, D. / Weinert, F. E. / Huber, G. L.: Psychologie für die Schulpraxis. München 1984

Weiland, D.: Differenzierung und gemeinsames Lernen. Wie Schüler eine differenzierte Einstellung zum Lernen gewinnen. In: Die Deutsche Schule. 1989, 3, S. 297–306

Wiederhold, K. A. (Hrsg.): Differenzierung in Schule und Unterricht. Ratingen 1975

Winkeler, R.: Differenzierung, Funktionen, Formen, Probleme. Ravensburg 1975

Yates, A. (Hrsg.): Lerngruppen und Differenzierung. Weinheim / Basel 1972

Zimmer, D. E.: Der Streit um die Intelligenz. 4 Folgen in der „Zeit", 1974

Zwack-Stier, Ch.: Rechenschwierigkeiten in der Grundschule – Auswirkungen spezifischer Teilleistungsstörungen oder das Resultat einer unzureichenden Didaktik. In: Meißner, K. (Hrsg.): Integration – Schulentwicklung durch integrative Erziehung. Berlin 1997

Interlerngruppendifferenzierung

Mit dem Begriff der Interlerngruppendifferenzierung wird hier eine Gruppe von Differenzierungsmaßnahmen gefaßt, die dann erwägenswert wird, wenn Maßnahmen der Intralerngruppendifferenzierung (innere Differenzierung) als nicht ausreichend oder effektiv genug eingeschätzt werden und also neue Gruppierungen, die über eine Lerngruppe (Klasse) hinausgehen, als notwendig erachtet werden. Das Differenzierungskriterium ist dann nicht das fachspezifischer Leistungen. Aber auch Interessen- bzw. Wahlpräferenzen führen zu Modi der Interlerngruppendifferenzierung. In der bisherigen Literatur wird daher meist eher äußerer Differenzierung gesprochen. Da für eine eindeutige Definition der Bezugspunkt wichtig ist, von dem her äußere und innere Differenzierung unterschieden werden, wird hier der Begriff der Interlerngruppendifferenzierung verwendet, um damit den Ansatzpunkt deutlich zu machen: es geht um Differenzierungsmaßnahmen, die unter Leistungs- oder Interessengesichtspunkten über eine Lerngruppe/-klasse hinausgehen und zeitweise oder auf Dauer zu neuen Gruppierungen der Schüler/-innen führen.

Die folgende Übersicht kann zunächst einmal eine Grundorientierung geben:

Interlerngruppendifferenzierung

Leistungsdifferenzierung	Interessendifferenzierung	Zusatzdifferenzierung
1. Fachleistungssystem (setting) zur Ausprägung unterschiedlicher Leistungsniveaus in Fächern (z. B. Englisch, Mathematik, Deutsch)	1. Wahlpflichtsystem (aus einem Wahlangebot müssen Fächer gewählt werden)	Fächerunterricht in speziell kurz-, mittel- oder längerfristig gebildeten Fördergruppen – für die Behebung spezieller Lerndefizite – für die Bearbeitung gravierender Lernschwierigkeiten – für den Abbau von Verhaltensauffälligkeiten – für die Vermittlung von Sprachkompetenzen (z. B. für ausländische Schüler/-innen)
2. Zwei-Phasen-Modell (bewegliche Differenzierung) zur Vermittlung neuen Stoffs und variabler Verarbeitung	2. Grundkurs-/Leistungskurs für ein Fach/ für mehrere Fächer, um Leistungslevels unterschiedlich zu gestalten und Profile entstehen zu lassen	
3. Gleitende Differenzierung zur unterschiedlichen Nutzung von Zeit- und Hilfsressourcen für differente Lernkompetenzen	3. Arbeitsgemeinschaften/ Wahlkurs zur freien Interessen- und Kompetenzentwicklung	
4. Fachlehrerkette zur Freigabe von Lernkompetenzen nach Zeit- und Beratungsumfang wie Wahl der Lernkontrollen		

Dabei ist der Bereich der Leistungsdifferenzierung der heikelste, weil er einmal schnell die größte Wichtigkeit im Schulwesen einer Leistungsgesellschaft zugesprochen bekommt und andererseits unter Legitimationsdruck steht. Wenn dann doch wieder nach Leistung differenziert werden soll, könnte man doch gleich das gegliederte Schulwesen als angemessene Reaktion auf die nun einmal bestehende Heterogenität einer großen Schülerpopulation ansehen. Zudem kommen nach allen Erfahrungen Maßnahmen konsequenter innerer Differenzierung an den Punkt, an dem die qualitativ-inhaltlich erreichten Lernstände andere Gruppierungen als die heterogen bestehende Lerngruppe (Klasse) verlangen. Dem gegenüber äußerer Differenzierung bestehen bleibenden Legitimationsdruck kann also nur standgehalten werden, wenn Differenzierungsmerkmale gefunden werden, die den sozialen Intentionen gemeinsamen Lernens einerseits entsprechen, andererseits eine sinnvolle, d.h. nicht statische Leistungsdifferenzierung im Sinne optimaler Förderung jedes individuellen Leistungspotentials ermöglichen.

Interessendifferenzierung ist im bundesrepublikanischen Schulwesen nie essentielle Bedeutung beigemessen worden, jedenfalls nicht im Hinblick auf Schulabschlüsse. Diese ebnen zum Schluß individuell entwickelte Profile wieder nur den Gesichtspunkten der Fächerhierachie und der Vergleichbarkeit ein. Schulabschlüsse mit individuellen Leistungs- und Interessenprofilen sind eine im Prinzip nicht akzeptierte Denkrichtung. Sie verliert gegenwärtig sogar noch an Boden – ohnehin brüchigen Boden! –, wenn tatsächlich Prüfungen an Ende der Sekundarstufe I eingeführt werden und die derzeitig noch geltenden Lernstrukturen der gymnasialen Oberstufe wieder auf den Unterricht in Klassen mit herkömmlichen Fächerpräferenzen zurückgenommen werden sollten. Dennoch bleibt der Aspekt der Interessendifferenzierung auf der Tagesordnung, wenn die öffentliche Schule einem Bildungsbegriff folgt, der das individuelle Gebildetsein wesentlich abhängig macht von Wertigkeiten, die ein Individuum und seinen Bildungsstand zu einem unverwechselbar einzigartigen machen.

Zusatzdifferenzierung ist unter dem Aspekt der optimalen Förderung eine der Schule aufgetragene Aufgabe. Sowohl interkulturelle Unterschiede (z.B. Sprachdifferenzen) als auch sozialisationsbedingte Aufwachsensunterschiede als auch das Wissen um die Varianz von Lernarten und -tempi summieren sich zu der Einsicht, daß erfolgreiches Lernen in der Schule eine sehr größere Chance bekommen könnte, wenn die Zusätze an personalen, materialen, methodischen Hilfen verbessert und intensiver angeboten werden könnten. Der bis heute etwas lieblos praktizierte Förderunterricht kann auch noch nicht die ganze Antwort sein.

1. Leistungsdifferenzierung

Leistung kann als allgemeine Schulleistung (danach ergibt sich die Verteilung auf Sonder-, Haupt-, Realschule und Gymnasium) oder als fachspezifische Leistung, die sich auch noch einmal in verschiedene Leistungsbereiche und Dimensionen (siehe dazu das exemplarische Kapitel über fachliche Differenzierung) aufteilt, verstanden werden. Sie meint dann Art, Weise und Ergebnis der Bemühungen von Schülern/-innen, auf schulische Forderungen, die meist als gesellschaftlich notwendig bezeichnet werden, zu reagieren. Wenn Leistungsdifferenzierung als Interlerngruppendifferenzierung in einer Schule praktiziert wird, handelt es sich in der Regel um Gruppierungsmaßnahmen, die aufgrund festgestellter – das Wie der Feststellung wäre häufig zu problematisieren – oder angenommener Leistungserwartungen kurz-, mittel- oder langfristig vorgenommen werden. Man kann zwischen statischen und flexiblen Differenzierungsmodellen unterscheiden. Wer der Vorstellung von einer beweglichen Schule und intelligenten Unterrichtsstrukturen folgt, kann statischen Differenzierungsmodellen nicht soviel Sinn abgewinnen. Sie sollen um der Vollständigkeit der Darstellungsmodelle aber im folgenden kurz mit den sie kennzeichnenden Problemen dargestellt werden, um dann aber den interessanteren flexiblen Differenzierungsmodellen Aufmerksamkeit zuzuwenden. Die progressivste Form der Differenzierung wird in Kapitel vier ausführlich dargestellt: Individualisierung.

1.1 Streaming (Fachübergreifende Leistungsdifferenzierung)

Um die Jahrhundertwende hatte Sickinger in der Volksschule die sog. Mannheimer Leistungsklassen eingerichtet, in die die Schüler nach ihrer allgemeinen Leistungsfähigkeit eingeteilt wurden (Hauptklassen für die normal leistungsfähigen Schüler; Förderklassen für normal schwache Schüler; Hilfsklassen für die abnorm schwachen Schüler) (Sickinger in Fischer / Michael, 1973). Das war ein Vorläufermodell für die später in englischen Comprehensive Schools praktizierte streaming-Differenzierung. Sie gruppierte Schüler nach dem Kriterium allgemeiner Leistungsfähigkeit in (vermeintlich) homogene Gruppen, um damit optimale Lehr-/ Lernmöglichkeiten zu schaffen. In der Bundesrepublik Deutschland hat das „streaming" in den hessischen Förderstufenversuchen eine größere Rolle gespielt. Dort wurden Schüler allerdings nur in den traditionellen Hauptfächern Englisch und Mathematik, teilweise in Deutsch, zu streams gruppiert, in den anderen Fächern blieben sie in heterogenen Lerngruppen (Geißler / Krenzer / Rang, 1969).

Im Grunde kann die kooperative Gesamtschule auch als eine Konkretion des Streaming angesehen werden, da sie ihre Schülerpopulation nach allgemeiner Leistungsfähigkeit in Hauptschul-, Realschul- und Gymnasialzweig eingruppiert und in unterschiedlicher Konsequenz Gemeinsamkeiten schafft (in einzelnen

Fächern wie Religion oder Sport, im Wahlpflichtbereich, im AG-Bereich oder auch nur im Bereich des Schullebens).

1.2 Setting (Fachspezifische Leistungsdifferenzierung)

Am bekanntesten sind hier das FEGA- und das ABC-Modell. Am FEGA-Modell können die charakteristischen Merkmale beschrieben werden:

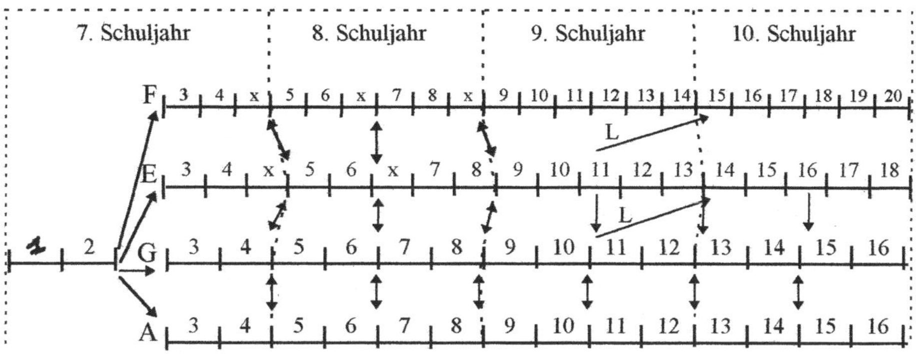

F = Fortgeschrittenen Kurs A = Anschlußkurs X = Zusatzstoffe
E = Erweiterter Kurs G = Grundkurs L = Liftkurs

Nach einer gemeinsamen Unterrichtsphase werden die Schüler auf vier Niveaus verteilt, um die Lerngruppen zu homogenisieren und damit die Unterrichtung zu erleichtern wie das Lerntempo etwa angemessen gestalten zu können. Die Kurszuweisungen erfolgen halbjährlich, ein Wechsel nach „oben und unten" ist dann möglich. In der Annahme, daß die Schüler in den oberen Niveaus schneller lernen, werden Zusatzstoffe bereitgehalten (x) und schließlich weitere Abschnitte des Lehrplans (Fundamentums) angeboten (Abschnitte 17–20). In den beiden unteren Niveaus wird dies für den Abschluß notwendige Fundamentum angeboten. Liftkurse sollen den Aufstieg zu bestimmten Zeiten erleichtern. Der Anschluß- oder Aufbaukurs wird mit geringerer Schülerzahl und/oder höherer Wochenstundenzahl ausgestattet, um den langsamer oder schwerer lernenden Schülern mehr Hilfe zu geben. (Flößner, 1976).

Während das Streaming sehr schnell als eine selektierende und negativ fixierende Leistungsdifferenzierung erkannt wurde, stand das Setting besonders in der Gesamtschuldiskussion lange Zeit im Vordergrund. Es zeigten sich aber auch für dieses Modell eine Reihe gravierender Probleme:

- Die Einweisung in Niveaustufen erfolgt prognostisch aufgrund zurückliegender und nicht aufgrund aktueller Lernleistungen.
- Die Bildung stabiler Leistungskurse führt zur Desintegration der Schüler mit der Gefahr der Reproduzierung sozialer Schichten.

- Die inhaltliche Definition der Niveaustufen zielt auf eine Reproduktion des herkömmlichen Schulsystems, das zu überwinden in der Orientierungsstufe und in der Gesamtschule gerade Ziel war.
- Die Annahme des Vorteils homogener Gruppen ist doppelt problematisch: einmal geht Homogenität offensichtlich schnell verloren, zweitens ist ganz allgemein der Leistungsvorteil homogener gegenüber leistungsheterogenen Gruppen nicht gesichert.
- Die erhoffte Durchlässigkeit zwischen den Niveaus ließ sich nicht in dem gewünschten Maß erhalten, so daß faktisch eine frühe Niveaufixierung erfolgt, die mit einer schichtspezifischen Auslese korrespondiert.
- In den Leistungsniveaus besteht die Gefahr, einen Leistungsstand zu stabilisieren und damit den bekannten selffulfilling-prophecy-Effekt zu erzeugen. Die Kurseinteilung bestimmt das Selbstbild der Schüler und ihre Leistungsentwicklung.

1.3 Flexible Differenzierung (Fachspezifische Leistungsdifferenzierung)

Das Modell der flexiblen Differenzierung will den Problemen des „setting“ entgehen. Es wird von Unterrichtseinheit zu Unterrichtseinheit eingesetzt und verhindert Niveaufixierungen. In kurzer Beschreibung kann man es folgendermaßen darstellen:

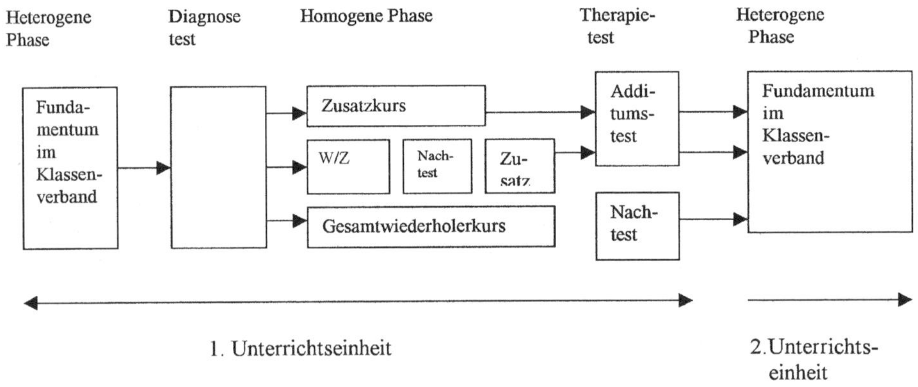

Bei flexibler Differenzierung wechseln heterogene und homogene Leistungsgruppen einander ab. In der heterogenen Phase werden die Grundlernziele einer Unterrichtseinheit angestrebt. Nach einem für alle Schüler identischen Diagnosetest werden Lernlücken ermittelt. Danach bestehen 3 Angebote:

- Ein Zusatzkurs für die, die alle Lernziele erreicht haben. Zusatzlernziele werden erarbeitet. (Additum)

- Ein Wiederholer / Zusatzkurs für die, die ein oder zwei Grundlernziele nicht erreicht haben. Nach der Wiederholung und bestandenem Nachtest werden Zusatzlernziele verfolgt.
- Ein Gesamtwiederholungskurs erfaßt die Schüler, die kein Grundlernziel erreicht haben. Es erfolgt eine Gesamtwiederholung mit anderen Methoden und Medien. (Morawietz, 1980).

Die Vorteile dieses Modells sind eine gezielte Förderung nach genauer Lerndiagnose, Verwirklichung zielerreichenden Lernens, hohe Kursdurchlässigkeit, nur geringe schichtspezifische Auslese, kurze Kurszugehörigkeit. Nachteile werden in der ständigen Fluktuation, dem damit behinderten sozialen Lernen, in der auf Dauer auch nicht zu verhindernden Kursstabilisierung, im hohen Arbeitsaufwand für die Lehrer und in einem hohen Organisationsaufwand in der Schule gesehen.

1.4 Gleitende Differenzierung

Das Modell der gleitenden Differenzierung will auch eine Antwort auf die gelegentlich so genannte statische Differenzierung (setting, Leistungskurssystem) sein. Es ist so zu beschreiben:

- Der Unterricht in dem jeweiligen Fach (z.B. Mathematik oder Deutsch), in dem die Differenzierung nach Leistung eine Rolle spielen soll, hat zur Basis für die vorgegebene Zeit (z.B. 2-jährige schulformunabhängige Orientierungsstufe) durchgehend den bestehen bleibenden Klassenverband. Während der ersten Monate findet der Unterricht ausschließlich mit vier Wochenstunden im Klassenverband statt. Nur Maßnahmen zur inneren Differenzierung sind möglich.

Nach dieser Phase wird der Unterricht in den betreffenden Fächern auf fünf Unterrichtsstunden erweitert. Dabei bleibt für drei Stunden der Klassenverband erhalten. Die restlichen zwei Stunden werden wie folgt genutzt:

- Die lernstärkeren Schüler-/innen der Klasse (etwa ein Drittel der Klasse) werden einem Kurs überwiesen, in dem höhere Anforderungen gestellt werden (Additum im inhaltlichen Sinne, anspruchsvollere Aufgabenstellungen). In diesem Kurs werden Schüler-/innen aus jeweils drei Parallelklassen zusammengefaßt.
- Alle Schüler-/innen, die nicht diesen „Additivkurs" zugeordnet wurden, bleiben während dieser zwei Unterrichtsstunden in ihrer Klasse. Mittelgute und schwächere Lerner werden in diesen kleineren Lerngruppen unterrichtet, Üben und Wiederholen bei stärkerer möglicher Zuwendung durch den betreffenden Lehrer / die betreffende Lehrerin.

- Prinzipiell sollen daher unkompliziert und organisatorisch nicht aufwendige Umstufungen möglich sein
- Besondere Lernkontrollen im Additivkurs sollen nicht die Regel sein. Lernbezogene Noten soll es nicht geben. Veranschaulichen kann man das Modell so:

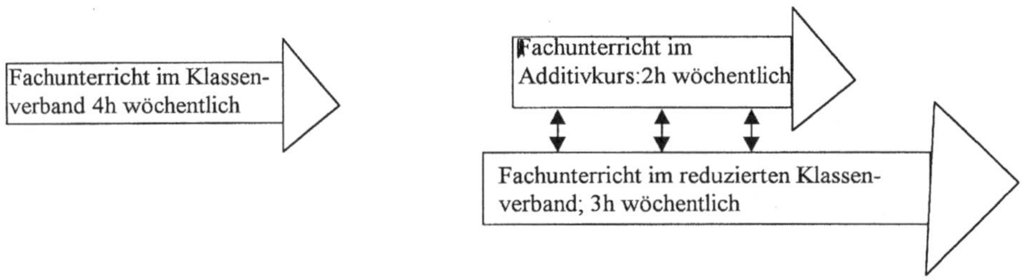

Die Annahme, daß diese Konstruktion automatisch angemessen auf unterschiedliche Lerner reagieren kann, ist trügereisch. Es schafft zunächst einmal nur einen Zeitrahmen, der flexibel genutzt werden kann. Während in der ersten Phase innere Differenzierung möglichst schnell greifen muß, kommen später andere Probleme auf: können die verbesserten Lernbedingungen im zahlenmäßig reduzierten Klassenverband und die Additiva im Additivkurs auf Dauer das im Prinzip intendierte gleichmäßige Fortschreiten sichern oder entsteht eventuell schnell eine auseinanderlaufende Schere, die dann auch Übergänge kaum möglich macht. Übergänge nach unten werden immer möglich sein, aber Übergänge nach oben könnten selten werden, so daß gleitende Differenzierung bald zu statischer, d. h. die Lerngruppen verfestigender Differenzierung werden könnte. Dies zwingt zur Suche nach anderen Modellen.

1.5 Freigebende Differenzierung (Fachlehrerkette)

Je nach Konsequenz der Einordnung auf der Skala „gemeinsames Lernen-Individualisierung" bewegen sich alle Modelle äußerer Differenzierung auf Kompromißlinien. Die Frage kommt auf, ob die konsequente Freigabe von Lerntempo und -umfang in den dafür für wichtig gehaltenen Fächern nicht möglich sein könnte. Dies würde bedeuten, daß der zu lernende Stoff wie an einer Kette aneinandergereiht werden und durch entsprechende Fachlehrer/-innen repräsentiert sein müßte. Die folgende Überlegungen konkretisieren dieses Modell.

Die Leistungsdifferenzierung nach dem Ordnungsprinzip Fundamentum-Zusatzstoffe bringt einige Probleme, die gelöst werden müssen, wenn sie erfolgreich sein soll. Von der Lernzielformulierung her muß zuverlässig gesagt werden, was „Zusatz" gegenüber dem Fundamentum sein kann und in welchem Maße dieser qualitativ oder nur quantitativ bestimmt wird. Für die Verwirklichung dieser Art der Differenzierung müssen Didaktiker einige Vorleistungen erbringen.

Zum zweiten: nach einer bestimmten Zeit (1–2 Schuljahre) scheint ein völliges Auseinanderreißen der Kurse nicht zu vermeiden zu sein. Die Bindung aller vier Kurse an ein Fundamentum ist also zeitlich zu begrenzen. Die immer wieder geforderte Durchlässigkeit ist kein entscheidendes Problem mehr, wenn eine *Leistungsdifferenzierung in folgender Weise vorgenommen wird:*

Der Mathematikstoff für die Schuljahre 5–10 wird in ein klar geordnetes Nacheinander gebracht. Lernziele, Lerninhalte und Lernkontrollen (Mathematikarbeiten) werden unabhängig von den Schuljahren und nur von der Sache her verbindlich von den beteiligten Lehrern/-innen festgelegt. Nehmen wir zur Veranschaulichung nun an, die Schule sei von den Schuljahren fünf bis zehn vierzügig eingerichtet. Ist sie drei- oder vierzügig organisiert, ist das vorteilhafter als eine bloße Doppelzügigkeit. Nun ist der Grundgedanke der, daß jeder beteiligte Lehrer nicht für einen bestimmte Lerngruppe (Klasse) verantwortlich ist, sondern für einen bestimmten Lernabschnitt. Die Mathematikstunden liegen durchgehend zu denselben Zeiten am Vormittag. Die Schüler haben die Pensen bei den einzelnen Lehrern durchzuarbeiten, nach erfolgreichen Kontrollarbeiten wechseln sie zum nächsten. Bei der Vierzügigkeit wäre also jeder Lehrer für den Rechenstoff eines Quartals zuständig. Für die Schüler entstehen dabei klar überschaubare Lernabschnitte, damit wahrscheinlich eine bessere Lernmotivation.

In den Schulen, wo bereits jetzt die Mathematikstunden gleichzeitig in der 2. Stunde am Vormittag z. B. stattfinden, ist die erste Stufe der Verwirklichung erreicht: die vertikale Differenzierung wird möglich: ein Schüler des 7. Schuljahres kann in den Mathematikstunden des 6. Schuljahr mitmachen, ein anderer schon im 9. Schuljahr. Hier wird ein Vorschlag gemacht, dieses System zu vereinfachen und trotzdem dynamisch zu halten. Lernkapazität und Lerntempo des einzelnen Schülers sind die entscheidenden Kriterien der Leistungsdifferenzierung. Der einzelne Schüler kann an der Fachlehrerkette entlanglaufen, die Lehrer können ihn in ihren Abschnitten, da sie sich auf sie konzentrieren können, optimal betreuen und mit den entsprechenden Arbeitsmitteln versorgen. Sind die zu vermittelnden Inhalte im Ausmaß begrenzt, könnte das Augenmerk stärker auf das methodische Instrumentarium gelenkt werden, und das heißt hier vor allem: die Realisierung der Binnendifferenzierung mit Hilfe von Arbeitsmitteln und Programmen.

Die Neuorganisation des Unterrichts vom *Nebeneinander der Lernniveaus (mit Hilfe von Niveaukursen) hin zum Nacheinander von durchzuarbeitenden Lerneinheiten* wird Beweglichkeit und Improvisationsvermögen verlangen. Schematische Lösungen werden nicht erfolgreich sein. Deshalb nun einige Ausführungen zur Methodik:

Am Beginn des Aufbaus einer Fachlehrerkette, umfasse sie die Schuljahre 5–10 oder sogar 1–10, besteht eine noch recht undifferenzierte Großgruppe (in unserem Beispiel umfaßt sie vier 5. Schuljahre, also 120–150 Schüler). So wird der

Unterricht in vier parallel laufenden Lerngruppen, den herkömmlichen Klassen, zu geben sein. Die beteiligten Lehrer müssen intensiven Kontakt miteinander halten, um Leistungskontrollen gleichzeitig durchführen und vielleicht nach einem Vierteljahr den ersten Tempokurs auszusondern. Gleichzeitig kann es zweckmäßig werden, eine Gruppe von Langsamlernenden auch schon gesondert zu betreuen. Die Mitte bleibt zahlenmäßig stark (2 Lerngruppen). Damit ist das erste Stadium erreicht, in dem die Parallelität der Lerngruppen in eine versetzte Gruppierung umgewandelt wird. Im Lauf des Schuljahres wird die erste Gruppe ihren Abstand vor dem Gros vergrößern und im nächsten Schuljahr die Fachlehrerkette in Anspruch nehmen können. Dabei werden die zugehörigen Schüler dies in unterschiedlicher Weise realisieren. Das Gros, zu dem die beiden mittleren Lerngruppen gehören, wird sich auseinanderziehen: im 3. und 4. Quartal werden die beiden Fachlehrer (der mittleren Lerngruppe) unter Leistungsgesichtspunkten umgruppieren. Das „vierte“ Tempo“ wird weiterhin von einer nicht geringen Zahl von Schülern gewählt werden müssen.

Für den gesamten Differenzierungsaufbau heißt das, daß die Lehrer der ersten Phase (1. Differenzierungsjahr) besonders beweglich auf die realisierten Lernleistungen werden reagieren müssen, daß in der ersten Phase der Fachlehrerkette noch nicht realisiert werden kann. Die betreffenden Lehrer müssen den Stoff des Schuljahres vermitteln, dies allerdings in wechselnden Lerngruppen.

Der Differenzierungsprozess kann folgendermaßen veranschaulicht werden

Der Differenzierungsprozess kann folgendermaßen veranschaulicht werden

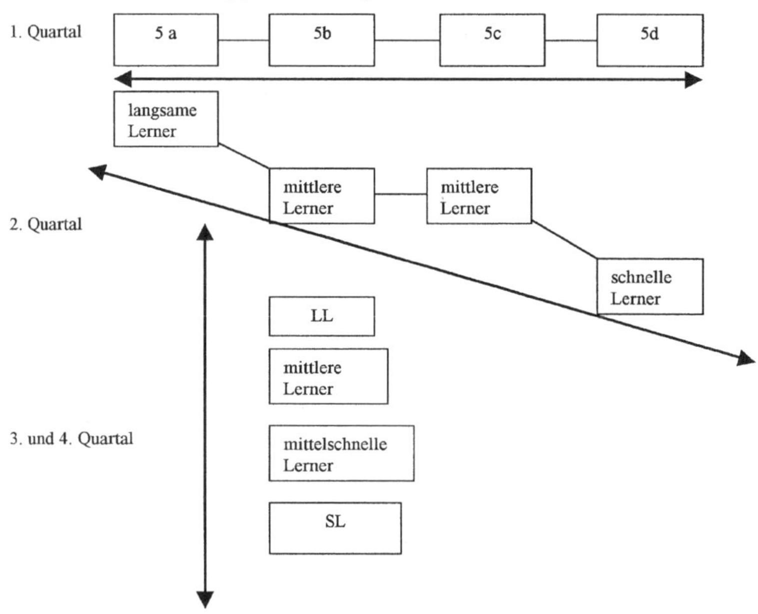

Aus der Parallelität der Lerngruppen wird eine zeitlich versetzte Formation, die schließlich in die Fachlehrerkette mündet.

Vom 2. Jahr an kann sich dann das Feld der Schüler vollends differenzieren und an der Fachlehrerkette „entlanggehen.“ Innerhalb der jeweils bei einem Fachlehrer befindlichen Lerngruppe können die Effekte der Stammgruppen des Jena-Plans auftreten: Es befinden sich fortgeschrittene und dort gerade anfangende Lerner in diesen Gruppen, so daß sich eine natürliche Binnendifferenzierung ergibt. Schüler können sich über den Gebrauch der Arbeitsmittel informieren, die Lernkontrollen gemeinsam praktizieren, sich bei Aufgaben helfen, so daß im Zusammenhang mit den gemeinsamen Erarbeitungen unter der Führung des Lehrers eine anregende Lernatmosphäre entstehen kann.

Ein möglicher Einwand gegen das vorgeschlagene Differenzierungssystem könnte sein, daß der Trend zum Fachlehrer künftig an einer Schule nur noch wenige Experten für ein Fach, hier für Mathematik wird da sein lassen. Dann könnte die Fachlehrerkette nicht realisiert werden. Tritt diese Situation ein, muß ihr mit einem entsprechenden Lösungsmittel begegnet werden: Nehmen wir an, ein Fachlehrer für Mathematik habe pro Woche 14 Stunden in diesem Fach zu unterrichten, damit ist die Parallelität der Mathematikstunden nicht mehr gewährleistet. Es wird notwendig, vom Stundenplan her einen Verbund mit einem zweiten bzw. dritten leistungsdifferenzierten Fach zu organisieren. Dann können die Schüler eines Kernverbandes (Klasse) innerhalb solch eines Verbundes (z. B. 1., 2. und 3. Unterrichtsstunde) am Vormittag zu den Mathematik-, Englisch- und Deutsch-Lerngruppen unabhängig von festen Zeiten wechseln (Mathematik muß dann nicht immer in der zweiten Stunde nur angesetzt werden). Die Tatsache, daß die Streuung der Schüler eines Jahrganges in der Regel nicht über mehr als zwei Jahrespensen reichen wird, und evtl. bestehende Parallelgruppen werden weiteren Spielraum für die Stundenplangestaltung bringen.

Gegenüber der vollkommenen Individualisierung wie im Dalton-Plan hat der Unterricht in den Lerngruppen der Fachlehrer den Vorteil, daß erarbeitende Unterrichtseinheiten verstärkt auftreten können, daß Information und Arbeitshilfe schnell zu geben sind, daß Klärungs- und Übungshilfen gezielt vom Lehrer, der die Lernfortschritte der Schüler seiner Lerngruppe genau verfolgt und protokolliert, einzusetzen sind. Die Berücksichtigung des individuellen Lernvermögens führt hier nicht zur vollkommenen Individualisierung, sondern zur optimalen Förderung und auch Beanspruchung des einzelnen in der Lerngruppe.

Natürlich wird der Grad der Individualisierung sehr hoch. Aber er hätte den Vorteil, daß Schüler-/innen ihre Lernstärken und -ressourcen optimal einsetzen können. Der gute Mathematiklerner kann den Lernstoff vielleicht in zwei Jahren erledigen und bekommt Lernzeit frei für Fächer, in die er mehr investieren muß. Wenn andere Fächer das gemeinsame Lernen stärker beibehalten, könnte die Balance von gemeinsamem Lernen und individualisierten Lernen gehalten werden.

2. Interessendifferenzierung

Wenn man der Prämisse folgt, daß der Mensch sich selbst und sein Handeln eigenständig definieren kann, daß der Ausprägungsgrad seiner Bildung geradezu davon abhängt, daß sein personales Selbstverständnis von anderen respektiert wird und daß ein solches Selbstkonzept sich u. a. darin zeigt, daß er sich im Lauf seiner Entwicklung Sach- und Sinnzusammenhänge, Bedeutungssysteme, Verhaltens- und Sachkompetenzen aneignet, kann man Interesse als Sach- und Ortungstendenz verstehen, mit der sich ein Mensch intentional und reflexiv auf je gegebene Wirklichkeitsbereiche einläßt (Schiefele 1978 und 1981). Dies hat für Lehr- und Lernprozesse zur Konsequenz, daß Möglichkeiten planmäßig eröffnet werden müssen, Interessen entwickeln zu können. Unter Interessendifferenzierung werden dann die Arrangements verstanden, die einen Lernenden statt Vermittlung und Erarbeitungspflicht die Chance geben, sich in freier Entscheidung auf Inhalte und Handlungen einzulassen, um ein latentes oder manifestes Interesse zu identifizieren, zu entwickeln oder zu verstärken. In der Literatur werden für diesen Ansatz auch die Begriffe Wahl- oder Neigungsdifferenzierung verwendet. Unter Interesse wird also eine überdauernde Beziehung zwischen einem Subjekt und einem Gegenstand(sbereich) verstanden. Ein Interesse ist vorhanden, wenn die Unverbindlichkeit des Verhältnisses zwischen Subjekt und Objektbereich in einer vom Individuum ausgehenden Strukturierung aufgehoben wird (Sauer, 1976). Wenn man nach Realisierungsmodellen sucht, kann man auch hier nach äußerer und innerer Interessen-/Wahl-/Neigungsdifferenzierung unterscheiden.

2.1 Äußere Interessen-/Wahl-/Neigungsdifferenzierung

Die zwei bekanntesten Modelle sind Wahlpflichtkurssysteme und Arbeitsgemeinschafts- bzw. Wahllernangebote. Dazwischen aber liegt ein Konstruktionsmuster von Lernsystemen, das durch unterschiedliche Zeitlimits und Leistungslevels Schüler-/innen erlaubt, eigene Profile zu bilden. Davon soll auch die Rede sein.

2.1.1 Wahlpflichtkurssysteme

Im Wahlpflichtkurssystem werden den Schüler/-innen unterschiedliche Fächer oder thematische Schwerpunkte zur Wahl gestellt. Sie müssen ein Angebot oder mehrere wählen (Pflicht oder Wahl) und werden dann entsprechend ihrer Wahl für längere Zeit in getrennten Kursen unterrichtet. Diese Form der Differenzierung wird besonders in Gesamtschulen und Realschulen, aber auch in Hauptschulen praktiziert. Die Motive dafür sind:

- Durch die Wahlmöglichkeiten zwischen unterschiedlichen Fächern oder thematischen Schwerpunkten sollen Interessen und Neigungen der Schüler/-innen berücksichtigt und entwickelt werden.

- Mit dieser Wahldifferenzierung soll eine Motivationssteigerung erreicht werden.
- Die Wahl zwischen Angeboten soll zur Förderung der Wahl- und Entscheidungsfähigkeit, der Eigenverantwortung und Selbstbestimmung beitragen.
- Mit der Wahl individueller Schwerpunkte können die Schüler/innen spätere Schwerpunkte in der Sekundarstufe II anstreben bzw. auch schon Berufsperspektiven entwickeln.

Die Realisierung sieht meistens so aus, daß in den Schuljahren 7 und 8 erste Wahlpflichtangebote gemacht werden. Wenn vier Wochenstunden Wahlpflichtunterricht z. B. angesetzt werden, können die Schüler/-innen einen sprachlichen Schwerpunkt setzen (2. Fremdsprache mit vier Wochenstunden) oder mit zwei zweistündigen Wahlpflichtkursen die Fachbereiche Arbeit-Wirtschaft-Technik, Naturwissenschaften oder musisch-kulturelle Bildung verstärken. Im 9./10. Schuljahr wird das zeitliche Ausmaß meistens ausgeweitet (je 26 Stunden Pflichtunterricht, 6 Wochenstunden Wahlpflichtunterricht). Je nach den Intentionen kann dann im Wahlangebot sein: 2. Fremdsprache (Fortsetzung), 2. Fremdsprache (Anfänger), 3. Fremdsprache, Arbeit-Wirtschaft-Technik (Fortsetzung oder schon als Ausdifferenzierung: Wirtschaftskunde, Buchhaltung, EDV) usw.

So schnell man die Grundkonstruktion beschreiben kann, so schwierig stellen sich einige Probleme bei näherem Zusehen dar (Schittko, 1984):

- Ein curriculares (inhaltliches) Problem ist, daß die unterschiedlichen Angebote als gleich anspruchsvoll und gleichwertig bezüglich der zu erteilenden Abschlüsse / Berechtigungen angesehen werden können.
- Ein anderes curriculares Problem liegt in der inhaltlichen Abgrenzung zwischen Pflichtfach und Wahlpflichtfach. Wenn man von dem Fall absieht, daß mit einem Wahlpflichtfach ein neues Fach (z. B. zweite oder dritte Fremdsprache) eingeführt wird, besteht eine Parallelität von Pflichtfächern und Wahlpflichtfächern, und dann muß mit dem Begriffspaar Fundamentum und Additum z. B. eine Abgrenzung erfolgen, die das für alle Wichtige und das über eine Wahl ermöglichte Zusätzliche klar bestimmt. Früh sind auch die Rückwirkungen zu kalkulieren, die der Wahlpflichtunterricht auf den Pflichtunterricht haben kann (Vergrößerung der Leistungsunterschiede und Erschwerung des gemeinsamen Lernens).
- In der gesamtcurriclaren Perspektive einer Schule muß auch abgeklärt werden, inwieweit Lernschwerpunkte (ähnliche Fächer schaffen Verdichtungen) entstehen können sollen oder ob Wahlpflichtfächer primär dazu dienen sollen, die Vielfalt des Angebots zu erhöhen.
- Zu prüfen ist auch immer, inwieweit geschlechtsspezifische oder schichtspezifische Wahlen die ursprüngliche Wahlen verzerren (Mädchen wählen weniger naturwissenschaftliche Angebote, die sogenannten guten Lerner wählen ver-

meintlich oder tatsächlich eher schwere Fächer) im Hinblick auf Abschlüsse. Die eigentliche Idee ist ja, Neigungen und Interessen zu fördern und zu entwickeln.

2.1.2 Das profil-(individuums-) und gleichzeitig abschlussrelevante Unterrichtsangebot der Sekundarstufe II

In sehr bemerkenswerter Weise ist die curriculare Organisation der Sekundarstufe II ein (realisiertes) Modell, das unter den Prämissen individueller Profilbildung bei gleichzeitiger Sicherung von Gleichwertigkeit mit dem Ziel eines allgemeinen Abiturs bis in die Details durchstrukturiert ist und Wahlmöglichkeiten wie Pflichtauflagen daher verbindet. Gerade auch von der aktuellen Diskussion her, die auf eine Rücknahme dieses progressiven Ansatzes zielt, seien seine Grundmerkmale einmal dargestellt, hier natürlich vor allem vom Interesse an der Interessendifferenzierung her.

Die Sekundarstufe II will nach einem zehnjährigen Bildungsgang in Primarstufe und Sekundarstufe I, der auf eine umfassende allgemeine Bildung zielt, in einem dreijährigen Schul- und Unterrichtsangebot die allgemeine Hochschulreife erlangbar machen. Sie gliedert sich in die Vorstufe im 11. Schuljahrgang und in die Kursstufe im 12. und 13. Schuljahrgang. Der Grundgedanke ist, daß sich das Fächer- und Kursangebot im Rahmen der Möglichkeiten an den Wünschen der Schüler/-innen orientieren und entsprechende Wahlangebote machen soll. Dieser wird komplettiert durch Auflagen, die als Belegungsverpflichtungen (nachzuweisen im Studienbuch) die Gleichwertigkeit – nicht Gleichartigkeit – sichern sollen. Dies ist angesichts des Ziels (allgemeine Hochschulreife) ein sehr mutiges Konzept. Es basiert offenbar auf der Annahme, daß zehn Jahre Schule Schüler/-innen soweit gebracht haben müßte, daß sie auf der Basis einer breiten Allgemeinbildung eine individuelle Schwerpunkt- / Profilbildung verantwortlich anstreben und damit nicht mehr einem enzyklopädischen Bildungsgedanken folgen müssen. Zum Fundament für alle kann nun das individuelle Profil treten, daß Bildung erst zu einer unverwechselbar einzigartigen Verfaßtheit des Individuums macht. Daß diese aber nicht durch Zufall individuellen Voluntarismus', möglicherweise auch unterschiedliche Qualitätsniveaus bestimmt ist, müssen formale Verbindlichkeiten formuliert werden. Damit ist der Versuch gemacht, individuelle Profile mit gemeinsam einzuhaltenden Ansprüchen zu verbinden – eine hohe Form von Differenzierung bei erhalten bleibender Generalisierung.

Im folgenden werden nur die Konstruktionselemente der Kursstufe (vier Kurshalbjahre im 12. und 13. Schuljahrgang) beschrieben, um dieses Modell taxieren zu können.

Der Unterricht wird in Leistungs- und Grundkursen erteilt, die bestimmten Fächern zugeordnet und themenbestimmt sind. (1) Der Unterricht in Leistungskursen wird fünfstündig, der Unterricht in Grundkursen wird dreistündig erteilt. Leistungskurse dienen unter dem Aspekt exemplarisch vertiefter wissenschaftspropädeutischer Bildung der Studienvorbereitung, Grundkurse dienen unter dem Aspekt wissenschaftpropädeutischer Bildung dazu, grundlegende Sachverhalte, Erkenntnisse, Strukturen, Methoden und Verfahrensweisen über ein Fachgebiet zu vermitteln. (2) Fachübergreifende oder fächerverbindende Kurse, Fachpraxiskurse und Projektkurse kommen hinzu. (4) Jede Schülerin und jeder Schüler soll im ersten und zweiten Kurshalbjahr an mindestens zwei Leistungskursen und sechs Grundkursen, vom dritten Kurshalbjahr an jeweils mindestens zwei Leistungskursen und fünf Grundkursen teilnehmen.

Dies alles erfolgt auf der curricularen Folie der Aufgabenfelder (A: sprachlich-literarisch-künstlerisches Aufgabenfeld, B = gesellschaftwissenschaftliches Aufgabenfeld, C = mathematisch-naturwissenschaftlich-technisches Aufgabenfeld), denen die Fächer zugeordnet sind, klaren Wahlauflagen (Belegungsverpflichtungen; Definitionen der Prüfungsfächer) und einem Berechnungssystem für die möglichen und nötigen Punkte, die zur Erlangung der allgemeinen Hochschulreife zu erreichen sind. Mit diesem Gesamtsystem kann der Einzelne nun, wenn er will, virtuos umgehen, um seine Interessenschwerpunkte bei gleichzeitiger Beachtung aller Verpflichtungen für den Abschluß zu verfolgen. Das verlangt einen Lerner, der in der Lage ist, sich in flexibler Weise zu organisieren und sein Curriculum zu verfolgen. Der Anspruch ist hoch, und es ist schwer verständlich, warum es Bemühungen gibt, dieses Konzept zurückzuholen auf ein eindimensionales System von Pflichtunterricht, das in jedem Fall mehr einer puren Vermittlungsdidaktik folgt und von Mißtrauen gegen das Subjekt „Lerner“ geprägt ist, ihm also nicht zutraut, nach zehnjähriger breiter Allgemeinbildung seine Bildungsbiographie relativ selbständig zu gestalten.

2.1.3 Arbeitsgemeinschaften / Wahlkurse

Arbeitsgemeinschaften bzw. Wahlkurse sind in allen Schulen der Sekundarstufe I anzutreffen, auch schon in der Grundschule und Orientierungsstufe. Die Bezeichnungen sind vielfältig (wahlfreie Arbeitsgemeinschaften, Neigungskurse, Neigungsgruppen). Sie sind in der Regel freiwillig zu belegen und zensurenfrei. Allerdings gibt es auch hier verpflichtende und beurteilende Praktiken. So gibt es z. B. in Ganztagsschulen im Rahmen der „gebundenen Freizeit“ teils freiwillige, teils verpflichtende Angebote, im Rahmen der „ungebundenen Freizeit“ Angebote oder informelle Schülergruppierungen ohne Teilnahmeverpflichtung.

Das Grundbestimmungselement ist, daß Schüler/innen aus dem Angebot wählen können oder müssen. Nach der Entscheidung für ein Angebot ist die regelmäßige Teilnahme in der Regel verpflichtend. Die Themen können fachbezogen, fächerübergreifend oder fächerunabhängig sein. Sie können damit zur Vertiefung und Erweiterung des Fächerkanons dienen, sie können aber auch außerhalb des Fächerkanons liegende Inhalte einbringen. Sie dienen explizit der Berücksichtigung bzw. der Entwicklung von Interessen und Neigungen der Schüler/innen. Durch Wahl und Mitgestaltung sollen mehr Eigenverantwortung und Selbständigkeit bewirkt werden. Gleichzeitig soll die gemeinsame Arbeit soziale Verhaltensweisen wie Kontaktfähigkeit, Rücksichtnahme, Kooperationsfähigkeit fördern.

Sollen tatsächlich Interessen und Neigungen berücksichtigt und gefördert werden, müssen die Angebote auch den Wünschen und Vorstellungen der Schüler/innen entsprechen. Zu prüfen ist daher, wie diese erhoben werden können (Themenwunschlisten). Das Angebot muß dann in übersichtlicher und verständlicher Form bekanntgemacht werden (Kursverzeichnis als Heft oder Aushang). Folgerichtig müßten Schüler/innen auch an der genauen Planung und Gestaltung beteiligt werden. Lehrer/innen sollten ihren Plan vorstellen und nach der Besprechung mit den Schüler/innen in einen gemeinsamen Arbeitsplan umformulieren (Schittko, 1984).

Die Einschätzung von Arbeitsgemeinschaften bzw. Wahl-/ Neigungskursen ist schwierig. Bei Schüler/-innen sind sie häufig beliebte Veranstaltungen, weil sie ihren Interessen entgegenkommen. Arbeitsform und Atmosphäre werden häufig als aufgelockert und entspannt beschrieben. Problematisch ist, daß sie ihre Wertschätzung der Abweichung vom normalen Unterricht verdanken und daß sie von der Institution Schule her häufig als weniger wichtig und abschlußirrelevant angesehen werden.

2.2 Innere Interessen-/ Wahl-/ Neigungsdifferenzierung

Eine immer wieder spannende Frage ist, in welcher Weise im Bereich des Pflichtunterrichts diese Differenzierungsform auch praktiziert werden könnte. Im folgenden werden exemplarisch zwei Zugriffe dargestellt: das Modell des wahldifferenzierten Unterrichts und das Modell des Stationenlernens. Sie sind vorab so zu charakterisieren, das WDU (wahldifferenzierter Unterricht) über eine bestimmte Verlaufsstruktur und seine Strukturelemente (thematische Strukturierung, Lernmaterialien u. a. m.) bestimmt ist, während das Modell des Stationenlernens über Lernangebote an den Stationen und ein dazugehöriger Regel- und Zeitrahmen beschreibbar ist.

2.2.1 Wahldifferenzierter Unterricht

Das Modell des wahldifferenzierten Unterrichts ist durch 5 Aspekte genauer zu beschreiben.

1. Aspekt: Ziele

Im wahldifferenzierten Unterricht werden themenbezogene Ziele – die Ziele im Hinblick auf das zur Diskussion stehende Thema – und zugleich allgemeine Ziele angestrebt. Die drei allgemeinen Ziele sind: begründetes Wählen, selbständiges Lernen, kooperatives Arbeiten.

1. Die Schüler können im Rahmen einer Unterrichtseinheit nach dem gemeinsamen Einstieg ins Thema zwischen unterschiedlichen Themenschwerpunkten wählen und die einzelnen Schwerpunkte dann in Kleingruppen bearbeiten. Die Wahlsituation ist so zu vorzubereiten, daß die Schüler über die zur Wahl stehenden Alternativen informiert sind und sich zunehmend – für sich allein oder im Gespräch mit anderen – über ihre Wahlmotive klar werden. Befreundete Schüler können sich hierbei vorher absprechen, gemeinsam in einer Gruppe einen Schwerpunkt zu bearbeiten. Angestrebte Gruppierungskriterien (manifeste Differenzierungskriterien) sind also: Interesse für besondere Aspekte des Themas und soziale Beziehungen zu einzelnen Mitschülern.
2. Nach der Wahl des Schwerpunktes sollen die Schüler in ihren Gruppen weitgehend selbständig arbeiten. Sie sollen ihren Arbeitsschwerpunkt selbständig festlegen – also Ziele, thematische Aspekte, Methoden und Medien für ihre Arbeit –, ihr Vorgehen selbst planen und es dann auch weitgehend allein durchführen.
3. Das selbständige Arbeiten der Schüler findet in Kleingruppen statt und soll kooperativ gestaltet sein. Das Arbeiten in Kleingruppen bringt für die Schüler viele Interaktionen und fordert von ihnen gemeinsame Aktivitäten zur Bewältigung der thematischen und arbeitsorganisatorischen Aufgaben.

2. Aspekt: Thematische Strukturierung

Für jede Unterrichtseinheit stellt sich als Planungsaufgabe, das gewählte Thema abzugrenzen, es in Teilthemen aufzugliedern, die einzelnen Themenaspekte entsprechend ihrer Bedeutung für die Schüler zu gewichten usw. Die thematische Strukturierung ergibt sich als eine besondere Aufgabe für den wahldifferenzierten Unterricht, weil die problemorientierte Auseinandersetzung mit dem Thema in Kleingruppen anhand ausgewählter Themenschwerpunkte geschehen soll. Vor alle drei Fragen sind hier zu beantworten:

1. Wie kann man das Thema strukturieren, und welche Teilthemen / Problembereiche können ausgegliedert werden? Diese Strukturierungsaufgabe wird anfangs vom Lehrerteam allein, später zunehmend mit den Schülern übernommen.
2. Welche Themenaspekte eignen sich als Einstieg in das Thema? Die Fragestellungen für die erste Auseinandersetzung mit dem Thema müssen zeigen, wieweit es ein die Schüler betreffendes Problemfeld ist.

3. Welche Fragestellungen sind aus der Sicht des Lehrers besonders wichtig? Der Lehrer / das Lehrerteam muß prüfen, welche Fragen ihm so wichtig sind, daß er/es sie ggf. von sich aus anschneidet, wenn die Schüler sie abwählen oder vernachlässigen.

3. Aspekt: Die thematische Strukturierung hängt eng zusammen mit der Verlaufsstrukturierung. Wahldifferenzierter Unterricht zeigt in seinem Grundmodell drei Phasen, so daß sich folgende Verlaufsstrukturierung ergibt:

1. In der Strukturierungsphase wird der Bezug der Schüler zum Thema hergestellt bzw. geklärt; zugleich wird das Thema ein erstesmal für die Schüler strukturiert. Damit erhalten die Schüler Hinweise für mögliche, sie interessierende Themenaspekte.
2. In der Differenzierungsphase wählen die Schüler im 1. Teil (Wahlphase) die von ihnen gewünschten Schwerpunkte und bilden entsprechend ihrer Wahl Kleingruppen. Im 2. und Hauptteil dieser Phase (Erarbeitungsphase) bestimmen die Schüler ihren Arbeitsschwerpunkt, klären ihr Vorgehen, führen ihr Vorhaben durch und prüfen abschließend, welche Ergebnisse sie wie ihren Mitschülern vorstellen wollen.
3. In der Vermittlungs- und Reflexionsphase geht es um zwei Aufgaben: Einmal werden die Arbeitsergebnisse der Kleingruppen vorgestellt und im Plenum diskutiert, eventuell auch noch weiterführende aus Schüler- oder Lehrersicht aufgegriffen. Zum anderen nimmt die Klasse zum Verlauf und zu den Ergebnissen des Unterrichts Stellung.

4. Aspekt: Lernmaterialien

Eine wichtige Rolle für den wahldifferenzierten Unterricht spielen anregende und unterstützende Lernmaterialien. Besondere Anforderungen stellt dabei die Differenzierungsphase, in der die Schüler möglichst selbständig und kooperativ lernen sollen. Für die Wahlphase sind Infos zu den angebotenen Teilthemen erforderlich, die einen kurzen Überblick über die inhaltlichen und methodischen Arbeitsangebote des jeweiligen Teilthemas geben. Für die Erarbeitungsphase sind Materialangebote zu entwickeln, die aus Materialien (Texte, Skizzen, Bilder u. ä.) mit zugehörigen Arbeitshinweisen und Vorschlägen für besondere Arbeitsmöglichkeiten (Interviews, Erkundung, Rollenspiel u. ä.) bestehen. Diese Lernmaterialien sind dazu so zu konzipieren, daß eine starke Lernsteuerung durch die Materialien und Arbeitsmöglichkeiten vermieden wird. Das kann besonders durch zwei Momente erreicht werden:

1. Die Materialien / Arbeitshinweise und die Arbeitsmöglichkeiten zu den Teilthemen haben Angebotscharakter; die Schüler können selber entscheiden, wieweit sie auf diese Angebote zurückgreifen wollen.
2. Die Lernmaterialien stellen ein reiches Angebot zur Wahl; es ist ein Angebot, aus dem man auswählen muß, wenn man es aufgreifen will.

5. Aspekt: Die Rolle des Lehrers

Der Lehrer im wahldifferenzierten Unterricht hat eine zentrale, wenn auch gegenüber dem herkömmlichen Unterricht veränderte Rolle. Das wird besonders an zwei Punkten deutlich:

1. Der Lehrer muß auf eine starke Steuerung des Unterrichts verzichten und den Schülern mehr Handlungsspielraum und Eigeninitiative gewähren. Trotzdem hat er durch seine Beratung, Anregung und Unterstützung bei Schwierigkeiten eine aktive Rolle wahrzunehmen. Diese Aufgabe ist schwer zu erfüllen, da er sich zurückhaltend, abwartend und zugleich helfend, initiierend verhalten soll.
2. Der Lehrer muß seine gruppenpädagogische Aufgabe sehen und Helfer in gruppendynamischen Prozessen sein. Er muß die Gruppenaktivitäten beobachten und größere Schwierigkeiten (Außenseiterprobleme, ernste Gruppenkonflikte usw.) zu lösen versuchen. Dabei gilt auch hier wieder, daß er helfen muß, wenn die Schüler allein nicht zurechtkommen; er darf aber die Gruppenprobleme nicht für die Schüler lösen wollen.

Der Lehrer muß dann klären, wie er seine Hilfe beim selbständigen Lernen und seine gruppenpädagogische Aufgabe mit seiner Beurteilungs- und Verwaltungsfunktion in Übereinstimmung bringen kann.

Umsetzungsprobleme im Schulalltag

Das Konzept des wahlifferenzierten Unterrichts mag auf den ersten Blick keine großen Realisierungsprobleme erwarten lassen, da es nicht so sehr weit über die bekannte arbeitsteilige Gruppenarbeit hinauszugreifen scheint. Bei den bisherigen Versuchen mit wahldifferenziertem Unterricht, die die Durchführung einzelner Unterrichtseinheiten zum Inhalt hatten, also wahldifferenzierten Unterricht nur kurzfristig in den Schulalltag einführten, zeigten sich aber doch mehrere Problemstellen. Diese sollen kurz beschrieben werden:

Durchführungsprobleme

- Die erste „Problemstelle“ ist die **Strukturierungsphase**. Die Aufgaben dieser Phase verleiten den unterrichtenden Lehrer leicht dazu, „gezielt“ und „steuernd“ vorzugehen, zuviel vorzugeben. Dabei kann die Aufgabe leicht in den Hintergrund geraten, die Schüler eine Beziehung zum Thema entwickeln, ihre Erfahrungen, Vorstellungen und Fragen zum Thema einbringen zu lassen. Es müßte bei weiterer Realisierung daher stärker versucht werden, offen strukturierte Anlässe, Materialien, Arbeitsmöglichkeiten anzubieten, um die Strukturierungsphase mehr als explorative Phase zu gestalten.
- In der **Bestimmung des Arbeitsschwerpunktes** in den Kleingruppen liegt eine weitere Problemstelle, da sie von den Schülern ein hohes Maß an Planungsfähigkeit erfordert, das nicht so ohne weiteres als gegeben vorauszusetzen ist.

Wünschenswert ist ein problemorientiertes Arbeiten der Schüler. Auffällig war bei den Versuchen, daß die Gruppen vielfach nicht genügend klären, mit welchen inhaltlichen Fragen sie sich beschäftigen wollen. Wichtig ist für sie vor allem die Methode / das Medium, das inhaltliche Problem ist zweitrangig. Es ergibt sich dann häufig, daß die Schüler zwar aktiv sind, doch nicht problemorientiert arbeiten. Für die Schüler wie für die Lehrer müssen künftig mehr Hinweise / Anregungen für solch problemorientiertes Arbeiten gegeben werden.

- Ein weiteres Problem kann der den Schülern **gewährte Handlungsspielraum** werden. Die Schüler können in der Differenzierungsphase ihren Arbeitsschwerpunkt im Rahmen des gewählten Teilthemas inhaltlich und methodisch selbst bestimmen. Sie können damit auch in Formen aktiv werden, die im sonstigen Unterricht selten sind wie z. B. Interviewen, Erkunden, Rollenspiel, Filme ansehen, Experimentieren, Basteln. Statt Texte zu lesen oder zu verfassen, sind die Schüler lieber in dieser Form tätig. Sofern diese Aktivitäten eine fehlende Problemorientierung zugrundeliegt, ist die kritische Bezeichnung „Überaktivität" oder „Aktionismus" gelegentlich begründet gewesen. Zur Vermeidung solcher Erscheinungen wird es darauf ankommen, noch stärker Hilfen für die Entwicklung der Planungsfähigkeit zu entwerfen.

- **Kooperationsprobleme** sind in den Kleingruppen häufiger aufgetreten. Das ist nicht verwunderlich angesichts der Anforderungen, die an die Schüler gestellt werden. Die Planung der gemeinsamen Arbeit, die Durchführung des selbst aufgestellten Plans, die Vermittlung der Arbeitsergebnisse an die anderen Schüler werfen Realisierungsprobleme (Mißstimmigkeiten, Dominanzen einzelner Schüler, Verweigerung anderer u. a. m.) auf, die sich für die Lehrer als gruppenpädagogische Aufgaben beschreiben lassen. Soll man abwarten oder schnell vermittelnd eingreifen, sollen Kooperationsprobleme unmittelbar aufgearbeitet werden, geht dabei der Inhaltsaspekt der Kleingruppenarbeit verloren? Dies sind Fragen, die beantwortet werden müssen.

- Die **Vermittlung der Arbeitsergebnisse** ist ein „altes Problem" arbeitsteiliger Gruppenarbeit. Auch bei den Versuchen mit wahldifferenziertem Unterricht hat es hier Schwierigkeiten gegeben. Es sind verschiedene Vermittlungsformen praktiziert worden. Auf zwei kritische Punkte ist aber besonders aufmerksam zu machen: Häufig werden die Ergebnisse vorgestellt, es kommt aber nicht zu einer Diskussion. Das kann daran liegen, daß zu wenig Zeit für die Ergebnisvermittlung vorgesehen wird, es kann aber auch daran liegen, daß die Schüler nicht über problemorientierte Vermittlungsformen verfügen. Mitunter sind einzelne Gruppen auch nur an der Darstellung ihrer Ergebnisse interessiert, für die Arbeitsergebnisse der anderen Gruppen bringen sie wenig Aufmerksamkeit auf. Hier sind spezielle Übungen anzusetzen.

- Die gemeinsame **Auswertung** des wahldifferenzierten Unterrichts insgesamt ist ein Problem. Die Verbesserung wahldifferenzierten Unterrichts wird nur gelingen, wenn über die Fragen, die im Zusammenhang mit der Planung, der Verabredung, dem zielstrebigen Arbeiten in den Kleingruppen, der Vermittlung der Arbeitsergebnisse auftreten, gemeinsam reflektiert wird. Dies ist bei den bisherigen Versuchen nicht in befriedigender Weise gelungen. Die Gründe dafür sind unterschiedlich: Manche Probleme können nicht erst am Schluß einer Unterrichtseinheit besprochen werden, sie müssen gleich in der jeweiligen Situation geklärt werden. Während die Planung von Unterricht im allgemeinen für wichtig gehalten wird, gilt dies für die Auswertung nicht in gleichem Maße. Mitunter werden die Schüler für nicht kompetent angesehen, Unterricht zutreffend zu beurteilen. Künftig müßte die Bedeutung der Auswertung und ihre Realisierung stärker beachtet werden.

Das Modell des wahldifferenzierten Unterrichts ist inzwischen in verschiedenen Schularten und -stufen erprobt worden. Um wenigstens ein Beispiel zu geben, wird auf die Arbeiten von Herrn Woest aus Bremen zurückgegriffen (Woest, 1997):

Die Unterrichtseinheit „Organische Stoffe des Alltags“

Angelehnt an die im Chemieunterricht übliche Darstellung stellt die folgende Zusammenfassung wichtige Inhaltsaspekte des Halbjahresthemas aus fachdidaktischer Sicht dar. Durch Fettdruck sind die Begriffe der Fachsprache hervorgehoben, die laut Lehrplan im Unterricht behandelt werden sollen.

Die Hydroxigruppe ist die reaktionsfähige Atomgruppe des Ethanols. Die **säurekatalytische Umsetzung** von Ethanol ist dabei von den vorliegenden Reaktionsbedingungen abhängig. Vereinfacht können die **Reaktionsmechanismen** (Bildung von **Halogenderivaten** und Ethern durch **Substitution** und Bildung von Ethen durch **Eliminierung**) über die Zwischenstufe **des instabilen Ethylenium-Ions** beschrieben werden. Durch Substitution der Hydroxigruppe entstehen aus Ethanol und Halogenwasserstoff die entsprechenden **Halogenalkale**, die mit Alkalien wieder zu Ethanol umgesetzt werden können.

Je nach Reaktionsbedingungen erfolgt beim Ethanol bevorzugt **intermolekulare Wasserabspaltung** (**Kondensation** zu Diethylether) oder vorwiegend **intramolekulare Wasserabspaltung** (Eliminierungsreaktion zur Ethenbildung). Mit Hilfe des Elektronenpaar-Abstoßungs-Modells kann der Molekülbau des Ethens beschrieben werden:

Das Ethen ist ein wichtiger Rohstoff der chemischen Industrie. Durch **Additionsreaktion** bzw. **Polymerisation** lassen sich technisch und wirtschaftlich wichtige Produkte gewinnen (z. B. Ethanol oder PE). Die **katalytische Addition von Wasserstoff** führt zu Ethan.

Durch **fraktionierte Destillation** werden die aliphatischen und aromatischen Kohlenwasserstoffe des Rohöls getrennt. Dieser Vorgang ist abhängig von der Molekülmasse und der Größe der zwischenmolekularen Kräfte. Methan und Ethan sind die Anfangsglieder einer Reihe von **gesättigten Kohlenwasserstoffen**, deren allgemeine Formel mit $\mathbf{C_n H_{2n+2}}$ angegeben werden kann. Bei längerkettigen **aliphatischen Kohlenwasserstoffen** ist Gerüstisomerie (**Strukturisomerie**) möglich, wenn bei gleicher Molekülformel unterschiedliche Konstitutionen im Molekülaufbau möglich sind. Die Benennung isomerer Kohlenwasserstoffe und deren Derivate erfolgt nach den **IUPAC-Regeln**.

Aldehyde (Alkanale) sind die Oxidationsprodukte primärer Alkohole und enthalten die **funktionelle Gruppe** CHO. **Ketone** (Alkanone) sind die Oxidationsprodukte sekundärer Alkohole und enthalten die Carbonylgruppe = Co als funktionelle Gruppe. Die Dehydrierung primärer und sekundärer Alkohole, sei es katalytisch oder durch ein zugegebenes Oxidationsmittel, ist ein Redoxprozeß, der mit Hilfe der formalen Größe „Oxidationszahl“ beschrieben werden kann. Die experimentelle Unterscheidbarkeit von Aldehyden und Ketonen beruht auf der weiteren Oxidierbarkeit der Aldehydgruppe. Da Ketone mit Ausnahme der α-Hydroxiketone im basischen Medium nicht reduzierend wirken, können verschiedene Nachweisreaktionen eingesetzt werden.

Essigsäure ist eine schwache Säure, da sie nur sehr wenig protolysiert. In 1M Lösung haben weniger als 1 % der Moleküle ein Proton an ein Wassermolekül abgegeben. Die **Acidität der Carboxylgruppe** kann vereinfachend wie folgt dargestellt werden: Das stark elektronenanziehende Carboxyl-Sauerstoffatom erhöht über das positiv polarisierte C-Atom die Polarität der OH-Bindung. Durch **Mesomerie** kann das bei der Protolyse entstehende Anion zwei CO-Bindungen ausbilden, deren Bindungslängen jeweils gleich sind. Die bindenden Elektronen könne dann als optimal delokalisiert angesehen werden. Da diese Anordnung energieärmer als die beiden Grenzzustände ist, beschreibt diese Struktur mit 4 delokalisierten Elektronen einen stabileren Zustand. Diese Interpretation der schwachen Acidität der Essigsäure wird durch die mehr als 10000fach stärkere Acidität der Trichloressigsäure unterstützt.

Die **Esterbildung,** eine Kondensationsreaktion von Alkoholen und Säuren, wird durch starke Säuren katalytisch beschleunigt. Mit Hilfen von ^{18}O-haltigem Alkohol kann nachgewiesen werden, daß zur Ausbildung von Esterbindung bei organischen Säuren die O-H-Bindung des Alkohols aufgespalten wird.

Fruchtester entsteht aus niedrigen Alkoholen und Carbonsäuren (z. B. das „Bananenaroma“ Essigsäureisobutylester), höhere Alkohole und Carbonsäuren bilden sogenannte **Wachse**. Natürliche Fette (fette Öle) sind Kondensationsprodukte des Glycerins mit gesättigten oder ungesättigten höheren Fettsäuren. Ist eine Alkoholfunktion mit Phosphorsäure verestert, handelt es sich um Phospatidsäuren, den „Stammverbindungen“ der Phospholipide. Die Salpetersäureester einiger organischer Stoffe (z. B. Glycerintrinitrat, „Nitroglycerin“) sind gefährlich zu handhabende explosive Stoffe. In Gegenwart von Wasser werden Ester säure- oder basekatalytisch (**$^{S}N^{2}$- oder Eliminierung / Additionsreaktion**) in den entsprechenden Alkohol und die Carbonsäure gespalten. Die Hydrolyse (Verseifung) von Fetten mit Alkalilaugen liefert in der Praxis die sogenannten **Seifen**, jene waschaktiven Stoffe, die die Oberflächenspannung des Wassers herabsetzen und lipophile Oberflächen zu benetzen vermögen.

Organische Stoffe nehmen im Alltag eines jeden eine zentrale Rolle ein. Als Lebensmittel oder Gebrauchsgüter sind sie in allen Lebensbereichen allgegenwärtig, so daß unter alltagsspezifischen Aspekten viele Inhaltsfelder angesprochen werden, die die Lernenden subjektiv betreffen und interessieren sollten. Ein spezielles Ziel dieser Unterrichtseinheit ist es, den Schülern eine Gelegenheit zu geben, selbständig Kompetenzen für ihren Alltag zu erwerben. Die Teilthemen sind weitreichend und die angebotenen Lern- bzw. Handlungsmöglichkeiten fachübergreifend zusammengestellt, um kenntlich zu machen, daß nicht nur fachwissenschaftliche Aspekte das Thema bestimmen. Es wurden Themengebiete aus dem Bereich der Organischen Chemie ausgewählt, die sowohl Inhaltsbereiche der Chemie exemplarisch vertiefen als auch das tägliche Leben der Schüler (Verbraucher, Freizeit) problematisieren, um so verstärkt Verstehens-, Urteils- und Handlungsmöglichkeiten zu eröffnen. Für die Unterrichtseinheit „Organische Stoffe im Alltag“ wurden mit Hilfe der folgenden Kriterien die Teilthemen ausgewählt.

Alltagsbezug: Die behandelten Stoffe müssen im erweiterten Erfahrungsbereich der Schüler präsent sein und sie mittel- oder unmittelbar betreffen.

Handlungskompetenz: Die Schüler sollen nach der Unterrichtseinheit mit den behandelten Stoffen sachgerecht umgehen. Durch das erworbene Wissen sollen sie evtl. Gefahren erkennen und ihr Verhalten darauf abstimmen.

Aktualität: Das Thema sollte öffentlich diskutiert werden und somit den Schülern die Möglichkeit bieten, am gesellschaftlichen Diskurs teilzunehmen.

Verfügbares Material: Zu jedem angebotenen Thema muß ausreichend geeignetes Material beschaffbar sein.

Experimentelle Möglichkeiten: Das Thema muß eine Reihe von möglichen Experimenten bieten, die von Schülern durchgeführt werden können und wichtige Erkenntnisse vermitteln. Diese Versuch müssen möglichst gefahrlos sein. Notwendige Chemikalien und Geräte müssen vorhanden oder leicht beschaff- bzw. finanzierbar sein. Es sollten möglichst wenig umweltgefährdende Stoffe verwendet werden.

Chemische Aspekte: Die Themen sollen das Verständnis für typische chemische Arbeits- und Denkweisen fördern. Sie sollen eine möglichst breite Palette von chemischen Kenntnissen anbieten.

Organische Stoffe des Alltags

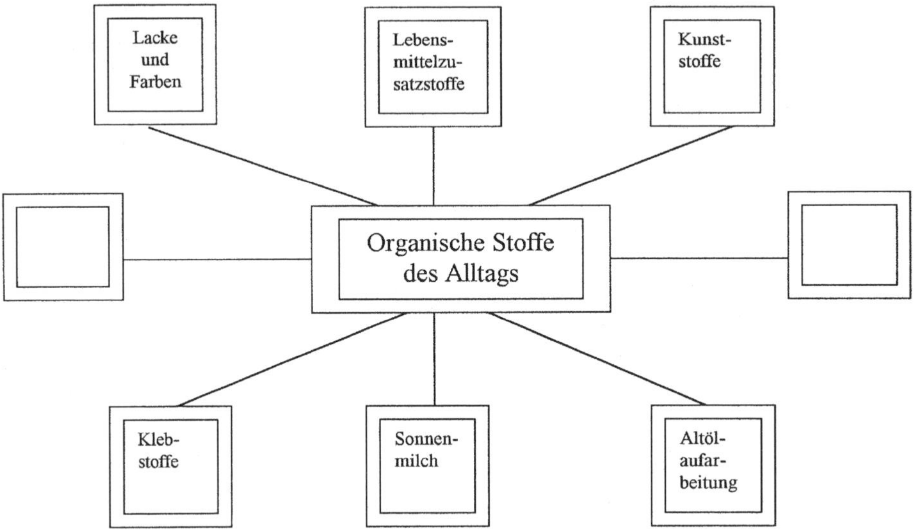

Bevor auf speziellere Probleme der Vorbereitung eingegangen wird, werden mit Hilfe der Darstellung eines geplanten Unterrichtsverlaufs strukturelle Elemente und Lernzielebenen diskutiert.

Die Einführungsphase der Unterrichtseinheit kann sehr unterschiedlich gestaltet werden: Ein vorbereitetes Rollenspiel könnte unterschiedliche Argumentationspositionen aufzeigen, mit Filmbeiträgen bzw. Zeitungsartikeln wird auf aktuelle Problemfälle hingewiesen oder eine Sammlung von alltäglichen Gebrauchsartikeln kann die Fülle der organischen Stoffe des Alltags darstellen. Der Beginn der Unterrichtseinheit kann aber auch in klassischer Weise durch den Lehrer gestaltet werden, indem strukturierte Sachinformationen-mit Hilfe eines Arbeitsblattes oder Experiments – vermittelt werden. Neben einer Einführung in die Gesamtthematik der Unterrichtseinheit hat diese 1. Phase vor allem folgende 4 Funktionen:

1. Sammeln von Inhaltsaspekten aus Schülersicht
2. Gemeinsame Strukturierung der Inhaltsbereiche zu bearbeitbaren Teilthemen
3. Aufzeigen möglicher Bearbeitungswege und
4. Vorstellung der verschiedenen Lernmöglichkeiten.

Daneben müssen Spielregeln für die Bereiche der Organisation der Gruppenarbeit, Sicherheit beim Experimentieren, Umgang mit Lernmaterialien und Durchführung von Erkundungen außerhalb der Schule verabredet werden. In dieser ersten Phase werden somit auch gemeinsame Grundlagen für alle Schülerinnen und Schüler geschaffen. Mit diesen sollen vor allem Anregungen gegeben werden, sich durch begründete Wahl für ein Teilthema zu entscheiden, an dem mit anderen zusammen weitergearbeitet wird. In der zentralen Phase des Unterrichts haben die Schüler die Möglichkeit, in einer kleinen Gruppe themenzentriert an einem attraktiven, selbst gewählten und gesellschaftlich anerkannten Inhaltsfeld zu lernen und zu arbeiten. Gegenüber Gruppenarbeitsphasen im herkömmlichen Unterricht, der sich durch relativ strenge Aufgaben- und Zielorientierung auszeichnet, betont die freie Gruppenarbeit die eigene Planungsfähigkeit der Schüler, die durch verschiedene Angebote oder Hilfen angeregt und unterstützt wird. Das Arbeiten in der Gruppe entspricht dann eher dem Vorgehen von an Alltags- oder Umweltfragen interessierten Bürgern.

Geplanter Verlauf der Unterrichtseinheit (Abb. 2)

Fundamentum

Unterrichtsgespräche / Arbeitsblätter
Kurzeinführung in die Organische Chemie
Brainstorming zu organischen Stoffen des Alltags
Vorstellung der Gruppenthemen, Spielregeln für die Gruppenarbeit

---

Freies Arbeiten

Angebotene Themen für die Gruppenarbeit:

Lebensmittelzusatzstoffe	Sonnenschutzmittel
Klebstoffe	Kunststoffe
Farbe und Lacke	

Gruppenarbeit zu den Teilthemen:
Bearbeitung von Informationsmaterialien
Durchführung und Auswertung von Experimenten
Erkundungen außerhalb der Schule und Befragung von Experten
Darstellung der Gruppenergebnisse in einem Produkt

Auswertung / Zusammenfassung:
Vorstellung der Produkte im Plenum
Vertiefung und Systematisierung

Neben Übersichten über vorliegende Angebotsmaterialien (Liste der Informationstexte, Übersicht zu den Experimenten) erhält jede Gruppe Planungshilfen, die Anregungen zu den Bereichen „Informationstexte“, „Experimentelle Handlungsmöglichkeiten“, „Außerschulische Erkundungen / Experten“ und „Produkt / Ergebnis der Gruppenarbeit“ enthalten.

Hierzu wurden während der Vorbereitung der Unterrichtseinheit Texte gesammelt, die einen unterschiedlichen Komplexitätsgrad aufweisen, Experimente zu den Teilthemen entwickelt, die sich auf verschiedene Erfahrungsmöglichkeiten beziehen und Erkundungsmöglichkeiten erprobt, mit denen Erfahrungen außerhalb der Schule gesammelt werden können. **Diese Vorbereitung stellt für die Schüler ein großes Repertoire an Möglichkeiten bereit, sich auf unterschiedlichen Lernwegen umfassend über ein Thema zu informieren.** Voraussetzung ist natürlich, daß sie ein notwendiges Interesse aufbringen. Im Rahmen ihrer Gruppenarbeit fertigen alle Gruppen ein Produkt an, welches in der Austauschphase im Plenum vorgestellt wird. In der abschließenden Vertiefungsphase faßt der Lehrer alle Arbeitsergebnisse zusammen und systematisiert die gewonnenen Erfahrungen. Abbildung 2 stellt den geplanten Verlauf der Unterrichtseinheit schematisch dar.

Abb. 3

Erwerb von Handlungskompetenzen für den Alltag
Bereich „Dispositionsziele“: Förderung der Kommunikationsfähigkeit, Kooperationsbereitschaft und des sicherheitsbewußten Verhaltens durch experimentelle, arbeitsteilige Gruppenarbeit.
Erwerb von Fähigkeiten, im Alltag selbständig weiterzulernen.
Bereich „Arbeitstechniken“: Informationsbeschaffung, Bearbeiten von Informationsmaterial, Erkundung des eigenen Alltags.
Bereich „Arbeitsmethoden“: Beobachten und Beschreiben von Substanzen bzw. Vorgängen. Sammeln, Ordnen und Protokollieren von Daten.
Darstellen von Zusammenhängen zwischen Alltagsprodukten und Erkenntnissen der Naturwissenschaft Chemie.
Bereich „Zielorientierung“: Planung eigener Arbeitsvorhaben, -schritte.
Darstellung eigener Arbeitsergebnisse in einem Produkt.
Strukturierung der gemeinsamen Gruppenarbeit und Darstellung der Ergebnisse (Vortrag).

Erwerb von Kenntnissen und Fähigkeiten, die die Beziehungen zwischen Chemie, Umwelt und Alltag an Beispielen exemplarisch aufzeigen

Historische Entwicklung chemischer Erkenntnisse an Beispielen von Alltagsprodukten.
Fragen der Umweltbelastung, des Umweltschutzes und der Gesundheitserziehung.
Anwendung chemischer Produkte im Alltag.
Interdisziplinäre Faktoren (z. B. Ökonomie, Technik oder Theologie)

Kennenlernen organischer Stoffe des Alltags
Gebrauchseigenschaften chemischer Produkte des Alltags.
Chemische Analyse und Synthese
Darstellung alternativer Produkte (z. B. Klebstoff)

Kenntnisse aus dem Bereich „Organische Chemie“
Chemische Stoffklassen: Aliphate, Alkohole, Ester, organische Säuren, halogenierte Kohlenwasserstoffe (Eigenschaften, Struktur, Verwendung)
Struktur-Eigenschaft-Prinzip: z. B. Destillation, Löseverhalten, Klebewirkung, Farbeffekte, Emulsion
Nachweismethoden für organische Stoffe: Qualitative Analyse, Einzelnachweise
Einfache Reaktionsmechanismen: Polymerisation oder Polykondensation
Modellhafte Darstellung chemischer Reaktionen
Umgang mit chemischen Stoffen und Entsorgung

Gemäß der dargestellten Position zu den Lernmöglichkeiten im wahldifferenzierten Chemieunterricht können auch Lernzielbereiche angegeben werden, die ein derartiges Konzept besonders fördern will. In Abbildung 3 werden ausformulierte Lernziele zu den Bereichen „Erwerb von Handlungskompetenz für den Alltag“, „Erwerb von Kenntnissen und Fähigkeiten“ und „Kenntnisse aus dem Bereich Organische Chemie“ gesammelt und dargestellt.

Es ist sicherlich davon auszugehen, daß dieser Unterricht für die Schüler völlig neu ist, da er ihren mindestens zehnjährigen schulischen Lern- und Unterrichtserfahrungen nicht entspricht. Hauptaufgabe des Fundamentums ist es somit, den Lernenden über die ungewohnte Arbeitsweise und die damit verbundenen Möglichkeiten zu informieren. Zudem sollen sie zum Thema sachkundig gemacht werden, um eine begründete Wahl ihres Gruppenthemas treffen zu können.

Die Schüler können ihr Thema nach eigenen Vorstellungen bearbeiten. Dabei steht ihnen vor allem das Informationsmaterial als Angebot zur Verfügung. Sie können die Schule verlassen, um sich an die Orte zu begeben, an denen mit ihren Stoffen umgegangen wird. Auch die Kontaktaufnahme mit Behörden, Verbänden, Firmen oder anderen Experten ist gewünscht. Außerdem sollen die Schüler chemische Experimente durchführen und auch chemische Fragen behandeln. Biologische, ökonomische oder sozialwissenschaftliche Aspekte können dabei integriert werden. Dadurch wird nicht nur ein fächerübergreifendes Lernen ermöglicht, sondern die Komplexität der Teilgebiete sollte erkennbar werden. So kann z. B. von mehreren Teilthemen das fachspezifische Inhaltselement Lösungsmittel bearbeitet werden. Hier lassen sich chemische Denk- und Arbeitsweisen erlernen: Lösungsmittel lassen sich sehr leicht aus Alltagsprodukten destillieren, sie sind leicht zu synthetisieren und bieten einen guten Einstieg in die Chemie der funktionellen Gruppen. Ihre lösenden Eigenschaften zeigen nicht nur wichtige chemische und physikalische Aspekte auf, sondern können auch in biologisch-toxikologischer Sicht vertieft werden. Daneben ist ihre polymorphe technische Anwendung von großer wirtschaftlicher Bedeutung. Sozialwissenschaftliche Aspekte ergeben sich zudem aus den arbeitsmedizinischen Folgeschäden oder der Problematik des sogenannten Schnüffelns und der Sucht.

Ein wesentliches Merkmal des wahldifferenzierten Konzepts ist das Informationsmaterial, welches vor Beginn der Unterrichtseinheit von der Projektgruppe zusammengestellt wurde. Das Informationspaket enthält nicht nur vielfältige Einzelinformationen, es setzt sich auch möglicherweise aus unterschiedlichen Materialien zusammen. Geeignet sind Schulbücher, Fachbücher, Broschüren (Industrie, Umweltschutzverbände, Verbraucherzentralen), Gesetzestexte, Artikel aus Tageszeitungen und fachwissenschaftlichen Zeitschriften. **Die Schüler sollen mit für den Schulalltag unüblichen Materialien arbeiten.** Hiermit ist die Hoffnung verbunden, daß die Arbeit für sie interessanter wird und daß sie auch etwas über die Leistungsfähigkeit derartiger Materialien erfahren bzw. den Umgang mit ihnen üben.

Ein kommentiertes Inhaltsverzeichnis ist den Angebotstexten vorangestellt, mit dem ein schneller Überblick und ein leichteres Auffinden von Informationen ermöglicht wird. Anderseits sollen die Schüler aber auch angeregt werden, in dem Material nach Informationen zu suchen. Durch dieses erwünschte „Schmökern" könne sie zusätzlich noch andere als die eigentlich gesuchten Informationen finden bzw. ihr Interesse für andere Problembereiche entdecken.

Für jedes Teilthema stehen den Gruppen ca. 30 Texte zur Verfügung. Es bestand die Aufgabe, aus den vorliegenden Informationen eine Auswahl zu treffen. Diese Auswahl ist eine erste Fremdsteuerung durch den Lehrer und soll deshalb aufgrund bestimmter überlegter Kategorien stattfinden. Eine erste Unterteilung kann aufgrund der **Herkunft und der Art der Texte** erfolgen. Dabei muß unterschieden werden, ob Broschüren bzw. Werbematerialien der Industrie, Informationsschriften der Verbraucherzentralen, Buch- bzw. Zeitschriftenartikel oder regionale, aktuelle Zeitungsartikel zur Darstellung von Teilaspekten der Themen geeignet sind. Die Kategorien lassen sich in Klassen („hoch-mittel-niedrig") einteilen. Mit ihnen kann eine begründete Auswahl getroffen werden, indem einzelne Texte klassifiziert und zu einem Gesamtpaket zusammengestellt werden. Dabei ist möglichst eine breite Streuung anzustreben, so daß von einer „guten Mischung" gesprochen werden kann. Das **Angebot zum Teilthema „Kunststoffe"** stellt ein Materialpaket für die Gruppenarbeit exemplarisch vor, das mit Hilfe der Kategorien zusammengestellt wurde.

Produktion / Gebrauch von Kunststoffen

1. „Lebensmittel gesund verpacken" Verbraucherzentrale des Landes Bremen (Vor- und Nachteile von Lebensmittelverpackungsfolien)
2. „Die Masche mit dem Damenstrumpf", Tageszeitung (Ein Strumpfkonzern versucht sich im Ökocontrolling durch Reduzierung der Umweltbelastung bei der Kunststoffproduktion)
3. „PVC-Kampagne", Bündnis 90/die Grünen (Risiken der PVC-Nutzung beim Bauen und der Spielzeuge von Kleinkindern)
4. „BASF-Leben + Umwelt mit Kunststoffen", Broschüre (Industrieinfos mit Vorteilen der Kunststoffe)
5. „Plastikbecher mit Verfallsdatum", Tageszeitung (Alternative Möglichkeiten der Kunststofferzeugung durch Pflanzenzüchtung zur Rohstoffgewinnung)

Kunststoffmüll und Recycling

1. „BASF-Bericht" (Gute physikalische Beschreibung des Rohstoffrecyclings, DSD-Kunststoffe sowie einer rohstofflichen Recyclinganlage. Mit vielen informativen Abbildungen versehen)

2. „Partymüll“ Stern-Anzeige (Initiative des Bundesumweltministers zur neuen Verpackungsverordnung)
3. „Shell-Werbeanzeige“ (Reduktion der Kunststoffverpackungen an Tankstellen)
4. „Kurzberichte“ Chem. Sch. 39 (92)4, Chemanager 6/94, Spiegel 11/95 (Hydrierung von Kunststoffmüll, Recyclingmöglichkeiten)
5. „Plastiklösung“ bild der wissenschaft 6/91 (Trennung eines Kunststoffgemischs durch fraktionierte Destillation)
6. „Die zweite Dienstzeit“ bild der wissenschaft 6/91 (Verwertungsstrategien für typischen Haushaltsmüll)
7. „EPS und Wellpappe“ Interdiziplinäre Forschungsgemeinschaft Kunststoffe (Informationen zu einer Ökobilanz von Wellpappe in Konkurrenz zu Styropor)
8. „BUND Materialien zur Kunststoffentsorgung“ Broschüren (Informationsmaterialien zu verschiedenen Problematiken der Plastikmüllentsorgung, z. B. Verbrennung, Deponierung, Downcycling, Joghurtbecher zu Parkbänken)
9. „In die Einwegfalle mit dem Dualen System?“ Verbraucherzentrale der Länder (Eine Gebrauchsanleitung zum Umgang mit dem „Grünen Punkt“)

Rechtliche und politische Aspekte

1. „Wir lassen sie sterben!“ Spiegel 10/94 (Bericht über berufs- und arbeitsbedingten Krebs durch verschiedene organische Substanzen)
2. „Nicht aufgefunden“ Spiegel 12/95 (Das Umweltministerium verschweigt die Öko-Belastung durch Dioxine. Ein politischer Bericht, der allerdings Informationen über Sinteröfen, Müllkampagnen etc. enthält)
3. „Pommes in der Waffel“ Spiegel 35/94 (Kritik am DSD wird laut. Politiker fordern Steuern für Einweggeschirr im Bereich Fast-Food und ein erweitertes Abfallbewußtsein)
4. „Was geschieht mit dem Müll, wenn Handelsgrenzen fallen?“ Wifo 9/92 (Rechtliche und politische Probleme des Müllexportes im vereinten Europa)
5. „Chinesen gegen deutschen Abfall“ Spiegel 29/95 (Die VR-China, erwägt einen Einfuhrstopp für deutschen DSD-Müll)
6. „NRW: Entspannung im Streit um PVC“ TAZ 4./5.11.95 (Im PVC-Streit, Lob für den neuen grünen Bauminister von Gewerkschaften und Industrie)
7. „Verpackungsverordnung“
8. „Gesundheitliche Beurteilung von Kunststoffen und anderen Polymeren im Rahmen des Lebensmittel- und Bedarfsgegenständegesetzes“ Bundesgesundheitsblatt

Fachsystematik

1. Verschiedene Schul- und Fachbücher
2. Materialien des Verbandes der kunststofferzeugenden Industrie (Diverse Industrieinformationen zum Kunststoffeinsatz in Automobilen, der Medizin und beim Sport. Infos zu Weichmachern sowie zu Kunststoff, Feuer und den Folgen.

Für den Einsatz von Schülerversuchen innerhalb der Unterrichtseinheit „Organische Stoffe des Alltags" werden folgend Leitlinien postuliert:

- Es sollen möglichst „echte" Schülerexperimente angeboten werden, die von den Lernenden selbständig geplant, durchgeführt und ausgewertet werden können.
- Die Versuche dürfen nur ein geringes Gefahrenpotential besitzen.
- Der Alltagsbezug muß bewahrt bleiben. Alle Experimente sollten möglichst mit den entsprechenden Produkten des Alltags ausführbar sein.
- Die Experimente sollten auch inhaltliche Bezüge zu den vorhandenen Texten besitzen, so daß Erklärungen nachgelesen werden können oder durch die Anregung des Lesens bestimmte Experimente ausgewählt werden.

Die folgenden Experimentierangebote wurden aus der entsprechenden Fachliteratur ausgewählt, erprobt und optimiert.

Teilthema „Klebstoffe"

Experiment 1	Klebewirkung eines synthetischen Stoffes
Experiment 2	Herstellung von Stärkekleistern
Experiment 3	Herstellung eines Casein-Leimes
Experiment 4	Herstellung eines Allesklebers
Experiment 5	Destillation von Lösemitteln aus Klebstoffen
Experiment 5 A	Nachweis von Halogenkohlenwasserstoffen-Beilsteinprobe
Experiment 5 B	Sauerstoffnachweis im Lösemittel
Experiment 5 C	Nachweis von Aromaten

Teilthema „Kunststoffe"

Experiment 1	Mit Steckdosen könnte man den Schrank streichen
Experiment 2	Polyester aus natürlichen Rohstoffen
Experiment 3	Downcycling anschaulich
Experiment 4	Wirkungsweisen eines Weichmachers
Experiment 5	Identifikation verschiedener Kunststoffe
Experiment 6	Kationische Polymerisation
Experiment 7	Rohstoffliches Recycling / Xylolversuch
Experiment 8	Kaseinknöpfe

Teilthema „Farben und Lacke“

Experiment 1	Destillation von Lösungsmitteln aus Lacken und Farben
Experiment 2	Nachweis von Halogenkohlenwasserstoffen-Beilsteinprobe
Experiment 3	Sauerstoffnachweis
Experiment 4	Nachweis von Aromaten
Experiment 5	Nachweis von Carbonsäureestern
Experiment 6	Herstellung einer Wandfarbe

Teilthema „Lebensmittelzusatzstoffe“

Experiment 1	Schimmelschutzwirkung am Beispiel Orangensaft
Experiment 2	Nachweis von Luftkeimen
Experiment 3	Nachweis von Ameisensäure in Honig
Experiment 4	Nachweis von Sorbinsäure in Margarine oder Mayonaise
Experiment 5	Ein Farbstoff als Indikator
Experiment 6	Trennung zellsaftlöslicher Farbstoffe aus Rotkohl
Experiment 7	Nachweis von Farbstoffen

Teilthema „Sonnenschutzmittel“

Experiment 1	Unterscheidung von Ö/W- und W/Ö-Emulsionen
Experiment 2	Fettnachweis in Sonnenschutzmitteln (Fettfleckmethode)
Experiment 3	Qualitativer Nachweis von Wasser in Lotionen und Cremes
Experiment 4	Sonnenmilch selber herstellen
Experiment 5	Nachweis von Konservierungsstoffen in Sonnenschutzmitteln
Experiment 6	Wirkungsweise eines Emulgators anhand eines Beispiels
Experiment 7	Nachweis der Wirksamkeit von UV-Filtersubstanzen in Sonnenschutzmitteln

Der Austausch der Ergebnisse erfolgt durch die Vorstellung der Produkte und anschließender Diskussion im Plenum. Hier können weiterführende oder vertiefende Fragen aufgeriffen werden, so daß der Lehrer Ansatzpunkte für eine Systematisierung erhält. Das folgende Strukturdiagramm zeigt eine Möglichkeit auf, die Ergebnisse der Arbeitsgruppen zusammenzuführen, so daß ein – wenn auch nur in Ansätzen – gleiches Curriculum für alle Schüler entsteht.

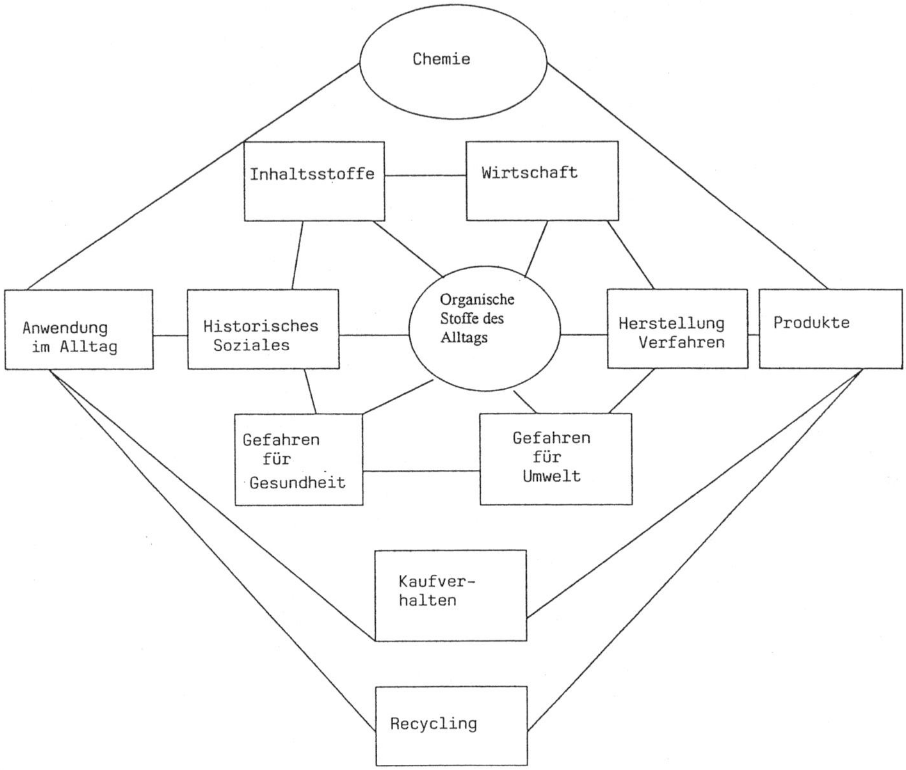

Das Beispiel macht deutlich, welche Lernchancen in solch einem Unterrichtsmodell sich eröffnen, es zeigt aber auch, daß der Vorbereitungsaufwand zunächst einmal recht groß ist.

2.2.2 Stationenlernen

In der gegenwärtigen Diskussion spielt das Modell des Stationenlernens eine gewisse Rolle, wiederum vor allem in der Grundschule. Zunächst sei wieder der didaktisch-methodische Ansatz beschrieben, um ihm dann ebenfalls wieder an einem Beispiel zu konkretisieren.

Lernen an Stationen – eine Variante offenen Unterrichts
Ausgang: Ehe die Diskussion um den offenen Unterricht stagniert!

Nachdem einige Jahre lang die Diskussion um den offenen Unterricht – als Gegenbegriff zum geschlossenen Unterricht, der in so ziemlich jeder Hinsicht (Intentionen, Inhalt, Methode, Medien, Leistungsbeurteilung) von Lehrer/-innen vorbestimmt ist und damit eine systematische Vorgabe für das Lernen der Schüler/-innen ist – sehr rege war, das Diskussionspendel mitunter sehr weit ausschlug und dabei die Offenheiten teilweise extrem weit definiert wurden, flaut die Diskussion gegenwärtig ab. Entweder haben sich die Teilkonzepte (Wochenplanarbeit, Freie Arbeit i. e. S., wahldifferenzierter Unterricht, Projektarbeit) etabliert oder die Entwicklung stagniert aufgrund gemischter Erfahrungen und wachsender Bedenken. Aber sicher ist eine Grundeinsicht, daß Lernen strukturiert bleiben muß, wenn es Schüler/-innen wirklich etwas bringen soll.

In dem Zusammenhang kann die Fixierung zweier Teilkonzepte hilfreich sein, die sich in allerletzter Zeit in den Vordergrund geschoben haben: Werkstatt-Unterricht und Stationen-Lernen. Im folgenden soll für das Teilkonzept 'Stationen-Lernen' eine Diskussionsstandbeschreibung gegeben werden, die vielleicht dem offenen Unterricht einen kleinen Schub geben könnte. Es hängt eng mit dem Werkstattunterricht (Lernen in der Lernwerkstatt) zusammen.

Begriffsklärungen

Die Lernstation ist ein Arbeitsangebot, das in strukturierter Weise mit Hilfe von Materialien und Geräten die Erledigung von eng oder offener gestellten Aufgaben ermöglicht (Übungen durchführen, Texte schreiben, Experimente durchführen und anderes). Die Lernstation kann am Arbeitsplatz der Schüler/-innen, in Funktionsecken im Klassenraum, auf verfügbaren Flurflächen, in einer Lernwerkstatt oder in Fachräumen eingerichtet werden.

Das Lernen an Stationen beschreibt jeweils das zusammengesetzte Angebot mehrerer Lernstationen. Die Begriffe Lernzirkel, Übungszirkel oder eben Stationenlernen beschreiben das jeweilige Arrangement.

Stationenlernen ist dadurch gekennzeichnet, daß die Schüler/-innen nicht in einen linearen Ablauf, z. B. in die Bearbeitung einer Unterrichtseinheit) eingebunden sind, sondern selbständig, in beliebiger Reihenfolge, meist auch in frei gewählter Sozialform die angebotenen Pflicht- und Wahlaufgaben bearbeiten können. Wenn der Set an Stationen durch eine gut informierende Übersicht vorher bekanntgemacht worden ist, können die Schüler/-innen selbständig, aktiv und kooperativ, nach ihren Lernpräferenzen Interessen, Vorlieben, Vorerfahrungen die Lernstationen angehen, müssen sich aber immer wieder mit den Anderen abstimmen und verabreden.

Zeitlicher und organisatorischer Rahmen sind eingrenzende Momente. Die Auswahl des Angebotes folgt verschiedenen Aspekten; die Möglichkeiten der Lernenden, die Bedingungen des Unterrichtsstoffes, die Differenzierung des Anspruchsniveaus (schwache Lerner wie gut und schnell Lernende brauchen entsprechende Angebote), die materiellen und räumlichen Gegebenheiten der Schule sind zu beachten. In Gestalt von Arbeitsanweisungen, Versuchsbeschreibungen, anregendem Material, Kopiervorlagen, Hinweise auf Buchseiten, Spielangeboten können die Lernstationen eine breite Palette anbieten.

Die Lernchancen bei Stationenlernen

Der entscheidende Prüfpunkt bei unterrichtlichen Neuerungen ist immer die Frage, welche und ob ggf. bessere Möglichkeiten des Lernens eröffnet werden können. Es geht nicht um modische Schnick-Schnacks! Stationenlernen eröffnet folgende Chancen:

- Den Schüler/-innen können unterschiedliche Arten des Lernens angeboten werden. Dies kann ihre Stärken ausbauen und ihre Schwächen neutralisieren.
- Das Geleitzugprinzip im Frontalunterricht wird aufgegeben zugunsten individuell und kooperativ gestalteter Lernprozesse. Damit entfällt der direkte Handlungsdruck, der für Schüler/-innen im lehrerorientierten Unterricht gegeben ist.
- Störungen im herkömmlichen Unterricht (Gespräche untereinander u. a. m.) sind nicht mehr Störungen. Kommunikation und Kooperation untereinander sind erwünscht. Natürlich müssen Verabredungen über einen zumutbaren Lärmpegel getroffen werden.
- Die Lehrkraft kann sich aus der ewigen 'Kutscherrolle' zurückziehen. Lernprozesse organisieren sich anders.
- Unterschiedlich lange Bearbeitungszeiten werden akzeptiert. Damit bekommen Schüler/-innen endlich die Chance, nach ihrem Lerntempo zu arbeiten.
- Die Differenziertheit der Aufgaben werden den meisten Schüler/-innen produktive Lernmöglichkeiten eröffnen.

Mit diesen Chancen können alte Intentionen des Unterrichts besser verfolgt werden. Diese sind:

- Die Bereitstellung angemessener Entwicklungsbedingungen für alle Kinder.
- Die optimale Förderung des Lernens jedes(er) Schülers/-in.
- Die Leistungsanforderungen können abgestuft werden.
- Das verweilende und gründliche Lernen bekommt eine Chance. Die Vollständigkeit von Lernprozessen ist im herkömmlichen Unterricht ständig ein Problem.
- Die Phantasie und Produktivität können Raum zur Entfaltung bekommen.
- Das Interesse von Schüler/-innen kann gefördert werden.
- Die handelnde und sprachliche Auseinandersetzung bekommt größere Chancen.
- Die Schüler/-innen können lernen, Selbständigkeit und Selbstverantwortung aufzubauen.
- Das soziale Lernen (Beziehungen pflegen, einander helfen, Regeln einhalten und weiterentwickeln) bekommt größere Chancen.

Freilich sind „kritische“ Stellen auch zu sehen:

- Eine direkte und dauernde Überprüfung der Schüler/-innen ist nicht möglich.
- Die Leistungsfeststellung und -beurteilung werden schwieriger.

– Evtl. geht der Überblick über den Arbeits- und Leistungsstand verloren.
– Die „Schere“ im Leistungsvermögen der Klasse kann noch größer werden.

Didaktisch-methodische Arrangements

Die Stationen müssen so gestaltet sein, daß die Schüler/-innen sie selbständig und ohne weitere Hinweise bearbeiten können. Die Arbeitsaufträge müssen sich selbst erklären, z.B. durch Bilder, Schemata, Zeichnungen oder Beschreibungen. Der Umgang mit Materialien sollte bekannt sein, wenn nicht, muß er exemplarisch erläutert werden. Geschlossene und offene Aufgabenstellungen, die Mischung von Neuem und Bekanntem und unterschiedliche Zugänge sind zu beachten. Lernweg und Lerninhalt sollten gleichrangig gewichtet werden. Die Lerneingangskanäle Hören, Lesen, Betrachten, handelnder Umgang und möglichst viele Sinne sind zu berücksichtigen. Eine angemessene Mindestanforderung, Wahlmöglichkeiten und auch ein Maximalangebot werden entsprechende Differenzierungen erlauben. Unterschiedliches Arbeitstempo muß ermöglicht werden.

Es ist sinnvoll, eine größere Menge von Arbeitsaufträgen anzubieten, als von den Schülern/-innen mindestens bearbeitet werden müssen. Anregungen zu Partner- oder Gruppenarbeiten sind sinnvoll. Beide Maßnahmen sollen Hilfe dafür sein, die Metaebene des Lernens zu kultivieren: Welche Lernaufgaben werden angeboten, welche wähle ich aus, was könnte ich mit Anderen zusammen machen? Die Schüler/-innen sollen ja zunehmend zu einer Selbstorganisation ihres Lernens kommen. Dafür ist wichtig, daß sie eine bestimmte Struktur gewinnen: Was ist im Angebot, warum werden diese Aufgaben angeboten, welchen Charakter haben die Aufgaben, was kann ich dabei tun und mit wem könnte ich zusammen arbeiten?

Eine sinnvolle Einführung der Stationen ist zu überlegen. Wenn die Stationen ein bis zwei Tage früher aufgebaut werden, kann die Neugier geweckt werden und jeder kann sich schon mal orientieren. Der Überblick über alle Stationen – vielleicht mit einem Tafelbild und verbunden mit einer Information – ist sinnvoll, auch wenn vielleicht die Aufnahmefähigkeit der Schüler/-innen arg überfordert werden kann.

Für das Stationenlernen müssen Arbeits- und Verhaltensregeln aufgestellt werden, die die Bearbeitung selbst (Lesen der Aufgabenstellungen, Bereitstellung der Materialien und Geräte, später auch ihr Wegräumen), die Organisation der Arbeit mit Anderen, die zeitliche Organisation (das zeitliche Nacheinander, warten können, sich verabreden), die Lernerfolgskontrolle und den Lärmpegel betreffen.

Die Lernzirkel – und dies meint das Insgesamt der eingerichteten Lernstationen – können unterschiedlich konzipiert sein. Bei einem Übungszirkel werden Übungsangebote zu einem Thema umfassend, differenzierend und vielfältig angeboten. Thematische Schwerpunktsetzungen und unterschiedliche Lernarten sind zu beachten. Bei einem vertiefenden Bearbeiten neuer Unterrichtsinhalte kommt es darauf an, nach der üblichen Einführungsphase Möglichkeiten anzubieten, Teilthemen genauer zu bearbeiten, Handlungen selbst durchzuführen und entsprechende Erfahrungen machen zu können. Das selbständige Erarbeiten neuer Inhalte soll immer auch eine Variante von Lernzirkeln sein. Erkundungen, Recherchen, Versuche u. a. m. gehören hierher. Aber auch die Aufarbeitung von Vorlagen oder Schulbuchseiten kann die umfassende Auseinandersetzung mit einem Thema erlauben. Die Vorgaben dafür sind dann direkter als bei Variante drei, die eher durch offenere Angebote gekennzeichnet ist (Büchertisch, Materialien- und Geräteset).

Wichtig ist auch eine Überlegung zur Einrichtung / Lokalisierung von Lernstationen. Eine Bauvariante ist, den Schüler/-innen ihre Arbeitsplätze für die Bearbeitung zu lassen. Die Lernstationen können dann z. B. an einer Seite nebeneinander übersichtlich aufgebaut werden. Man holt sich dort die einzelnen Arbeitsaufträge ab. Der Schülertisch dient als „Heimat", die verlassen wird, um sich Arbeit zu besorgen. Die Einrichtung der Lernstationen auf den Schülertischen kann schnell eine Behinderung bedeuten und einen täglichen Auf- und Abbau notwendig machen. Eine zweite Bauvariante wäre, die Lernstationen in den verschiedenen Funktionsecken des Klassenzimmers einzurichten. Eine Übersicht vorn an der Tafel sichert die Zirkulation. Die Schüler/-innen können dann von Lernstation zu Lernstation „wandern". Es ist also Bewegung im Stationenlernen. Dies kann verstärkt werden durch die Einrichtung von Lernstationen in Gruppenräumen und auf Fluren. Die dritte Bauvariante ist dann realisierbar, wenn eine oder mehrere Lernwerkstätten in der Schule bestehen, vielleicht auch ein Schülerarbeitszentrum. Dort stehen auf Dauer Arbeitsmöglichkeiten bereit (Computer, Schreibmaschine, Lernspiele, Drucker, Videogerät, Bücher, Lernmaterialien), die dann auf ein bestimmtes Thema hin zeitweilig orientiert werden. Möglicherweise muß man bei dieser Variante aber Aufsichtsfragen vorher klären.

Angemerkt sei, daß sich Stationenlernen natürlich auch an außerschulischen Lernorten organisieren läßt wie etwa im Zoo oder auf dem Bauernhof oder anderswo.

Die veränderte Lehrer/-innenrolle

Die bisherigen Ausführungen machen deutlich, daß sich die Lehrer/-innenrolle verändert. Stationenlernen führt zu einem Paradigmenwechsel. Statt der ständigen Unterrichtsführung geht es im Vorfeld um den Aufbau von Lernstationen (Sammlung von Materialien und Geräten, Formulierung der Arbeitsaufträge), während des Stationenlernens sind die zentralen Tätigkeiten Beraten, Beobachten, Helfen, Impulse geben, Unterstützen, zur Lernerfolgskontrolle anleiten,

Organisieren. Die Hilfe für selbstverantwortetes Lernen ist die bündelnde zentrale Aufgabe.

Am Ende der jeweiligen Phasen des Stationenlernens geht es um die Organisation von Zwischenreflexionen (wie weit sind wir gekommen, was haben wir geschafft, wo fehlt etwas?), um Buchführung für die beteiligten Schüler/-innen und um die Sicherung von Lernerfolgskontrollen. Moderation, Organisation, Beratung, Buchführung sind also die zentralen Tätigkeiten. Beobachtung und individuelle Hilfe werden in größerem Maße möglich. Dies sind Chancen der Intensivierung des Lernens, sie verlangen aber auch einen höheren Grad von distributiver Aufmerksamkeit als die herkömmliche Unterrichtsstunde.

Schluß: Verknüpfung mit den Teilkonzepten offenen Unterrichts

Zum Schluß ist es möglich, das Stationenlernen mit den Teilkonzepten zu verknüpfen, die sich bisher herauskristalliert haben. Man kann Wochenplanarbeit, Freie Arbeit, wahldifferenzierten Unterricht und Projektarbeit voneinander unterscheiden. Ein Übungszirkel hat große Affinität zu Wochenplanarbeit, da die Vorgaben sich über die Lernstationen konkretisieren. Freie Arbeit, das ist die Möglichkeit, sich in Eigenverantwortung Aufgaben und Inhalte zu wählen, wird im Stationenlernen möglich, wenn bei beispielsweise fünf Lernstationen unterschiedliche Inhalte angeboten werden, die in Auswahl angegangen werden können. Wahldifferenzierter Unterricht realisiert sich, wenn nach einer gemeinsamen Einführung die Lernstationen Teilthemen zur Bearbeitung anbieten. Projektarbeit kann eine sehr günstige Verlaufsstruktur durch Stationen erfahren, wenn sie die Arbeitsschritte repräsentieren, die durch den Projektplan entwickelt worden sind. Deutlich wird dabei – gewissermaßen im Rücklauf der Überlegungen –, daß die Konstruktion von Lernstationen immer von dem Unterrichtskonzept abhängt, das man verfolgen möchte. Bei der Vervollständigung von Lernprozessen (Üben, Wiederholen, Anwenden) werden die Aufgaben insgesamt einen direktiveren Charakter haben als bei der Initiierung von an Selbständigkeit orientierten Lernprozessen. Da kommt es viel eher darauf an, daß der Anregungs- und Impulscharakter möglichst groß ist.

Insgesamt gesehen hat das Stationenlernen die didaktisch-methodische Funktion, intendierte Lernprozesse zu materialisieren, d. h., die organisatorischen und materiellen Grundlagen bereitzustellen, um Lernen erfolgreich und einfallsreich zu ermöglichen. Dies ist die Grundidee offenen Unterrichts!

Das Unterrichtsbeispiel Wattenmeer

Nach einer informierenden und strukturierenden Einführung in das Thema durch den Lehrer / die Lehrerin werden 5 Lernstationen angeboten. Sie erlauben die Bearbeitung auf recht unterschiedlichen Wegen:

1. Rollenspiel: Die gesprächsweise Erörterung
2. Befragung: Die Recherche (Meinungen von Leuten)
3. Der Versuch: Experimentelle Bearbeitung einer Fragestellung
4. Literaturbearbeitung: Die Welt der Krabbenfischer
5. Bilderbearbeitung und visuelle bzw. sprachliche Darstellung.

Nun kann man den Durchlauf aller fünf Stationen zur Pflicht machen oder man definiert z. B. drei Aufgaben zu Basis- / Pflichtaufgaben und zwei zu Zusatzaufgaben. Zu klären ist auch, ob Einzel-, Partner- oder Gruppenarbeit angesagt ist (einige der Aufgaben sind von vornherein auf Kooperation angelegt). In jedem Fall brauchen Schüler/-innen erfahrungsgemäß unterschiedlich viel Zeit für die Bearbeitung. Das Einfädeln in das Nacheinander des Stationenlaufs kann bei einer zeitweisen Ballung an einzelnen Stationen auch Zeit kosten. So bietet sich das Konstruktionsmuster „Pflicht- und Zusatzaufgaben“ an, um die allemal begrenzte Zeit, die solche einer Unterrichtseinheit zur Verfügung steht, relativ entspannt nutzen zu können. Wie vielseitig und produktiv sich Lernen an Stationen entwickeln kann, sei durch die kurze Beschreibung der Aufgaben aufgezeigt:

1. Station: Rollenspiel: Problemorientierte Diskussion

Aufgabe: Spielt zu viert! Verteilt die Rollen! Versucht, die jeweilige Meinung zu vertreten. Besprecht danach, welche Meinung am besten eine breite Zustimmung erfahren könnte.

Die Rollen:

1. Du bist ein Schüler der Schule. Du hast Dich mit den Problemen wie Gefährdung des Wattenmeeres durch Touristen, mit dem Bau immer neuer Ferienanlagen auseinandergesetzt. Du findest, daß alle Menschen sich über den Erhalt dieser Landschaft mehr Gedanken machen müssen.
2. Du bist ein Mitarbeiter eines Nationalparkhauses. Du kennst die Gefahren, die durch Touristen entstehen. Du bist gegen weitere Ferienanlagen. Das Land, das dafür gebraucht wird, zerstört die wichtigen Salzwiesen.
3. Du bist ein Hotelbesitzer. Vor einigen Jahren hast Du Deinen Bauernhof aufgegeben, da Du nicht genug erwirtschaften konntest. Du hast ein kleines Hotel gebaut. Nur durch die Touristen nimmst Du jedes Jahr genug Geld ein, um Deine Familie ernähren zu können.
4. Du bist ein Tourist an der Küste. Du besuchst täglich das Spaßbad, machst Wattwanderungen, läufst am Strand entlang. Du findest auch die Bootstour zu den Seehundbänken gut.

2. Station: Entwurf eines Fragebogens und Befragung von Mitschüler/-innen und Leuten auf der Straße.

Aufgabe: Ihr findet hier die erste Fassung eines Fragebogens. Erweitert ihn, befragt mindestens zehn Leute, wertet die Antworten aus.

Vorgabe eines Fragebogens: Gefährdung der Landschaft

1. Würdest Du / würden Sie Urlaub in Ostfriesland verbringen?
   Wenn ja, wo (Küste / Insel / Binnenland)
2. Welche guten und welche schlechten Folgen haben die Touristen für die Region?
3. Welches sind die Gefahren für das Wattenmeer?
4. Was heißt Küstenschutz?

3. Station: Experimentelles Arbeiten: Die Miesmuschel reinigt das Wetter.

Aufgabe: Geht folgende Schritte und führt den Versuch durch. Es liegt alles Notwendige bereit.

1. Gedanke:	Die Tiere des Wattenmeeres nehmen auf unterschiedliche Weise die Nahrung auf, z. B. filtert die Miesmuschel das Meerwasser und nimmt so ihre Nahrung zu sich. Darüber hinaus reinigt sie das Wasser und wird daher als „Kläranlage des Wattenmeeres“ bezeichnet.
2. Frage:	z. B.: Warum heißen die Miesmuscheln „Kläranlage des Wattenmeeres“? Welche Folgen hat die Nordseeverschmutzung für Tiere?
3. Materialien:	fünf bis zehn Miesmuscheln (diese können beim Schulbiologiezentrum bestellt werden und werden in Meerwasser geliefert), ein Behälter, eine Pappe zum späteren Halbieren des Behälters.
4. Versuchsdurchführung:	Die Miesmuscheln werden aus dem Meerwasser entfernt. Dieses wird in den Behälter gefüllt und mit Schlick oder Sand verrührt. Danach wird der Behälter mit der Pappe in zwei Hälften geteilt. In eine Hälfte werden die Miesmuscheln gegeben.
5. Beobachtung:	Nach kurzer Zeit öffnen sich die Miesmuscheln. Nach ca.20 Minuten wird das Wasser mit den Miesmuscheln klar.
6. Ergebnis:	Miesmuscheln öffnen sich zur Nahrungsaufnahme, nehmen die Nahrung aus dem Wasser auf und reinigen das Meerwasser und werden daher als Kläranlage bezeichnet.
7. Schlußfolgerung:	Wenn das Meerwasser verschmutzt ist, nehmen die Miesmuscheln u. U. Gifte auf. Dadurch könnten die Anzahl der Muscheln zurückgehen und die natürliche Kläranlage würde nicht mehr bestehen.

4. Station: Literaturbearbeitung und -produktion: „Ebbe und Flut“

Aufgaben:

- Lest auf Seite 123 unseres Sachunterrichtsbuches den Text über die Entstehung von Ebbe und Flut.
- Probiert mit Zeichnungen, Ebbe und Flut zu verstehen
- Schreibt selber einen Text: So entstehen die Gezeiten

5. Station: Bildbearbeitungen und visuelle bzw. sprachliche Darstellung: Wieso ist das Wattenmeer in Gefahr?

Aufgaben:

- Seht Euch die Abbildungen an!
- Seht Ihr, warum das Wattenmeer in Gefahr ist?
- Malt alle Gefahren des Wattenmeeres auf!
- Schreibt Begriffe darunter!

Nach der Beschreibung der Stationen und der mit ihnen verbundenen Aufgaben wird deutlicher sein, was an Planung notwendig ist, welches Wissen die Einführungsphase sichern muß, welche Lernanforderungen gestellt werden. Entgegen häufig geäußerter Befürchtungen (verringerter Leistungsanspruch) ist zu erkennen, daß der Anspruch an Verfahrenskompetenzen (z. B. Fragebogen vervollständigen, Interviewtechnik, Auswertung), an Selbständigkeit und Selbstorganisation, an soziale Kompetenzen (Arbeitsteilung und Kooperation) hoch ist. Der Planungsaufwand mag zunächst größer sein (Aufbau der Stationen, Aufgabenformulierung, Materialbereitstellung), die Lernarbeit wird dann aber eine qualitativ andere. Die Organisation der Lernarbeit ist komplizierter, Zeit muß gut kalkuliert werden, die Ergebnisbewertung verlangt eigene Strukturen. Die Aufgaben des Lehrers / der Lehrerin verändern sich (mehr Beratung als Vermittlung in der zentralen Phase)

Ein Laufzettel kann die Übersicht sichern helfen:

Wattenmeerlaufzettel

Name: ______________________________

Nummer der Station	Erledigt Datum	Zusatz erledigt	Noch zu erledigen
1			
2			
3			
4			
5			

In der Summe: Stationenlernen erlaubt das Lernen nach eigenem Tempo, die Selbstorganisation des Lernens (Reihenfolge, Anspruchsniveau u. a. m.) und Kooperationlernen. Es gestaltet das Lernen vielfältiger und ist vom Anspruch her schwieriger. Unter dem Aspekt der Differenzierung ist es ein wichtiges Konstruktionsmuster von Unterricht.

3. Zusatzdifferenzierung

Differenzierung in Schule und Unterricht soll gewährleisten, daß die Lernangebote / Inhalte / Anforderungen mit den Lernvoraussetzungen, Lernmöglichkeiten und Lernfortschritten zur Passung gebracht werden. Bisher sind Differenzierungsmöglichkeiten dargestellt worden, die einer jeweiligen Schülerpopulation in einer Schule, in einem Jahrgang, in einer Klasse, in einem Fach insgesamt die angemesseren Lernsituationen schaffen.

Die nun zur Rede stehende Zusatzdifferenzierung umfaßt besondere Förderungsmaßnahmen, die über die für alle Schüler/-innen vorgesehenen Maßnahmen hinausgehen. Sie kann für Schüler/-innen mit besonderen Schwierigkeiten und auch mit besonderen Fähigkeiten / Fertigkeiten geplant und realisiert werden. Wenn man das Augenmerk besonders auf die Bearbeitung von Schwierigkeiten legt (Lern-, Verhaltenschwierigkeiten, ausländische Kinder, Aussiedlerkinder), kann man folgenden Ansatz beschreiben:

Unter dem schulpädagogischen Fachterminus „Förderunterricht“ werden Unterrichtsstunden / Lehrer / -innenstunden zur Verfügung gestellt, die Schülern/-innen mit fachbezogenen Lernschwierigkeiten (Schwächen, Defizite, Rückstände) zugute kommen sollen. Man kann zwei Grundformen unterscheiden:

3.1 Fachspezifische Förderkurse

Sie sind das deutlichste Beispiel für eine äußere Zusatzdifferenzierung. Schüler/-innen mit Leistungsschwierigkeiten in einem Fach werden zu kurz- oder längerfristigen Förderkursen zusammengefaßt, um in einer kleinen Gruppe gezielt gefördert zu werden. Dieser Förderunterricht wird im Stundenplan der Klasse in der Regel in Endstunden plaziert. Über den Effekt dieses Förderunterrichts weiß man im allgemeinen zu wenig. Sinn macht er ja nur, wenn aus dem Unterricht in der Klasse heraus lerndiagnostisch festgestellt worden ist, welche Lernprobleme bestehen und welches die Ursachen sind, um daraufhin gezielt ein Förderprogramm zu entwerfen und dann durchzuführen. Die gelegentlich zu beobachtende schlichte Abkoppelung macht nicht viel Sinn. Förderkurse müssen auch dem betreffenden Schüler hilfreich und sinnvoll erscheinen, ihm Erfolg bringen, so daß er auch von sich aus zusätzlich lernen will. Förderunterricht darf nicht Strafe und Schande sein.

Der didaktisch-methodische Grundsatz ist folgendermaßen zu beschreiben:

Jeder Lernprozess ist mehrdimensional. Vor allem die Dimensionen Komplexität, Niveau und Lernart sind dabei zu identifizieren. Innerhalb dieser Dimensionen kann Lernen nur erfolgreich gelingen, wenn das wechselseitige Verhältnis objektiver Lernanforderung und subjektiver Lernvoraussetzungen berücksichtigt wird. *Komplexität* ist in etwa mit dem Begriff *Sachstruktur* zu kennzeichnen. Zusammenhänge, Generalisierungen und Begriffsbildungen gehen eine Synthese ein, die unterschiedlich komplex sein kann. *Niveau* meint die Stufe, auf der die subjektive Verinnerlichung objektiv gegebener Sachverhalte jeweils erfolgen kann. *Lernart* (siehe die Ausführungen zu den Präferenzen)kennzeichnet die Art des Herangehens. Ist sie zunächst konkret, anschaulich, handgreiflich und wie weit können dann begrifflich-analytische Prozesse folgen oder sind diese von vornherein der adäquate Zugriff? Das Strukturgitter (siehe Abb. 1) gibt eine Grundorientierung (Zwack-Stier 1997).

Unterschiedliche Lernwege ermöglichen erfolgreiches Lernen

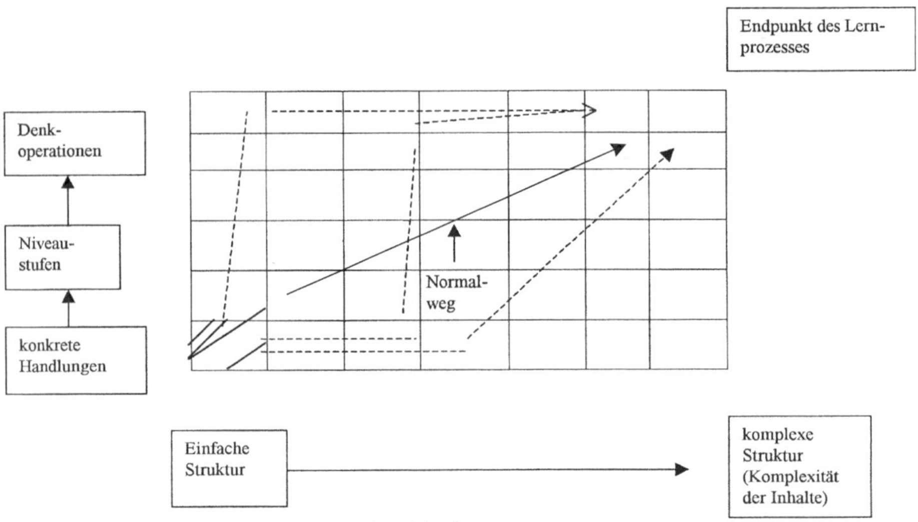

Der so genannte Normalweg geht in aufsteigender Linie von einfachen Inhaltsstrukturen und konkreten Handlungen in aufsteigenden Niveaustufen zu Denkoperationen an komplexen Inhaltsstrukturen. Die realen Wege Lernwege werden – soweit sie zu ermöglichen sind – anders verlaufen. Die gestrichelten Linien zeigen unterschiedliche Varianten. Da kann eine Schülerin schnell in höhere Niveaustufen aufsteigen, aber in einfachen Strukturen. Da bleibt ein Schüler länger in konkret-anschaulichen Lernprozessen befangen, ehe behutsam komplexere Inhalte mit anspruchsvolleren Denkoperationen verknüpft werden können. Ein dritter kann nach ersten Lernschritten in konkret-handelnder Anlage, aber schon komplexitätssteigernder Weise dann relativ schnell in den Niveaustufen aufsteigen.

Diagnostische Differenzierung

Ist die eine Richtung der Differenzierung bestimmt durch eine Variabilität im Lernangebot, möglichst angelehnt an die Lernpräferenzen von Schülerinnen und Schülern – davon war bisher die Rede –, so ist ebenso wichtig das *Differenzierungsangebot nach der Diagnose* von begonnenen Lernprozessen. Lerndiagnose ist wohl nach wie vor ein auszubauender Kompetenzbereich von Lehrerinnen und Lehrern. Diagnostik zielt auf die Beantwortung von zwei Fragen:

> Welche Fehler werden gemacht?
> Welche Ursachen haben diese?

Während die erste Frage durch systematische Fehlernotierung relativ einfach beantwortet werden könnte, ist die zweite Frage nach den dahinter liegenden Ursachen schwerer zu beantworten. Wenn wieder das Beispiel der Mathematik exemplarisch zur Verdeutlichung von Lernschwächen bzw. Ursachen von Lernschwierigkeiten genommen wird, so kann man sagen, daß heute einige *Teilleistungsschwächen* identifizierbar sind wie z. B. (Bauer 1991):

1. Schülerinnen und Schüler können in ihrem *Lerntempo* sehr langsam sein. Sie brauchen, wenn sie erfolgreich lernen wollen, bis fünfmal so viel Zeit wie ein schneller Lerner (Wahl / Weinert/ Huber 1984). Ist das Lerntempo extrem langsam, käme es darauf an, Zeit zu geben. Über Phasen offenen Unterrichts (Bönsch 1993) kann heute ohne große Schwierigkeiten eine Differenzierung nach unterschiedlichen Zeitressourcen vorgenommen werden.
2. Weiterhin spricht man von sogenannten *Teilleistungsschwächen,* die häufig gar nicht bekannt sind.

Teilleistungsschwächen

Gedächtnisschwäche

Ein Schüler hat Schwierigkeiten, sich Ziffern einzuprägen und sie zu speichern – bei Kettenrechnungen vergisst er z. B. Zwischenergebnisse und muss dann von vorne beginnen (Speicherschwäche). Oder Leistungen, die zunächst einwandfrei erbracht wurden, sind kurze Zeit später schon wieder zerfallen bzw. verschwunden (Schilling / Proching 1981). Hier wären spezielle Übungen zur Verbesserung der Gedächtnisleistungen und speziell des zahlbezogenen Gedächtnisses wichtig, also *zwischenzeitliche* Förderung, um den betroffenen Schüler wieder stärker an das Mathematiklernen heranzuführen.

Visuelle Gliederungs- und Unterscheidungsschwäche

Eine Schülerin verwechselt häufig Ziffern (z. B. 5 und 4) oder mathematische Zeichen (bei der Aufgabe $5 - 3 =$ wird das Minuszeichen als Pluszeichen gedeutet). Hier liegen offensichtlich *Wahrnehmungsschwächen* im Sinne von Mengenauffassungen und Unterscheidungsnotwendigkeiten vor. Hilfen wären dann für einen gesicherten Umgang mit verabredeten Zeichen für Operationen und für sichere Zuordnungen von Menge und Ziffer notwendig.

Schwächen bei der Erfassung von Körperschemata

Kinder haben mitunter unvollständige bzw. fehlerhafte Kenntnis von Körperschemata. Dies fängt z. B. bei Links-rechts-Verwechslungen an, setzt bei der Kenntnis des eigenen Körpers fort und geht schließlich bis zur fehlerhaften Erfassung von Eigenschaften von geometrischen Körpern. Oben – unten, rechts – links, gleich – ungleich, Kreis – Kugel, Rechteck – Quadrat können nicht in den zentralen Charakteristika erfasst werden. Hier wäre gewissermaßen eine *Basisschulung* in Bezug auf Merkmalsausprägungen und ihrer Zuordnung wichtig, wie sie z. B. schon Fröbel mit seinen Spielgaben für den Kindergarten intendiert hatte.

Serialitätsschwäche

Sie ist eine eingeschränkte Merkfähigkeit für Informationen, die durch einen zeitlichen Ablauf gekennzeichnet sind. Ein Mädchen kann z. B. nicht die Reihe der Zahlen im Langzeitgedächtnis speichern. Übungen im Auf- und Abbau der Zahlenreihe wären hier wichtig.

Abstraktionsschwäche / Konkretismus

An Symptomen wie offensichtliches bzw. verstecktes Fingerrechnen oder ständiges Zurückgreifen auf Gegenstandsmanipulationen (Klötze, Perlen, usw.) kann diese Schwäche erkannt werden. Wenn sie vorliegt, ist klar, dass die oben erwähnte Matrix vom Konkreten zum Abstrakten, vom Einfachen zum Komplexen nicht wesentlich vom einfachen Niveau zur anspruchsvolleren gegangen werden kann. Ob es sich bei genauerem Hinsehen um eine Symbolisierungsschwäche, um eine Schwäche der intermodalen Transformation (Umsetzung von Handlungen in Sprache) oder um eine Schwäche, Erfahrungen und Handlungen zu verinnerlichen – wie etwa in der Entwicklungspsychologie Piagets genauer erläutert – handelt, müsste man prüfen. Übungen zur Überwindung bereichsspezifischen Wissens (mit Spielgeld kann aufgabengemäß umgegangen werden, mit echtem Münzgeld nicht) wären dann wichtig.

Die Beispiele mögen genügen. Sie sollen aufzeigen, daß das Abholen der Schülerinnen und Schüler bei ihren Lernvoraussetzungen und aktuellen Schwächen nur gelingen kann, wenn eine recht *differenzierte Lerndiagnostik* Schwächen identifizieren und erklären hilft. Das Maß an Differenzierungsstrategien, die angemessene Hilfen bereitstellen, kann sehr diffizil sein. Es bedarf hier auch nur einer kurzen Erwähnung, daß Ursachen im außerschulischen Lebensbereich liegen können und dann natürlich noch schwerer zu identifizieren und zu beheben sind.

Für schulisch identifizierbare Lernschwierigkeiten läßt sich in allgemeiner Weise die in der Abbildung unten dargestellte *Differenzierungsstrategie* entwickeln. Dabei wird nur der Aspekt der Leistungsdifferenzierung berücksichtigt, gemeint als Bündel von Hilfen, die der Erreichung der für unerlässlich gehaltenen Lernziele dienen. Der Aspekt der Wahl- bzw. Interessendifferenzierung wird unbeachtet gelassen, obwohl er im Rahmen des Differenzierungsthemas auch eine große Rolle spielt. Während Lehrplan / Lehrbuch die inhaltlichen Ansprüche sichern und die genauere Umsetzung in das didaktische Strukturgitter erlauben, sind von den so genannten „Abholstationen" in fortlaufend-kontinuierlicher Weise her die jeweiligen Lernbefindlichkeiten zu identifizieren (1. Schritt). Die Reaktion darauf sind drei Stränge differenzierender Maßnahmen, die immer wieder neu die Adaption von Lernpflichten und Lernmöglichkeiten gestalten helfen (2. Schritt). Das Korrespondenzkonzept dafür sind die Ansätze offenen Unterrichts (Bönsch 1993).

Differenzierungsstrategie: „Optimierung von Lernprozessen"

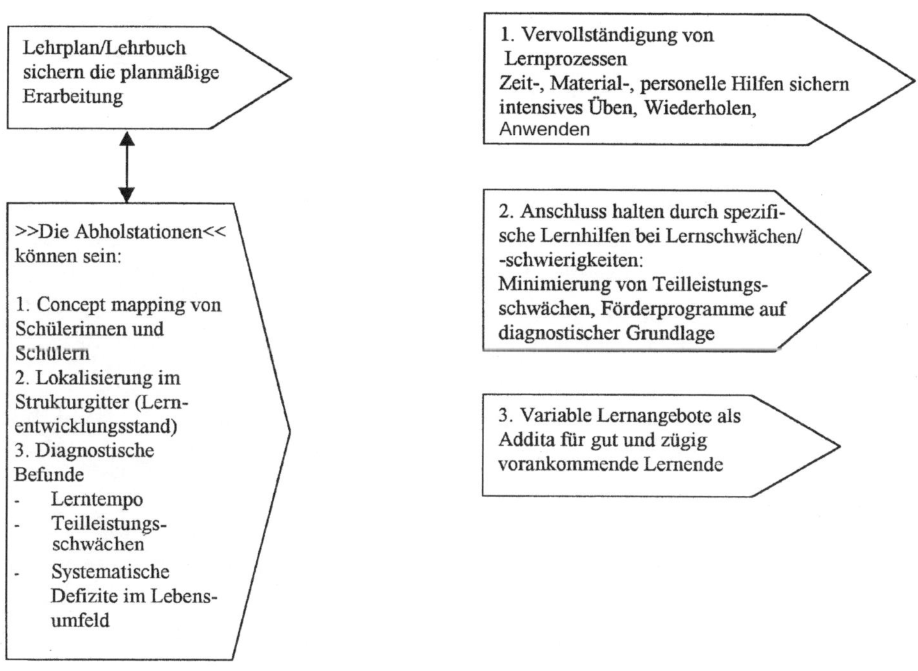

Schluss

Die vorstehenden Ausführungen machen hoffentlich deutlich, daß die Konstruktion von Unterricht über das Konstrukt „Vermittlungsdidaktik" hinaus heute in einer Weise möglich ist (Lernprozessorientierte Didaktik), die es erlaubt, viel näher an die Bedingungen, Defizite und Chancen des individuellen Lernens heranzukommen und damit Unterricht wie Lernen erfolgreicher zu gestalten. Natürlich steigt damit der Anspruch an Lehrerinnen und Lehrer. Gegenüber landläufigen Auffassungen über den Lehrerberuf kann die Komplexität dieser Aufgabe nicht genug betont werden. Das erlaubt dann vielleicht auch eher, die Bereitstellung der Voraussetzungen bildungspolitisch mit neuer Verve anzumahnen.

3.2 Unterrichtshilfe durch einen zusätzlichen Lehrer und Unterricht in kleineren Gruppen

Alternativ zu einer besonderen Gruppierung ist die Verdichtung der Betreuung durch einen zweiten Lehrer immer zu erwägen. Die Klasse / Stammgruppe kann zusammen bleiben, es erfolgt keine temporäre Aussonderung. Die Förderung kleiner Gruppen bzw. einzelner Schüler/-innen kann im Unterricht der Klasse erfolgen und daher möglichst direkt an die laufende Arbeit anschließen. Teamteaching wird praktiziert und die Wahrnehmung von Lernschwierigkeiten und deren Ursachen wird womöglich präziser.

Der Gruppierungsansatz (sozialer Aspekt) hat folgende Chancen: Nach einer Untersuchung von Henzel / Sandfuchs / Zumhasch (Henzel / Sandfuchs / Zumhasch, 1994) in Orientierungsstufen wird die Kleingruppenarbeit (10–15 Schüler/-innen) in bezug auf die Stärkung des Selbstvertrauens, Steigerung der Lernmotivationen, Verringerung der Schulangst von Lehrer/-innen sehr positiv eingeschätzt. Die persönlichkeitsfördernde und -stabilisierende Wirkung sei beträchtlich. Die Gefahr von Diskriminierung und Stigmatisierung wird für gering gehalten. Aus der Sicht der Schüler/-innen ergab sich:

- Schüler/-innen in Kleingruppen haben in besonderer Weise das Gefühl, daß Lehrer/-innen sich Zeit nehmen, auf ihre Schwächen eingehen und ihnen Mut machen, ihnen die Unterrichtsstoffe wiederholt erklären.
- Sie beteiligen sich mit geringerer Angst am Unterricht, haben weniger Angst vor Klassenarbeiten und machen sich weniger Sorgen um ihre Schulnoten.
- Sie sind eher der Meinung, daß sie den Unterrichtsstoff bewältigen können, daß sie mit Anstrengung und Übung Erfolge erzielen können.
- Sie schätzen ihre sozialen Beziehungen zu bzw. Interaktionen mit ihren Mitschülern/-innen positiver ein.
- Im Vergleich zu vergleichbaren Schüler/-innen ohne Förderunterricht in Lernergruppen zeigt sich deutlich eine Leistungs- und damit Notenverbesserung. Die Durchschnittsnoten verbesserten sich um eine halbe bis ganze Note.

Dies sind beachtliche Ergebnisse, die, wenn sie sich weiterhin bestätigen würden, die Bedeutung der Zusatzförderung / Zusatzdifferenzierung bestätigen. Man muß sich aber wohl kurz die sozialen Implikationen vergegenwärtigen, die zu Erfolgen notwendig sind.

Inhalte der Arbeit in kleinen Gruppen
1. Leitungsprobleme

Entscheidend für die Gruppe ist die Frage, wie in ihr das Problem der Führung oder Leitung gelöst wird. Bekannt ist die Unterscheidung nach verschiedenen Führungsstilen. Es werden in der Regel autoritäre, der laisser-faire und der demokratische oder sozialintegrative Führungsstil unterschieden. Ich verzichte auf eine wiederholende Charakterisierung und gehe auf den immer wieder als besonders effektiv bezeichneten demokratischen Führungsstil ein.

Bei diesem behält der Gruppenleiter weitgehend die Führung – es ist wichtig, dies klar zum Ausdruck zu bringen, da wenig Informierte gerade durch das Führungsproblem irritiert werden –, er stellt jedoch sein Konzept zur Diskussion und wird Anregungen der inhaltlichen Variationen wenn irgend möglich aufnehmen. Er wird weiterhin die Gruppe anregen, die jeweilige Lösung von Aufgaben oder Probleme zu diskutieren, um gerade in den Verfahrensfragen möglichst Übereinstimmung und die Berücksichtigung individueller Interessen und Begabungen zu erreichen. Entscheidend für diese Bemühungen ist, daß alle Gruppenmitglieder zu einer aktiven Mitarbeit zu bewegen sind, daß sie demokratische Verhaltensweisen bei der Lösung von Schwierigkeiten oder Konflikten realisieren können. Bei all diesen gruppendynamischen Prozessen muß die Autonomie des einzelnen, sein Selbstgefühl gerade in der Realisierung von Kooperation und Diskussion gewahrt werden können.

Der Gruppenleiter wird die sich ergebenden Probleme der Spannung und Dominanz, des Rückzugs und der Abweisung gut beobachten müssen, um die Gleichheit in den affektiven Befindlichkeiten – nicht in den Leistungen, diese werden und müssen differieren – immer wieder neu zu gewinnen. Der Gruppenleiter, der oft von der für ihn selbstverständlichen Vorstellung ausgeht, daß Lernen in der Schule und noch mehr in der Hochschule rationales Lernen sei und für diese Zeit sich jeder zu beherrschen habe, engt seinen Wahrnehmungsbereich ein, und er vollbringt auch eine scheinbare Homogenisierung eines heterogenen Teilnehmerfeldes. Er kommt mit einer Reihe von Problemen nicht in Berührung, darf aber nur nicht annehmen, sie bestünden nicht. Die geringe Berücksichtigung emotionaler Befindlichkeiten erzeugt Aggressionsspannungen, die sich entweder gegen ihn oder gegen Gruppenteilnehmer oder gegen Dritte bei passender Gelegenheit entladen werden.

2. Leistungsprobleme

Lern-, Projekt- und auch Diskussionsgruppen streben in aller Regel bestimmte sachbezogene Ziele an. Von diesen her stellt sich natürlich die Frage nach der Effektivität der Arbeit in Gruppen. Hofstätter hat in der Auseinandersetzung mit Le Bons Massenpsychologie den Leistungsvorteil der flexiblen, ziel-orientierten Gruppe begründet. Kein Zweifel darüber besteht, daß bei Leistungen vom Typus des Tragens und Hebens die Gruppe gegenüber dem einzelnen schnell Vorteile erlangt (Kräfte-Addition). Bei Aufgaben des Typus „Suchen und Beurteilen" weist Hofstätter nach, daß mit Hilfe des statistischen Prinzips des Fehlerausgleichs die Gruppe ebenfalls überlegen ist. In den Bereichen des forschenden Lernens und des Diskutierens sachbezogener Probleme wird sich eine sich gut ergänzende Gruppe in der Regel ebenfalls dem einzelnen überlegen zeigen. Darauf weist schon die Tatsache hin, das in der Forschung Teamarbeit große Bedeutung hat.

Wie aber stellt sich das Problem aus der Sicht des Individuums? Profitiert es auch von der Arbeit im Kollektiv? Hier sind die Befunde einer Untersuchung von Dietrich interessant. Dietrich hat eine Vergleichsuntersuchung zwischen einer gruppenunterrichtlich geführten Versuchsgruppe und drei frontalunterrichtlich geführten Kontrollgruppen durchgeführt und ist zu folgenden Ergebnissen gekommen:

Die gruppenunterrichtlich geführte Gruppe weist eine beträchtliche Überlegenheit der Schülerleistungen auf. Das Überraschende ist, daß die Überlegenheit auch eindeutig in der Reproduktion von Wissensbeständen ist. Die Schüler der gruppenunterrichtlich geführten Klasse wissen nicht nur mehr, sondern ihr Wissen hält auch über längere Zeit an. Dieselbe eindeutige Überlegenheit zeigt die Versuchsgruppe in Beherrschung geistiger Arbeitstechniken.

Des weiteren ist die Versuchsgruppe den Kontrollgruppen im Hinblick auf die sozialen Verhaltensweisen eindeutig überlegen. Die Kontaktstruktur ist enger und fester gefügt. Das kooperative, kohäsive und diziplinäre Verhalten nähert sich dem gewünschten Verhaltensniveau weitaus mehr an als das der Schüler in den Kontrollgruppen.

Eine beträchtliche Überlegenheit der gruppenunterrichtlich geführten Klasse ist auch auf dem Sektor der Veränderung der Leistungs- (Aktivität der Mitarbeit, Produktivität der Mitarbeit, Arbeitsintelligenz, Verhaltenssteuerung) und der Sozialpersönlichkeit (Kontaktverhalten, soziale Einordnung, Sozialaktivität) in Richtung auf ein höheres Niveau feststellbar, während sie in den Kontrollgruppen im wesentlichen gleichbleiben. Diese Ergebnisse sind doch sehr bemerkenswert, besonders im Hinblick auf die zuerst genannten Überlegungen, die man eher dem Einzellerner zuordnen würde (Einprägung von Wissen). Hier kommen affektive Prozesse offensichtlich ins Spiel, auf die gleich noch eingegangen wird.

3. Die emotionale Dimension kognitiven Lernens in der Gruppe

Es kann kein Zweifel darüber bestehen, daß z. B. die Aufgabe der Stoffvermittlung in einer Gruppe nicht nur rationale Lernvorgänge bewirkt; diese sind mit dem jeweiligen emotionalen Beziehungsgefüge der Gruppenmitglieder verschränkt. Die gleichzeitig zu beobachtenden affektiven Prozesse signalisieren die Annahme oder den Widerstand gegen die zu erlernenden Inhalte genauer als die direkte Frage nach dem Verständnis, die sich nur an das Bewußtsein richtet.

Brocher, ein Kenner gruppendynamischer Prozesse, behauptet, daß die Mitglieder einer Gruppe (außer in der rein rezeptiven Einbahn-Kommunikation der klassischen Vorlesung) nicht ohne weiteres in der Lage seien, real zu lernen, bevor nicht ihre tatsächlichen Beziehungen, Beziehungserwartungen und -befürchtungen untereinander und dem Lehrenden gegenüber so weit geklärt seien, daß sie affektneutral dem gestellten Lernanspruch entsprechen können.

Entscheidend dabei ist, inwieweit die Gruppe die individuellen Bedürfnisse ihrer Mitglieder zu befriedigen vermag. Für ein Individuum ist die Gruppe attraktiv, in der eine Reihe von elementaren Bedürfnissen, wie z. B. jene nach Sicherheit, nach sozialer Anerkennung und Zugehörigkeit, nach Respektiert- und Ernstgenommenwerden befriedigt werden kann. Der Gruppenleiter sollte sein Augenmerk ständig darauf richten, in welcher Weise und in welchem Ausmaß solche Bedürfnisse befriedigt werden und wo Störungen in dieser Hinsicht auftreten. Außenseiter in größerer Zahl, schwarze Schafe und permanent aggressive Gruppenmitglieder sind Hinweise darauf, daß die Gruppenarbeit durch die Nichtbefriedigung wesentlicher Bedürfnisse gefährdet ist.

Gruppenleiter, die ein positives Sozialklima schaffen, stehen mit der größten Zahl der Gruppenmitglieder in Kontakt, belohnen einzelne für hilfreiches Verhalten und kontrollieren Verhaltensstörungen mehr mit allgemeinen auf die Gruppe / Klasse bezogenen Maßnahmen. Gruppenleiter schaffen ein negatives Sozialklima, wenn sie wenige in die Gruppenaktivität einbeziehen, wenn sie die langsameren und weniger intelligenten Gruppenmitglieder vernachlässigen und insgesamt ein herabgesetztes Belohnungs- und Verstärkungsverhalten zeigen.

In Anlehnung an die Tauschschen Untersuchungen kann man vor allem auf zwei Dimensionen des Gruppenleiterverhaltens hinweisen: die emotionale Dimension (Wertschätzung, emotionale Wärme und Zuneigung oder Geringschätzung, emotionale Kälte und Abneigung) und die Lenkungs-Dimension (maximal starke Lenkung, autoritäre Kontrolle, Restriktion oder minimale Lenkung, Autonomie-Gewähren, minimale Kontrolle).

Aufgrund der Analyse von durchgeführten Untersuchungen (fremden und eigenen) kommen die Tauschs zu folgenden verallgemeinernden Annahmen: Wertschätzung, Wärme und Zuneigung sind für das zwischenmenschliche Verhalten von großer Bedeutung. Man kann sagen, daß das Bedürfnis nach emotionaler

Befriedigung um so stärker wird, je rationaler und abstrakter der Lernstoff ist. Die vom Gruppenleiter gezeigten positiven bzw. negativen Gefühle oder die seinen Äußerungen zu entnehmenden gefühlsmäßigen Inhalte führen zu entsprechenden Affekten bei den Gruppenmitgliedern. Emotionale Barrieren wie Verdrängung, Verneinung, Rationalisierung, Restriktion, Regression werden am ehesten durch Wertschätzung und Zuneigung vermieden bzw. abgebaut. Die weitestgehende Annahme der Tauschs ist die, daß die von einem Partner kommunizierten positiven und anregenden Affekte ein Grundbedürfnis des Menschen zu befriedigen scheinen und vermutlich zu einer beseren psychologischen Funktionstüchtigkeit der Persönlichkeit führen. Der autoritäre Führungsstil, die konkrete Ausprägung der Lenkungs-Dimension eines Verhaltens in bestimmter Weise, erzeugt in besonderem Maße Spannung, Reizbarkeit, Aggressionen. Wenn diese sich nicht dem Gruppenleiter gegenüber entladen können in Gestalt von Opposition oder sogar Rebellion, kommen sie unter den anderen Gruppenmitgliedern zum Austrag. Neben der Tatsache, daß strenge und strikte Führung kaum Spielraum für Initiative, gemeinsame Planung, Mitbestimmung, Selbständigkeit gibt, sind die negativen affektiven Gegebenheiten sicher auf Dauer noch schlimmer.

Bei allem Optimismus gegenüber der Zusatzdifferenzierung bleiben natürlich Fragen:

- Nicht auszureichende Leistungen von Schüler/-innen sind immer auch Ergebnis des Unterrichts. Daher ist zu prüfen, wieweit in diesem Unterricht evtl. Defizite liegen.
- Leistungsrückstände beziehen sich auf Inhalte und Anforderungen eines Fachcurriculums. Zu klären ist, ob Erfahrungen und die Lebenswelt des Schülers / der Schülerin eventuell eine zu große Distanz zu decken haben und sich daher Lernschwierigkeiten ergeben.
- Lerndefizite können auch Ergebnis unzureichender familiärer Lebensbedingungen und Anregungen sein und von daher „Startnachteile“ bedeuten. Dann wäre der Angriffspunkt von Maßnahmen im Grunde dort zu sehen (Schittko, 1984).

3.3 Zusätzliche Hilfen für Schüler/-innen mit Verhaltensauffälligkeiten

Immer häufiger wird beklagt, daß Verhaltensauffälligkeiten (Verhaltensschwierigkeiten, Verhaltensstörungen) auftreten. Sie sind als Verhaltensweisen zu kennzeichnen, die von den schulischen Konventionen und Erwartungen abweichen. Zu denken ist hier an soziale Taubheit, Verstöße gegen Regeln, aggressives Verhalten. Das als auffällig bezeichnete Verhalten ist daher immer daraufhin zu prüfen, inwieweit es unter Umständen als berechtigt gelten kann, dann nämlich, wenn das Individuum zur Wahrung seiner Würde meint, sich nicht anders zur Geltung bringen zu können.

Zusätzliche Hilfen bei Verhaltensauffälligkeiten sind in der Schule insgesamt seltener als Förderunterricht bei Lernschwierigkeiten. Beispiele sind:

- Ein psychomotorisches Förderprogramm wird zum Aufbau von auffälligem Sozial- und Bewegungsverhalten angeboten. Bewegungsübungen, Rhythmik, Wahrnehmungsübungen, Musik-Bewegungsspiele, musikalische Improvisationen, Spielaktionen, Theaterspiel sind Elemente dieses Programms.
- Spielgruppen schaffen einen Ausgleich zu stark kognitiv bestimmter Lernarbeit. Sie sollen soziales Lernen speziell fördern, Handlungs- und Verhaltensstrategien entwickeln.
- Sport- und Werkprogramme zielen auf die Einlösung der gleichen Intentionen: Ausgleich- und Alternativprogramme zu sein.

Bevor therapeutische Ansätze in Anspruch genommen werden, ist also die Zusatzdifferenzierung darauf angelegt, durch vielfältige Angebote die Angebote der Psychohygiene der Schule zu verbessern.

3.4 Förderungsmaßnahmen zur Eingliederung ausländischer Schüler/-innen und Aussiedlerkinder/ -jugendlicher

Alle Befunde zu dieser Thematik sagen aus, daß Chancengerechtigkeit für diese Schülergruppen bisher nicht erreicht ist. Da konsequent interkulturelles Lernen zwar immer wieder postuliert, aber dann doch nicht realisiert wird, ist hier Zusatzdifferenzierung angesagt. Nach der KMK-Vereinbarung von 1976 können mehrere Varianten praktiziert werden:

- Vorbereitungsklassen mit einer Dauer von bis zu zwei Jahren mit dem Schwerpunkt der Vermittlung der deutschen Sprache
- Klassen mit Muttersprache und deutscher Sprache als Unterrichtssprache. Dies bedeutet praktisch ein Zwei-Lehrer/-innensystem, die Einrichtung eines umfangreichen Zeitrahmens und geringere Klassenfrequenzen.
- Intensivkurse in Deutsch als Fremdsprache an Stelle einer Vorbereitungsklasse oder zweisprachiger Klassen.
- Förderstunden für ausländische oder Aussiedlerschüler/-innen, die in Regelklassen aufgenommen sind, aber noch zusätzliche Förderung in deutscher Sprache benötigen.
- Weitere Hilfen wie Hausaufgabenhilfe, Ergänzungsunterricht zur Pflege der Muttersprache und zur Behandlung landeskundlicher Inhalte, der nicht mehr als fünf Wochenstunden umfassen soll.

Dieses Repertoire ist gekennzeichnet durch Bemühungen, durch zusätzliche Unterrichtszeit, die natürlich immer auch Mehrbelastung ist, Nachhol-/Aufhollernprozesse zu ermöglichen. Der Orientierungspunkt ist dabei bis auf die Variante zwei die deutsche Schule mit ihren Anforderungen. Der andere Ansatz wäre, interkulturelles Lernen als Lernen übereinander, voneinander und miteinander zu verstehen und dies als Gewinn für alle zu verstehen. (Sandfuchs, 1981, Steinmüller, 1991)

4. Literatur

Arbeitsgruppe Orientierungsstufe an der Pädag. Hochschule Niedersachsens, Abt. Lüneburg (Hrsg.): Differenzierung in der Orientierungsstufe. Hannover 1978

Arbeitsgruppe WDU:: Wahldifferenzierter Unterricht in der Hauptschule. Hannover 1988

Bauer, L.: Christian- eine Fallstudie über Lernschwierigkeiten im Mathematikunterricht der Jahrgangsstufe 5. In: mathematik lehren, 1991, S. 12–17

Bauer, R.: Lernen an Stationen in der Grundschule. Berlin 1997

Bönsch, M. (Hrsg.): Offener Unterricht in der Primar- und Sekundarstufe I. Hannover 1993

Bönsch, M. / Schittko, K. (Hrsg.): Offener Unterricht. Hannover 1979

Bönsch, M.: Didaktisches Additum. Neuwied 1998, S. 166–182

Bönsch, M.: Differenzierung des Unterrichts. München 1976, 3. Aufl.

Bönsch, M.: Differenzierungsformen. In: Erziehung und Unterricht, 1989

Bönsch, M.: Individualisierung und Differenzierung. In: Lehrer Journal-Hauptschule-magazin, 1989

Bönsch, M.: Schule verbessern. Hannover 1990

Bönsch, M.: Schüler aktivieren. Hannover 1993, 3. Aufl.

Bönsch, M.: Üben und Wiederholen im Unterricht. München 1993, 2. Aufl.

Bönsch, M.: Unterrichtskonzepte. Baltmannsweiler 1986

Bönsch, M.: Differenzierung in Schule und Unterricht. München 1995

Bönsch, M.: Innere Differenzierung, in: Schulverwaltung, Ausgabe Niedersachsen. 1993

Brocher, T.: Gruppendynamik und Erwachsenenbildung. Braunschweig 1967

Correll, W.: Unterrichtsdifferenzierung und Schulorganisation. Hannover 1969

Demmer-Dieckmann, J.: Innere Differenzierung als wesentlicher Aspekt einer integrativen Didaktik. Bremen 1991

Dietrich, G.: Bildungswirkungen des Gruppenunterrichts. München 1969

Faust-Siehl, G.: Lernen an Stationen: Kinder und die Einheiten der Zeit. In: Grundschule 3/1989

Feuser, G. / Meyer, H.: Integrativer Unterricht in der Grundschule – Ein Zwischenbericht. Solms-Oberbiel 1987

Feuser, G.: Allgemeine integrative Pädagogik und entwicklungspsychologische Didaktik. In: Behindertenpädagogik, 1989, S. 4–48

Fischer, M. / Michael, B. (Hrsg.): Differenzierung im Schulunterricht. Weinheim / Basel 1973

Hasemann, K.: Die Individualität der Schüler im Mathematikunterricht. In: mathematik lehren, 1991, 39/1992

Hasemann, K.: Individuelle mathematische Denkprozesse. Hannover 1992

Haußer, K. (Hrsg.): Aspekte schulischer Differenzierung. München / Wien / Baltimore 1981

Haußer, K.: Die Einteilung von Schülern. Theorie und Praxis schulischer Differenzierung. Weinheim / Basel 1980

Hegele, I. (Hrsg.): Lernziel: Stationenarbeit Weinheim / Basel 1998[3]

Henze, G. / Sandfuchs, V. / Zumhasch, C.: Untersuchung über die Förderung in Kleingruppen bzw. mit alternativen Förderkonzepten in der Orientierungsstufe. In: Schulverwaltungsblatt f. Niedersachsen. 1994, S. 155–161

Hermann, U. U.: Soziale Integration und Leistungsdifferenzierung. Weinheim / Basel 1975

Hinz, K.: Binnendifferenzierung im Englischunterricht der Sekundarstufe I. In: Praxis, 39/1992

Hopf, D.: Differenzierung in der Schule. Stuttgart 1976[2]

Keim, W.: Schulische Differenzierung. Königstein/TS. 1979[2]

Klafki, W. / Stöcker, H.: Innere Differenzierung des Unterrichts. In: Klafki, W.: Neue Studien zur Bildungstheorie und Didaktik. Weinheim / Basel 1985

Krüsmann, G.: TOP English. Praxishandbuch für den Englischunterricht. Essen 1991

Krebs, H. / Faust-Siehl, G.: Lernzirkel im Unterricht der Grundschule. Freiburg i.Br. 1993

Robinsohn, S. B. / Thomas, H. (Hrsg.): Differenzierung im Sekundarschulwesen. Stuttgart 1971[3]

Sandfuchs, U. (Hrsg.): Lehren und Lernen mit Ausländerkindern. Bad Heilbrunn 1981

Schittko, K.: Differenzierung in Schule und Unterricht. München 1984

Sommer, W.: Wahldifferenzierter Geschichtsunterricht. In: Geschichtsdidaktik, 1986, S. 105–121

Spiess, H.: Wahldifferenzierter Mathematikunterricht in der Hauptschule, in Beiträge zum Mathematikunterricht, 1984, S. 301–304

Steinmüller, U.: Schule in der multikulturellen Gesellschaft. Frankfurt/M. 1991

Tausch, R. u. A.: Erziehungspsychologie. Göttingen 1990[10]

Thielke, W. / Kaszemek, H. J.: Differenzierung in der Realschul-Oberstufe. Hannover 1976

Wahl, D. / Weinert, F. E. / Huber, G. L.: Psychologie für die Schulpraxis. München 1984

Wallaschek, U.: Lernzirkel – eine Arbeitsform, die selbständiges und individuelles Arbeiten ermöglicht. In: Lehmann, B. (Hrsg.): Kinderschule – Lehrerschule. Langenau / Ulm 1991[2]

Winkler, R.: Differenzierung. Funktionen, Formen und Probleme. Ravensburg 1975

Woest, V. / Jückstock, P.: Papier. Bremen 1996

Woest, V.: Alltagsorientierter Chemieunterricht. Bremen 1996

Woest, V.: Den Chemieunterricht neu denken. Alsbach 1997

Woest, V.: Offener Chemieunterricht. Alsbach 1995

Individualisierung

Der konsequenteste Schritt im Rahmen von Differenzierungsmaßnahmen ist die Individualisierung von Lernprozessen. Diese wird mit einiger Konsequenz nur selten praktiziert. Natürlich gibt es gelegentliche, zeitlich begrenzte Individualisierungshilfen öfter, so z. B. dann, wenn nach einer Vermittlungsphase mit Hilfe von Arbeitsblättern die individuelle Bearbeitung von Aufgaben ermöglicht wird oder wenn im Rahmen von Wochenplanarbeit individualisierte Lernpläne angeboten werden. Konsequente Individualisierung wird häufig vermieden, weil damit der Rahmen der Unterrichtung von Lerngruppen (Klassen) verlorengeht und die Organisation des Lernens kompliziert wird. Die entstehende Unübersichtlichkeit ist ein weiteres Hemmnis. Unterrichtsplanung, -durchführung und -auswertung bedürfen eines ganz anderen Ordnungssystems, wenn diese Unübersichtlichkeit pariert werden soll.

Im folgenden Kapitel wird zunächst ein struktureller Rahmen entwickelt, um dann in der Literatur zur Verfügung stehende Individualisierungsmodelle als unterschiedliche Konkretisierungen darzustellen.

1. Struktureller Rahmen für Individualisierung

Der auf der folgenden Seite dargestellte Rahmen ist so zu lesen: die zwei Grundintentionen sind Leistungs- und Wahl-/ Interessendifferenzierung. Wendet man sich zunächst der Leistungsdifferenzierung zu, ist von einer Grundfolie / Grundorientierung in Gestalt des Lehrplans oder eines Buches auszugehen, die das zu Erarbeitende lehrgangsartig darstellen. Die Vermittlung ist in ihrer Systematik damit zunächst einmal gesichert. Bekannt ist das unterrichtsstrukturelle Problem, daß die gleichmäßig voranschreitende Erarbeitung nicht im wünschenswerten Maß die Lernprozesse von z. B. 25 Schüler/-innen synchron „mitzieht". Lernprozesse verlaufen weit unsteter. Sie laufen ein Stück synchron mit, brechen dann ab, werden später wieder aufgenommen, sie fangen später an, sie erübrigen sich, weil der Lernstoff bereits bekannt ist, sie haben von vornherein Defizite, weil die notwendigen Voraussetzungen fehlen (Vorwissen, Basisoperationen u. a. m.). So ist der Lernstand nach einer Stunde nie einheitlich gegeben, er stellt sich, wenn man ihn erheben würde, different dar. Hier setzt die Individualisierung an. Langsame Lerner benötigen z. B. Zeit für die Vervollständigung ihrer Lernprozesse. Sie benötigen besonders variable Angebote für das Üben, Wiederholen, Anwenden (1.). Bekommen sie diese nicht, bleiben Lernprozesse unvollständig. Der nächste Vermittlungsteil folgt unter Umständen schnell. Auf Dauer summieren sich Unvollständigkeiten, kumulieren Lerndefizite und es kann zu massiveren Lernschwierigkeiten kommen, die meistens dem begrenzten

Lernvermögen eines Schülers / einer Schülerin zugeschrieben werden, seltener der Anlage des Unterrichts.

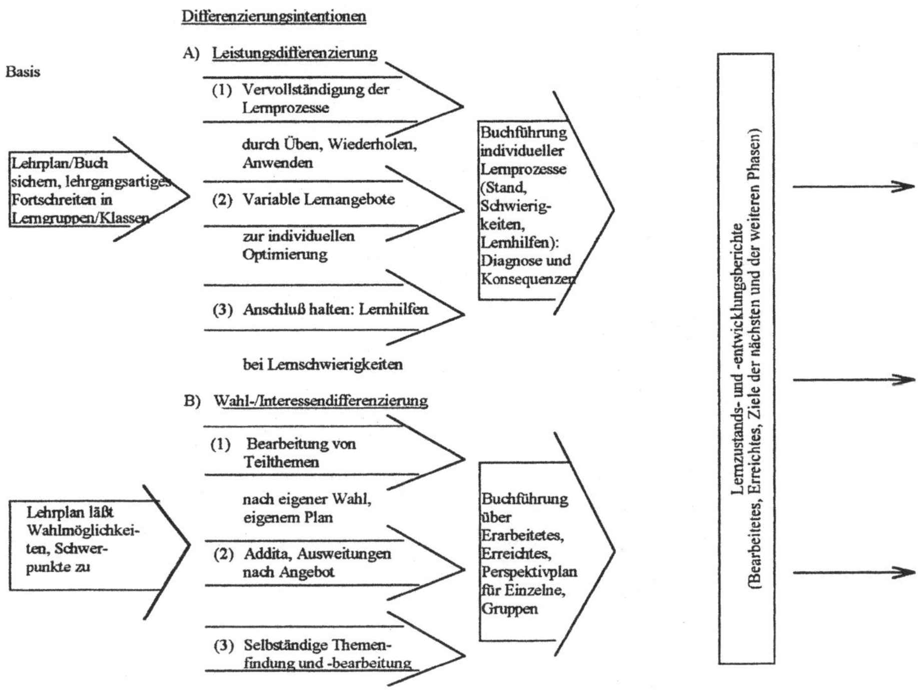

Andere Schüler/-innen sind im Grunde von dem Durchschnittstempo der Erarbeitung unterfordert. Bei ihnen besteht die Gefahr, daß Unterforderung Motivation und Aufmerksamkeit abschwächen. So werden Lernangebote wichtig, die der individuellen Optimierung dienen, also Zusatzaufgaben, interessante Anwendungen und Übertragungen beinhalten und die individuellen Kompetenzen fördern (2.). Eine dritte Gruppe von Schülern aber hat längst Schwierigkeiten, Anschluß zu halten. Hier sind auf der Basis lerndiagnostischer Bemühungen Lernhilfen notwendig, die aktuelle Schwierigkeiten abbauen helfen (3.). Dies heißt, daß der Lernstand einer Klasse in sich differenziert ist und darauf zu reagieren ist. Konsequente Folge ist eine individualisierte Buchführung in bezug auf zwischenzeitlich erreichte Lernstände, bestehende Schwierigkeiten und entsprechende Lernhilfen. Die frühzeitig zu bedenkende Konsequenz ist, daß Lernzustands- und -entwicklungsberichte pauschalisierende Noten ersetzen. Bearbeitetes, Erreichtes, Ziele der nächsten und weiteren Phasen sind dabei zur Darstellung zu bringen.

Die kritische Stelle dieses Ansatzes liegt da, wo die gemeinsame weitere Erarbeitung und die notwendigen Individualisierungsstrategien kollidieren, also die gemeinsame Arbeit nicht mehr sinnvoll ist, weil die einzelnen Lernstände zu weit auseinanderliegen. Spätestens dann werden konsequentere Individualisierungskonzepte notwendig.

Jeder Lehrplan, alle Rahmenrichtlinien lassen heute Wahlmöglichkeiten und damit individuelle Schwerpunkte zu. Dies ist der Punkt, an dem die Wahl-/ Interessendifferenzierung wichtig wird. Diese läßt sich in drei Varianten denken. Einmal wird die Bearbeitung von Teilthemen nach eigener Wahl und nach eigenem Plan ermöglicht (1.). Zum anderen werden neben dem Fundamentum, das ist das für alle verbindliche Soll, Addita angeboten, die Ausweitungen, Zusätze darstellen (2.). Die weitestgehende Variante ist, die selbständige Themenfindung und -bearbeitung anzubieten (3.). Sie geht von der Voraussetzung aus, daß sich Interessen in bezug auf ein Fach, auf einen Lernbereich ausgebildet haben oder jedenfalls entwickeln, so daß sich daraus der Motor weitergehenden Lernens entwickelt. Auch hier wieder ist dann eine ständige Buchführung über Bearbeitetes und Erreichtes, sind Perspektivpläne für Einzelne oder Kleingruppen wichtig, um gewissermaßen individuelle Curricula zu dokumentieren. Deutlich wird sofort auch wieder, daß Wahl-/ Interessendifferenzierung auf Dauer Rückwirkungen auf den Unterricht in einer Klasse haben kann. Zum Beispiel können bearbeitete Addita zu Lernständen führen, denen mit der fortlaufenden gemeinsamen Bearbeitung nicht mehr zu begegnen ist. Dann ist ein zweitesmal die Stelle erreicht, an der über konsequentere Individualisierungskonzepte nachgedacht werden muß.

2. Individualisierungskonzepte

Individualisierungskonzepte stehen in der 'didaktischen Spannung', systematisches, lehrgangsorientiertes Lernen individualisiert zu ermöglichen (Curriculumorientierung) und gleichzeitig individuelle Lerndispositionen zu berücksichtigen. Der Standard der didaktischen Konstruktion ist also gegenüber dem herkömmlichen lehrerorientierten Unterricht ungemein höher. Er muß zudem die Lernführung durch Lernmaterialien – dies ist wohl der zentrale Punkt der Individualisierung – mit dem Bedürfnis / der Notwendigkeit nach sozialem Lernen und personorientierten Hilfen in eine positive Balance bringen. Die Vereinzelung des Lernens kann nicht das alleinige Ziel sein. In der Vergangenheit entwickelte Konzepte sind daraufhin zu prüfen. Vorweg aber sei die zugrundeliegende Idee des mastery-learning (zielerreichendes Lernen) kurz skizziert.

3. Mastery Learning – Zielerreichendes Lernen – Zur Optimierung der Individualisierung –

Die Grundidee des mastery learning (zielerreichendes Lernen) ist die Heranführung (fast) aller Schüler an (fast) alle Lernziele durch Überwindung bestehender interindividueller Differenzen. Dieses Konzept ist schon früh im angelsächsischen Bereich entwickelt worden (Block, 1971) und später im deutschsprachigen Bereich rezipiert worden (Ingenkamp, 1979). Die optimistische Grundannahme ist, daß das Lernen weitgehend von zeitlichen Faktoren abhängt. Für Carroll z. B. ist der wichtigste Index für die Fähigkeit eines Schülers die Zeit, die er braucht, um etwas zu beherrschen:

Ausmaß des Lernens = f (für das Lernen zur Verfügung stehende Zeit) (für das Lernen erforderliche Zeit)

Das Lernen im Gleichschritt gibt Schülern nicht die Zeit, die sie brauchen. So kommt es, daß die langsameren schlechtere Ergebnisse in Leistungstests erzielen. Aber auch die Qualität des Unterrichts ist ein wichtiger Faktor neben der Motivation des Schülers und seiner Fähigkeit, den Unterricht zu verstehen. Das vollständige Lernmodell lautet demzufolge (Gage / Berliner, 1979[2]).

Ausmaß des Lernens = f (für das Lernen zur Verfügung stehende Zeit × Motivation) (für das Lernen erforderliche Zeit × Qualität des Unterrichts × Fähigkeit, den Unterricht zu verstehen)

Diesem liegt ein Begabungsbegriff zugrunde, der Begabung gleichsetzt mit dem Zeitaufwand, der für die erfolgreiche Bewältigung von Lernaufgaben benötigt wird. Dies heißt zugleich, daß fast alle Schüler fast alle Lernziele erreichen können, wenn man ihnen genügend Zeit zur Verfügung stellt (Carroll, 1973). Da Zeit aber nicht endlos zur Verfügung steht, sind andere Elemente wichtig:

– Qualität des Unterrichts

Bisher wurden schulische Mißerfolge vorwiegend auf ungünstige Schülermerkmale zurückgeführt. Carroll thematisiert die Qualität des Unterrichts nach dem Grad, in dem Präsentation, Erläuterung und die Anordnung der Lerninhalte bezüglich eines Lernziels auf die einzelnen Schüler zugeschnitten sind (Klarheit der Begriffe, Definitionen, Erläuterungen, Anschaulichkeit, Verständlichkeit).

– Instruktionsverständnis

Carroll und auch Bloom (Bloom, 1971) nehmen Instruktionsverständnis als eine Art Generalfaktor an. Er setzt sich zusammen aus der verbalen Fähigkeit (verbal ability) und Leseverständnis (reading comprehension). Die meisten Lehrangebote in der Schule erfolgen verbal, öfter in komplexerer Sprache, mit Worten und grammatischen Strukturen, die über die Verständnisfähigkeit des Schülers hinausgehen.

– Ausdauer

Die Variable 'Ausdauer' steht im Zusammenhang mit der Zeit. Carroll definiert Ausdauer als die Zeit, die der Lernende bereit ist, sich mit der Lernaufgabe zu beschäftigen. Hier besteht sicher eine Beziehung zwischen Motivation / Interesse und Ausdauer. Und hier gibt es offensichtlich Wechselwirkungsprozesse. Werden die oben beschriebenen Kriterien realisiert, wachsen Selbstwertgefühl, positive Einstellung und Interesse am Lernen.

4. Das schwedische IMU-System (Individualisierter Mathematikunterricht)

Unter Leitung des schwedischen Erziehungsministeriums wurden schon seit den 60er Jahren Untersuchungen zur völligen Individualisierung des Mathematikunterrichts in den Schuljahren 7, 8 und 9 der Gesamtschulen angestellt. Der Stoff wurde in 9 Module aufgeteilt, wobei ein Modul etwa 1/3 eines Schuljahres betrifft.

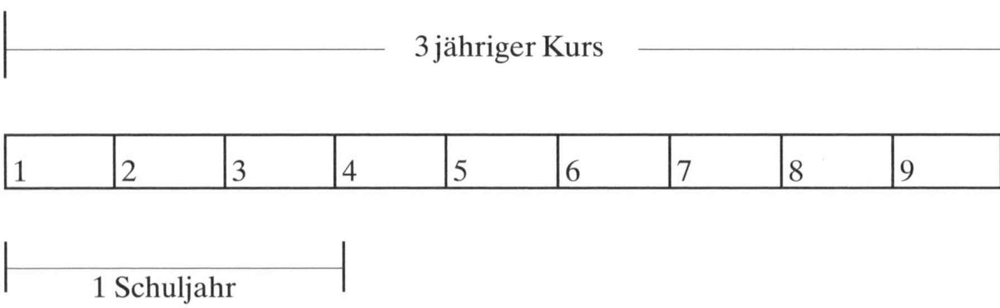

Jedes Modul setzt sich aus 6–10 Komponenten (in Form eines Skriptums) mit je 50–150 Seiten zusammen. Jeder Text der Komponenten enthält kurze informative Passagen, Beispiele mit Lösungen, Übungsinformationen und viele Eigentests (etwa je einen je Unterrichtsstunde). Am Ende einer jeden Komponente ist ein Wiederholungsteil auf Tonband aufgenommen. Die didaktische Konstruktion eines Moduls ist folgendermaßen zu skizzieren:

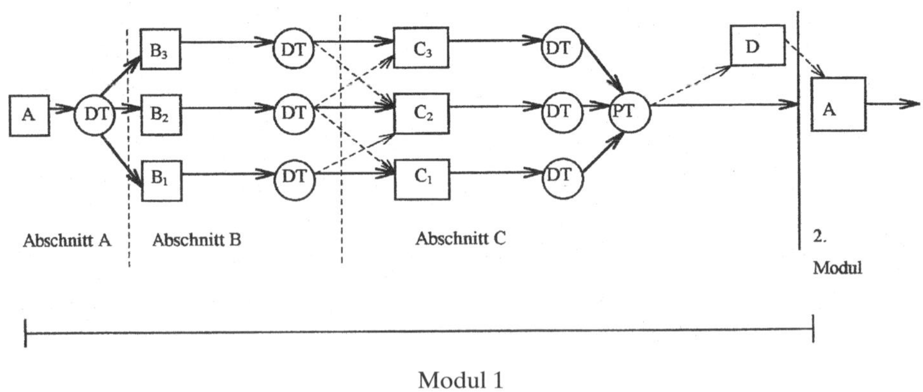

Abschnitt A ist für alle Schüler bestimmt, jeder arbeitet nach seinem eigenen selbst gesetzten Tempo. Nachdem die Schüler die Komponente A durchgearbeitet haben (etwa 3–4 Wochen) unterziehen sie sich einem Diagnostiktest (DT). Er enthält Aufgaben, die aufzeigen sollen, ob der Schüler die Ziele erreicht hat.

Anhand der Testunterlagen und aufgrund des allgemeinen Verhaltens des Schülers assistiert der Lehrer nun bei der Auswahl der Komponente B, angepaßt an den Leistungsstand des Schülers. Die Komponenten B werden in drei Variationen angeboten: B_1 für die leistungsschwächsten, B_3 für die besten Schüler. Alle B-Komponenten sind in Inhalt und Konstruktion ähnlich, sie unterscheiden sich im Schwierigkeitsgrad. Nach der Durcharbeitung der Komponente B unterziehen sich die Schüler wieder einem diagnostischen Test, diesmal auch mit prognostischem Charakter, bevor sie zur passenden Komponente C weitergehen. Wie die Pfeile anzeigen, kann es passieren, daß Schüler z. B. von B_2 auf C_3 oder C_1 usw. überwechseln. Die Lehrer müssen immer wieder mithelfen festzustellen, welche Komponenten am geeignetsten sind. Die Komponente D enthält Material für „individuelles Arbeiten", d. h. für mehr unabhängiges Arbeiten. Die besseren Schüler wählen sich daraus eine oder mehrere Aufgaben. Dies macht das System zeitlich flexibler.

Sobald die Schüler ein Modul beendet haben, gehen sie direkt zum nächsten über. Es gibt keine Jahreszeugnisse. Sollte ein Schüler z. B. in zwei Jahren den gesamten Kurs beendet haben, so kann er die freiwerdende Unterrichtszeit anders verwenden oder mit Material für weiterführende Kurse fortfahren.

An den Schulen, an denen der individualisierte Mathematikunterricht durchgeführt wurde, wurden drei normale Klassen zu einer Großklasse verschmolzen. Diese wurde von zwei Lehrern und einem Schulassistenten beaufsichtigt. Die Schüler arbeiten entweder in einem großen Raum oder in mehreren nebeneinander liegenden Klassenräumen. Das Team (2 Lehrer + Assistent) organisiert den Fortgang der Arbeit. Ist Gruppenarbeit vorgesehen, wird ein Lehrer dafür nominiert. Alle nötigen Unterlagen werden bereitgestellt. Die Resultate der Prognostiktests werden diskutiert. Alle drei stehen für Fragen und Hilfen zur Verfügung. Die folgende Übersicht zeigt die Inhalte des Kurses auf:

Modul	Komponente	Inhalt
1	A	Mengengrundlage, Mengendiagramm, Name, Inhaltsverzeichnis.
	B	Zahlenstrahl, Aussage, verschiedene Zahlenmengen.
	C	Geordnete Paare, Koordinationssystem, Funktion, Addition, Grundgesetze der Arithmetik.
2	A	Grundzüge der Geometrie.
	B	Subtraktion und Multiplikation, Grundgesetze der Arithmetik.
	C	Division, Mengen mit ganzzahligen Exponenten.
3	A	Verhältnisse, Prozente, Überschlagsrechnung, Einführung in das Rechenschieberrechnen.
	B	Weitere Überschlagsrechnungen und das Rechenschieberrechnen.
	C	Grundzüge der Geometrie, Lineare Reflektion.
4	A	Kalkulation einer Fläche.
	B	Ungefährer Wert.
	C	Kongruenz, der Kreis.
5	A	Zeichnen von Funktionen, einfache Formeln.
	B	Reduktion von Ausdrücken, Einführung in Gleichungen und Ungleichungen, die Lösung.
	C	Vektoren.
6	A	beschreibende Statistik, mehr über Prozente.
	B	Gleichheiten.
	C	Linearfunktionen, Proportionen, mathemat. Modell.
7	A	Die Geometrie des Raumes, Berechnung von Rauminhalten.
	B	Die Lösung von Gleichungen und Ungleichungen.
	C	Kalkulation mit Erläuterung, generelle Wiederholung
8	A	Quadratwurzeln, Lehrsatz von Pythagoras.
	B	Das System der Gleichungen.
	C	Wahrscheinlichkeiten, Standardabweichungen.
9	A	Trigonometrie, generelle Wiederholung.
	B	mehr über Funktionen, Prozente und etwaigen Wert (Werteinstellung).
	C	Wurzeln zweiten Grades, Polynominals zweiten Grades, Ableitungen.

Der Plan für ein Schuljahr sieht folgendermaßen aus:

Schulj.	Modul	Komponente	Inhalt
1 Schuljahr	1	A	Grundlagen der Mengenlehre; Mengendiagramm; Namen; Inhaltsverzeichnis
		B ($B_1/B_2/B_3$)	Zahlenstrahl; Aussage; verschiedene Zahlenmengen
		C ($C_1/C_2/C_3$)	Geordnete Paare; Koordinatensystem; Funktionen; Addition; Grundgesetze der Arithmetik
	2	A_1; $A_{2\text{-}4}$	Grundzüge der Geometrie
		B (($B_1/B_2/B_3/B_4$)	Subtraktion und Multiplikation; Grundlagen der Arithmetik
		C ($C_1/C_2/C_3/C_4$)	Division; Potenzen mit ganzzahligen Exponenten
	3	A_1; $A_{2\text{-}4}$	Verhältnisse; Überschlagsberechnung; Rechenschieberrechnen
		B (($B_1/B_2/B_3/B_4$)	Weitere Überschlagsberechnungen; Rechenschieberrechnen
		C ($C_1/C_2/C_3/C_4$)	Grundlagen der Geometrie; lineare Reflexion

Nach der Vorstellung des Systems 'IMU' kann man nun folgende Charakteristika identifizieren:

- Das Lernsystem in Gestalt einer differenziert aufgebauten Sammlung von für das Selbstlernen eingerichteten Skripten übergibt die Vermittlung des Lernstoffes an eben dieses Lernmaterial.
- Personale Hilfen stehen für Erläuterungen, Erklärungen, Wahl der Niveaustufe zur Verfügung (2 Lehrer + 1 Assistent).
- Schüler lernen mit dem Material selbständig, sie können sich ihr Tempo selbst einrichten.
- Die diagnostischen Tests melden ihnen Erfolg / Mißerfolg zurück und geben damit Hilfe für die Wahl des Niveaus für den nächsten Arbeitsabschnitt.
- Die Annahme ist, daß bei entsprechend differenziert angelegtem Lernmaterial das Gros der Schüler die Ziele des Kurses erreicht.
- Die Selbstdisziplin der Schüler muß wohl sehr hoch sein, wenn sie auf Dauer dieses individualisierte Lernen durchhalten sollen. Es wird nichts darüber berichtet, was mit Schülern geschieht, die stärkere Sozialbezüge und Betreuung durch Lehrer brauchen bzw. den Verhaltensanforderungen nicht entsprechen können.
- Von der didaktischen Konstruktion des Mathematikkurses her gesehen aber liegt ein Beispiel vor, das zeigen kann, wie über die 'Materialisierung' der Lehre (Abgabe der Lehre an Skripte) konsequente Individualisierung möglich werden kann (M. Håstadt / W. Svensson / C. Óreberg, 1976).

5. Der Keller-Plan

In den USA hat individualisierter Unterricht eine lange Tradition. Die Wurzeln liegen offenbar in den Praktiken des Winnetka-Planes (Washburne, 1925). 1968 hat der Verhaltenspsychologe Keller seinen Plan beschrieben, der im Fach Psychologie in College-Kursen zur Anwendung kam. Seine Merkmale sind:

1. Individuelles Lerntempo. Jeder Lerner kann soviel Zeit für die Erreichung der gesetzten Lernziele verwenden, wie er braucht.
2. Das Beherrschen des Stoffes. Solange eine Lerner einen bestimmten Lernstoff nicht beherrscht, wendet er sich nicht neuem Lernstoff zu. Für sich zunächst ergebende Mißerfolge gibt es keine Sanktionen. Die Prüfung mit Hilfe von Tests, ob die gesetzten Lernziele erreicht sind, ist ohne Begrenzung mehrfach möglich.

6. Abteilungsunterricht und Stillarbeit

Ein heute häufig vergessenes, jedenfalls nicht mehr beachtetes Beispiel der Differenzierung und Individualisierung ist in der Arbeit der weniggegliederten Landschule bis in die 60er Jahre entwickelt und praktiziert worden. In Zusammenhang mit der (Wieder-)Entdeckung altersheterogener Gruppen und der Diskussion um einen veränderten Schulanfang könnten die damaligen Ideen unversehens recht aktuell werden. Die Infrastruktur dieses Unterrichtskonzepts ist in jedem Fall Teil des historischen Fundus der Thematik (Huber, 1953). Die Arbeit in der weniggegliederten Landschule war dadurch gekennzeichnet, daß ein Lehrer Schüler/-innen unterschiedlichen Alters (6 bis 14 Jahre) zu gleicher Zeit im gleichen Raum zu unterrichten hatte (Strobel, 1963[5]). Die unterrichtliche Reaktion darauf ist an den Begriffen 'Abteilungsunterricht' und 'Stillarbeit' festzumachen.

Abteilungsunterricht

Unter Abteilungen wurde die Zusammenfassung mehrerer Schülerjahrgänge für längere Zeit verstanden. In der einklassigen Schule wurden z. B. folgende Abteilungen gebildet (Strobel, 1963[5]):

- 1. Jahrgang
- 2.–4. Jahrgang
- 5.–7. Jahrgang
- 8. Jahrgang

Die Organisation des Unterrichts war recht diffizil und mußte unter zeitlichem, inhaltlichem und methodischem Aspekt genau geplant werden. Kleine Beispiele mögen dies verdeutlichen.

6.1 Die zeitliche Organisation

1. Beispiel: Grundschule, alle 4 Jahrgänge sind anwesend

Zeit	Klasse 1 Lesen/Schreiben	Klasse 2 Sprachgestaltung	Klassen 3 und 4 Heimatkunde
20 Min. L	1. Lesen eines Tafeltextes „Der Dorfteich" mit neuen Wörtern 2. Lesen in der Fibel, S. 47 3. Schwere Wörter	„Beim Schmied" Allerlei Sprachaufgaben, die ihr schon allein bearbeiten könnt.	Schreibt auf, wie bei euch zuhause oder bei euren Nachbarn das Erntefest gefeiert wird!
5 Min.	1. Abschreiben des Tafeltextes	Vorzeigen und Besprechen der ersten Ergebnisse	
15 Min.	2. Schreiben von je 2 Reihen Ernte und „Ente" und Wasser" 3. Malen eines Sees mit Enten	Fortsetzung	Unterrichtsgespräch über „Erntedank - Erntefest"
5 Min.	Ansehen und Besprechen der Arbeitsergebnisse		

Dieses von Kolbeck (Kolbeck, 1966) übernommene Beispiel macht deutlich, daß für diese Stunde 3 Abteilungen (1./2./3. u. 4. Schj.) gebildet werden sind. Direktunterricht (durch dicken Strich markiert) wechselt mit Stillarbeitsphasen, in denen Schüler Aufgaben bearbeiten, die sich aus dem vorhergehenden Unterricht ergeben, aber auch sinnvolle Vorarbeiten sein könnten. Der Lehrer muß minutiös planen und die Abteilungen wechseln, damit das Unterrichtsprogramm realisiert werden kann. Die Schüler müssen früh lernen, selbständig Aufgaben durchzuführen. Die Arbeitsdisziplin muß gut entwickelt sein, um die eigenen Aufgaben neben dem 'anderen Unterricht' erfüllen zu können.

6.2 Die inhaltliche Organisation

Gegenüber einer beispielsweise additiven Anordnung von Unterrichtsinhalten (z.B. in Erdkunde: 1 Jahr: Süddeutschland, 2. Jahr: übriges Deutschland, 3. Jahr: Europa, 4. Jahr: Außereuropäische Erdteile) wurden wegen des Nachrückens weiterer Jahrgänge in jedem neuen Schuljahr sog. organisch-genetische

Pläne entwickelt, die im Sinne von konzentrischen Kreisen jedes Jahr im Kernkreis begannen und die weiteren Kreise je nach einer (Himmels-) Richtung ausbauten. Zusammen stellten sie ein Ganzes (den vorgeschriebenen Stoff) dar, entwickelten sich im Unterricht aber so wie beschrieben und erlaubten damit das unkomplizierte Nachrücken weiterer Jahrgänge, schufen aber gleichzeitig Voraussetzungen für die selbständige Vor- und Weiterarbeit der fortgeschrittenen Jahrgänge als Bedingung für sinnvollen Abteilungsunterricht (Strobel, 1963[5]).

Ein Beispiel (2.): Erdkunde in organisch-genetischer Anordnung

1. Jahr: Von der Heimat aus in den deutschen Westen und in die außerdeutschen (Frankreich, Belgien, England u. a.) sowie außereuropäischen Weststaaten (USA u. a.).

2. Jahr: Von der Heimat aus in den deutschen Norden, in die außerdeutschen (Dänemark, Norwegen, Schweden) sowie in die außereuropäischen Nordländer (Spitzbergen, Grönland, Nordpol).

3. Jahr: Von der Heimat in den deutschen Osten, in die außerdeutschen (Rußland u. a.) und in die außereuropäischen Oststaaten (China, Japan u. a.)

4. Jahr: Von der Heimat aus in den deutschen Süden, in die außerdeutschen (Italien, Balkan u. a.) sowie außereuropäische Südstaaten (Afrika).

Epochalunterricht und andere Varianten der Stoffanordnung (z. B. Höhenkonzentration: das für alle gleiche Thema wird unterschiedlich anspruchsvoll behandelt) wurden auch erörtert.

6.3 Die methodische Organisation

Methodisch gesehen war der Unterricht eine Kombination von sog. Direktunterricht (herkömmlicher lehrerorientierter Unterricht) und produktiver Stillarbeit oder Alleinarbeit (andere Bezeichungen waren: Selbsttätigkeit, Eigenarbeit, freitätige Arbeit, Selbstunterricht, Selbstschulung, auto-didaktische Arbeit). Die vielleicht aus der Not geborene Form selbständigen Lernens – heute mitunter als etwas ganz Neues diskutiert – erfuhr eine differenzierte Bestimmung.

– Nacharbeit

Zunächst wurde die Nacharbeit als Wiederholungs-, Übungs- und Festigungsarbeit favorisiert. Eine Regel wird in zahlreichen Übungen angewandt. Erarbeitetes wird aufgeschrieben, es werden Zeichnungen, Skizzen angefertigt usw.

– Weiterarbeit

Gegenüber dem eher reproduktiven Lernen in der Nacharbeit wurde die Weiterarbeit als selbständiges Erarbeiten weiterer Elemente einer Unterrichtseinheit entwickelt.

– Vorarbeit

Vor dem direkten Unterricht erarbeiten sich Schüler Erkenntnisse, die im weiteren Verwendung und Auswertung erfahren. Schüler erarbeiten z. B. in Erdkunde Daten über ein Land mit Hilfe des Atlas. Sammel- und Beobachtungaufgaben in Biologie schaffen Vorwissen. Im Deutschunterricht schaffen Lektüreaufgaben eine gemeinsame Basis.

– Mitarbeit

Die Mitarbeit ist zu verstehen als Aktivität im Erarbeitungsprozeß. Wenn sich etwa bei dem Erdkundeplan oben für Schüler im 4. Jahr Grundmuster der Er- und Bearbeitung wiederholen und Grundwissen vorhanden ist, wird die Mitarbeit im Sinn der Übernahme von Darstellungs- und Erarbeitungsaufgaben mit Jüngeren sinnvoll. Im Zusammenhang damit war das Helfersystem z. T. sehr ausgeprägt (Huber, 1950).

6.4 Die Kultur der Arbeitsmittel und Arbeitstechniken

Für die aktuelle Diskussion um offenen Unterricht wäre es nicht schlecht, wenn man sich mitunter an den Entwicklungsstand der Diskussion um Arbeitstechniken und Arbeitsmittel erinnern würde, der mit der Arbeit in der weniggegliederten Landschule erreicht war. Produktive Stillarbeit hing wie heutige Teilkonzepte offenen Unterrichts wesentlich von Lern- und Arbeitstechniken und Arbeitsmitteln ab. Karnick hat z. B. eine Liste von Arbeitstechniken erstellt, die bis zum Ende des 4. Schuljahres beherrscht werden sollten (Karnick, 1964):

Arbeitstechniken

1. Benutzen eines Inhaltsverzeichnisses
2. Benützen eines Wörterbuches oder Kinderlexikons
3. Aufstellen stofflicher Gliederungen
4. Verdichten von längeren Texten auf wenige Sätze
5. Festhalten eines Sachverhaltes in Stichworten
6. Bilden einfacher Kategorien
7. Deuten von Bildern
8. Deuten und Anfertigen von Schaubildern und grafischen Darstellungen
9. Ausmessen von Entfernungen auf Karten
10. Anfertigen einfacher Karten
11. Technik des Hervorhebens, Unterstreichens, Heranziehens
12. Beschriften von Sachzeichnungen
13. Einfügen von Bildern und Zeichnungen in Texte
14. Einordnen benutzter Bücher
15. Lochen und Abheften von bearbeiteten Blättern

Zu den Arbeitsmitteln für die Alleinarbeit wurden Schul- und Lernbücher, Atlanten, Arbeitshefte und Arbeitsmappen, Klassenhandbüchereien, Lernspiele, Übungsmittel und -programme, Lernlehrgänge und -programme gezählt.

Die Kriterien für Selbstbildungsmittel wurden folgendermaßen formuliert:

1. Der verlangte Arbeitsumfang muß überschaubar sein.
2. Das Arbeitsmittel soll nach Inhalt, Form und Farbe für die Kinder ansprechend sein.
3. Die Arbeitsanweisungen müssen konkret und klar sein.
4. Eine Anpassung an das individuelle Lerntempo muß möglich sein.
5. In sprachlicher und inhaltlicher Sicht muß es auf die Schüler abgestellt sein.
6. Die Arbeitsergebnisse müssen durch den Schüler, den Partner oder den Lehrer kontrollierbar sein.
7. Das Arbeitsmittel soll handlungsorientierte Arbeitsweisen ermöglichen.

In dem Buch von Strobel z.B. findet man viele Beispiele (Strobel, 1963[5]).

7. Das ILU-System – Eine Individualisierungskonzeption für den Sachunterricht –

Das ILU-System (ILU-Institut für Lehrbuch- und Unterrichtsmaterialforschung) ist in Schweden für heterogene Klassen mit 12–15jährigen entwickelt und erprobt worden (Koort, 1976). Es ist zur <u>individuellen Vertiefung</u> von Lerninhalten gedacht. Für alle Schüler ist ein Grundkurs obligatorisch. Zusatzaufgaben können angeboten werden. Wichtig ist die Individualisierung des Lerntempos. Statt der traditionellen Lehrbücher ist ein Lehrmittelsystem entwickelt worden, bei dem kurze strukturierende Interaktionen zwischen Text und Bildern den Ausgangspunkt einer detaillierten Bearbeitung des Problemfeldes bilden.

Das System besteht aus vier Schritten: Motivierung, Strukturierung, Konsolidierung und Nuancierung. Bestandteile des Lehrmittelsystems sind: A Textbuch, B Arbeitstransparente für Overheadprojektor, C Arbeitsbuch, D Diagnostische Tests, E Arbeitsblätter für Gruppen- und Einzelarbeit, F Anweisungen für Exkursionen, G Ergänzungslektüre. Für die Lehrenden ist ein Leitfaden vorhanden.

An dem genannten Vierschritt entlang sollen Intentionen und Realisierungen etwas genauer beschrieben werden.

7.1 Motivierung

Von der Prämisse ausgehend, daß selbständige Arbeit am meisten motiviert, müssen Schüler ihre Arbeit als sinnvoll und ergebnisorientiert erleben. Gemeinsame Planung wird als wichtig angesehen. Ein Beispiel dafür zum Thema „das Meer“ sieht so aus.

	Ich habe Zusatzaufg. N... gewählt	Arbeitszeit 2 × 40 Min.	Grundkurs	Zusatzaufgaben
1		Umfang u. Verteilung der Weltmeere	Land und Meer, Salzgehalt und Temperatur des Meeres	1a Das Meer im Atlas 1b Die 3 Weltmeere 1c Warme und kalte Meere 1d Meer, Vegetation und menschliche Ansiedlungen
2		Der Meeresgrund und die Tiefenverhältnisse	Flachmeere und Tiefenmeere	2a Der unbekannte Meeresgrund
3		Die ständige Bewegung des Meerwassers	Die Bewegung des Meeres	3a Der Golfstrom und andere Meeresströmungen 3b Wie das Meer das Klima beeinflußt 3c Die Gezeiten 3d Die Wasserströmungen der Arktis

7.2 Strukturierung

Versuche haben gezeigt, daß Schüler erst dann sinnvoll selbständig arbeiten können, wenn sie Einsichten in die Struktur einer Thematik haben, wenn sie die Terminologie, die Hauptkomponenten und deren Beziehungen untereinander kennen. Deshalb sind Strukturierungen ganz wichtig.

Sog. Einstudierungsfragen helfen dann, Strukturen zu festigen und einzuüben. Die Vorteile der Arbeit mit diesen Einstudierungsfragen, die auf die wichtigen Begriffe, die neuen Wörter, auf das Verständnis von Aufstellungen, Tabellen, Illustrationen zielen, werden in folgenden Punkten gesehen:

- Richtige Antworten führen zu Ermutigung (Verstärkung)
- Wenn man die Liste der Fragen durchgeht, beantwortete durchstreicht und weitere Durchgänge verfolgt, ergibt sich ein wirksamer Nachlernprozeß.
- Lernen in kleinen Schritten ist effektiv.
- Die erfolgreiche Bearbeitung der Frageliste gibt ein Sicherheitsgefühl und stärkt damit die Motivation.

Das Beispiel einer Anweisung soll die Organisation des Lernens deutlich machen:

Anweisung:

(1) Wie du Lernstoff „einstudierst“:

  - Wirf zunächst einen Blick auf die Rubriken des vorangegangenen Abschnittes, so daß du den Zusammenhang des Textes vor Augen hast.
  - Geh die Bilder, Diagramme und Tabellen des neuen Abschnitts durch und versuche, sie zu verstehen. Lies den zu den Bildern gehörenden Text und beantworte die Fragen dazu.
  - Lies die am Rande vermerkten Begriffe des neuen Abschnitts und präge sie dir ein. Lies den Text des Abschnittes und unterstreiche die Begriffe, die dem Inhalt der Rubriken entsprechen.
  - Beginne dann mit der Beantwortung der Einstudierungsfragen. Beantworte sie nacheinander, ohne in den Lehrtext zu sehen.
  - Überspringe diejenigen Fragen, die du nicht beantworten kannst und versuche es mit den folgenden, bis du alle Fragen durchgegangen bist.
  - Kontrolliere, ob du richtig geantwortet hast, indem du den Text mit den Antworten vergleichst.
  - Markiere die Fragen, die du richtig beantwortet hast, indem du ihre Nummer einkreist.
  - Willst du sicher sein, das Gelesene zu können, dann mache einen neuen Versuch mit allen Fragen ohne Kreis. Kreise diejenigen ein, deren Beantwortung dir nun gelungen ist.
  - Sollte es immer noch Fragen ohne Kreis geben, dann setze deine Versuche fort, bis du alle Fragen richtig beantwortet hast. Dann beherrscht du den Tagesabschnitt.

(2) Landkarten über größere Gebiete werden nie korrekt!

(3) Es können dreierlei Fehler auftreten:
Abstands-, Oberflächen- und Winkelfehler. Will man eine Landkarte zeichnen, muß man sich zuerst entscheiden, ob sie abstands-, oberflächen- oder winkelrichtig sein soll. Eine von allen 3 Aspekten her korrekte Karte zu zeichnen, ist unmöglich.

(4) Einstudierungsfragen:
9. Beim Zeichnen von Landkarten können dreierlei Grundfehler auftreten, welche?
10. Eine Meile auf der Erdoberfläche entspricht 1 cm auf der Karte bei einem Maßstab von 1 : ?
11. 60 km auf der Erdoberfläche entsprechen 1 cm auf der Karte bei einem Maßstab von 1 : ?
12. Bei einem Maßstab von 1 : 750000 entspricht 1 cm auf der Karte ... km?

Im Kern versucht das ILU-System, die Infrastrukturen des Unterrichts in bezug auf die Inhalte didaktisch-methodisch bis ins Detail aufzubereiten. Gegenüber anderen Individualisierungsmodellen, die vor allem auf die Organisation der Inhalte (IMU-System) oder gar „nur“ auf die Zeit-, Material- und Aufgabenorganisation abzielen, steht das Herankommen an Sachstrukturen im Mittelpunkt.

7.3 Konsolidierung und Nuancierung

Konsolidierung und Nuancierung sind Schritte, die genau dieses Anliegen in bezug auf Festigung und Ausdifferenzierung weiter verfolgen.

Für den individualisierenden Unterricht ist der diagnostische Aspekt immer wieder von besonderem Interesse, da man kaum effektiven individualisierenden Unterricht betreiben kann, ohne sich Aufschluß über den Kenntnisstand der Schüler und die Voraussetzungen, die sie zum Verständnis des Unterrichts mitbringen, zu verschaffen. Von der Möglichkeit zur Diagnose des Kenntnisstandes wird im IMU-System viel Gebrauch gemacht. Es existieren eine Menge standardisierter Tests. Man pflegt zwischen Arten der Diagnose zu unterscheiden, nämlich zwischen Symptom- und Kausaldiagnose. Erstere zeigt auf, wo im Wissen eines Schülers Lücken bestehen, letztere zeigt denkbare Ursachen dafür auf. Ein guter diagnostischer Test sollte beiden Funktionen gerecht werden. Bei der Aufgabe: wie groß ist der Abstand (Luftlinie) zwischen Stockholm und Uppsala z. B. kann eine falsche Antwort folgende Fehlerquellen haben:

- Die Schüler gehen davon aus, daß 1 cm auf der Karte 1 km in der Wirklichkeit entspricht oder nehmen für 1 cm 10 km an.
- Die Schüler messen den Abstand zwischen den inneren Grenzen oder zwischen den äußeren Grenzen des Symbolsystems und kommen damit zu unterschiedlichen Ergebnissen.

Im ersten Fall bestehen offensichtlich Lücken in der Kenntnis des Umgangs mit Maßstäben der Landkarten. Im zweiten Fall war die Verabredung über die Meßtechnik vielleicht ungenau. Die genauere Identifikation der Fehlerart erlaubt sachgerechte Reaktionen entweder mit einer Wiederholung von Maßstabrechnungen oder mit einer genauen Instruktion des technischen Vorgehens.

Zusammenfassend ist diese Unterrichtskonzeption folgendermaßen zu charakterisieren:

- Sie zielt nach gemeinsamen Vermittlungsphasen auf die individuelle Vertiefung von Lerninhalten.
- Sie entwickelt dafür ein Lehrmittelsystem, das Schüler materialmäßig vielfältig, inhaltlich aber sehr eng zur genauen Durcharbeitung von Lerninhalten anleitet. Dabei werden sehr konventionelle Vorgehensweisen nicht gescheut (z. B. Einstudierungsfragen).
- Der Engführung der Erarbeitung stehen gegenüber die Entwicklung von Lernhorizonten (Strukturierung) und die offen zu nutzende Ergänzung durch Texte und variable Lernwege.
- Die Lerndiagnostik spielt eine wichtige Rolle, da nur sie gezielt Lernhilfen erlaubt.

8. Zum Lernen mit Programmen

Terminologische Verabredungen

Programmierter Unterricht wird der Unterricht genannt, in dem Lernprogramme zum Zwecke der Initiierung, Steuerung und Kontrolle von Lernprozessen eingesetzt werden. Lernprogramme sind Unterrichtsmittel, die den Lernstoff in kleine Einheiten (frames) aufgliedern, die in dem Vierschritt „Information – Frage – Antwort – Kontrolle der Antwort" aufgebaut sind. Gute lineare Programme (Skinner) halten die Lernschritte so klein, daß mit einer hohen Wahrscheinlichkeit die richtige Antwort gegeben wird, Fehler also weitgehend vermieden werden. Zusätzliche Vorteile sind, daß der Lernende aktiv tätig sein muß und der Lernprozeß nach Lernzeit und ggf. nach Schwierigkeit differenziert verlaufen kann. Für das zuletzt genannte Kriterium geben vor allem die sog. verzweigten Programme (Crowder) eine Hilfe.

8.1 Zur didaktischen Funktion von Programmen

Dem pauschal formulierten Satz Zielinskis, daß mit Programmen der Lernerwerb rasch, sicher und motivationsstark gelinge (Zielinski, 1965), ist aus mehreren Gründen nicht zuzustimmen. Zunächst muß näher bestimmt werden, was mit Hilfe von Programmen gelernt werden kann. Es handelt sich ziemlich eindeutig um das Lernen von Wissen, um sog. symbolgebundenes Lernen (Sprache, Zahl, Zeichen) und um das Lernen bestimmter Fertigkeiten (z. B. die Multiplikation usw.). Wie weit produktives Denken durch Programme provoziert werden kann, erscheint offen. Soziales Lernen (das Gespräch mit Anderen, Kooperation, Geselligkeit, Diskussion, usw.) wie das Erlernen praktischer Fähigkeiten bleiben dem Lernen mit Programmen verschlossen, Lernen im affektiven Bereich auch. Das Lernen mit Programmen aber hat den entscheidenden Vorteil, daß es in der Vermittlung von Wissen und Fertigkeiten effektiver und ökonomischer sein kann als das Lernen im herkömmlichen Klassenunterricht. Es kann die Funktionen des Darbietens von Informationen und der Kontrolle des Gelernten dem Lehrer abnehmen und dabei Lernen langfristig individualisieren oder auch in Phasen der Übung und Wiederholung, bei Lehrerausfall u.a.m. spezielle Aufgaben übernehmen.

8.2 Lernpsychologische Grundlagen

Obwohl es heute als problematisch erscheint, die oft vollzogene Verbindung zwischen den allein aus Tierversuchen gewonnenen sog. S-R-Lerntheorien (stimulus-response) und dem programmierten Lernen unbesehen zu übernehmen, kann man folgende lernpsychologische Feststellungen doch als wichtige Ausgangsthesen für die Herstellung von Programmen ansehen:

- Ein Individuum lernt oder ändert sein Verhalten durch Konsequenzen, die sein Verhalten hervorruft.
- Folgen, die die Wiederholung eines Verhaltens wahrscheinlicher machen, werden als Verstärkung bezeichnet (Lob, Bestätigung der richtigen Antwort). Je rascher die Verstärkung erfolgt, desto wahrscheinlicher wird, daß der Lernende das Verhalten wiederholt.
- Fehlen oder auch nur Verzögerung der Verstärkung vermindert die Wahrscheinlichkeit, daß das Verhalten wiederholt wird.
- Eine erstrebte Verhaltensweise (das Lernziel) kann schrittweise, durch differentielle Verstärkung aufgebaut oder allmählich geformt werden, das heißt, wünschenswerte Verhaltensteile werden verstärkt, die anderen nicht.
- Verstärkung macht nicht nur die Wiederholung einer Handlung wahrscheinlich, sondern sie erhöht auch die Aktivität, vergrößert das Tempo und verstärkt das Lerninteresse. Verstärkung wirkt motivierend.

Demzufolge bestehen die Lernschritte immer aus vier Bauelementen:

1. Information,
2. Frage, die im Sinne der S-R-Theorien als Reiz oder Stimulus aufzufassen wäre,
3. Aufforderung zur Antwort, als Reaktion zu interpretieren,
4. Reinforcement, das ist zunächst schlicht die Nennung der Antwort, die, wenn sie die Antwort des Lernenden bestätigt, dann den Effekt der Bestätigung bzw. der Verstärkung bekommt.

Wie weit komplexere Lernarten und schließlich sogar produktives Denken durch Programme realisiert bzw. gefördert werden könnten, ist schwer zu klären. Die Erörterung kann hier auch nicht geführt werden.

8.3 Typen und didaktische „Bauelemente" von Programmen

Der Typ des linearen Programms ist maßgeblich von B.F. Skinner entwickelt worden (Skinner, 1953). Der Lerner bekommt eine Information (z.B. London ist die Hauptstadt Englands), ihm wird eine Frage gestellt, vielleicht in der Form des Lückensatzes (z.B. Die Hauptstadt Englands ist ...), er muß eine Antwort selbst formulieren (constructed answer), anschließend wird ihm Gelegenheit gegeben, seine Antwort zu kontrollieren. Die nächste Information folgt, wieder eine Frage usw. Da hierbei keine Möglichkeit besteht, Fehler zu korrigieren,

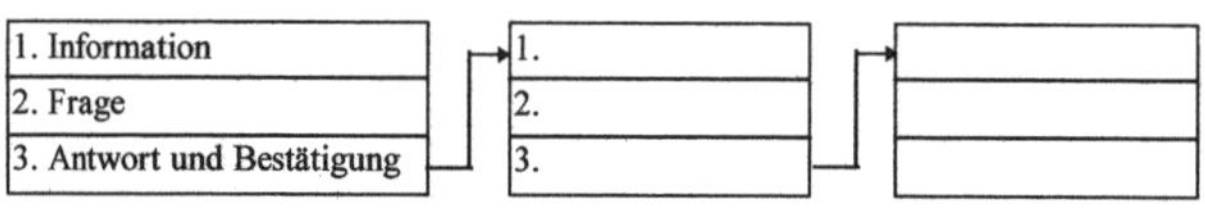

sind Programme dieses Typs so beschaffen, daß die Wahrscheinlichkeit, die richtigeAntwort zu geben, sehr hoch (über 90 Prozent) ist. Es werden also leichte Fragen gestellt.

Der Typ des verzweigten (branched) Programms stammt von N. A. Crowder. Bei ihm bekommt der Schüler eine Anzahl von Antworten dargeboten, aus der er die richtige herauszufinden hat (multiple choice system). Bei den angebotenen „falschen" Antworten handelt es sich nicht um beliebig falsche, sondern um typisch falsche. Wählt der Schüler die richtige Antwort, wird er im Programm weitergeführt, d.h. es werden ihm neue Informationen geboten und neue Fragen gestellt. Wählt er jedoch eine falsche Antwort, wird er entweder auf die ursprüngliche Frage zurückverwiesen oder auf Umwegen im Programm weitergeleitet. Dabei gibt es eine Reihe von Varianten:

1. Das einfache Auswahlprogramm

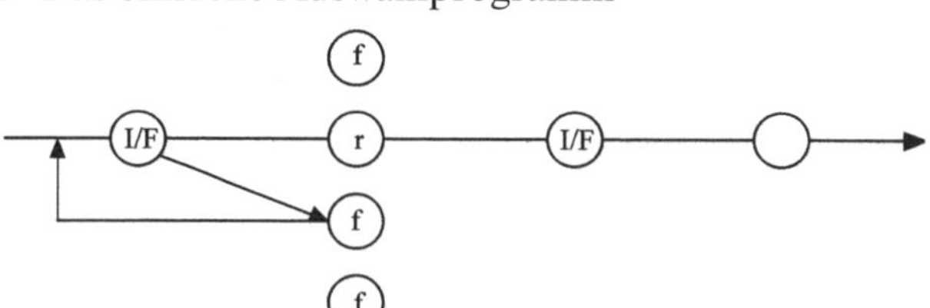

Hierbei wird der Schüler, falls er die falsche Antwort wählt, zur Ausgangsfrage zurückgeführt.

2. Das Rückführungsprogramm (wash-back-program)

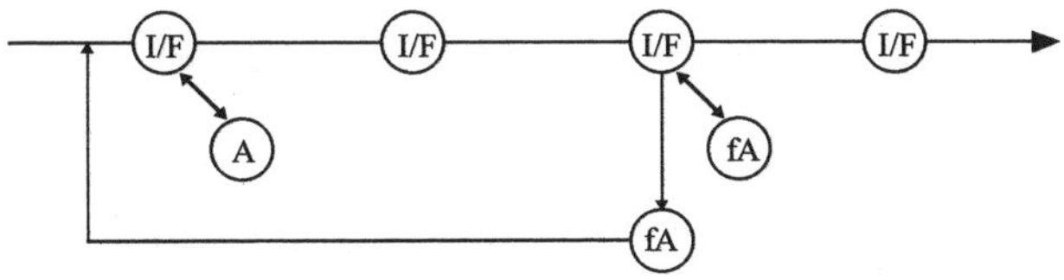

Wenn sich an einer Stelle aufgrund einer falschen Schülerantwort zeigt, daß der Lernende eine fundamentale Einsicht nicht gewonnen hat, wird die Wiederholung mehrerer Schritte bzw. des ganzen Programms notwendig. Der Schüler wird also soweit wie notwendig zurückgeführt.

3. Das weiterführende Programm (wash-ahead-program)

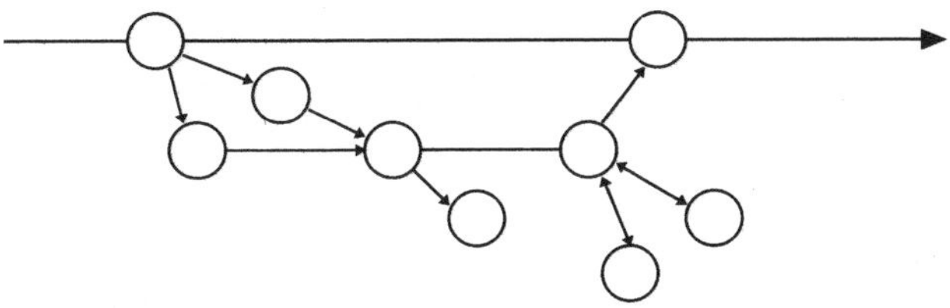

Bei dieser Programmvariante wird bei einem auftretenden Fehler nicht zurückverwiesen, sondern der Lernende wird auf einem für die Behebung des Fehlers spezifisch eingerichteten Umweg mit zahlreichen kleinen Schritten zu der Lerneinheit geführt, die der Schüler, der die richtige Antwort gibt, sofort erreicht.

4. Das komplexe Rückführungsprogramm (complex-wash-back-program) schließlich wertet die Fehler nach leichteren und schwerwiegenderen und führt den Lernenden nach der Schwere des Fehlers um eine oder mehrere Stufen zurück. In einer Kombination der aufgeführten Möglichkeiten kann ein Programm also sehr differeniziert auf die Lernmöglichkeiten bzw. -schwierigkeiten des Lernenden eingehen und damit nicht mehr nur nach individuellem Lerntempo, sondern auch nach Lernniveau und -hilfen differenzieren.

Darüber hinaus können in den „Bau“ eines Programms inhaltlich orientierte Intentionen eingebaut werden. Man kann z. B. nach folgendem Dreierschritt vorgehen:

1. Begriffsbestimmung, 2. Gegensatz (er soll zeigen, was der Begriff nicht ist), 3 Beispiele

Individualisierung durch spezielle Programmierungssysteme

Wenn das normale lineare Programm die Mitte einer Adressatengruppe von angenommener Homogenität tangiert, die Heterogenität der Adressatengruppe aber auch in der angenommenen Homogenität bestehen bleibt – den Individualitäten der einzelnen Schüler entsprechend – was ist dann zu tun?

– Individualisierung durch Parallelprogrammme

Man hat versucht, einfach verschiedene Parallelprogramme mit unterschiedlicher Ausgangslage, aber gleichwertiger Endlage, zu entwickeln. Jeder Schüler wählt dann selbst das entsprechende Programm seiner Ausgangslage, oder jedem Schüler wird das seiner Ausgangslage entsprechende Programm ausgehändigt.

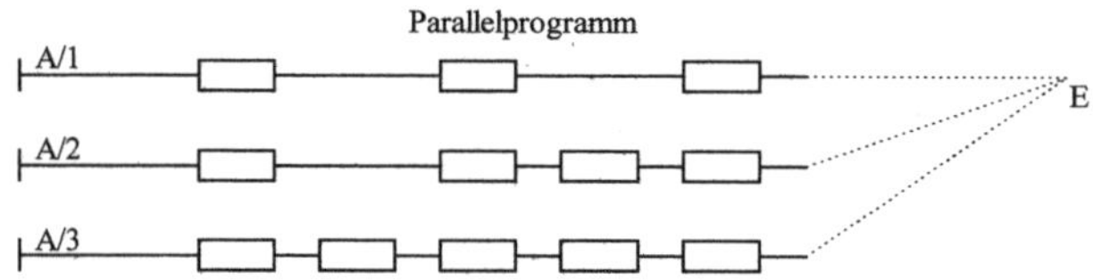

Doch hat die Praxis erwiesen, daß dies nur eine große Flut von Programmen hervorrufen würde. Das American Institut for Research entwickelte deshalb die sogenannte „Gate-Item"-Technik.

Zur Präsentation von Programmen

Lernprogramme können dem Lernenden auf verschiedene Weise präsentiert werden. Die bekannteste und verbreitetste Form sind Buchprogramme. Programme können aber auch von Geräten verschiedenster Konstruktion dargeboten werden. Man spricht dann von teaching machines, Lehrmaschinen, Lehrautomaten, apparativen Lernhilfen (Computern).

Dabei sind rein mechanische (Seitenumwender), elektromechanische oder elektronisch gesteuerte audio-visuelle Darbietungsgeräte sowie Computer zu unterscheiden. Im einfachsten Fall maschineller Darbietung geht es einfach darum, immer nur einen Lernschritt darzubieten, die Antwort zunächst verdeckt zu halten, um Mogelmöglichkeiten zu verhindern, und erst nach dem Aufschreiben die richtige Antwort zur Kontrolle freizugeben. Auf dieser Ebene hat auch das Buchprogramm noch Möglichkeiten, zu variieren (scrambled book).

Unter einer sog „elastischen Programmierung" versteht man dann die weitergehende Möglichkeit, in der Beurteilung der Leistungen wie in der Darbietung der Aufgaben dauernd die Voraussetzungen des Schülers zu berücksichtigen. So bleibt die Aufgabenstellung vom Schüler her gesehen sinnvoll und auf der passenden Schwierigkeitsstufe. Das setzt voraus, daß dem Gerät ein automatisches Datenverarbeitungssystern angeschlossen wird. Solche Lernsysteme können Aufgaben entsprechend der zuletzt gegebenen Antwort stellen, sie können die Neigungen des Schülers und seine charakteristischen Lernsituationen, wie sie in zu Beginn des Lernens enthaltenen Testergebnissen zutage treten, berücksichtigen. Es erfolgt eine Programmänderung, sobald sich die Leistungen des Schülers nicht mehr in bestimmten Grenzen halten. Technisch ist dieses Problem so gelöst, daß das Überwachungsorgan (Datenverarbeitungssystem) die Angaben über den Schüler und über die Ziele des Unterrichts speichert und mit deren Hilfe der Lehrmaschine ständig Programmkorrekturen mitteilt.

8.4 Kriterien für die Prüfung von Programmen für den unterrichtlichen Einsatz

Mit den vorangegangenen Ausführungen dürfte deutlich geworden sein, daß Programme ein außerordentlich nützliches Unterrichtsmittel sein können, um Wissen- und Fertigkeitsvermittlung ökonomisch zu organisieren, die entsprechenden Lernprozesse zu individualisieren (den Möglichkeiten des einzelnen entsprechend zu steuern), dem Lernenden im Einzellernen genügend Kontrolle und Erfolgserlebnis zu vermitteln, daß er motiviert bleibt, weiterzulernen. Gegenüber dem Unterricht in einer größeren Gruppe (Klasse) kann das mit Hilfe von Programmen individualisierte Lernen also erhebliche Vorteile haben.

Im Einzelfall wird man aber genau prüfen müssen, ob der Einsatz eines bestimmten Programmes angesichts folgender Kriterien bejaht werden kann:

1. Entsprechen Ziel und Inhalt des Programms bestimmten Zielsetzungen im Lehrplan der Schule? Läßt es sich sinnvoll einbauen oder muß es abgelehnt werden, weil es völlig andere Inhalte vermittelt? In diesem Zusammenhang ist zu fordern, daß Programmautoren exakt angeben, welches Ziel und welche Inhalte ein angebotenes Programm kennzeichnen.
2. Kann das betreffende Programm die Lerngruppe, für die es in Betracht kommt, zu einem definierten Lernziel führen? D.h., daß geprüft werden muß, wie die Lernvoraussetzungen bei den Mitgliedern der Lerngruppe (Klasse) in bezug auf das in den Blick genommene Programm beschaffen sind. Sind die Wissensvoraussetzungen zu gering, um sinnvoll mit dem Programm lernen zu können? Oder sind sie evtl. höher einzuschätzen als das Lernziel des Programms (dann könnte sein Einsatz höchstens als Wiederholungsprogramm sinnvoll sein)? Ggf. muß durch kleine Vortests (Befragungen) hier etwas genauer die Ausgangslage erforscht werden. Die für die Planung von Unterricht wichtigen sog. Strukturmerkmale der Berliner Didaktik und die Interdependenz dieser Strukturmerkmale müssen bei programmiertem wie bei jedem Unterricht beachtet werden.
3. Sind bis jetzt die beiden wichtigsten Kriterien genannt worden, so könnte für den Lernorganisator (Lehrer) auch noch wichtig sein, zu prüfen, inwieweit die Programmierungsstrategie und die Programmierungstechniken den Lernzielen des Programms und den Lernenden angemessen sind. Kann mit dem betreffenden Programm wirklich ökonomischer gelernt werden? Sind die vom Programm vorgeschriebenen Vorgehensweisen tatsächlich auf das angegebene Lernziel hin angelegt? Entsprechen sie den Arbeitsgewohnheiten der Lernenden? Dabei wird dann auch zu entscheiden sein, in welcher Weise ein

Einsatz sinnvoll sein wird: Programmarbeit ohne Lehrerunterricht oder in Verbindung mit Lehrerunterricht Programmarbeit zu Hause in Form von zusätzlichen Übungen und Hausaufgaben?

Die Beachtung dieser Kriterien ist um so wichtiger, als die Situation beim Einsatz von Programmen doch so zu sehen ist:

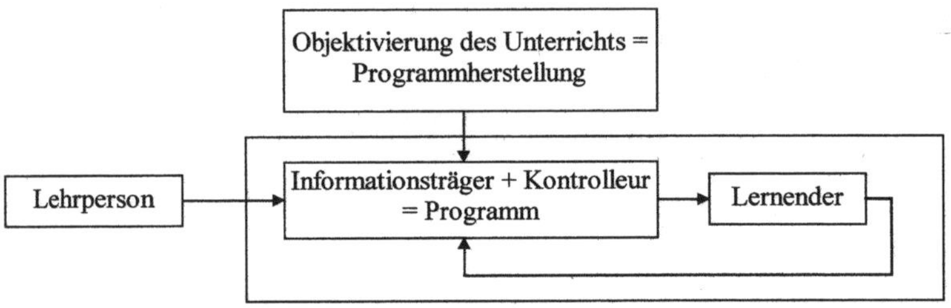

Individualisiertes Lernen

Die Individualisierung des Lernens mit Hilfe von Programmen erfolgt durch die Entscheidung des Lehrers für den Einsatz eines Programms. Die inhaltliche Gestaltung liegt nicht bei ihm. Sie ist von Fremdpersonen realisiert worden. Um nicht diesen und deren unter Umständen nicht ganz deutlichen Interessen und Intentionen den Unterricht zu überlassen, muß der Lehrende als Kontrollinstanz besonders sorgfältig agieren.

8.5 Unterrichtsorganisatorische Überlegungen

Wenn man von der Möglichkeit der sog. Werra-Fulda-Taktik (Leopold, 1968) absieht und man Programme im Unterricht einsetzt, ergeben sich Probleme, die von vornherein bedacht sein wollen. Diese können hier nur erwähnt werden. Das System der Jahrgangsklasse mit den Charakteristika gleichförmigen Vorgehens, geringer Möglichkeit des Eingehens auf den einzelnen wird bei konsequentem Einsatz von Programmen umstrukturiert. Eine elastische Unterrichtsorganisation wird notwendig; jeder arbeitet an einem anderen Punkt, totale Individualisierung tritt auf. Es muß darauf geachtet werden, wann sog. Sozialphasen die Vereinzelung immer wieder ablösen können. Wenn keine Anschlußprogramme vorhanden sind, müssen Stillstands- bzw. Wartezeiten einkalkuliert werden. Entsprechende Maßnahmen sind vorzubereiten. Auf der anderen Seite wird der Lehrer von der Wahrnehmung bestimmter Funktionen (Informationsdarbietung, Frage, Kontrolle) entlastet zugunsten der Hilfe im Einzelfall. Er hat sich also in seinen Aktivitäten umzustellen. Besonders vorteilhaft kann sein, daß Lernende durch den Einsatz von Programmen stärker aktiviert werden können und damit ein lernerzentrierter Unterricht an die Stelle des bisherigen lehrerzentrierten tritt.

Der begrenzte Einsatz von Programmen ließe sich z. B. so denken:

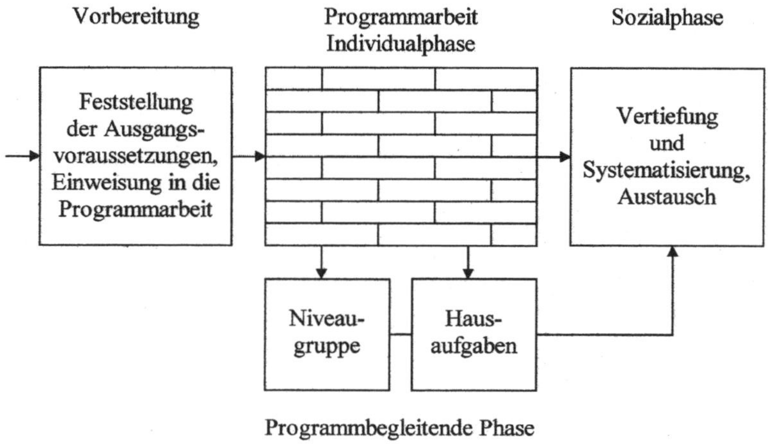

Die Vermittlung eines Jahrespensums ausschließlich durch Programme und damit ihr langfristiger Einsatz hätte weitergehende Konsequenzen, deren organisatorische Lösung ich an anderer Stelle behandelt habe.

Perspektiven

Das wohl zukunftsträchtigste maschinelle System für die Darbietung von Programmen und die konsequente Realisierung individualisierten Unterrichts wird mit Computern aufzubauen sein. Zwei Funktionen werden von Computern vor allem zu übernehmen sein:

– Computer-managed-Instruction

In dieser Funktion hilft der Computer den Unterricht zu organisieren. Aus dem Reservoir seiner externen Speicher oder internen Listen stellt er auf Anfrage alle Hilfen bereit, die der Lehrer für die Durchführung seines Unterrichts benötigt: audio-visuelle Unterrichtsmittel, Literatur, Lehrpläne, Unterrichtsskizzen usw. Er kann aber auch als individuelles Daten-Begleitsystem dienen. Die Ergebnisse von Erfolgskontrollen, diagnostischen Tests, Aussagen über Lerngeschichte, Lernverhalten könnten gespeichert werden und im Bedarfsfalle individuell angepaßte Anweisungen für Lernstrecken geben.

– Computer-assisted-Instruction

Die letzte Bemerkung führte schon zu der Funktion des Computers als Lehrer, Tutor. Mit dem gespeicherten Unterrichtsmaterial und den gespeicherten Lehrentscheidungen wie mit dem „Wissen“ über den Lernenden ist der Computer in der Lage, in einen Dialog mit dem Lernenden einzutreten und ihm einen „Unterricht nach Maß" zu vermitteln. Dies nun aber ist der wichtigste Auftrag, den ein Lehrender hat. Es geht immer um das Lernen des je einzelnen Lernenden, weshalb auch schon in der Überschrift vom „Lernen mit Programmen" die Rede war, was auf die Organisation des Lernens als Bezugspunkt verweist.

– Individualisierung durch die Gate-Item-Technik

Dem Programm und auch den einzelnen Sequenzen werden in kurzen Abständen Torelemente (Gate Items) vorangestellt, die den Lernenden

Gate-Item-Technik

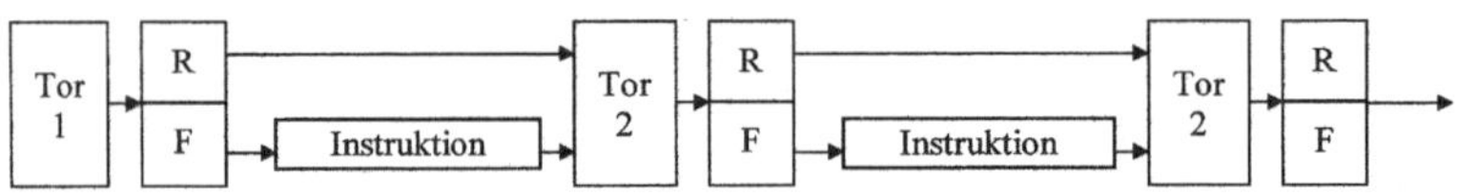

nur dann in die nächste Sequenz einlassen, wenn er der dort gebotenen Information bedarf, oder ihn weiterleiten, wenn er die Instruktion nicht mehr nötig hat.

Zu dieser Form der Programmgestaltung soll an dieser Stelle nicht kritisch Stellung genommen werden, weil sie eine sehr nahe Verwandtschaft zu der unter 8.3 charakterisierten Programmierungstechnik aufweist.

– Individualisierung durch die Criterion-Programming-Technik

Hier beginnt jede Sequenz mit einer Vorwahl-Einheit (criterion-option) Dem Lernenden wird das Thema der nächsten Sequenz oder gar des Programms mitgeteilt. Nun hat er vier Wahlmöglichkeiten (s. Abb.):

T: (Test) Das beherrsche ich bereits. Bitte den Test.

W: (Wiederholung) Das habe ich gelernt, bin aber nicht mehr ganz sicher. Bitte Wiederholung.

B: (Beispiel) Ich weiß nicht, ob ich das kann. Bitte ein paar Beispiele.

I: (Instruktion) Das kann ich nicht. Bitte Instruktion.

Criterion - Programming - Technik

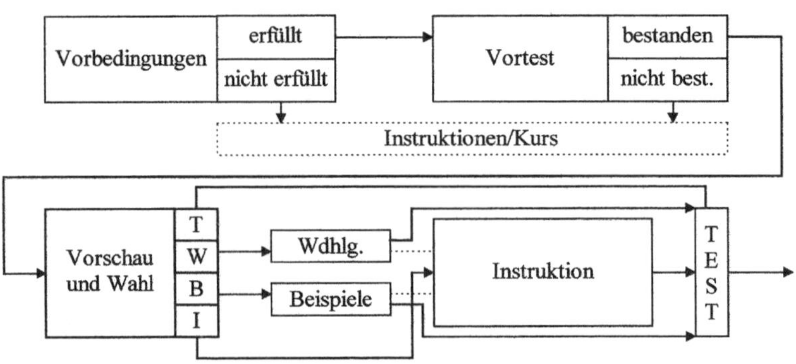

Diese Programmierungstechnik, von Dr. Mager, Paris, entwickelt, hat sich vor allem im andragogischen Bereich gut bewährt. In der Jugendschule setzte sich dagegen mehr das Programmierungssystem der verzweigten Programme (branching system) durch.

– Individualisierung durch verzweigte Programme

Diese Möglichkeit zur Individualisierung wurde bereits 1926 von dem Amerikaner Pressey erkannt und vor allem durch Crowder verfeinert ausgearbeitet. An den Gabelungen des Programms werden die Entscheidungsmöglichkeiten beschränkt. Zwei bis fünf Entscheidungen stehen dabei zur Wahl. Wenn sich der Schüler irrt, also einen Befehl nicht korrekt ausführt, eine Antwort nicht richtig löst, dann wird er je nach Art des Fehlers auf verschieden weiten Umwegen (loops-Schleifen) zur gewünschten Endlage gebracht. Solche Programme sind deshalb neben dem linearen Diagrammfluß mit Verzweigungen, Schleifen, loops versehen. Die Grundlage bildet der Linearentwurf. Von einem Verzweigungspunkt (Gabel) aus werden verschiedene Schleifen eingeplant, über die das Kind wieder in den normalen Programmfluß zurückkehren kann. Die mannigfachen Variationen dieses branching systems, vom einfachen

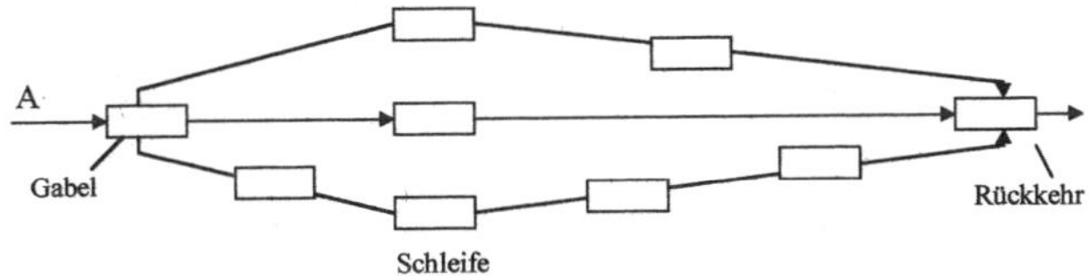

Auswahlprogramm (simple program) über das einfache Umwegprogramm (simple subsequenz), das Rückführungsprogramm (wash-back program), das weiterführende Programm (wash-ahead program) bis zum komplexen Rückführungsprogramm (complex washback program), weisen grundsätzlich eine höhere Adaptionsfähigkeit auf als die linearen Programme Skinnerscher Prägung.

Viele Lernelemente dieser Programme sind schwierig genug, auch den begabten Schüler herauszufordern. Sie machen den Fortgang der Lehrsequenz vom Wissen und Verstehen abhängig, das der Lernende in seinen Antworten offenbart. Hierdurch scheint in gewisser Weise auch der Kommunikationsprozeß zwischen Lehrer und Schüler vollkommener simuliert als durch die linearen Programmierungstechniken.

Doch eben die Organisation der Schleifen oder Verzweigungen vom Fehler aus muß bedenklich stimmen. Bewußt müssen in die Auswahlantworten Fehlerhäufungen hineinkomponiert werden. Die Fehlervarianten liegen oft gar nicht normalerweise im Denkprozeß. Gegner dieses Programmierungssystems nennen es daher „verzerrt und verkünstelt". Sie bezweifeln, daß z.B. 17 richtige Lernschritte mit 42 Fehlervarianten durchsetzt sein sollten. Deutsche Autoren (z.B.

Zielinski / Schöler, 1965) schlagen deshalb vor, die ganze Kraft auf die sinnvolle Gestaltung der Lernelemente selbst zu verwenden, die Mikrostrukturen zu durchdenken, statt krampfhaft Fehlerkorrekturen und Fehlervarianten auszuknobeln. Die Elemente sollen so programmiert werden, daß es bei gradlinigem Ablauf gelingt, Aufgaben und Lösungswege bemessen auf die Erkenntnisfähigkeit des jeweiligen Schülers individuell auszurichten und zu modifizieren.

Als Programmierungssystem wird ein lineares Programm mit Sprungelementen vorgeschlagen. Bei dieser Adaptionsmethode soll die Anpassung an das individuelle Lernverhalten durch ein System von Sprungelementen erreicht werden.

– Individualisierung durch lineare Programme mit Sprungelementen

Diese Technik hat eine gewisse Verwandtschaft mit der Gate-Item-Programmierung. Löst der Schüler eine Reihe von Aufgaben fehlerfrei, so erhält er von Zeit zu Zeit einen Ansporn. Er darf leichtere Lernelemente überspringen. Vermag dagegen der Adressat eine Lernbarriere nicht zu bewältigen, so wird er angehalten, einen bestimmten Lernabschnitt zu wiederholen. Der Schüler liest zum Beispiel: Ist Deine Antwort unvollständig, gehe zurück nach 9! Hast Du dies nicht richtig erkannt, erarbeite alle Lernelemente von 43 an! Oder: Hast Du beides gewußt, rücke vor bis 23! Hast Du das Richtige getroffen, überspringe das Lernelement 49!

Die Lernelemente werden also durch Sprungbefehle im Programmtext miteinander verbunden. Es handelt sich um eine Art Verzweigung mit zwei Schleifen, von denen die eine Schleife leer ist. Sie enthält ja kein Lernelement.

Individualisierung durch Programme mit Sprungelementen

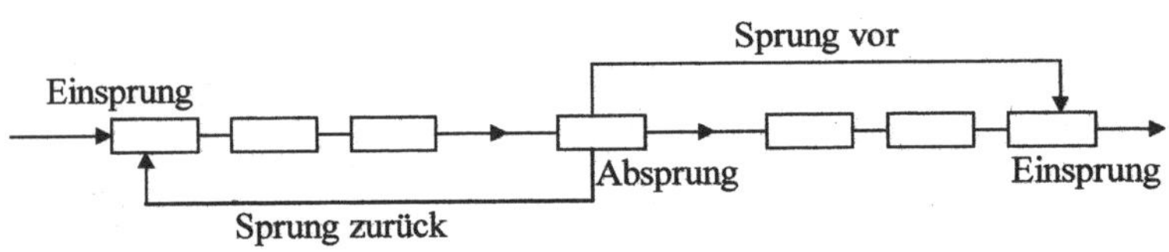

Methodisch gesehen ist das Lernelement des Absprungs eine Art Tor-Element. Es ist mit einer Entscheidung gekoppelt: richtig-falsch, gewußt-nicht gewußt, sicher-unsicher. Die Beurteilung liegt weitgehend beim Schüler selbst. Doch der eigentliche Beitrag dieser Programmierungsweise zur Lösung der Problematik der Individualisierung durch programmierte Unterweisung liegt nicht im System. Entscheidend ist vielmehr das Bestreben, die Individualisierungsmöglichkeiten durch – für die programmierte Unterweisung – neue Formen der Lernelemente auszubauen.

9. Unterrichtsstruktur „Individuelles zielerreichendes Lernen im Klassenunterricht"

Mit der Erörterung von Programmen sind wir bei einer Unterrichtsstruktur, die zielerreichendes Lernen für alle im Klassenzimmer erreichen möchte. Es gilt im folgenden, diese etwas allgemeiner zu zeichnen. Die psychologische oder allgemeine anthropologische Grundannahme ist, daß etwa 90 % aller Schüler die gesteckten Lernziele erreichen würden, wenn Unterricht nur entsprechend anregend, variabel und einfallsreich gestaltet sein würde.

Wenn daraus Konsequenzen für eine entsprechende Unterrichtsgestaltung gezogen werden, kann man für die Pflichtbereiche, die von allen Schülern „durchlaufen" werden müssen, folgende Übersicht (s. u.) skizzieren:

Es ist zu erkennen, wie in einem Kontext, fixiert als von allen erfolgreich zu erlernendes Fundamentum, neben den Lehreraktivitäten instruierender und helfender Art Lernmaterialien unterschiedliche Funktionen wahrnehmen: sie instruieren ebenfalls, und zwar auf vom Lehrer abweichende Art (ungeachtet dessen kann der Lehrer für seine Instruktion natürlich ebenfalls noch Demonstrationsmittel benutzen), sie geben Lernhilfen im Sinne der Erklärung, vereinfachenden Erläuterung, sie führen zu einer früheren Lernphase zurück, um das Fundamentum (für alle Schüler verbindliche Ziele und Inhalte, d. h. ziel- und gegenstandszentrierte Organisation der Lernprozesse) zu erlernen.

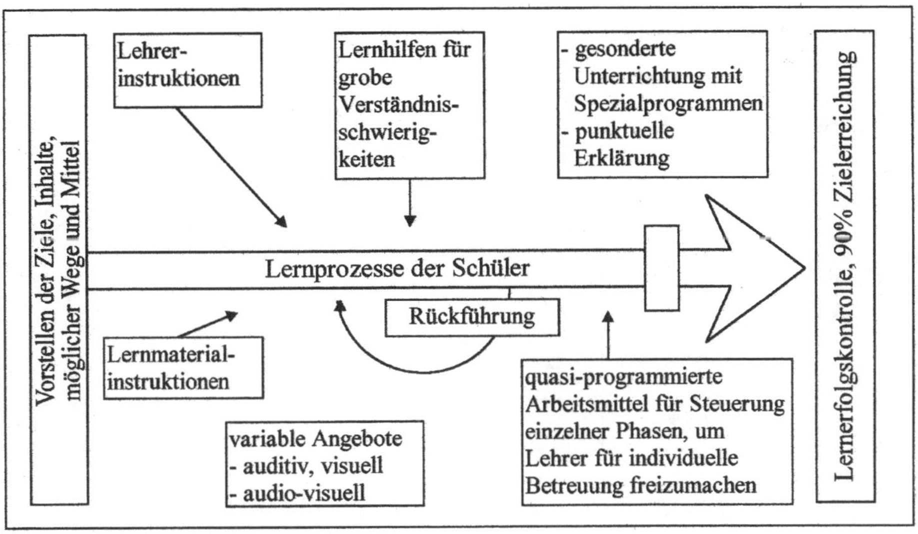

Verständnisschwierigkeiten sind durch Wiederholung zu beseitigen. Lernhilfen übernehmen die Unterrichtung für spezielle Fälle ganz, sie übernehmen die Steuerung des Unterrichts, um den Lehrer für individuelle Beratung freizumachen, sie übernehmen die Lernerfolgskontrolle.

Unterrichtsprozeß und mehrdimensionale Hilfen

Preibusch hat beispielhaft entwickelt, wie bei solch einer Unterrichtsstruktur auch auf Schüler reagiert werden könnte, die an einer speziellen Leistungsinsuffizienz leiden: Wenn sich bei der Durcharbeitung einer Unterrichtseinheit zeigt, daß eine Gruppe von Schülern an einem Punkt nicht weiterkommt, die Schwierigkeit aber überwinden müßte, soll sie nicht zu einer Quelle sich kumulierender Mißerfolge werden, müßte der Lehrer auf ein standardisiertes Verfahren zurückgreifen können, um dieser Schülergruppe die Überwindung der Problemstelle möglich zu machen.

Preibuschs Beispiel: innerhalb einer Unterrichtseinheit, innerhalb der die aktive Verwendung von „to get“ und „to become“ gelernt werden soll, haben Schüler Schwierigkeiten, da bei ihnen eine große Affinität von „to become“ zu dem deutschen Wort „bekommen“ zutage tritt.

Mit einem Sondierungstest, der diese Schüler ausfindig macht, und einem materialisierten Lehrgang, der eine mehrdimensionale Anpassung an Lernbedingungen und -möglichkeiten der Schüler erlaubt, wird die Lernschwierigkeit auszuräumen versucht.

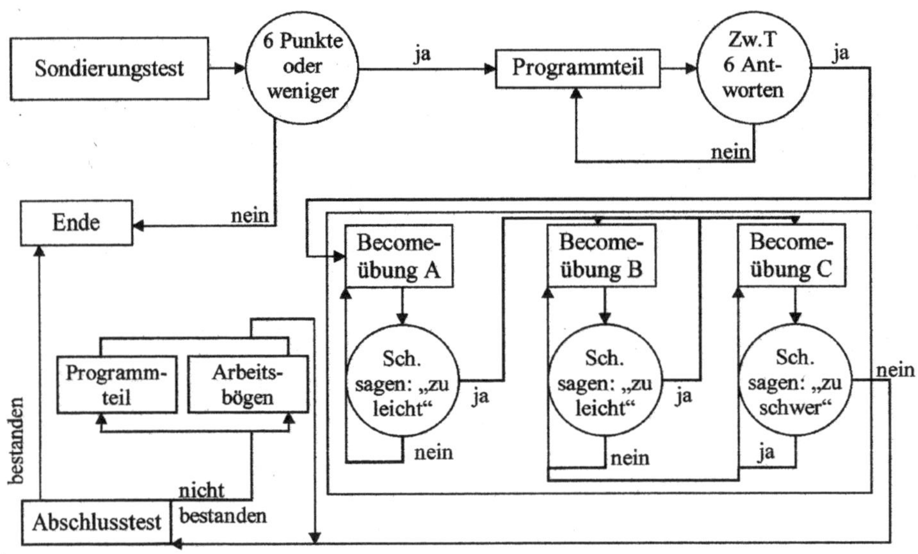

Die Übersicht, nach dem Entwurf Preibuschs erstellt, aber doch leicht verändert, soll zeigen, in welcher Weise Lernmaterialien konstruiert sein können, um spezifische Schwierigkeiten beheben zu helfen: der Sondierungstest hilft, den Kreis von Schülern genauer zu bestimmen, den der Lehrer hinsichtlich eines Lernprogramms aufgrund von Vermutungen und Beobachtungen ungefähr im Blick hat. Ein Programmteil erlaubt die erneute Instruktion über den Sachverhalt bei gleichzeitiger Abkoppelung der Gruppe vom Unterricht der Groß- und Mittelgruppe. Eine Lernerfolgskontrolle wird zeigen, ob man weitergehen kann oder nochmals wiederholen muß. „Become" – Übungen unterschiedlicher Schwierigkeit werden dann angeboten. Übung A machen alle, dann wird man sehen, ob man sie wiederholt, zu B übergeht oder gleich C versucht. Hat man sich verschätzt, korrigiert man die Wahl des Übungsangebotes. Der Abschlußtest soll die Behebung der Leistungsinsuffizienz nachweisen. Tut er es noch nicht, lassen sich abermals Programmteile, Arbeitsbögen einsetzen, die methodisch variiert bzw. elementarisiert im Vergleich zu den vorausgegangenen Übungen, auf eine andere Weise das Lernziel ansteuern helfen.

10. Unterrichtsstruktur „Selbstorganisation des Lernens mit Hilfe eines Medienverbundes"

Die Bereitstellung von Lernmaterialien zur Organisation längerfristiger und problemorientierter Lernprozesse im vorgegebenen inhaltlichen Rahmen durch Schüler hat in Deutschland noch keine lange Tradition. Das Funkkolleg Erziehungswissenschaft kann als Beispiel solch einer Unterrichtsstruktur genommen werden. 6 aufeinanderfolgende Phasen und Lernmaterialien stellen die Konstruktionselemente dar:

1. Phase: Vor-orientierende Arbeit mit Hilfe eines Studien-Begleitbriefes. Vorbereitung auf das Abhören der Hörfunksendung: Überblick über Ziele und Inhalte, Einlesen in zu erwartende Probleme und Fachausdrücke. Individuelles Lernen.

2. Phase: Abhören der Hörfunksendung: Vermittlung grundlegender Informationen, deren Gedankengang mit Hilfe der Gliederung der Sendung, die im Studien-Begleitbrief abgedruckt ist, überschaut werden kann. Individuelles Lernen.

3. Phase: Arbeit mit dem Studien-Begleitbrief. Die im Studien-Begleitbrief gegebenen Informationen werden zusammen mit den Informationen der Hörfunksendung gründlich verarbeitet. Individuelles Lernen.

4. Phase: Arbeit im Studien-Begleitzirkel. In regional zusammengestellten Kleingruppen werden die erarbeiteten Informationen diskutiert, kritisch besprochen. Rückfragen, Klärungen, Stellungnahmen sind im Kontakt mit anderen Lernenden und einem Leiter unmittelbar vorzunehmen. Das Kommunikations- und Kontaktbedürfnis der Lernenden kann befriedigt werden. Sozialphase des Lernens.

5. und 6. Phase: Hausarbeiten und Zertifikatsprüfungen. Hinweise für das Lesen bestimmter Bücher, weiterführende Texte wie Aufgaben zum Selbsttesten in den Studien-Begleitbriefen ermöglichen Hausarbeiten. Individuelles Lernen. Objektivierte schriftliche Massenprüfungen (Klausuren) bilden den letzten Schritt zur Erlangung der die erfolgreiche Teilnahme bescheinigenden Zertifikate.

Das Lernmaterial „Studien-Begleitbrief" nimmt eine zentrale Stellung ein. Es ist daher interessant, nach seinen Konstruktionsmerkmalen zu fragen:

- Gliederung der Hörfunksendung
- Information, dargestellt in übersichtlich angeordneten Texten, Bildern und Grafiken
- Hilfen zum Selbststudium durch Lösungshinweise für Aufgaben, Erläuterungen zum Verständnis der Tabellen
- Marginalien an dem besonders breiten Rand, die dem Leser den Stellenwert einer Textstelle innerhalb des Gesamtzusammenhanges deutlich machen, zum Beispiel „Ausgangslage", „Zusammenfassung"
- Aufgaben zur Selbstkontrolle mit kommentierten Lösungen im Anhang
- ein Glossar im Anhang zum Nachschlagen wichtiger Begriffe
- bibliographische Hinweise über grundlegende und weiterführende Literatur
- Anregungen für die Arbeit in den Studien-Begleitzirkeln.

Diese Konstruktionselemente sollen in dem Studien-Begleitbrief folgende Funktionen möglich machen:

Als gedrucktes Massenmedium mit Texten und Bildern bietet er visuell ein inhaltlich und typografisch hochorganisiertes Lehrmaterial mit Hilfen und Kontrollen zum Selbststudium dar; er ist Hauptträger des individuellen Lernens; er soll auf ein besseres Verstehen der Hörfunksendungen vorbereiten, die Nacharbeit erleichtern, Wiederholungsmöglichkeiten schaffen; eine Studienmöglichkeit in beliebiger zeitlicher Verfügbarkeit bieten; vom Mitschreiben während der Hörfunksendung entlasten; zur Diskussion in den Studien-Begleitzirkeln anregen und zum selbständigen Weiterstudium verhelfen.

Was das Lernmaterial „Studien-Begleitbrief" anbelangt, so stellt es sich als ein Beispiel für multifunktionale Lernmaterialien dar. Die Funktionshäufung kann die Verwendung durch das lernende Individuum erschweren, wenn nicht eine klar durchschaubare didaktische Struktur und typografisch einfallsreiche Gestaltung den Einsatz für bestimmte Lernzwecke erleichtern. Was den Medienverband als Angebot für selbstorganisiertes Lernen anbetrifft, so kann man folgendes sagen:

- Die Voraussetzungen für einen erfolgreichen Umgang mit ihm sind erheblich: Motivation, Ausdauer und Techniken für individuelles Lernen müssen gegeben sein, wenn nicht schnelle Resignation auftreten soll.
- Phasen sozialen Lernens, der Kommunikation und Kooperation mit anderen also, sind selten, was die Voraussetzungen noch dringlicher macht,
- auf der anderen Seite ist trotz eines vorgegebenen und vom Lernenden nicht veränderbaren Programms der Spielraum für den einzelnen für Schwerpunktsetzungen, weiterführende Lektüre, Umgang mit den Kontrollmöglichkeiten, Arbeit mit der Hörfunksendung, wenn sie auf Tonband übernommen wird, er-

heblich. Er ermöglicht eine individuelle Gestaltung des Lernens hinsichtlich des Lerntempos, der Materialienverwendung und auch der endgültigen Zielsetzung. Bei verstärktem Einbau von Kleingruppenarbeit ließe sich der kritische Umgang mit den Lernmaterialien sicher forcieren.

11. Literatur

Adelmann, J.: Die Schule, eine Lebensstätte des Kindes. Ansbach 1953

Bernitzke, F.-H.: Mastery-Learning-Strategie als Unterrichtsalternative. Frankfurt/M. 1987

Besuden, H. u. a.: Pädagogische Pläne des 20. Jahrhunderts. Bochum o. J.

Block, J. H. (Hrsg.): Mastery Learning. Theory and practice. New York 1971.

Bloom, B. S.: Mastery Learning. In: Block, J. H. (Hrsg.): Mastery Learning – Theorie and practice. New York 1971

Bönsch, M.: Wie sichere ich Ergebnis und Erfolg in meinem Unterricht? Essen 1977[4]

Bönsch, M.: Differenzierung des Unterrichts. München 1976[3]

Bönsch, M. (Hrsg.): Unterricht mit audiovisuellen Medien. Donauwörth 1973

Bönsch, M. (Hrsg.): Funktionen und Formen von Lernmaterialien. Ravensburg 1976

Bühnemann, H.: Die Selbstbildungsmittel der neuen Schule. Lübeck 1949

Carroll, J. B.: Lernerfolg für alle. In: Hofer, M. / Weinert, F. (Hrsg.): Pädagogische Psychologie, Grundlagentexte 2: Lernen und Instruktion. Frankfurt/M. 1973

Correll, W.: Programmiertes Lernen und schöpferisches Denken. München 1969[2]

Deutscher Bildungsrat: Strukturplan für das Bildungswesen. Stuttgart 1970

Edelstein, W. / Hopf, D. (Hrsg.): Bedingungen des Bildungsprozesses. Stuttgart 1973

Eigler, G.: Prüfung von Lehrprogrammen. In: K. W. Döring (Hrsg.): Unterricht mit Lehr- und Lernmitteln. Weinheim / Berlin / Basel 1971, S. 125 ff.

Eigler, G. / Straka, G. A.: Mastery Learning – Lernerfolg für jeden? München / Wien / Baltimore 1978

Fischer, M.: Die innere Differenzierung des Unterrichts. Weinheim 1964

Fischer, M. / Michael, B.: Differenzierung im Schulunterricht. Weinheim 1972

Flechsig, K. H.: Programmierter Unterricht als pädagogisches Problem. In: Roth, H./ Blumenthal, A. (Hrsg.): Der programmierte Unterricht. Hannover 1963, S. 59 ff.

Freudenstein, R.: Der programmierte Unterricht und seine lerntheoretischen Grundlagen. In: Klafki, W. u. a.: Erziehungswissenschaft 2. Frankfurt/M. 1970, S. 228 ff.

Gage, N. L. / Berliner, D. C.: Pädagogische Psychologie. Bd. 2. München 1979[2]

Gagné, R. M.: Die Bedingungen des menschlichen Lernens. Hannover 1970[2]

Glogauer, W. (Hrsg.): Neue Konzeptionen für individualisierendes Lehren und Lernen. Bad Heilbrunn 1976

Håstadt, M. / Svensson, L. / Öreberg, C.: Das IMU-System. Ein individueller Weg für jeden Schüler im Mathematikunterricht. In: Glogauer, W. (Hrsg.): Neue Konzeptionen für individualisierendes Lehren und Lernen. Bad Heilbrunn 1976

Heimann, H.: Handbuch der Unterrichtshilfen. Essen 1957

Herbig, M.: Differenzierung durch Fächerwahl. Düsseldorf 1974

Heimann, P. / Otto, G. / Schulz, W.: Unterricht Analyse und Planung. Hannover 1970[5]

Hochheimer, W.: Psychologische Einführung in die Thematik von Lehrmaschinen und Programmiertem Unterricht. In: Roth, H. / Blumenthal, A. (Hrsg.) Der programmierte Unterricht. Hannover 1963

Hopf, D.: Differenzierung in der Schule. Stuttgart 1974

Huber, L.: Die Alleinarbeit des Schülers in Landschulen mit besonderer Berücksichtigung der Arbeitstechniken und Arbeitsmittel. 1950

Huber, L.: Unsere Landschule. Bad Heilbrunn 1954

Ingenkamp, D.: Zielerreichendes Lernen – Mastery learning. Ravensburg 1979

Jeziorsky, W.:Selbstbildungsmittel in der Grundschule. Braunschweig 1965

Karnick, R.: Zur Theorie und Praxis der Landschule. Weinheim 1951

Karnick, R.: Mein Heimatort II. Weinheim 1964

Kasper, H. (Hrsg.): Differenzierungsmodelle für die Grundschule. Stuttgart 1974

Keller, F. S. / Sherman, J. G.: The Keller plan handbook: Essays on a personalized system of instruction. Menlo Park / Calif. 1974

Kolbeck, H. H.: Die Schule auf dem Lande. Bad Heilbrunn 1966

Koort, P.: Das ILU-System. In: Glogauer, W. (Hrsg.): Neue Konzeptionen für individualisierendes Lehren und Lernen. Bad Heilbrunn 1976

Koskenniemi, M. M.: Elemente der Unterrichtstheorie. München 1971

Leupold, R.: Alternierender Unterricht und Werra-Fulda-Taktik aus Lahnsteiner Sicht. In: Neue Unterrichtspraxis 1/1968

Lysaught, J. P. / Williams, C. M.: A guide to programmed instruction. New York / London 1963

Meyer, E. (Hrsg.): Neue Formen der Unterrichtsdiffenzierung. Stuttgart 1970

Neber, H. / Wagner, A. C. / Einsiedler, W. (Hrsg.): Selbstgesteuertes Lernen. Weinheim / Basel 1978

Nuber, F. (Hrsg.): Informeller Unterricht – Modelle für die Grundschule. München / Wien / Baltimore 1977

Parkhurst, H.: Education on the Dalton Plan. London 1930

Popp, S.: Der Daltonplan in Theorie und Praxis. Bad Heilbrunn 1995

Rang, A. / Schulz, W. (Hrsg.): Die differenzierte Gesamtschule. München 1969

Reichwein, A.: Schaffendes Schulvolk. Braunschweig 1951

Robinsohn, S. B. / Thomas, H.: Differenzierung im Sekundarschulwesen. Stuttgart 1968

Schiefele, H.: Programmierte Unterweisung. München 1964

Schiefele, H. (Hrsg.): Lernprogramme in der Schule. München 1966[2]

Schöler, W.: Schulorganisatorische Probleme der Arbeit mit Programmen und apparativen Lernhilfen. In: Zifreund, W. (Hrsg.): Schulmodelle, Programmierte Instruktion und Technische Medien. München 1968, S. 259 ff.

Schramm, W.: Programmierter Unterricht heute und morgen. Berlin / Bielefeld 1963

Schwarzer, R. / Steinhagen, K.: Adaptiver Unterricht. München 1975

Search, P. W.: Individual Teaching: The Pueblo Plan. In: Educational Review VII, 1894, S. 154–170

Skinner, B. F.: Science and Human Behavoir. New York 1953

Strittmatter, W.: Präsentation von Lehrprogrammen. Weinheim, Basel 1970

Skinner, B. F.: The science of lerning and the art of teaching. In: Harvard Educational Review. 1954, S. 6–97

Skinner, B. V. / Correll, W: Denken und Lernen. Braunschweig 1967[2]

Strobel, A.: Die Arbeitsweise der Landschule. Donauwörth 1963[5]

Teschner, W.-P. (Hrsg.): Differenzierung und Individualisierung des Unterrichts. Göttingen 1971

Washburne, C. W.: Burk's individual system is developed at Winnetka. In: Adapting the schools to individual differences, Yearbook of the National Society for the Study of Education. 1925

Wiederhold, K. A.: Differenzierung in Schule und Unterricht. Ratingen 1975

Yates, A. (Hrsg.): Lerngruppen und Differenzierung. Weinheim / Basel 1972

Zielinski, J. / Schüler, W.: Methodik des programmierten Unterrichts. Ratingen 1965

Zielinski, J.: „Programmierter Unterricht" und „Lernprogramme". In: Heinrichs, H. (Hrsg.): Lexikon der audio-visuellen Bildungsmittel. München 1971, S. 231 ff. und S. 198 ff.

Zielinski, L.: Probiton. In: H. Heinrichs (Hrsg.). Lexikon der audio-visuellen Bildungsmittel. München 1971, S. 231

Schluß: Verortung

Der Untertitel des Buches heißt 'Zur Theorie einer beweglichen Schule und intelligenter Unterrichtsstrukturen'. Dieser Untertitel ist Programm! Wir haben bis jetzt zuviel Statik in der Organisation von Schule und Unterricht. Zum Zweck leichterer Unterrichtung (Lehrer/-innenperspektive) werden Problemreduktionen vorgenommen in Form von Selektion und statischer Gruppierung (Jahrgangsklassen, Schularten). Wenn man die Perspektive wechselt, also das Anliegen in den Vordergrund stellt, daß es in der Schule um die Schüler/-innen und ihre Lernchancen geht, stellt sich die Frage der Organisation möglichst optimalen Lernens neu.

Überlegungen dazu sind vorstehend in dem Problematisierungskapitel (Basiskapitel) und in fünf Hauptkapiteln (Schulsystemdifferenzierung, Intergruppendifferenzierung, Intragruppendifferenzierung, Fachliche Differenzierung und Individualisierung) entwickelt worden. Das zur Verfügung stehende Repertoire ist beachtlich.

Wenn man das institutionalisierte Lernen wirklich optimieren wollte, könnte man sehr viel machen. Zum Schluß sei das Koordinatensystem noch einmal bestimmt, das die konkreten, aber sicher immer partiellen Konzepte verorten hilft. Die Verfaßtheit des gegenwärtigen Schulwesens folgt keinem Naturgesetz, sie ist interessenbestimmt. Interessen sind zu verändern. Und so kann man die bewegliche Schule und intelligente Unterrichtsstrukturen unterschiedlich konsequent modellieren.

Koordinatensystem:

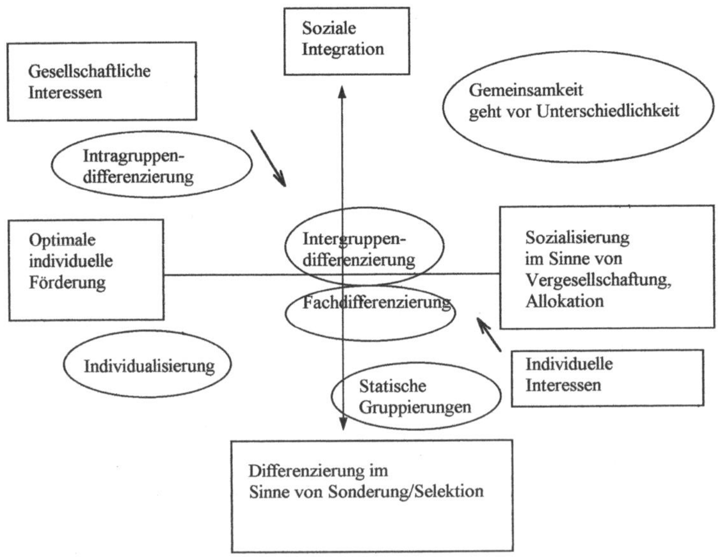

Je nach Gewichtung und Grundanliegen von den Eckpunkten der Koordinaten her kann man Präferenzen in der Nutzung von Differenzierungskonzepten setzen. Beispielhaft ist dies in der vorstehenden Übersicht versucht worden. Präferiert man z. B. das Prinzip der Integration, werden Intralerngruppen- und Interlerngruppendifferenzierung, womöglich in einer Kombination, wichtiger als konsequente Individualisierung und statische Gruppierungen (gegliedertes Schulsystem). So muß man sich jeweils entscheiden. Der archimedische (unveränderbare) Punkt aber bleibt hoffentlich der Schüler / die Schülerin und sein Wohl. Ist er gegeben, kann soviel nicht falsch gemacht werden. Dann ergeben sich Plausibilitäten, die Präferenzen schaffen!